»Alles in allem war es ein interessanter Tag.«
*George W. Bush über den 11. September 2001*



**Wie funktioniert die Video-CD in diesem Buch?**
Es ist eine Super-Video-CD (SVCD) mit dem Film *Mohamed Atta and the Venice Flying Circus* von Daniel Hopsicker. Über das SVCD-Format passt ein 60-minütiger Film auf eine normale CD. Wie spielen Sie diese SVCD ab? Mit jedem Gerät, das das MPEG-2-Format dieses Films versteht.

**Abspielen über einen DVD-Player**
Viele DVD-Player spielen SVCDs ab, viele andere DVD-Player tun das nicht. Generell gilt: Je neuer und preiswerter der DVD-Player ist, desto höher sind die Chancen. Einfach die SVCD in den DVD-Player legen und auf Start drücken. Entweder es funktioniert. Oder es funktioniert nicht. Funktioniert es nicht, gibt es in der Regel nichts, was dem DVD-Player das Verständnis für das SVCD-Format beibringen kann. Da hilft dann nur der Kauf eines neuen, preiswerteren Players.

**Abspielen über den PC**
Die SVCD in das DVD- oder CD-ROM-Laufwerk des PC legen. Der PC sollte die SVCD als normale CD-ROM erkennen und durch seine Video-Player-Software, zum Beispiel den Microsoft Media Player, abspielen können. Tut er es nicht, empfiehlt sich ein Update. Nähere Angaben zum Thema, Links zu Gratis-Player-Software für die gängigen Betriebssysteme etc. finden sich unter http://www.zweitausendeins.de/SVCD.

**Die CD lässt sich immer noch nicht abspielen?**
Dann müssen Sie leider auf den Film (vorerst) verzichten. Aber den kompletten Text zum Film finden Sie hier im Buch ab S. 283.

Die Flugrouten der vier entführten Passagierflugzeuge vom 11.9.

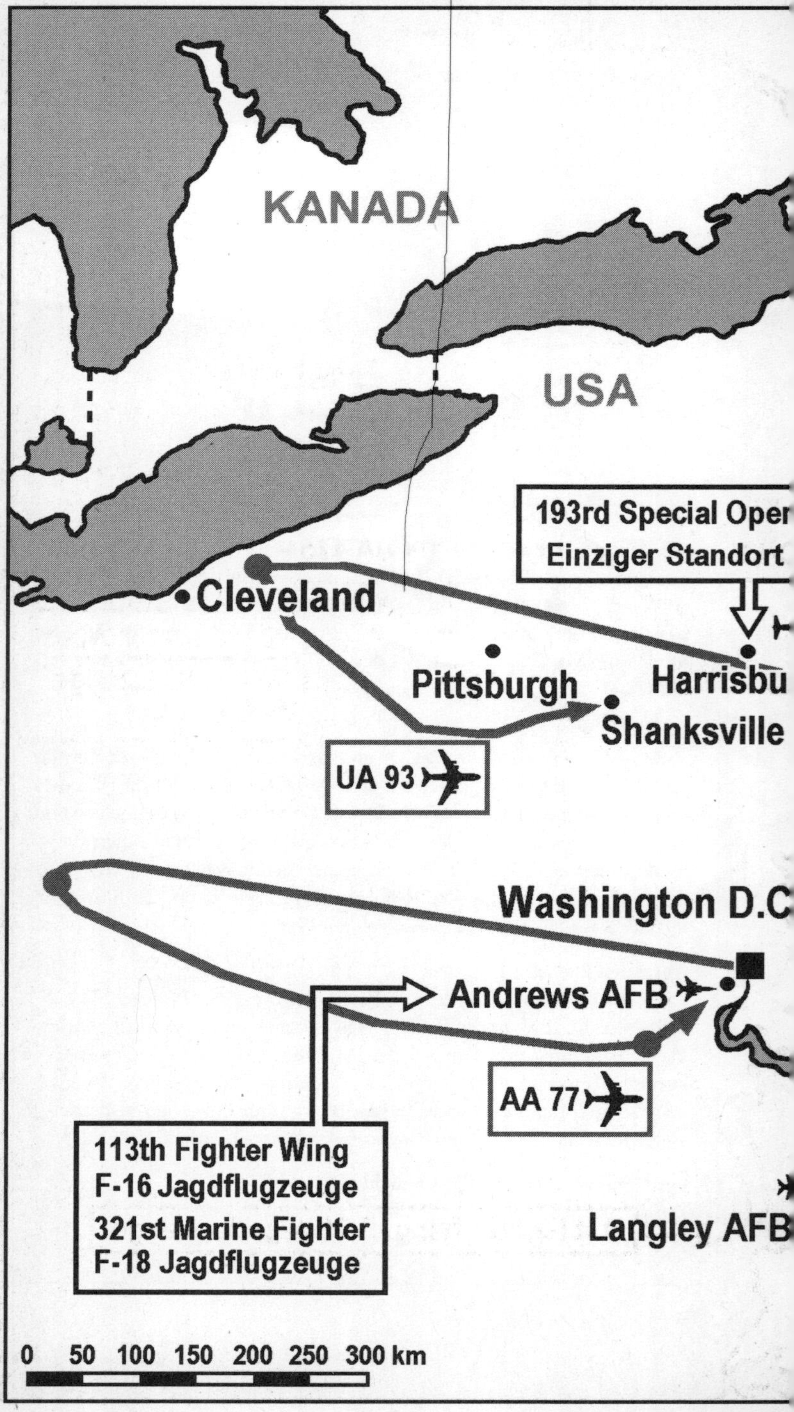

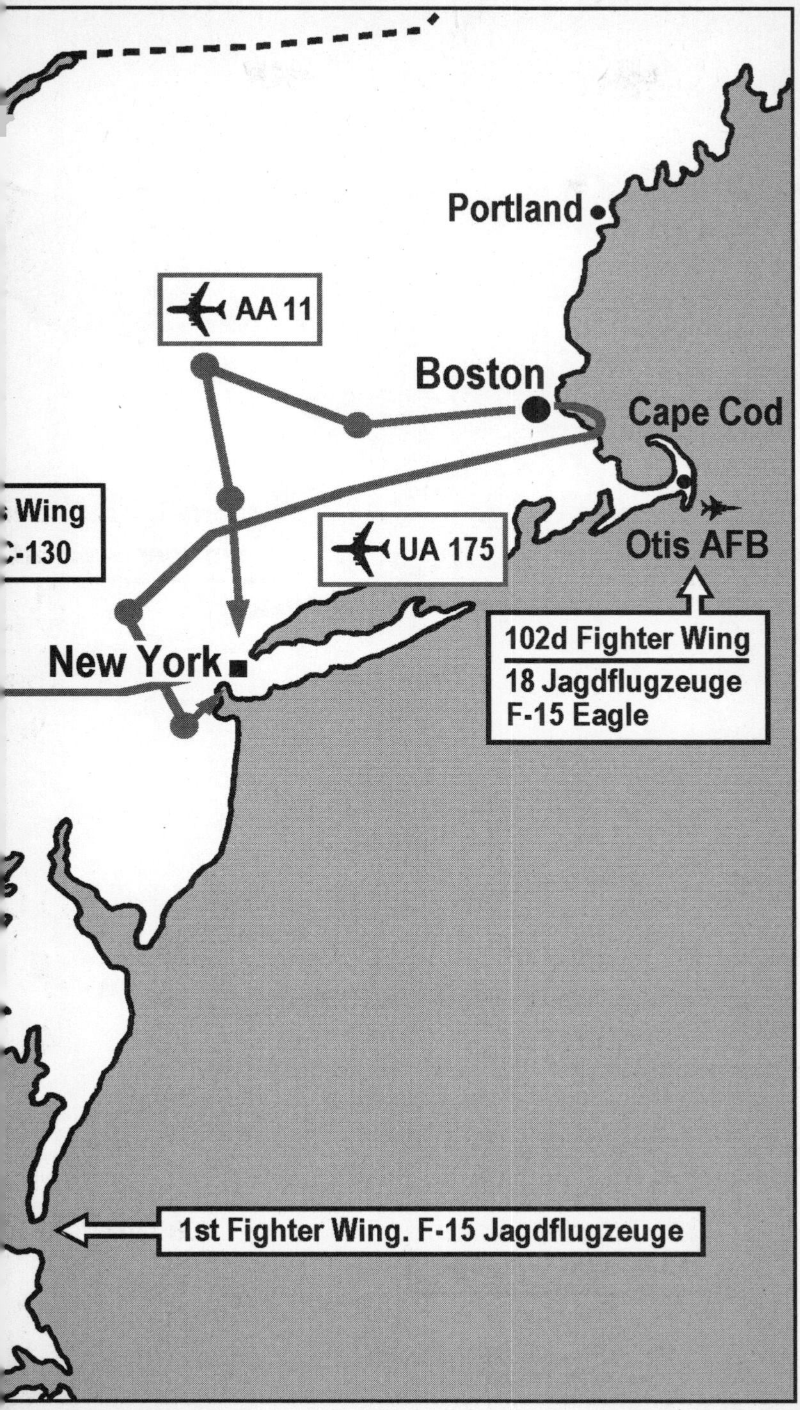

Portland
AA 11
Boston
Cape Cod
Wing
C-130
UA 175
Otis AFB
New York
102d Fighter Wing
18 Jagdflugzeuge
F-15 Eagle
1st Fighter Wing. F-15 Jagdflugzeuge

Mathias Bröckers & Andreas Hauß

# Fakten, Fälschungen und die unterdrückten Beweise des 11.9.

**Mit Daniel Hopsickers Dokumentarfilm »Mohamed Atta and the Venice Flying Circus«. Auf Super-Video-CD**

Zweitausendeins

Deutsche Erstausgabe.
1. und 2. Auflage, Juli 2003. / 3. Auflage, August 2003.
4. und 5. Auflage, August 2003. / 6. und 7. Auflage, August 2003.
8., um ein Nachwort erweiterte Auflage, Dezember 2003.
9. Auflage, April 2004.



Lektorat: Klaus Gabbert (Büro W, Wiesbaden).
Register: Ekkehard Kunze (Büro W, Wiesbaden).
Korrektorat: Beate Koglin, Frankfurt am Main; Florian Kohl, Berlin; Ekkehard Kunze (Büro W, Wiesbaden).
Umschlag: Fritz Fischer und Sabine Kauf, Plön, mit einer Idee von Meisterstein.
Satz und Herstellung: Dieter Kohler GmbH, Nördlingen.
Druck und Einband: Freiburger Graphische Betriebe.
Printed in Germany.

Diesem Buch liegt als Super-Video-CD der Dokumentarfilm »Mohamed Atta and the Venice Flying Circus« von Daniel Hopsicker bei.

Übersetzung der Filmtexte: Waltraud Götting (Büro W, Wiesbaden).
Videobearbeitung und Untertitelmontage: Christian Müller, Potsdam.



Dieses Buch gibt es nur bei Zweitausendeins im Versand, Postfach, D-60381 Frankfurt am Main, Telefon 069-420 8000, Fax 069-415 003.
Internet www.Zweitausendeins.de, E-Mail info@Zweitausendeins.de.
Oder in den Zweitausendeins-Läden in Berlin, Düsseldorf, Essen, Frankfurt am Main, Freiburg, 2x in Hamburg, in Hannover, Köln, Mannheim, München, Nürnberg, Stuttgart.

In der Schweiz über buch 2000, Postfach 89, CH-8910 Affoltern a. A.

ISBN 3-86150-604-1

# Inhalt

# Einleitung

»Nach diesem Tag ist nichts mehr, wie es war« – ein unmittelbar nach den Anschlägen vom 11. September 2001 oft gebrauchter Satz, der seither zum geflügelten Wort geworden ist. Dieses Buch allerdings zeigt, dass schon am 11. September (fast) nichts so war, wie es angeblich gewesen sein soll – und legt somit nahe, auch das, was nach dem 11. September geschah, aus einem anderen Blickwinkel zu betrachten. Der Afghanistan- und, fast mehr noch, der Irakkrieg sind der Beleg dafür, wie sehr die Regierung Bush mit dem *war on terrorism* geostrategische Ziele verfolgt. Zu dieser Instrumentalisierung der Anschläge auf das World Trade Center und das Pentagon gehört eine schier unglaubliche Gehirnwäscheoperation, der die US-Bevölkerung seitdem zum Opfer gefallen ist: Nach einer CBS-Umfrage im Februar 2003 halten mittlerweile 42 Prozent der Amerikanerinnen und Amerikaner Saddam Hussein für den Hauptverantwortlichen der Anschläge und die Flugzeugentführer mehrheitlich für Iraker. Und im März antworteten bei einer CNN-Umfrage auf die Frage, ob Saddam Hussein in diese Anschläge »persönlich involviert« sei, 72 Prozent mit »sehr wahrscheinlich oder wahrscheinlich«.[1] Da scheinen wir im »alten Europa« noch ein Stückchen besser dran zu sein: Hier gehört es immerhin noch zum Allgemeinwissen, dass die Mehrzahl der verdächtigten Selbstmordtäter des 11.9. aus Saudi-Arabien stammt und dass Osama Bin Laden als Mastermind hinter ihnen steckt. Doch auch bei dieser »Wahrheit« handelt es sich um eine nach wie vor unbelegte Verschwörungstheorie, für die selbst knappe zwei Jahre nach der Tat keinerlei gerichtsfähige Beweise gefunden worden sind.

Als ich am Morgen des 12. September 2001 unter dem Titel »WTC Conspiracy« die ersten »Verschwörungstheoretischen Anmerkungen zu einem Terroranschlag« verfasste, konnte ich die Folgen nicht absehen. Aus dem als Zwischenruf gedachten ersten Kommentar wurde eine 60-teilige Serie, die erst im Online-Magazin *Telepolis* (www.telepolis.de) und später in erweiterter Fassung unter dem Titel *Verschwörungen, Verschwörungstheorien und die Geheimnisse des 11.9.* als Buch erschien (das hier öfter mal als *VVG* angeführt wird). Der Zuspruch, auf den das Buch bei den Leserinnen und Lesern stieß und der für mittlerweile 31 Nachauflagen und Übersetzungen in so exotische Sprachen wie Indonesisch sorgte, war umso erstaunlicher, als die großen Medien, wenn überhaupt, meist abfällig darüber berichteten (worauf wir im Nachwort noch zurückkommen). Unter dem nachwirkenden Schock der Ereignisse öffnete sich eine eigentümliche Schere zwischen den spitzen Fingern, mit denen die Medien das Buch anfassten, und den roten Ohren, die sich ein immer größer werdendes Publikum beim Lesen holte.[2]

*Spiegel* & Co. hatten kaum eine andere Wahl, als mein Buch tunlichst zu beschweigen oder doch wenigstens lächerlich zu machen. Hätten sie sich mit den hier aufgedeckten Ungereimtheiten und Widersprüchen ernsthaft auseinander gesetzt und sie aufgegriffen, wäre ihnen nichts anderes übrig geblieben, als ihre eigene, völlig unkritische Berichterstattung über den 11.9. in Frage zu stellen – und damit ihre gesamte Glaubwürdigkeit. Gerade diejenigen, die doch alles immer zuerst und am besten wissen – die Journalisten, Chefkommentatoren, »Experten« –, hätten zugeben müssen, dass sie spätestens am 11.9. alle Standesregeln ihrer Branche über Bord geworfen und sich *nolens volens* zu Marionetten einer Propagandaoperation gemacht haben. Ob TV-Stationen, Radios, Nachrichtenmagazine oder Tageszeitungen, nahezu ohne Ausnahme befreite sich die

»freie Presse« umstandslos von ihren investigativen Kardinalpflichten: der Überprüfung des Wahrheitsgehalts offizieller Behauptungen, der kritischen Nachfrage, der eigenen Recherche und der vorurteilsfreien Berichterstattung. Stattdessen fungierte sie als PR-Agentur des Weißen Hauses und des Pentagon. Mit klassischen Begriffen wie »Zensur« oder »Gleichschaltung« ist diese freiwillige Selbstaufgabe der Medien nicht mehr passend zu umschreiben, denn weder standen auf den Redaktionsfluren geheimdienstliche Zensoren herum noch wurden die »Schriftleiter« per Dekret auf eine bestimmte Richtung getrimmt. Es reichte aus, dass jede alternative Sicht auf die Ereignisse als »Verschwörungstheorie« tabuisiert worden war, wie es George W. Bush in seiner UN-Rede am 10. November 2001 vorgemacht hatte: »Lasst uns niemals frevelhafte Verschwörungstheorien im Zusammenhang mit den Anschlägen des 11. September tolerieren, boshafte Lügen, die bezwecken, die Schuld von den Terroristen selbst abzulenken, weg von den wahren Schuldigen.«

So konnte es kommen, dass nicht nur in den Tagen, sondern auch in den Wochen und Monaten nach der Tat niemand mehr nachfragte, wie denn dieses unfassbare Ereignis eigentlich stattfinden konnte. Die »wahren Schuldigen« standen per Definition fest, und mit dem martialischen »with us or with the terrorists« wurde jeder Zweifler automatisch dem Lager Osama Bin Ladens oder später »den Hilfstruppen Saddams« zugeschlagen.

Die Folge diesen kollektiven Black-outs ist, dass wir bis heute über die Täter und ihre Hintermänner praktisch genauso wenig wissen wie 48 Stunden nach den Anschlägen, als die Liste der 19 verdächtigten Hijacker veröffentlicht und ihre »Verbindung zu Osama Bin Laden« behauptet wurde. Eines der schrecklichsten Verbrechen der Menschheitsgeschichte ist nach fast zwei Jahren völlig unaufgeklärt. Der Verdacht allerdings, dass es sich bei diesen Anschlägen nicht um die Tat eines isolierten islamistischen Terrorkommandos handeln könnte, sondern um einen von staatlichen Geheimdiensten organisierten und unterstützten Plot – dieser schreckliche Verdacht hat sich mittlerweile so erhärtet, dass er nicht einfach mehr als abwegig abgetan werden kann.

Über die Details wird die Öffentlichkeit im Dunkeln gehalten, zumindest für die kommenden zwanzig bis dreißig Jahre – so lange wie die Aussagen vor dem Untersuchungsausschuss des US-Kongresses unter dem Siegel des Staatsgeheimnisses in unzugängliche Archive verbannt werden. Die »Wahrheit« über den 11. September, die Ermittlungen, Fahndungen und Haftbarmachung der Helfer und Hintermänner, die Sühne für die Ermordung Tausender Unschuldiger – all dies muss, wie es scheint, auf dem Altar der »nationalen Sicherheit« geopfert werden. Wie einst die Untersuchungsdokumente zum Überfall auf Pearl Harbor, der erst nach über 50 Jahren aufgrund 1994 freigegebener Akten nahezu zweifelsfrei als provozierter und vorausgesehener Angriff rekonstruiert werden konnte[3], so droht auch die »Akte 9/11« zu einem Fall für die Historiker der Zukunft zu werden. Das Aktenzeichen 9/11 ist ungelöst und gibt eben deshalb einen idealen Nährboden für Verschwörungs*theorien* jeder Art ab, vor denen alle Verschwörungs*fakten* verblassen müssen.

Deshalb scheint es mir an der Zeit, die Herangehensweise an das Thema zu ändern. Die spielerische Tarnung unter dem Wappen »WTC-Conspiracy« hatte es ermöglicht, über Hintergründe und Zusammenhänge der Anschläge zu berichten, die »ernsthaft« in dieser Zeit kaum publizierbar waren – auch wenn sie natürlich ernst gemeint waren (und von den meisten Leserinnen und Lesern auch so verstanden wurden). Doch jetzt weiter unter diesem Blickwinkel zu schreiben, würde nichts anderes bedeuten, als das Spiel derer zu spielen, die öffentliche Ermittlungen über den Tod Tausender Unschuldiger verhindern und als Staatsgeheimnis versiegeln. Deshalb habe ich den Job des »Konspirologen« fürs Erste an den Nagel gehängt und nehme, zusammen mit Andreas Hauß, die Haltung des Dokumentaristen ein. In diesem Buch, das wir bis auf diese Einleitung und das Nachwort gemeinsam geschrieben haben, geht es nicht um die Verschwörungen, Verschwörungstheorien und die Geheimnisse, sondern um die Fakten, Fälschungen und die unterdrückten Beweise des 11.9. Es geht um eine Dokumentation der gesicherten Ungereimtheiten, bevor diese von den Medien mit neuen Legendenbildungen verkleistert werden.

Die tausendfach wiederholten Bilder der in das World Trade Center rasenden Flugzeuge sind tief in das Weltgedächtnis eingebrannt, und mit ihnen sind untrennbar die Assoziationen »Bin Laden« und »19 Hijacker« verbunden. Wie in Säugetierhirnen solche Verbindungen gelegt werden, ist spätestens seit Pawlows Hundeexperimenten bekannt: Die gewünschte Assoziation wird durch ständige Wiederholung der verbundenen Reize erzeugt. Stellen Sie sich vor, Sie hätten die Bilder nur einmal kurz in den Nachrichten gesehen und dabei gehört, dass Bin Laden und 19 Hijacker mit Teppichmessern verdächtigt werden, und seien dann umgehend auf eine einsame Insel ohne jeden Medienkontakt ausgewandert. Jetzt, nach fast zwei Jahren, bekommen Sie erstmals Besuch und sind begierig zu erfahren, was seitdem in der Welt geschah. Sie fragen nach dem fürchterlichen Terroranschlag in New York. Wer war das, wer steckte dahinter, was haben die Ermittlungen ergeben, wurde die Bande gefasst? Was wird der Besucher, ein durchschnittlich informierter Nachrichtenkonsument, Ihnen über die Hintergründe und Hintermänner berichten können? Dass ein Koran und »arabische Flugunterlagen« auf islamistische Täter deuten ..., dass eine Bin Laden-ähnliche Figur in einem verwackelten Video ihr Vorauswissen bekannt hat ..., dass einige der Terroristen in Florida fliegen gelernt und in Deutschland studiert haben ..., dass die gesamte zivilisierte Welt von einem »Terrornetzwerk« bedroht wird ... Was noch? Angesichts der Situation beginnt sich Ihr Besucher am Kopf zu kratzen, irgendwie ist ihm völlig klar, dass Bin Laden und

Al Qaida dahinter stecken, aber jetzt, wo Sie ihn zum Nachdenken zwingen, weiß er eigentlich gar nicht, warum ihm das so klar ist. Indem Sie darauf insistieren, dass es doch nach fast zwei Jahren eindeutigere Spuren, Beweise, Erkenntnisse geben müsse, wird Ihrem Besucher deutlich, dass er offenbar einer Konditionierung anheim gefallen ist, die »WTC« und »Bin Laden« so untrennbar miteinander verknüpft wie der Pawlowsche Hund den Reiz mit dem Wurstzipfel. Für die Lektüre dieses Buchs sei deshalb vorab eine virtuelle Dekonditionierung empfohlen: Versuchen Sie, Ihr Gehirn in Sachen 11.9. in den quasi jungfräulichen Zustand dieses Insulaners zurückzuversetzen – und die Pawlowschen Reflexe, die uns durch tausendfache Wiederholung antrainiert wurden, zu durchschauen und außer Kraft zu setzen.

Was wissen wir wirklich? Wo sind wir Fälschungen oder Vertuschungen aufgesessen? Welche Beweise müssten eigentlich vorliegen und werden zurückgehalten? Wer steckt dahinter? Von einem handelsüblichen Puzzlespiel – sagen wir: das World Trade Center in 5000 Teilen – unterscheidet sich das 9/11-Rätsel in einem zentralen Punkt: Auf der Schachtel findet sich nicht das ganze Bild. Insofern weiß keiner, was dieser Berg von Puzzlesteinen, richtig zusammengelegt, am Ende für ein Bild ergeben könnte. Dass wie bei jedem offenen Kriminalfall auch einige weiße Flecken oder schwarze Löcher vorkommen, erschwert die Sache noch zusätzlich – und zumindest am Anfang wäre Streit unter den Spielern vorprogrammiert, was denn die ersten kleinen Ordnungsinseln, die sie aus dem Meer von Chaos zusammenfügen, ergeben könnten. Einige passgenaue Teile in derselben Farbe könnten ein Stück Himmel oder Wasser sein, aber auch ein Fenster oder ein Teil einer Fassade ... Solange keine Vorstellung des Gesamtzusammenhangs besteht, ist es schwierig, die Fragmente zuzuordnen. Beim probeweisen Konstruieren eines möglichen Gesamtbilds ist jeder Spieler zudem von seinen Ahnungen und Vorurteilen geleitet. Wenn die fragmentarisch zusammenpassenden Ausschnitte dann größer werden, scheiden bestimmte Möglichkeiten aus. So muss ein Fragment in undefinierbarem Blau, auf dem zum Beispiel eine Wolke oder der Kondensstreifen eines Flugzeugs erkennbar wird, zum Himmel gehören und eben nicht zum Wasser.

Was bei dem Puzzle des 9/11-Rätsels nun auffällt, ist, dass solche Alternativen von Anfang an überhaupt nicht existierten. Der Vorgabe zuliebe, die schon 48 Stunden nach dem Anschlag feststand – dass es sich bei dem Bild um einen Überraschungsangriff von Osama Bin Laden und 19 Mittätern handeln muss –, wurden seitdem alle möglichen Alternativen mit medialer Gewalt (»frevelhafte Verschwörungstheorie!«) vom Spieltisch verbannt. Das bedeutet: Jedes Teil, das nicht in die Kontur der offiziellen Version passt, scheidet nicht nur automatisch aus, es ist auch verboten, mit den ausgeschiedenen Teilen weiter herumzupuzzeln – zumindest auf dem offiziellen Spieltisch, den die großen Medien als einzige Realität abbilden. Durch dauernde Wiederholung erscheint die dort zusammengelegte Kontur als die einzige Lösungsmöglichkeit und wird so in den Rang einer unhinterfragbaren »Wahrheit« gehoben. Doch wer nur etwas genauer hinschaut, sieht sofort, wie diese »wahre« Lösung des 9/11-Puzzles zusammengepfuscht ist – und dass sie nur zustande kommen konnte, weil ein ganzer Berg dazugehöriger Puzzlesteine einfach disqualifiziert wurde. Dieses Buch bringt sie zurück auf den Spieltisch – und die Konturen, die sich daraus abzeichnen, sind erschreckend.

Die folgenden Kapitel enthüllen nicht die Wahrheit über den 11. September, wir kennen sie nicht und überlassen Offenbarungen unter dem Titel »Was wirklich geschah« auch fürderhin den ehemaligen Nachrichtenmagazinen. Wir können nur dokumentieren, dass die bis heute präsentierte »Wahrheit« nichts anderes ist als ein dürftiges Konstrukt. Zwar gilt dieser Konstruktionsvorbehalt für jede Wahrheit, und auch die des 11.9. wird von jedem Beobachter in seinem höchsteigenen

Hirnkastl konstruiert. Doch wenn ein solches Konstrukt zu Propagandazwecken millionenfach und permanent verbreitet und diese Simulation als Fanal für einen Weltkrieg genutzt wird, ist es allerhöchste Zeit, es als Lügengebäude zu entlarven.

Um es noch einmal klar zu machen: Wir hecken keine Verschwörungstheorien aus wie die Legende von Osama und den 19 Räubern, sondern präsentieren Fakten, die wir nach bestem Wissen recherchiert haben und mit seriösen Quellenangaben belegen. Da fast alle Quellen über das Internet zugänglich sind, können ihre Wertigkeit ebenso wie die Schlüsse, die wir daraus gezogen haben, ganz leicht überprüft werden. Nehmen wir zum Beispiel das Phänomen der »elusiven Information«, dem wir bei unseren Recherchen permanent begegnet sind. Das sind Nachrichten, die kurz auf- und dann dauerhaft wieder abtauchen, Nachrichten, die nicht am Erscheinen gehindert werden, die aber sofort wieder aus dem Aufmerksamkeitsfokus der Medien herausfallen, weil sie nicht ins Bild passen, und damit so gründlich entsorgt sind, als hätte es sie nie gegeben. Wäre da nicht das grandiose Weltgedächtnis des Internets, das in seinem Archiv all diese weggeworfenen Krümel registriert, sammelt und zugänglich macht!

Anders als mein erstes Buch über den 11.9. bleibt dieses sehr eng am Tag, an der Tat und der Tätertheorie – und auch da nur an den wichtigsten Knackpunkten. Viele Aspekte des Falls sparen wir aus – so die »Spur des Geldes« in Form der nicht weiterverfolgten Finanzspekulationen; die Anthraxfälle, deren Spuren auf den Irak gemünzt waren, aber in US-Labors führten; die Hinweise auf eine zusätzliche Sprengung der WTC-Towers und vieles andere. Nicht, weil sie nicht ebenfalls weitere Untersuchung verdienten, doch scheinen uns diese Fälle zweitrangig verglichen mit dem hier vorgelegten Material. Es zeigt, dass die offizielle Behauptung eines »Überraschungsangriffs« mit an Sicherheit grenzender Wahrscheinlichkeit eine Lüge ist.

Die Quellenfülle dieses Buchs beruht zu einem erheblichen Teil auf der Recherchearbeit von Andreas Hauß. Andreas betreibt die Webseite www.medienanalyse-international.de, die mir schon kurz nach den Anschlägen mit ihrer gegen den Mainstream gebürsteten Nachrichtensammlung und Kommentierung aufgefallen war. Nachdem wir uns über E-Mail, telefonisch und später persönlich kennen gelernt hatten, stellten wir fest, dass wir beide Mitte der 70er Jahre an der FU Berlin Literaturwissenschaft und Politik bzw. Geschichte studiert hatten. Obwohl wir danach ziemlich verschiedene Berufs- und Lebenswege eingeschlagen haben, scheint sich bei uns gleichermaßen gehalten zu haben, was die Professoren uns damals vermittelten: der Geist der »Aufklärung« und ein hartnäckiger demokratischer Impetus. Nimmt man aus den Publizistikseminaren, die ich damals ebenfalls belegt hatte, noch die absolute Unbedingtheit einer freien Presse hinzu, dann wäre der Wertekanon beisammen, dem sich dieses Buch verpflichtet fühlt. So lange diese Werte noch irgendetwas gelten, so lange ist es die verdammte Pflicht jedes Journalisten, auf den gigantischen Skandal aufmerksam zu machen, der sich hinter dem unaufgeklärten Massenmord des 11. September verbirgt. Seine Spuren weisen mitten ins Zentrum jener Macht, die jetzt angetreten ist, die Welt vom Terror zu befreien: der Geheimdienste und Militärs der Vereinigten Staaten.

Berlin, 1. Juli 2003

*Mathias Bröckers*

*Notiz:* Alle Zeitangaben in diesem Buch beziehen sich auf die US-Ostküstenzeit EDT (Eastern Daylight Time). Die Zeitdifferenz zu unserer Weltgegend beläuft sich auf sechs Stunden. Als also die AA 11 um 8.45 h in den Nordturm des WTC raste, war es in Berlin 14.45 h.

# Die große Erzählung von Osama und den 19 Räubern

Die Türme des World Trade Center waren noch nicht eingestürzt, da tauchte in den CNN-Berichten über die Terroranschläge erstmals der Name des Hauptverdächtigen auf: Osama Bin Laden. Zwar hatten sich die Flugzeugentführer weder über Funk noch mit einem Bekennerschreiben in irgendeiner Weise zu erkennen gegeben; zwar ließen Politiker und einschlägige Behördenvertreter in den Stunden, Wochen, Monaten danach immer wieder verlauten, wie sehr man von dieser unvorhersehbaren Attacke überrascht worden war; zwar konnte zu diesem Zeitpunkt über die Hintergründe und Hintermänner der Tat noch nichts ermittelt worden sein, doch Bin Laden stand von vornherein als Oberschurke und »Mastermind« fest, andere in Frage kommende Verdächtige wurden erst gar nicht benannt. Als Reaktion auf die Anschläge hatte Präsident Bush an einer Grundschule in Florida zuerst noch 25 Minuten Kindergeschichten angehört, bevor er in der Air Force One zu einem längeren Rundflug aufbrach und gegen 10.37 Uhr am Telefon erfuhr, »dass seine Frau Laura und seine beiden Töchter in Sicherheit sind. Scherzhaft fragt er, was mit Barney, dem Hund der Familie, sei. Andy Card, sein Stabschef, witzelt, der sei inzwischen Osama Bin Laden auf den Fersen.«[4]

Man hat zwar bis vor kurzem noch Zweitklässlern gelauscht und wusste von gar nichts, kaum eine Stunde später aber jagt die Präsidententöle schon den Täter. »Das riecht nach Al Qaida«, soll CIA-Chef Tenet am Abend des 11.9. der um Präsident Bush versammelten Beraterrunde gesagt haben – und definierte damit den nächsten Baustein der großen Erzählung, das mysteriöse »Netzwerk« des Terrorchefs. Bis dahin war der Begriff »Al Qaida« in der Öffentlichkeit nahezu unbekannt, nun machte er in Windeseile Furore: als heimtückisches, um die ganze Welt gespanntes Netzwerk von »Schläfern«.

Unterfüttert wurde dieser Baustein dann durch das ganze Arsenal von eindeutigen Hinweisen, die die Hijacker massenweise in Mietwagen und Koffern zurückgelassen hatten: Flugunterlagen fehlten genauso wenig wie ein Koran, ein Testament und eine dezidierte Anweisung für die letzten Minuten an Bord. Damit waren alle Ingredienzien beisammen, um einen neuen Typus von Terroristen zu definieren: den islamistischen Terrorpiloten. Keine 48 Stunden nach der Tat wurden 19 von ihnen auf einer Liste des FBI als Verdächtige präsentiert. Dass sich in den Tagen danach sechs der als Hijacker benannten Personen lebend meldeten – und sich beschwerten, dass sie fälschlich auf diese Liste gelangt waren, half ihnen wenig. Sie stehen dort bis heute. Auch Osama Bin Laden, der sich kurz darauf in einem von Al Dschasira gesendeten Video zu Wort meldete und jede Beteiligung an den Anschlägen abstritt, konnte sich dadurch nicht entlasten. Sechs Wochen später reichten die USA ein von der CIA gefundenes Homevideo nach, in dem der »Terrorfürst« angeblich seine Mitwisserschaft kundtut. Trotz der zweifelhaften Übersetzung, der fragwürdigen Bildqualität und der insgesamt dubiosen Herkunft ersetzt nun dieses Video als Baustein der großen Erzählung das erste. Bei den Medien-Rückblicken zum Jahrestag der Ereignisse im September 2002 wurde das erste, authentische Video mit dem Dementi Bin Ladens schon kaum noch erwähnt. In die Geschichte geht das verwackelte Homevideo mit dem angeblichen Bekenntnis ein.

Ein weiterer Baustein der großen Erzählung ist die Höhle Tora Bora im Norden Afghanistans, der vermeintliche Stützpunkt der Übeltäter. Erst verkündet Präsident Bush: Wir werden sie »jagen«, wir werden sie in ihren Löchern »ausräuchern«, wir werden sie kriegen, »tot oder lebendig«. Dann lässt er Tora Bora mit Bomben eindecken – und die Taliban, die Helfershelfer Al Qaidas, gleich dazu. Osama Bin Laden allerdings hat sich in Luft aufgelöst.

Tot freilich, oder zur Strecke gebracht, wären er und seine Räuber zu nichts mehr nutze. Nur als Verschwundene oder Untote liefern sie den Anlass, den »Kampf gegen den Terrorismus« fortzusetzen und auf andere Regionen auszudehnen. Deshalb wird der großen Erzählung jetzt ein weiterer Baustein zugefügt: dass nämlich der »Terrorfürst« Osama Unterstützung von einem anderen bösen Herrscher, Saddam Hussein, erhielt. Dies wiederholen die Märchenerzähler so oft, dass am Ende alle Zuhörer glauben, die 19 Räuber aus der Tora-Bora-Höhle seien eigentlich Iraker gewesen, weshalb man nun gegen Bagdad in den Krieg ziehen müsse.

Und auch wenn Osama längst gestorben ist, leben er und sein heimtückisches Netz von »Schläfern« bis heute weiter und werden nach Bedarf wachgeküsst. Demnächst in Syrien, im Iran, im Libanon? Wie auch immer – dank des Phantomteufels Osama lauert das Böse nun immer und überall.

# Who is who – Die 19 Attentäter

»Es ist leicht, sich eine unendliche Anzahl von Situationen vorzustellen, in denen die Regierung legitimerweise falsche Informationen ausgibt.«
*US-General Solicitor (Kronanwalt) Theodor Olson, 18.3.2002*

Wenn Sie bis dato wie selbstverständlich davon ausgegangen sind, dass für die Anschläge vom 11. September 19 Hijacker verantwortlich waren und diese Täter identisch sind mit den Verdächtigen, die FBI und Interpol auf ihren Plakaten führen, dann wird dieses Kapitel Ihren Glauben nachhaltig erschüttern. Denn mindestens sechs der angeblichen Entführer leben noch – zumindest taten sie das in den Tagen unmittelbar nach dem 11. September, als sie sich wunderten, dass sie mit ihrem Namen samt Geburtsdatum und Passbild auf der FBI-Liste der verdächtigten Massenmörder auftauchten, und ihre Verwunderung in Presse und Fernsehen öffentlich kundtaten. Wenn Sie sich nun Ihrerseits wundern, warum Sie davon noch nie gehört haben, können wir nur auf das Phänomen der »elusiven Information« verweisen, das wir bereits erläutert haben und dem wir im Verlauf dieses Falls noch häufig begegnen werden.

Warum sich überhaupt mit den Attentätern beschäftigen, selbst wenn die eine oder andere Identität unklar bleibt? Irgendjemand muss doch die Flugzeuge entführt und gesteuert haben, warum also nicht die 19, die das FBI so schnell ermittelt hat? Hatten die sich nicht schon vorher verdächtig gemacht und fliegen gelernt?

Was uns jedoch als Erstes stutzig machte, das waren die wahrhaftigen »Elefantenspuren« (Andreas von Bülow), die zu ihnen führten: liegen gelassene Koranbücher, hängen gebliebene Reisetaschen mit fundamentalistischen Testamenten, »Flugunterlagen« in arabischer Sprache in vor den Flughäfen geparkten Autos usw. Und alle Welt nahm das wie selbstverständlich hin.

Die Gerichtssprache in Deutschland ist Deutsch. Die Sprache im internationalen Flugverkehr ist Englisch. Nicht Arabisch. Was sollen das also für Flughandbücher sein? Die zum Erlernen des Fliegens (Englisch) oder etwa die Bedienungsanleitungen für Geräte? Für die Cockpits der großen arabischen Flugzeugindustrie? Für den großen Markt der in den arabischen Ländern weit verbreiteten Gyrokompasse, künstlichen Horizonte, Triebwerktemperaturanzeigen? Also: Welche Flugunterlagen in arabischer Sprache können das gewesen sein, die die »Spur« sofort in Richtung Islamisten/Bin Laden lenkten? Wieso hatten sie überhaupt Fluganleitungen und Handbücher im Gepäck und im Kofferraum der gefundenen Autos? Hatten sie nicht schon genug gelernt? Mussten sie die Bücher wirklich mit sich rumschleppen?

Dazu kamen erste Ungereimtheiten der Identitäten, das beginnende Puzzle der veröffentlichten Passagierlisten sowie die ersten Nachrichten über die bescheidenen Flugkünste der auf Kleinstmaschinen ausgebildeten Hobbyflieger, die kaum für die komplizierten Manöver der vier Boeings am 11.9. ausreichten. Neben diesen ersten Verdachtsmomenten tauchten schon bald weitere wichtige Anhaltspunkte auf: CIA, FBI sowie deutsche und andere Geheimdienste kannten die Hijacker schon vor dem 11.9. und bevor sie überhaupt in die USA einreisten. Darüber hinaus deuten ihre Visabeschaffung, Arbeitsorte, Wohnorte etc. auf Hilfestellung, vielleicht sogar Steuerung durch Geheimdienste hin.

Wenn wir nun behaupten, dass einige der so genannten Hijacker des 11.9. noch lebten, nachdem sich die letzte der vier Maschinen in den Boden gerammt hatte, ergeben sich daraus weit reichende Konsequenzen für den gesamten Fall, weil dann völlig unklar wäre, wer die Flugzeuge eigentlich gesteuert hat. Doch zunächst zur Hauptaussage, die wir bewusst vorsichtig formulieren (»lebten«). Denn eine Garantie dafür, dass dies auch jetzt noch der Fall ist, können wir nicht geben. Wir haben sie nicht aufgesucht und persönlich interviewt. Sie sind in letzter Zeit auch von sonst keinem interviewt worden. Wir

**Kleine Übersicht über die vier Todesflüge**
*(siehe auch die Karte auf S. 2 f.)*

| Flugnummer | **AA 11** | **UA 175** | **AA 77** | **UA 93** |
|---|---|---|---|---|
| Typ | Boeing 767 | Boeing 767 | Boeing 757 | Boeing 757 |
| Passagiere/Crew/ angebliche Hijacker | 76/11/5 | 51/9/5 | 53/6/5 | 34/7/4 |
| Start in | Boston Logan | Boston Logan | Washington Dulles | New York Newark |
| Start um | 7.59h | 7.58h | 8.10h/8.20h | 8.01h/8.41h |
| Transponder aus | 8.14h | 8.43h | 8.55h/9.02h | 9.20h/9.28h |
| Kurswechsel | 8.20h/8.40h | 8.40h/8.46h | 8.56h | 9.36h |
| FAA informiert NORAD | 8.20h/8.38h | 8.43h | 9.24h | ? |
| angeblicher Start der Abfangjäger | Otis, Mass. 8.52h | Otis, Mass. 8.52h | Langley, Va. 9.30h | – – – |
| Crash in | WTC-Nordturm | WTC-Südturm | Pentagon | Shanksville, Pa. |
| Crash um | 8.45h | 9.03h | 9.41h | 10.03h/ 10.10h |
| Flugmanöver | aus 29.000 Fuß Höhe direkter Sinkflug in 8 Minuten | letzter Schwenk kurz vor dem Einschlag | aus 7000 Fuß Höhe in einer 270° Kurve flach genau in die Mitte | einige Meilen in Rückenlage und Zickzack |

Alle Angaben in starker Anlehnung an offizielle Behauptungen und daher ohne Gewähr. Wer sich durch die Quellen kämpft, ist mit den absurdesten Abweichungen vor allem bei den Zeitangaben konfrontiert. Diese Widersprüche sind derzeit nicht auflösbar.

sollten Verständnis für jemanden haben, der in vollem Ornat mit Foto, Name und Geburtstag des vieltausendfachen Massenmords bezichtigt wird und der nach seiner umgehenden Beschwerde und einer lauen Entschuldigung erfahren muss, dass sein Foto und Name weiter auf dem Plakat der toten Verdächtigen steht und wieder und wieder durch die Medien gepumpt wird. So ein Mensch wird sich angesichts der Morddrohungen aus den USA in den hinterletzten Winkel seines Heimatdorfes verkriechen und für Interviewanfragen nicht zur Verfügung stehen. Die Karriere als Pilot ist hin, das Berufsleben vorbei.

Die offizielle FBI-Interpol-Liste[5] gilt weltweit unverändert, bis heute, also lange *nach* den ersten Beschwerden angeblicher »Attentäter«, sie seien noch am Leben und hätten mit all dem nichts zu tun. Dennoch sind es ihre Fotos, ihre Namen, ihre Geburtsdaten. Handelte es sich um einen Mr. X oder Y, müsste auf der Liste auch Mr. X oder Y stehen, mit einem Phantombild (gezeichnet oder per Bildverfahren nach Zeugenerinnerungen zusammengesetzt) und den benutzten Aliasnamen. Doch so sehen die FBI-Verdächtigenlisten nicht aus, sie bestehen aus einer Aufzählung *realer* Personen, denen nur unterschiedliche Schreibweisen zugeordnet werden. Die offizielle Behauptung lautet also bis heute: Diese 19 haben am 11. September 2001 das Verbrechen begangen.

Schon am 20. September, also nur wenige Tage nach den Anschlägen, hatte dagegen der saudi-arabische Außenminister Prinz Saud Al-Faisal vor der arabischen Presse nach einem Treffen mit Präsident George W. Bush erklärt: »Es ist bewiesen, dass fünf der Namen aus der FBI-Liste nichts mit dem zu tun hatten, was passierte.«[6] Wie konnte er das sagen? Und warum wurde diese Aussage nicht in dem Maße gewürdigt, wie sie es verdient – bzw. genauer: Warum wurde sie völlig ignoriert? Waren die Verdächtigen nicht mehrheitlich Saudis und ist nicht eine Identitätsprüfung durch lokale Behörden und ein eindeutiges Statement ihres Außenministers von gewisser Relevanz? Offenbar nicht, denn die FBI-Liste wurde und wird bis heute kommentarlos weiterveröffentlicht. Am 28. September 2001 titelte der *Spiegel:* »FBI legt endgültige Liste der mutmaßlichen 19 Terroristen vor«, und ergänzte: »Nach US-Medienberichten vom Freitag sind die Personen über Passagierlisten, Pässe, Führerscheine und andere Dokumente identifiziert worden.« Na, dann muss es ja zweifelsfrei stimmen...

Als habe es keine Unterredung zwischen Bush und Al-Faisal gegeben. Als hätten sich keine angeblichen Attentäter gemeldet. Als hätten BBC, CNN, *Le Monde, Independent* und andere nie darüber berichtet. Die Liste der 19 (siehe übernächste Doppelseite) gilt somit fort und fort bis in alle Ewigkeit.

Eine Frage allerdings stellt sich schon vorab. Wenn diese Liste so offenkundig nicht stimmt – und diesen Beweis werden wir antreten –, was für eine Funktion hat sie dann? Dem FBI ging es ja nicht darum, ein Fahndungsplakat in die Welt zu setzen, mit dem die geschockte Öffentlichkeit um Mithilfe bei der Suche gemeingefährlicher Terroristen gebeten werden sollte. Vielmehr gelten die 19, die hier präsentiert werden, erklärtermaßen als tot. Das FBI hat also 19 Grabsteine aufgestellt. 19 Grabsteine als nachgereichter Pranger: Die da waren's! Warum sind dann jedoch eindeutig fiktive Grabsteine darunter?

Wir dekonstruieren hier zwar die offizielle Attentäterstory und halten uns beim Dekonstruieren des Personals brav an das offizielle Drehbuch. Aber unser Ziel ist nicht der Austausch der bekannten Schauspieler oder der Zweifel an deren Fähigkeiten. Unser Ziel ist vielmehr der Beleg für die Behauptung, dass es sich bei den uns erzählten Geschichten des 11.9. um ein Drehbuch handelt – und nicht nur um eine »schlecht recherchierte« Reportage. Bei der »Besetzung« sind die unterschiedlichsten Akteure zum Zug gekommen: reale Untote, Doppelgänger, Joker, zusammengesetzte Figuren und pure Fiktionen. Die von uns hier nicht angesprochenen »Personen«

unter den 19 sind dermaßen »blutleer«, haben keine Geschichte, bleiben bis auf Angabe ihrer Namen so anonym, dass wir uns fragen, ob es sich bei denen nicht um den schlichten Mix irgendwelcher Fotos mit irgendwelchen Geburtsdaten handelt.

Selbst CNN schreibt am 21.9.2001: »Experte: Wahrscheinlich waren die Hijacker mit falschen Identitäten ausgerüstet.«[7] Die geringste Konsequenz daraus sollte dann doch wohl sein, wahre und falsche Identitäten auseinander zu halten – besser noch: sie aufzuklären. Sofern es ein Interesse daran gäbe.[8]

## Die sechs lebenden Selbstmordattentäter

Von den 19 verdächtigten Attentätern waren nach dem 11. September mindestens sechs noch lebendig – nicht weil sie den Crash der Maschinen auf magische Weise überlebt hätten, sondern weil sie gar nicht an Bord und zum fraglichen Zeitpunkt nicht einmal in den USA waren.

Wir sagen »mindestens«, weil uns zu einigen weiteren dieser »Terroristen« nur spärliche Nachrichten vorliegen. So wurde zum Beispiel Mohald Al-Sheri nur in der bereits angeführten Erklärung des saudischen Außenministers Al-Feisal als lebend gemeldet. Das ist alles, andere Informationen gibt es nicht. Und wir wissen nicht einmal etwas von einer Verwandtschaft dieses Mohald zu den beiden anderen Al-Sheris, von denen noch die Rede sein wird.

Noch ein Rätsel, das wir nur anführen, das wir aber nicht auflösen können: Am 15. April 2002 wurde von Al Dschasira ein Video gesendet, das angeblich den »Entführer« Al-Hasnawi zeigte – *vor* einem Bild mit dem brennenden WTC.[9] Diese Information wurde auch in Deutschland kurz registriert und dann gleich wieder *ad acta* gelegt.[10] Über die Identität dieses »Attentäters« vor dem Ort des Attentats darf man getrost spekulieren.[11] Den entschiedensten Erklärungsvorschlag hatte wieder einmal der amerikanische Verteidigungsminister Donald Rumsfeld parat: »Kann sein, dass die der Welt immer noch vorspielen wollen, dass sie leben, und das, obwohl das nicht der Fall ist.«[12]

*Salem Al-Hazmi (Flug AA 77)*

Salem Al-Hazmi, so berichtet der Londoner *Telegraph* am 23. September 2001, »war, als die Hijacker zuschlugen, gerade auf seinen Arbeitsplatz in einem petrochemischen Komplex in der östlichen Industriestadt Janbo zurückgekehrt, nachdem er in Saudi-Arabien seinen Urlaub verbracht hatte. Er war beschuldigt worden, die American Airlines Flight 77, die das Pentagon traf, entführt zu haben.« Der Reporter des *Telegraph*, David Harrison, hatte Al-Hazmi und drei weitere angebliche Hijacker interviewt und unter anderem in Erfahrung gebracht, dass Al-Hazmi noch nie in den USA war:

> »Die Männer – alle aus Saudi-Arabien – sprachen von ihrem Schock, irrtümlich vom FBI zu Selbstmordterroristen erklärt worden zu sein. Keiner der vier war am 11. September in den Vereinigten Staaten, und alle befinden sich wohlauf in ihrem Heimatland. Der *Telegraph* war die erste Zeitung, die die Männer interviewen konnte, seit sie erfuhren, dass sie auf der FBI-Liste der Hijacker stehen, die in den Crashs in New York, Washington und Pennsylvania ums Leben kamen.«[13]

*Achmed Al-Nami (Flug UA 93)*

Achmed Al-Nami, geboren 1977, ist Verwaltungsangestellter der Saudi Arabian Airlines in Riad und soll laut FBI an Bord der in Pennsylvania abgestürzten Maschine gewesen sein – tatsächlich ging er aber seinem Job in der saudischen Hauptstadt Riad nach. Dem Reporter des *Telegraph* berichtete er: »Ich lebe noch, wie Sie sehen. Ich war geschockt, meinen Namen durch die amerikanischen Justizbehörden erwähnt zu sehen.

## Die FBI-Liste der 19 mutmaßlichen Terrorpiloten

### American Airlines 11

Mohammed Atta,
geb. 1968,
Ägypten

Abdulaziz Al-Omari,
geb. 1979,
Saudi-Arabien

Walid Al-Sheri,
geb. 1978,
Saudi-Arabien

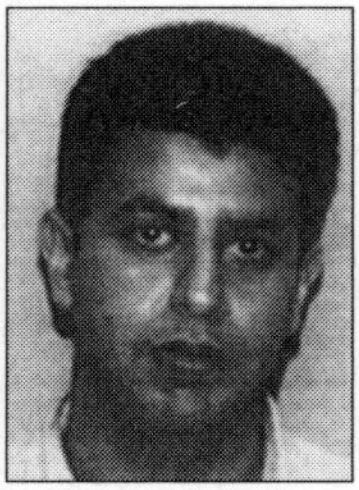
Wail Al-Sheri,
geb. 1973,
Saudi-Arabien

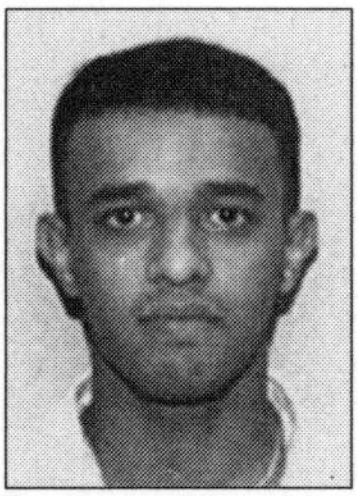
Satam Al-Sukami,
geb. 1976,
Vereinigte
Arabische Emirate

### United Airlines 175

Marwan Al-Shehi,
geb. 1978, Vereinigte
Arabische Emirate

Ahmed Al-Ghamdi,
geb. 1979,
Saudi-Arabien

Hamsa Al-Ghamdi,
geb. 1980,
Saudi-Arabien

Fajis Ahmed,
geb. 1977,
Saudi-Arabien

Mohald Al-Sheri,
geb. 1979,
Saudi-Arabien

## American Airlines 77

Hani Hanjour,
geb. 1972,
Saudi-Arabien

Khalid Al-Midhar,
geb. 1975,
Saudi-Arabien

Salem Al-Hazmi,
geb. 1976,
Saudi-Arabien

Nawaf Al-Hamsi,
geb. 1981,
Saudi-Arabien

Madjid Moqed,
geb. 1977,
Saudi-Arabien

## United Airlines 93

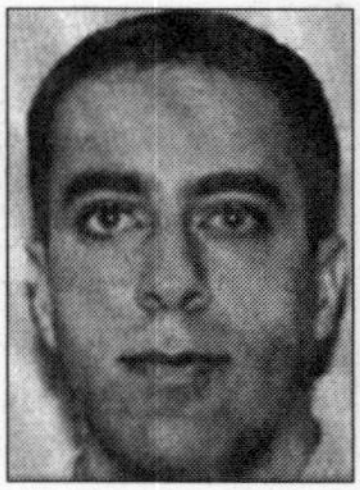

Ziad Jarrah,
geb. 1975,
Libanon

Ahmed Al-Hasnawi,
geb. 1980,
Saudi-Arabien

Achmed Al-Nami,
geb. 1977,
Saudi-Arabien

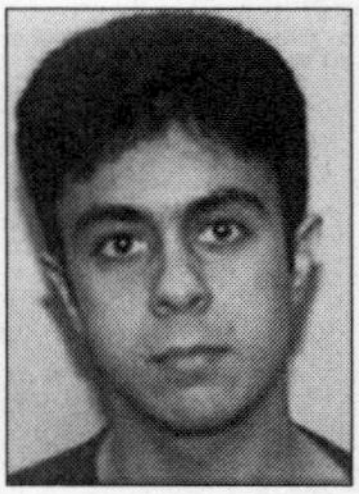

Said Al-Ghamdi,
geb. 1979,
Saudi-Arabien

Ich habe noch nicht einmal je von Pennsylvania gehört, wo das Flugzeug, das ich angeblich entführt haben soll, abgestürzt ist.« Er habe auch nie seinen Pass verloren, und es mache ihm »große Sorgen«, dass ihm seine Identität offenbar »gestohlen« und vom FBI ohne irgendwelche weiteren Überprüfungen veröffentlicht worden sei.[14]

*Abdulaziz Al-Omari (Flug AA 11)*

Zuerst wurde Al-Omaris Vorname mit Abdulrahman angegeben.[15] Einen Abdulrahman Al-Omari gibt es auch. Der ist Pilot, ebenso lebendig, lebt und arbeitet in Dschidda, hat mit dem 11.9. nichts zu tun und weigerte sich, ans Telefon zu gehen, um Journalisten Auskünfte zu geben.[16] Auch gibt es zwei »Abdulazize«, deren einer offenbar vom FBI recht schnell fallen gelassen wurde, während es sich auf den uns nun dauerpräsentierten Bösling endlich einigte und versteifte. Dieser Abdulaziz Al-Omari befand sich zur fraglichen Zeit in Riad. Er saß gerade an seinem Schreibtisch bei der Saudi Telecommunication Society, als die Angriffe stattfanden: »Ich konnte es nicht glauben, als das FBI mich auf seine Liste setzte. Die gaben meinen Namen und mein Geburtsdatum an, aber ich bin kein Selbstmordattentäter. Ich bin hier. Ich lebe. Ich habe keine Ahnung, wie man ein Flugzeug fliegt. Ich habe damit nichts zu tun.«

So zitiert ihn am 23.9. der *Telegraph*. Immerhin war sein Pass 1995 in Denver, Colorado, geklaut worden, wo er seit 1993 Ingenieurwissenschaften studiert hatte. Am 31. Dezember 1995 erhielt er in Riad einen neuen, setzte im Januar 1996 sein Studium in den USA fort und kehrte nach dem Examen im Jahr 2000 nach Riad zurück, wo er zuerst bei der staatlichen Strom- und dann bei der Telekommunikationsgesellschaft arbeitete.

Über sein Interview mit dem *Telegraph* hinaus tauchte Al-Omari im Fernsehen bei Al Dschasira auf. Dort sah er genauso aus wie auf der FBI-Liste, wo doch eigentlich eine Galerie von toten Entführern versammelt ist. Der *Guardian* hat Al-Omaris Einlassungen vor der Kamera von Al Dschasira übersetzt und zitiert ihn so: »Möge Gott alle belohnen, die mich auf diesem Weg ausgebildet haben und hinter dieser großen Tat standen, und eine besondere Erwähnung verdient der Mudschaheddinführer Sheik Osama Bin Laden, möge Gott ihn schützen.«[17] Ein sehr merkwürdiges Statement, das zwar zu einem toten Selbstmordattentäter, aber nicht so recht zu dem lebenden Telefoningenieur passt, den der *Telegraph* interviewt hat.

Wie auch immer, bei Drucklegung dieses Buches prangte auf der FBI- und Interpol-Liste der Verdächtigen immer noch das altbekannte Foto von Abdulaziz. Das Video auf Al Dschasira hatte man bei den Ermittlungsbehörden offenbar nicht gesehen oder nicht zur Kenntnis nehmen wollen. Ebenso wenig wie den Widerspruch bei seinem Geburtstag: Auf der FBI-Interpol-Liste wird er mit dem 24.12.1972 angegeben, auf dem Visaantrag jedoch mit 28.5.1979. Wenn den Ermittlungsbehörden zwei Geburtsdaten in offiziellen Dokumenten vorliegen, aber nur ein Foto, das wiederum zu einem lebendigen Menschen passt, der seinerseits nach allen bekannten Naturgesetzen nur ein Geburtsdatum haben kann – dann ist ein Geburtsdatum übrig. Zu einer Person, deren Foto nicht vorliegt, die sich (berechtigt oder unberechtigt) mit dem Namen Al-Omari schmückt.

### *Said Al-Ghamdi (Flug UA 93)*

Said Al-Ghamdi ist Pilot. Nach dem 11.9. wurde er zunächst von der in London erscheinenden arabischen Tageszeitung *Aharq Al Awsat* interviewt, wie BBC am 23. September 2001 berichtete.[18] Und auch beim *Telegraph* meldete er sich:

> »Ich war vollkommen geschockt. In den letzten zehn Monaten war ich in Tunesien stationiert, zusammen mit den 22 anderen

> Piloten, um den Airbus A320 fliegen zu lernen. Das FBI hat für meine angebliche Verwicklung in den Anschlag keinen Beweis erbracht. Sie können sich gar nicht vorstellen, wie das ist, als Terrorist – und als Toter – bezeichnet zu werden, wenn man unschuldig ist und lebt.«

Auch die Fluglinie sei entsetzt gewesen und habe ihn dann »letzte Woche« nach Hause gebracht, um eine Festnahme oder Befragung zu verhindern, schreibt der *Telegraph*. Das FBI hat sich durch das Lebenszeichen des qua Listenzuordnung für tot Erklärten nicht irremachen lassen: Said Al-Ghamdi wird weiterhin als einer der 19 Verdächtigen angeführt.

### *Walid Al-Sheri (Flug AA 11)*

Auch Walid Al-Sheri ist Pilot und ließ sich zur Tatzeit gerade fortbilden. BBC berichtete über ihn am 23. September 2001:

> »Dieser protestiert jetzt in Casablanca (Marokko), er sei unschuldig. Er erklärte Journalisten, dass er nichts mit den Attacken in New York und Washington zu tun habe und dass er zur Tatzeit in Marokko gewesen sei. Laut saudischen Presseberichten hat er sich bei amerikanischen und saudischen Behörden gemeldet. Er bestätigte, dass er Flugunterricht in Daytona Beach in den USA genommen habe und derjenige Walid Al-Sheri sei, auf den sich das FBI bezieht. Doch er sagte, er habe die USA im letzten September verlassen, um Pilot bei der Saudi Arabian Airlines zu werden, und absolviere zur Zeit einen Fortbildungskurs in Marokko.«[19]

### *Wail Al-Sheri (Flug AA 11)*

Wie sein Bruder Walid soll auch Wail Al-Sheri an Bord der American Airlines 11 gewesen sein. Tatsächlich ist er aber ebenfalls Berufspilot und war in den Tagen danach noch quicklebendig. Der Sprecher der saudi-arabischen Botschaft in Washington, Gaafar Allagany, berichtete, dass sein Vater als saudischer Diplomat in Bombay akkreditiert sei. »Ich habe mit beiden, Vater und Sohn, heute gesprochen«, so Allagany gegenüber der *Los Angeles Times*.[20] Wail ist der Bruder von Walid. Im *Boston Globe* wurden die Familienverhältnisse am ausführlichsten beschrieben – von islamistischem Fundamentalismus kann bei allen Al-Sheris keine Rede sein.[21]

* * *

So viel zu den mindestens sechs in den Tagen nach dem 11.9. eindeutig als lebend gemeldeten »Selbstmordattentätern«. Was uns immer wieder wundert – und dann aber auch wieder nicht, wenn man den beklagenswerten Zustand des investigativen Journalismus bedenkt –, ist die Nonchalance, mit der die Medien über die von ihnen selbst dargestellten Fakten hinweggehen. Diese Auflistung der als lebend berichteten Attentäter ist nicht durch von uns durchgeführte Interviews zustande gekommen, sondern durch Sammlung allgemein zugänglicher, bekannter und nicht dementierter Presseberichte in »seriösen« Medien. Zwar gesteht das FBI selbst seiner offiziellen Liste zu, dass die Identitäten einiger Hijacker nicht völlig geklärt sind. Doch geht es bei dieser Menge lebender »Attentäter« nicht mehr um Irrtümer, Namensverwechslungen oder Schlamperei. Es geht darum, dass die gesamte Liste der Attentäter in Frage gestellt werden muss. Sie war vom ersten Tag an eine systematische Fälschung und ist es bis heute. Dies wird noch deutlicher werden, wenn wir uns den weiteren Verdächtigen zuwenden; doch schon die bis hierher festgehaltenen Ungereimtheiten sollten klar machen, dass bis heute nicht nur keinerlei Hintermänner des 11.9. namhaft und dingfest gemacht werden konnten, sondern dass nicht einmal die Identität der eigentlichen Täter in irgendeiner Weise geklärt ist.

Als Erklärung für die Probleme bei der Identitätsfeststellung wurde in den Wochen nach dem 11.9. zweierlei genannt: Zum einen könnten die Täter falsche Pässe benutzt haben – so das

FBI in einer Entschuldigung nach den ersten Protesten[22] –, dann aber hätten spätestens nach Meldung der Personen, deren Pässe offenbar benutzt wurden, die Listen geändert werden müssen. Und zum anderen wurde auf die Schwierigkeiten der Transkription arabischer in lateinische Buchstaben verwiesen. Das klingt so wunderbar einleuchtend – haben uns Ussama und Osama, Al Qaida und El Kaeda nicht schon öfter verwirrt? –, dass gar nicht mehr weiter nachgedacht wird. Denn wer besorgt beim Bestellen eines Flugtickets die Transkription? Der Geheimdienst? Das FBI? Die Reisebüroangestellten? Wenn Sie je ein Ticket gekauft haben, wissen Sie die Antwort: Sie, und niemand sonst, buchstabieren bei der Buchung Ihren Namen. Und deshalb müssen auch die Attentäter, wie jeder andere Ticketkäufer auf der Welt, ihren Namen angegeben und, sofern er nicht eindeutig verständlich war, buchstabiert haben.

Wären die Namen der Attentäter also den Fluglisten der Airlines entnommen, müssten sie richtig geschrieben gewesen sein. Diese bei jedem Passagierflug obligatorische Passagierliste, mit der die beim Boarding abgegebenen Bordkarten abgeglichen werden – wenn ein Passagier fehlt, erfolgen die bekannten Aufrufe übers Lautsprechersystem des Flughafens –, wurde im Fall der vier Todesflüge des 11.9. nie veröffentlicht. Stattdessen wurden separate Listen der Passagiere und der Hijacker publiziert. Letztere wurde dann umgehend mit Passbildern komplettiert – und die Geschwindigkeit, in der das geschah, schien uns ein weiteres Indiz dafür, dass diese Verdächtigenliste nicht aus den Fluglisten stammt, sondern anders zustande gekommen sein muss. Über das Videobild Mohammed Attas vom Flughafen – das einzige aller »19«, das an einem der Flughäfen durch Videokameras aufgezeichnet wurde – wird noch zu sprechen sein. Die Zusatzinformationen über seinen ursprünglichen Wohnort Hamburg könnte man gewiss so fix ermitteln – aber wie kommen die Medien schon 48 Stunden nach der Tat an Passbilder? Da sie wohl nicht zum

Abreißen an der Hamburger Wohnungstür gehangen haben, dürften sie vom FBI stammen. Aber nicht aus den Passagierlisten.

Halten wir fest: Die originalen Passagierlisten, die die Airlines für diese Flüge führten – in alphabetischer Reihenfolge und in der von den Passagieren selbst angegebenen Schreibweise der Namen –, sind nie veröffentlicht worden. Stattdessen wurde der Öffentlichkeit – angeblich aus Pietätsgründen – eine in Opfer- und Täterlisten separierte Dokumentation der angeblichen Insassen dieser vier Flüge präsentiert. Bei einigen der »Todespiloten« konnten wir bereits zeigen, dass sie entweder gar nicht an Bord waren oder dass anderen Personen ihre Identität zugeordnet wurde.

»Ja, aber was sollen die Behörden denn auch ermitteln, wenn die Täter unter falschem Namen geflogen sind?«, lautet ein beliebter Spontaneinwand. Dazu nur so viel: Es gab für sie keinerlei Grund, falsche Namen zu benutzen, da sie zuvor kreuz und quer durch die USA gereist waren, Kurse belegt, Wohnungen gemietet hatten etc., ohne je irgendwelche Probleme zu bekommen. Warum also ein Verhaltens- oder Namenswechsel? Sie buchten ja sogar auch die Flüge auf die betreffenden Namen. Im Übrigen werden uns auf den FBI-Listen keinerlei Aliase angeboten (außer Schreibvarianten), und per Foto und Altersangaben werden ja bis heute auch diejenigen als Terroristen ausgegeben, die sich als lebend gemeldet haben.

Wie auch immer, es gibt bloß zwei Alternativen. Entweder sind BBC, *Telegraph, Guardian* und alle anderen, die über die lebenden Hijacker berichteten, falschen »Informationen« aufgesessen – oder das FBI und Interpol haben ihrerseits falsche Informationen verbreitet. *Tertium non datur.* Was aber sind die richtigen? Und wer hat warum diese Fehlinformationen in die Welt gesetzt?

## Khalid Al-Midhar, ein alter Bekannter von CIA und FBI

Nach diesem ersten Blick auf putzmuntere »Selbstmordattentäter« des 11.9. kann es uns kaum noch überraschen, dass möglicherweise auch noch weitere von ihnen gar nicht tot sind.

BBC meldete am 15. September 2001 nach der Diskussion von Al-Sheri, Al-Omari und Al-Ghamdi: »Es gibt Hinweise, dass ein weiterer Verdächtiger, Khalid Al-Midhar, ebenso lebendig sein könnte. FBI-Direktor Robert Mueller gab am Donnerstag zu, dass die Identität einiger Selbstmordattentäter noch zweifelhaft sei.«[23] Da mehr als dieser vage Hinweis auf die Lebendigkeit von Khalid Al-Midhar nach dem 11.9. nicht existiert und er sich nicht bei einer Botschaft oder Zeitung gemeldet hat, können wir ihn nicht zweifelsfrei zu den »lebenden« Selbstmordattentätern zählen. Gleichzeitig macht aber die Geschichte dieses Herrn klar, dass ein Al-Midhar mit dem Geburtsdatum und Passbild, die auf der FBI-Liste prangten – sofern er denn überlebt haben sollte –, sich nicht bemüßigt sehen dürfte, sich offiziell zu melden. Während anhand der oben zitierten »lebenden« Hijacker idealtypisch gezeigt werden konnte, dass das FBI an einer Ermittlung der wahren Täter und Hintermänner offenbar gar nicht interessiert ist, tritt uns mit ihm der Idealtypus jenes »Selbstmordattentäters« gegenüber, der eine Erklärung für diese nur scheinbar unverständliche Nichtermittlung liefert: Khalid Al-Midhar wurde seit Jahren aufs Engste von US-Geheimdiensten »observiert«. Wir haben »observiert« nicht etwa deshalb in Anführungszeichen gesetzt, weil die Beobachtung Al-Midhars in Frage stünde – als herauskam, dass er seit Jahren auf der »Terrorist Watch List« der USA stand, machte dies als »größte Geheimdienstpanne aller Zeiten« weltweit Schlagzeilen –, sondern weil Observation ein sehr vornehmer Ausdruck für das ist, was ihm an tätiger Hilfe bei seinen Aktionen widerfuhr.

Zwei »Meilensteine« auf dem Weg zum 11.9. müssen wir uns für diese Geschichte ins Gedächtnis rufen. Sofort nach ihrer Machtübernahme im Januar 2001 ließ die Regierung Bush die Fahndung nach saudischen und jemenitischen Terroristen sowie dem Bin Laden-Clan herunterfahren: »Uns wurde gesagt: Wenn wir euch dabei erwischen, die Saudis und die Bin Ladens auszuspionieren oder eure Nase in ihre Angelegenheiten zu stecken, verliert ihr euren Kopf!«, zitierte Greg Palast in BBC-Newsnight am 6. November 2001 dazu zwei CIA-Agenten.[24] Ähnliches dürfte auch der FBI-Anti-Terror-Chef und unermüdliche Al-Qaida-Jäger John O'Neill[25] zu hören bekommen haben, bevor er – und dies ist der zweite Meilenstein – sich im Juli 2001 gezwungen sah, seinen Job zu quittieren, und Sicherheitschef des WTC wurde (siehe *VVG*, S. 173 ff.). Den letzten Ausschlag für seine Demission hatte das State Department mit einem Einreiseverbot für O'Neill in den Jemen gegeben. Dort und in Saudi-Arabien hatte er seit den Anschlägen auf die afrikanischen US-Botschaften 1998 ermittelt, verstärkt seit den Anschlägen auf eine US-Basis in Saudi-Arabien und der Zerstörer USS »Cole« im Oktober 2000.

Seit 1998 stand ein Haus mit regem Besucherverkehr in der Vorstadt von Sanaa (Jemen) unter Beobachtung amerikanischer Dienste, die auch das dortige Telefon abhörten. Es gehört dem als Bin Laden-Sympathisanten bekannten Ahmed Al-Hada und gilt mittlerweile als das Nest, in dem die Anschläge von Nairobi bis zur USS »Cole« ausgebrütet wurden. Als am 13. Februar 2002 der Sohn des Hausbesitzers, Mohammed Al-Hada, mit Sprengstoff hantierte und sich dabei selbst in die Luft jagte, sahen sich die US-Beobachter genötigt, ihren langjährigen »Draht« zu dieser Al Qaida-Schaltzentrale öffentlich zu machen, wobei sie zugleich einräumen mussten, dass es sich bei den Al-Hadas um niemand anderen handelte als um den Schwiegervater und Schwager von Khalid Al-Midhar, dem »Terrorlogistiker« *(Spiegel)* der Pentagonmaschine.

Seine Familienverhältnisse und sein Umfeld sind den Behörden also seit 1998 bekannt. Da hielt er sich schon in den USA auf, vor allem in San Diego, wo er bis zum Jahr 2000 Flugunterricht nahm – gute zwei Jahre also, in denen er mehrmals unbehelligt ein- und ausreiste und für einige Zeit dort sogar bei einem Zimmer vermietenden FBI-Informanten wohnte. Nach den Anschlägen wird sich der lokale FBI-Chef Bill Gore lautstark darüber beschweren, dass seiner Behörde keinerlei CIA-Informationen über den terroristischen Hintergrund Al-Midhars vorlagen[26] – und dies, obwohl zu diesem Zeitpunkt schon ein Geheimdienstvideo existiert, auf dem er mit den vermuteten Chefplanern des Anschlags auf die USS »Cole« zu sehen ist. Doch erst ein Jahr später, im August 2001, als er schon seit Wochen wieder im Lande ist, wird Al-Midhar von der CIA auf die »Terrorist Watch List« gesetzt[27] – aber das bedeutet noch lange nicht, dass auch alle davon wissen. Das FBI in San Diego hat nach Auskunft seines Sprechers Thurman erst zwei Tage nach dem 11.9. erfahren, dass Al-Midhar auf dieser Liste steht.

Wer hier nach wie vor bereit ist, guten Willen aufzubringen und Pleiten, Pech und Pannen für dieses »Versehen« zu unterstellen, muss schon mehr als nur ein Auge zudrücken. Aber o.k., Murphys Law gilt überall, und was schief gehen kann, geht eben auch mal in Serie schief. Zwar hatten die CIA-Beschatter dem Kandidaten Al-Midhar im Januar 2000 auf der Spur bleiben können, als er zu einem Al Qaida-Meeting nach Kuala Lumpur (Malaysia) und wieder zurück nach Los Angeles reiste, doch dieses Mal, im Vorfeld der WTC-Anschläge, könnte er ihnen nach seiner Ankunft in den USA ja vielleicht entwischt sein. Am 4. Juli 2001 trifft Al-Midhar auf dem JFK-Flughafen in New York ein, als Wohnadresse auf dem Einreiseformular gibt er das Mariott-Hotel an. Dass er seinen Beschattern jetzt verloren gegangen sein könnte, ist aber mehr als unwahrscheinlich, denn er zahlt Rechnungen gern mit seiner Kreditkarte; so auch am 24. August, als er versucht, sein Ticket für den 11. September über die Website der American Airlines zu buchen. Die Zahlung wird zurückgewiesen, da keine gültige Postadresse für den Ticketversand angegeben ist – er holt, wie *Newsweek* am 6. Juni 2002 berichtet, das Ticket zwei Tage später am Washington International Airport ab.[28] Dabei hatte Khalid Al-Midhar sich zwischenzeitlich eine Adresse besorgt – sowie eine Identität als Ansässiger von Falls Church im Staate Virginia. Und diese Geschichte ist nun endgültig nicht mehr mit St. Murphy zu erklären, denn selbst wenn dem Geheimdienst sein Beobachtungsobjekt/Informant/Agent in den Straßen von New York kurzzeitig verloren gegangen wäre – hier meldet er sich freiwillig wieder zurück. Falls Church liegt drei Meilen von Langley, Virginia, dem CIA-Hauptsitz, entfernt, und ausgerechnet hier taucht Al-Midhar am 1. August 2001 auf, um sich einen neuen Ausweis zu besorgen. Dass er zu diesem Zeitpunkt schon auf der »Terrorist Watch List« steht und die CIA angeblich auch schon das FBI über den im Lande befindlichen Terrorverdächtigen informiert hat, behindert die Beschaffung eines Führerscheins (der in den USA bekanntlich als Personalausweis fungiert) in keiner Weise. Im Gegenteil funktioniert das so gut, dass Al-Midhar am nächsten Tagen gleich noch fünf weitere der späteren »Hijacker« mit neuen Papieren versorgt.

Wie besorgt ein junger Araber in den USA, der zudem auf der FBI-Liste verdächtigter Terroristen steht, für sich und seine Kollegen im Handumdrehen neue Papiere? Nun, er fährt auf einem Supermarkt-Parkplatz vor, spricht einen dort herumstehenden Latino an, winkt mit einem 100-Dollar-Schein und fragt, ob er ihm nicht eine neue ID besorgen könnte – und wenige Stunden später hat er sie. Er braucht dazu weder einen Pass noch eine Geburtsurkunde oder eine Meldebestätigung, sondern nur die notariell beglaubigte Bestätigung eines Einwohners, dass er ihm bekannt sei und bei ihm wohne. So einfach konnte das allerdings nirgends sonst in den Vereinigten Staaten funktionieren, sondern ausschließlich im Bundesstaat Virginia und ganz besonders in Falls Church, wo einige Notare die Beglaubigungsformluare mit Blankounterschrift *en gros* verkauft haben.

Al-Midhar und sein Kollege Hanjour scheinen sich sehr gut ausgekannt zu haben: Auf einem 7-Eleven-Parkplatz sprechen sie am Morgen des 1. August 2001 den 28-jährigen Salvadorianer Luis Martinez-Flores an, der dort nach einem Tagesjob Ausschau hält. Mit der Bestätigung von Martinez-Flores erhalten sie wenig später im Virginia Department of Motor Vehicles einen gültigen Ausweis, ausgestellt auf dessen Adresse in Falls Church. Vor lauter Begeisterung scheint Hani Hanjour danach ein bisschen zu sehr auf die Tube gedrückt zu haben: Er gerät in Alexandria, Virginia, in eine Radarfalle und zahlt das Ticket gleich vor Ort. Schon am nächsten Tag lassen sich die »Hijacker« Al-Omari, Al-Ghamdi, Al-Hazmi und Moqed ebenfalls als Einwohner Virginias einbürgern, ihnen steht ein Herbert Villalobos als Bürge zur Verfügung. Er wurde dafür mittlerweile zu vier Monaten Gefängnis verurteilt, ebenso wie Flores, der 27 Monate erhielt.[29] Falls Sie jetzt auf die Idee kommen sollten, sich aus Sicherheitsgründen für ein paar Dollar unter Ihrem Wunschnamen eine zweite ID mit Wohnsitz Virginia zuzulegen, kommen Sie zu spät. Zwar hängen arbeitslose Latinos noch immer auf den Parkplätzen ab und sind auf ein Zubrot angewiesen, doch am 21. September 2001 wurden die Regularien der Identitätsvergabe in Virginia geändert. Al-Midhar und seine Freunde waren die Letzten, die sich vor der Haustür der »Central Intelligence Agency« mit einem gefälschten Ausweis versorgen durften.

Jetzt werden Sie verstehen, warum wir Khalid Al-Midhar einer anderen Kategorie zugeschlagen haben als die noch lebenden Hijacker. Es mag sein, dass auch er noch lebt. In all den vielen Berichten über seine Fake-ID aus Falls Church ist nirgendwo davon die Rede, auf welchen Namen dieser Ausweis lautete – auf seinen oder, wenn nicht, auf welchen sonst.

Deutlich aber wird, dass sich ein seit Jahren unter »Observation« befindlicher Terrorist nicht derart frei und unbehelligt in der Weltgeschichte bewegen kann, ohne dass irgendeine mächtige Instanz eine schützende Hand über ihn hielte. Al-Midhar gilt als der Cheflogistiker der Gruppe. Anders als die hinsichtlich ihrer Vergangenheit anderen »Hijacker« hat er angeblich schon in jungen Jahren einiges erlebt und Al Qaida-Einsätze in Bosnien und Tschetschenien absolviert. Dass er nicht irgendwer ist, war den Geheimdiensten spätestens seit dem Treffen der »Al Qaida Top-Executives« *(Newsweek)* in Malaysia im Januar 2000 klar, bei dem er gefilmt wurde. Und dennoch konnte er hernach in aller Seelenruhe nach Los Angeles zurückfliegen, weiter in San Diego Flugunterricht nehmen und dann, zurück im Jemen, den Anschlag auf die USS »Cole« vorbereiten, um schließlich mit frischem Visum im Juli 2001 abermals in die USA einzureisen.

**Einbürgerungsgeschichten**

Am 1. Februar 2002 fiel die Geschichte der Visabeschaffung in einigen Details plötzlich anders aus. Jetzt war es bei CNN, neben dem uns schon bekannten Herbert Villalobos, ein Victor Lopez-Flores, der dieses Mal Abdulaziz Al-Omari und Ahmed Al-Ghamdi bei der Ausstattung mit neuen Papieren behilflich gewesen sein soll.

Vier Wochen später, am 28. Februar 2002, offerierte die *Washington Post* eine dritte Variante einschließlich eines neuen Schauplatzes. Springfield hieß nun der Ort der Identitätserlangung, Martinez-Flores oder Lopez-Flores wurden durch einen 29-jährigen Jordanier namens Eyad Al-Rababah abgelöst, aber immerhin waren wenigstens wieder Hani Hanjour und Al-Midhar die Profiteure des Identitätswechsels. Die *Washington Post* deklinierte die Geschichte in den Folgemonaten durch und kam schließlich auf mindestens 17 vermeintliche Attentäter, denen dieser Al-Rababah geholfen habe.

Die ABC-News wollten, wenn auch mit gehörigem Verzug, diesem Treiben offenbar nicht kommentarlos zusehen und machten am 24. Juni 2003 einen bis dahin noch nicht in Erscheinung getretenen Mohammed El-Atriss für den Verkauf von falschen Identitätsdokumenten an Al-Midhar verantwortlich.
Wer nicht annimmt, Al-Midhar habe sich durch drei Mittler drei verschiedene Identitäten verschafft, sollte sich die wesentlichen Zutaten ansehen, aus denen diese Storysuppen angerührt sind: Immer sind es Latinos oder Araber, die in und bei Falls Church Identitäten an Al-Midhar und andere Hijacker verkaufen. Diese Grundsubstanzen werden mal mit diesen, mal mit jenen Gewürzen verfeinert, bleiben aber doch gleich – was auf eine einzige Quelle schließen lässt. US-Medien hinterfragen absurde FBI-Geschichten nicht – sie drucken sie ab. Und nicht eine einzige Quelle verrät uns dabei, auf welche Namen nun die »neuen« Identitäten gelautet haben sollen. Als sei das völlig uninteressant.
Wir dürfen somit davon ausgehen, dass, wenn nicht alle, so doch einige Geschichten der Identitätsbeschaffung falsch sind. Um so verwunderlicher, dass alle längst einsitzenden ID-Beschaffer sich im Sinne der Anklage »schuldig« bekennen. Warum? Vielleicht liegt das am so genannten »Plea Bargaining«: Vor die Alternative gestellt, schlimmstenfalls der Beihilfe zum 3000-fachen Mord oder doch nur des ID-Betrugs angeklagt zu werden, ist es in den USA derzeit wohl angezeigt, »sicherheitshalber« ein minderschweres Vergehen einzugestehen, auch wenn man es gar nicht begangen hat.

*http://www.cnn.com/2002/LAW/02/01/id.sentence/*
*http://nl.newsbank.com/nl-search/we/Archives?p_product=WP&p_theme=wpost&p_action=search&p_maxdocs=200&p_text_search-0=Alrababah&p_field_label-0=Section&s_dispstring=Alrababah%20AND%20section(*)%20AND%20date(2002)&p_field_date-0=YMD_date&p_params_date-0=date:B*
*http://www.abcnews.go.com/sections/us/WorldNews Tonight/fakeIDs030624.html*

Warum aber wenige Wochen vor der Selbstmordmission noch neue Ausweise, wo doch die bisherigen einschließlich der Kreditkarten keinerlei Probleme machten und in Hotels, Autovermietungen und zum Kauf der Flugtickets sorglos verwendet wurden? Warum das Risiko eingehen, bei so einer Aktion erwischt zu werden, wo doch die alte Identität sicher ist? Eigentlich lässt diese Frage nur die Antwort zu, dass Agent Al-Midhar sich des Selbstmordcharakters der anstehenden Flugmission zu diesem Zeitpunkt noch nicht bewusst war, so wenig wie sein Kollege Hamza Al-Ghamdi, der laut FBI sein Ticket für den Flug UA175 am 29. August über das Internet kaufte – und gleich auch noch einen Anschlussflug von Los Angeles nach San Francisco. Agent Mohammed Atta eröffnete seinerseits am 25. August 2001 über die Website von American Airlines ein »Frequent Flyer«-Konto, wie es am 10.11.2001 der *Boston Globe* meldete.

Dieses Verhalten lässt darauf schließen, dass die Herren sich zwar durchaus bewusst waren, dass es unter ihren alten Adressen nach der anstehenden Aktion etwas ungemütlich werden könnte. Designierte Selbstmordbomber aber brauchen keine Zweitausweise und Assassinen keine Anschlussflüge: Massenmörder auf ihrer letzten Mission sammeln keine Meilen!

## Die zwei Attas

Zwar waren (warum eigentlich?) CIA und FBI, Landesamt und Bundesamt für Verfassungsschutz, BKA und sonst wer fleißig dabei, schon seit 1997 die Herren Zammar, Darkazanli und später die Wohnung in der Marienstraße in Hamburg zu überwachen, wo Atta residierte. Der Bericht der US-Einwanderungsbehörde vermerkt jedoch keinen »Hit« oder »Lookout«, als der Pass eines Mohammed Atta gescannt wird, der am 3. Juni 2000 erstmals offiziell in die USA einreist.

Auch am 10. Januar 2001, als er aus Madrid kommend in Miami eintrifft, schlägt kein Computer Alarm. Weil aber Attas Visum abgelaufen ist, wird er bei der Einreise von einem Inspektor verhört. Er gibt an, er wolle Flugunterricht nehmen und habe ein Studentenvisum beantragt. Schlechte Karten, könnte man meinen, doch das Gegenteil ist der Fall. Nach einem Gespräch mit einem weiteren Inspektor verlässt Atta den Flughafen mit gleich zwei Einreisevisa: eines, Nr. 68653985708, gültig bis zum 8. September und das zweite, Nr. 10847166009, bis zum 9. Juli. Der Special-Report der Einwanderungsbehörde Immigration and Naturalization Services (INS) vom Mai 2002 vermerkt dazu: »Am 10. Januar ließ der zweite Inspektor Atta als B-2-Besucher für acht Monate zu, bis zum 8. September 2001, statt nur für sechs Monate, wie es für B-2-Besucher üblich ist.«[30]

Es gab also einen Spezialfall Atta, aller Wahrscheinlichkeit nach verbunden mit einem Gespräch, also auch mit erhöhter Aufmerksamkeit, Einsichtnahme in den Pass usw. Auf den rund 200 Seiten dieses INS-Reports wird viel über die normalen Regularien räsoniert, nur die wirklich wichtigen Fakten werden nicht erklärt: Wer war dieser zweite Inspektor? Und wie kommen die handschriftlichen Vermerke in die Visa, deren Handschrift niemand im INS bei der späteren Befragung wiedererkennt?

Halten wir fest: Ein Atta bekommt bei seiner Einreise in die USA an ein und demselben Tag zwei unterschiedliche Visa. Da muss entweder ein uns völlig Unbekannter im Spiel gewesen sein, auf den das zweite Visum mit Attas Namen ausgestellt wurde, oder Atta schaffte es, mit zwei Pässen so zu hantieren, dass er für den zweiten Pass auch ein Visum erhielt. Zudem geht es aber auch um verschiedene Visakategorien. Jeder weiß, dass zum Beispiel für Deutsche ein Touristenvisum erst seit einigen Jahren entfällt, dass zuvor jedoch selbst das beantragt werden musste – und nicht jeder es erhielt. Das gilt erst recht für ein Studentenvisum oder eine Arbeitserlaubnis, und die berühmte »Green Card« ist ein seltenes und heiß begehrtes Dokument. Was jedoch die Visaerteilung an Atta und andere arabische Einreisende betrifft, muss offenbar eine seltsame Ausnahmeregelung von den sonst so strengen Einreisebestimmungen gegolten haben.

Aber Atta war nicht nur ein Freund von Doppelvisa, sondern auch ein Freund von Dreifachpässen. Mit zweien hatte er, der Ägypter, schon bei der Einreise herumjongliert, und ein dritter, ein saudischer Pass fand sich nach dem 11.9. in einem seiner Koffer.[31] Und zudem angeblich auch noch ein »ramp«-Pass, der (zusammen mit einer Uniform) Atta Zutritt zum Innenbereich von Logan-Airport in Boston gewährt hätte. Wofür, fragt man sich, wenn er doch ein Ticket als Passagier gekauft hatte? Und wie kommt man als Ägypter an einen Pass aus Saudi-Arabien? Immerhin hatte er, so der Vorwurf der Behörden, seinen Pass in Hamburg als gestohlen gemeldet. Das deshalb, um Einreisen nach Afghanistan oder sonst wie verdächtige Länder, die darin vermerkt waren, zu kaschieren. Dann hätte er laut FBI-Logik mit dem neuen ägyptischen Pass bereits zwei ägyptische Papiere gehabt. Summiert ergibt die Zählung nach offiziellen FBI-Abgaben also: Atta hatte mindestens drei Pässe und zwei Visa zugleich. Behördendurcheinander und Schlampereien als Erklärung wären nicht weiter erwähnenswert, wenn wir nicht auch die zwei Jarrahs hätten, von denen noch die Rede sein wird. Und den Agenten Al-Midhar, von dem schon die Rede war.

Noch etwas fällt an Atta auf: Wir haben den gläubigen Muslim einerseits und den Saufbruder andererseits. Den, der sich laut Testament selbst als Leiche einer Waschung durch eine Frau entziehen wollte, und den Freund des Gelegenheitsmodels Amanda Keller (worauf wir noch zurückkommen).

Es gibt einige Indizien, die gegen eine Täterschaft Attas sprechen. Nehmen wir die Aussage der einzigen Augenzeugin seiner Tat, die darüber angeblich noch berichten konnte. Die Flugbegleiterin Madeline Sweeney sprach in ihrem Telefonat aus der AA 11 heraus von vier und nicht von fünf Attentätern und erwähnte den von Atta gebuchten Sitz 8D mit keinem Wort. (Eine langjährige Stewardess kennt die wenigen Sitze der ersten Klasse aus dem Schlaf. Und sie sei, wenn man der Überlieferung glauben will, bei ihrer Schilderung bemerkenswert ruhig und gefasst gewesen.) Bei der Wiedergabe dieses angeblichen Telefonats in den Medien wurde somit ein Sachfehler begangen – oder auch eine Fälschung.[32] Attas Vater sagte aus, er habe noch am 12.9., also 36 Stunden nach den Attentaten, mit seinem Sohn gesprochen, der allerdings andeutete, er stecke in ernsthaften Schwierigkeiten.[33] Darüber hinaus gibt es unbestätigte Berichte über Attas Zulassung zur International Officer's School auf der Maxwell Air Force Base (AFB) in Montgomery. Selbst wenn die Dementis dieser Schule den Tatsachen entsprechen, wovon durchaus auszugehen ist, bedeuten sie dennoch nichts anderes, als dass ein zweiter Mann desselben Namens dort eine Ausbildung absolvierte.

Die Anzeichen mehren sich also, dass es eventuell einen Doppelgänger Attas gab, der ihm äußerlich ähnlich, aber dann doch irgendwie anders war. Die normale Erklärung in den meisten Presseberichten liest sich wie eine Reihung von Verhaltensänderungen desselben Mannes im Verlauf der Zeit:

> »Die Kräfte oder Ideen, die Mr. Atta veränderten, sind unklar. Was jedoch klar ist, dass sich sein Verhalten vor zwei Jahren zu verändern begann. Er forderte einen Gebetsraum in der Schule für sich und 20 andere arabische Studenten. Er ließ sich einen Bart wachsen und schrieb sich an der Universität mit anderem Familiennamen ein, El-Amiral.«[34]

Er hat sich also geändert: Es gibt den ersten Atta und dann den zweiten, aber beide in einer Person. Eine Art Dr. Jekyll and Mr. Hide, bekanntlich die übelste Sorte Mensch. Oder aber: Seine Geschichte vom Diebstahl seines Passes (angeblich um Afghanistanaufenthalte zu verschleiern) war *nicht* erlogen. Denn es macht wenig Sinn, mit *zwei* Pässen, bei denen einer den Afghanistanaufenthalt beurkundet, Tricks mit der US-Einreisebehörde zu spielen zur Erlangung von zwei Visa. Weitaus plausibler ist: Es kam ihm der Pass abhanden (so wie anderen angeblichen Hijackern auch), und es fuhr *real* eine zweite Person in den USA umher. Für diese These sprechen verschiedene Fakten, die mehr Substanz haben als der Bart, den Atta mal kurzzeitig trug, dann aber jahrelang wieder nicht.[35]

Weitere Aspekte, die für einen Doppelgänger Attas sprechen, sind die völlig unterschiedlichen Beschreibungen seiner physischen Erscheinung. Nach Angaben seines Vaters – »Man könnte ihn sehr leicht kidnappen, er ist sehr schmächtig, hat keine Kraft«[36] – und des ehemaligen Kommilitonen Martin Ebert – »Ich denke nicht, dass es möglich war, mit ihm zu kämpfen«[37] – handelt es sich eher um einen freundlich-scheuen Schmachtlappen als um den 80-Kilo-Mann, den Vonnie und Tony LaConca, die ehemaligen Vermieter Attas in North Port, Florida, beschreiben:

> »Das Paar berichtete dem (FBI-)Agenten, der Mann sei etwa 180 cm groß gewesen, 160 Pfund, ›dunkle, glatte Haut‹ und ›sehr höflich‹. Das erste Foto, das sie uns zeigten, war der Pilot, der in das erste Gebäude gekracht war«, sagte Vonnie LaConca. »Es war nicht Mohammed oder sein Freund. Aber das letzte Bild, das sie uns zeigten, war sehr ähnlich, doch ich konnte nicht 100-prozentig sagen, dass er es war.«[38]

Der Bericht der Lokalzeitung *Sun Herald* vom 14. September 2001 ist in mehrfacher Hinsicht interessant. Hier berichtet ein völlig unverdächtiges Paar, dass es einem Mohammed Atta ein Zimmer vermietet habe, der Flugunterricht bei Huffman Aviation in Venice nahm – und erkennen ihn nicht als »Terrorpiloten« der ersten Maschine wieder. Ihr Atta ist nicht »eher klein und drahtig«, »steif«, »verschlossen«, »zurückweisend«, sondern wiegt fast 80 Kilo und ist äußerst höflich – so nett, dass die LaConcas sogar überlegen, ihm ihr Kleinflugzeug zu leihen. Atta hat eine Freundin, Amanda Keller, und macht mit ihr, einer Angestellten von Frau LaConcas Reinigungsfirma und »zwei deutschen Freunden« Wochenendurlaub in Key West.

»Sie waren drei Tage unterwegs«, sagte Tony LaConca, »sie schliefen nicht – es war ununterbrochen Party.« Mohammed zahlte die ganzen Rechnungen, so LaConca, einschließlich neuer Kleider für Keller und seine Mitarbeiterin, Alkohol, Drogen und alle Hotelaufenthalte. Dennoch, so das Paar, hatte Mohammed keinen Job. »Die beiden Mädels wurden zwei Männern aus Deutschland vorgestellt, von denen sie sagten, es seien Freunde Mohammeds«, so LaConca weiter, »ich dachte, merkwürdig, denn Mohammed wirkte nicht wie ein Francokanadier oder Deutscher.«

Im weiteren Verlauf werden wir noch andere Nachbarn dieses lebensfrohen Flugschülers und seiner Freundin Amanda kennen lernen – und die deutschen Begleiter Attas, von denen der Reporter Daniel Hopsicker mittlerweile sechs verschiedene ausgemacht hat, werden uns ebenfalls noch beschäftigen. Als Andeutung für die Dr. Jekyll-Seite des doppelten Atta mögen diese Augenzeugenberichte fürs Erste genügen. Sie stammen aus den Tagen direkt nach den Anschlägen und differieren stark von dem Bild des »eiskalten« Atta der offiziellen Legende. Das war auch den beiden Reportern des *Sun Herald*, Elaine Allen-Emrich und Jann Batty, aufgefallen, die versuchten, ihre Informationen bei der Polizei gegenzuchecken, leider vergeblich.

Die Antwort, die sie erhielten, verdient allerdings, festgehalten zu werden:

> »Das FBI in Tampa wollte weder bestätigen noch verneinen, dass irgendwelche Beamte Bewohner in North Port vernommen haben … ›Wir empfehlen Ihnen, sich für aktuelle Informationen an CNN zu halten‹, sagte eine nur als ›Pam‹ identifizierte FBI-Sprecherin am Donnerstag, ›alle Presseerklärungen werden über Fernsehstationen wie CNN veröffentlicht.‹«[39]

So kommt es, dass Sie von diesem doppelten Atta noch nie gehört haben. Wenn es nicht über CNN läuft, ist es einfach nicht wahr. Deshalb kennen Sie nur den einen, der nach Auskunft seines Vaters »nie seine Hand ausstrecken würde, um eine Frau zu begrüßen – »nur wenn sie ihre ausstreckt, würde er sie ihr reichen« –, und von dem anderen, der Sex so wenig abgeneigt ist wie Alkohol und Drogen, hören Sie hier zum ersten Mal. Sie haben von dem vorbildlichen Stadtplanungs-Studenten gehört, der hervorragend deutsch sprach und seine Examensarbeit in Deutsch schrieb – das Statement seines Fluglehrers Rudi Dekkers ist Ihnen aber entgangen:

> »Als ich herausfand, dass einige der Leute in Hamburg gelebt haben und Deutsch sprachen, begrüßte ich sie eines Morgens – ich bin Holländer und spreche Deutsch – auf Deutsch: ›Guten Morgen, wie geht's, wie ist der Kaffee, gefällt es euch hier?‹, und er starrte mich mit kalten Augen an, reagierte überhaupt nicht und ging einfach weg.«[40]

Eine Verhaltensweise, die nicht nur dem höflichen, gut erzogenen Akademiker mit arabischen Manieren widerspricht, sondern auch der allseits vermerkten ausgeprägten Machtattitüde: Dekkers war immerhin der Chef vor Ort. Attas Professor in Hamburg beschreibt ihn als sehr viel serviler in seinem Verhalten. Da haben wir den frommen, verkniffenen Betbruder und hier den heftigen Trinker, der 200–300 Dollar am Abend im Pink Pony Striptease Club verjubelt.[41] Auf der einen Seite gibt es den unverantwortlichen Chaoten, der am 26. Dezember 2000 mit einem Leihflugzeug von Huffman Aviation auf dem International Airport Miami landet, es auf dem Rollfeld abwürgt, nicht mehr starten kann – und mitten auf dem Taxiway stehen lässt, um zu Fuß und dann mit einem Taxi abzuhauen und von Huffman-Chef Dekkers sodann 250 Dollar Taxikosten zurückzufordern.[42] Und auf der anderen den verantwortungsbewussten Pedanten Atta, der einen Autovermieter von unterwegs anruft, weil die Ölwarnleuchte geblinkt hat, und ihn beim Abgeben des Wagens noch einmal ausdrücklich darauf hinweist.[43] Bemerkenswert scheint uns diese Episode vor allem deshalb, weil dieser pedantische Ordnungsliebhaber dann später sowohl in Boston am 10. als auch in Portland am 11. September seine Mietwagen jeweils auffällig unaufgeräumt (mit angeblichem Beweismaterial voll gestopft) stehen lässt.

Was die politische und religiöse Haltung betrifft, fiel Atta während seiner Zeit in Hamburg, so bezeugen alle Quellen, nicht weiter auf; sein Vater bekundet, dass Mohammed seine Ablehnung von Bin Ladens Bombenanschlag auf die ägyptische Botschaft in Pakistan zum Ausdruck gebracht hätte: »Das war die einzige politische Meinung, die er mir gegenüber jemals äußerte.«[44] In den USA, gerade in der Flugschule, ausgerechnet im Hort des Bösen (aus der Atta unterschobenen Weltsicht), wandelt sich der unpolitische »Schläfer« zum Agitator. Um aufzufallen? »Sie diskutierten gern über Politik, sagte Ali, und regten sich rasend über Israel auf.«[45] Der säkular-tolerante Atta wandelt sich also zum fanatischen Muslim – wovon man in den USA wiederum aber nichts merkt, zum Beispiel nicht in den Bars. Kein politisches Testament, weder per Funk noch per Flugblatt oder überliefertem Video, ist von Atta bekannt – erstaunlich angesichts des die Politik des neuen Jahrhunderts erschütternden politischen Großereignisses vom 11.9., das er angeblich geplant und ausgelöst hat.

Dieses Nichtvorhandensein einer Botschaft korrespondiert auf paradoxe Weise mit der scheinbar doppelt anwesenden Person Mohammed Atta. Schon 1999 kaufte der erste im BJs-Markt in Hollywood, Florida, ein[46], hatte im Frühjahr 2000 eine Freundin in Venice, Florida, während der zweite Atta offiziell erst am 3. Juni des Jahres erstmals in die USA kam. Der eine hat sich zum islamistischen Fundi und Gebetsfreund gewandelt, während der andere noch am letzten Freitag vor dem Anschlag Bars frequentiert: »Er trank billiges Bier und aß frische Austern, während die Band eine Reihe von Easy-Listening-Hits spielte.«[47] Dies ausgerechnet auf dem Sarasota vorgelagerten Inselchen Longboat Key, das am Montag darauf von Präsident Bush besucht wurde: »Der Kellner, Frank Boyal, sagte, dass Atta und sein Begleiter das ›Surf & Turf‹-Buffet des Hotels für 18,95 Dollar bestellten.«[48] Weiter taucht dieser andere Atta, zusammen mit einem Freund, am selben Tag auch noch in einer ganz anderen Bar in einem ganz anderen Ort auf:

> »Ein Barmanager in Hollywood (bei Fort Lauderdale in Florida) berichtete FBI-Agenten, er habe die beiden (Atta und einen Bekannten) in der letzten Woche schwer trinken sehen. Tony Amos, der Verantwortliche der Spätschicht in der Shuckums Bar, berichtete der ›Palm Beach Post‹, dass Atta sich mit ihm über die Rechnung gestritten habe. Als Amos ihn fragte, ob er überhaupt zahlen könne, reagierte er beleidigt. Die Kellnerin Patricia Idrissi bestätigte, dass Atta ausgerufen habe: ›Ich bin Pilot bei American Airlines. Ich kann meine Rechnung sehr wohl bezahlen.‹ … Die Rechnung belief sich auf 48 Dollar, worüber sich beide Männer in gebrochenem Englisch beschwerten. Nach dem Streit mit Amos zahlte Atta mit einer 100-Dollar-Note, die er aus einem dicken Bündel großer Scheine herauszog. Patricia Idrissi bekam drei Dollar Trinkgeld.«[49]

So als wolle er unbedingt wiedererkannt werden, als solle man sich an ihn erinnern …

In beiden Fällen gibt es mehrere Zeugen, kein die Aussagen beeinflussendes Interesse und völlig propaganda-unverdächtige Lokalzeitungen als Mittler… Sie werden verstehen, warum wir diesen Berichten mehr Glauben schenken als den »Presseerklärungen auf CNN«, die das FBI nachfragenden Journalisten empfiehlt. Wir wissen nicht, ob die Aussagen der Nachbarn, Barkeeper und der Freundin, die uns einen anderen Atta als den der offiziellen Legende schildern, wahr sind. Was wir aber wissen, ist, dass jeder Untersuchungsrichter, jeder Staatsanwalt, jeder Kongressausschuss, der der Tat des 11.9. und dem hauptverdächtigten Top-Terroristen wirklich nachgehen würde, auf diese Widersprüche gestoßen sein müsste – wir also beileibe nicht die Ersten sein können, denen sie auffielen. Was aber hätte ein Ermittler zu tun, dem solch eine Kette widersprüchlicher Indizien auffällt? Er hätte sie abzuarbeiten und die einzelnen Zeugenaussagen auf mögliche Irrtümer, Verwechslungen, Lügen abzuklopfen, um sodann das Täterprofil entsprechend zu korrigieren. Der Grad der Unverdächtigkeit der Zeugen spielt bei der Bewertung ihrer Aussagen natürlich eine Rolle. Dass zum Beispiel ein Vater seinen Sohn in Schutz nimmt, ist nahe liegend, weshalb der Aussage von Vater Atta, sein Sohn habe ihn noch am 12.9. angerufen, keine allzu hohe Beweiskraft eingeräumt werden kann. Wenn aber dann einem, der ihn gut kannte – in diesem Fall Dekkers, dem Chef von Huffman Aviation –, auffällt, dass sein Gesicht auf dem Steckbrieffoto tot wirkt, könnte man auf den Gedanken kommen, dass es nach seinem Tod aufgenommen wurde, was dem »Beweis« des Vaters wiederum ein Stück mehr Wahrscheinlichkeit bescheren würde: »Wenn ich mir dieses Bild in den Zeitungen ansehe, verstehen Sie vielleicht, was ich meine: kalt, kein Leben in seinem Gesicht, kein Ausdruck in seinem Gesicht. Wenn ich glücklich bin, lächele ich, wenn ich böse bin, schaue ich böse – dieser Typ hatte einfach ein kaltes Gesicht.«[50]

Dekkers meinte das im übertragenen Sinne, aber angesichts des doppelten Atta könnte es auf makabre Weise wahr sein. Aus den vielen Indizien ergibt sich, dass entweder eine zweite Person gleichen Namens sich in der Nähe und auf den Spuren des realen Atta bewegte und Attentatsspuren »wie von einer trampelnden Elefantenherde« (Andreas von Bülow) legte – oder dieser Doppel-Atta wird von einem einzigen Super-Doppel-Agenten verkörpert. Beide Attas sind von der Bildfläche verschwunden, bis auf die zweifelhaften Anrufe beim Vater. Einen Beweis für die Täterschaft auch nur eines Einzigen der beiden gibt es nicht. Wer aber steuerte dann die AA 11? Der Frage gehen wir noch nach. Erinnert sei hier noch einmal an die Aussage, dass seine Vermieterin Vonnie LaConca ihn nicht als den Piloten wiedererkannte: »Das erste Foto, das sie uns zeigten, war der Pilot, der in das erste Gebäude gekracht war ... Es war nicht Mohammed.« Es scheint, dass Mrs. LaConca mit demselben Atta zu tun hatte, der sich am 25. August bei American Airlines ein »Frequent Flyer«-Konto einrichtete[51], weil er auch bei dem anstehenden Flugjob am 11.9. Meilen sammeln wollte ... und ganz offensichtlich im Leben noch einiges vorhatte.

## Der doppelte Jarrah

Schon am 18. September, also etwa zu eben der Zeit, in der sich auch die angeblichen Hijacker lebend gemeldet hatten, erschien bei CNN folgender Bericht aus dem Bekaatal im Libanon, wo die Jarrahs als angesehene Familie leben: »Familie eines verdächtigten Entführers macht Identifizierungsfehler geltend.« Diesmal war es nur die Familie, die protestierte. Ziad Jarrah selbst meldete sich nicht, nie mehr. Zumindest nicht per Telefon. Aber per Post. Angeblich war es Jarrah, der seiner Freundin einen Abschiedsbrief schickte. Dieser Brief kam *nicht* an, weil Jarrah wohl die Adresse (die auch seine eigene war) seiner Freundin vergessen hatte. Aber Wochen zu spät, im November 2001, geriet der Brief direkt in die Hände der Ermittler. Ein Bekennerschreiben aus dem Reich der Toten frei Haus. Weder Aysel, Jarrahs Freundin, noch die Familie konnten Handschriftvergleiche machen. Und die Fingerabdrücke? Die blieben, wie immer, eine Sache, die CIA und FBI hübsch für sich behielten.[52]

Noch drei Tage früher, am 15. September, hatte der Nahost-Korrespondent des *Independent,* Robert Fisk, Alamrj, den Wohnort der Jarrahs, aufgesucht. Die Szenen des Unglaubens und der Trauer, die er beschreibt, kontrastieren scharf zu den uns sonst bekannten Szenen, wenn im Nahen Osten Selbstmordattentäter sich und unschuldige Israelis in die Luft gesprengt haben (jubelnd-stolze Familienangehörige). Freunde und Kommilitonen von Ziad haben ihn als einen lebenslustigen sunnitischen Muslim beschrieben, der auch mal fünfe gerade sein lassen konnte, was bei den vorgeschriebenen fünf täglichen Gebeten schon mal dazu führte, dass das eine oder andere ausfiel. Vorehelich trieb er sich bei Aysel herum und lebte mit ihr zusammen.

»Da war etwas an Ziad Jarrah, was eine Menge Leute hoffen, wenn nicht gar schließen ließ, dass Aysel Recht hatte und die Ermittler falsch lagen – dass ein fürchterlicher Fehler gemacht worden und dass er kein Massenmörder war.« So schreibt die *Los Angeles Times*, erwähnt jedoch mit keinem Wort, dass Jarrah eventuell noch leben könne.[53] Hat er sie alle getäuscht, die Eltern, die Freunde, die Freundin? War er einfach diabolisch, der Mann?

Es war der Journalist Paul Thompson, dem wir die ersten Hinweise auf ein Doppelgängerwesen bei den Attentätern verdanken, da die eingangs angeführte CNN-Meldung keine weitere Verbreitung fand. Ziad Jarrah, der in Hamburg nicht mit den anderen in der Marienstraße, sondern (vorehelich!) mit seiner türkischen Freundin zusammenlebende Libanese, erschien ihm auf den verschiedenen FBI-Fotos nicht identisch zu sein, und er fand zudem heraus, dass Jarrah – so wie Atta – die seltsame Fähigkeit gehabt haben muss, an zwei Orten zugleich sein zu können.[54] Wir müssen wohl abermals davon ausgehen, dass wir es auch hier nicht mit einer Person, sondern mit zwei sich ähnelnden Männern zu tun haben.

Der *Boston Globe* meldete am 25.9.2001, dass schon 1995 eine Person namens Ziad Jarrah ein Apartment in einem Dreifamilienhaus in der East Third Street in Brooklyn, New York, gemietet hatte. Das Mietverhältnis (Fotos von »Ziad« von den Vermietern »identifiziert«) dauerte demzufolge von März 1995 bis Februar 1996. Und weiter: »Ein anderer Mann namens Ihassan Jarrah lebte mit Ziad zusammen, fuhr einen

Lieferwagen und zahlte die monatliche 800-Dollar-Miete. Die Männer waren ruhig, hatten gute Manieren, sagten ›Guten Tag‹ und ›Auf Wiedersehen‹.«[55] Ziad Jarrah hatte eine Kamera bei sich und sagte seinen Vermietern, er sei Fotograf. Hin und wieder schaute eine Prostituierte vorbei.

Nur lebte Ziad eben, und das ist das Problem, zu dieser Zeit bei seiner Familie im Libanon. Er war 20 Jahre alt, studierte an einer christlichen Schule in Beirut und hatte häufig Kontakt mit seiner Familie, inklusive Wochenendbesuchen.[56] Erst im April 1996 verließ er den Libanon das erste Mal, um in Deutschland zu studieren.[57] Und so nimmt auch seine libanesische Familie an, es müsse angesichts des New Yorker Jarrahs eben zwei Jarrahs geben.

Weit bekannter als diese Geschichte aus den Jahren 1995 und 1996 ist die vom 30. Januar 2001, als ein Ziad Jarrah mehrere Stunden auf dem Dubai International Airport in den Vereinigten Arabischen Emiraten verhört wurde. Die CIA hatte um diese Vernehmung gebeten und den örtlichen Behörden Jarrahs Ankunft aus Pakistan auf dem Rückweg nach Europa bekannt gegeben. Es ging dabei um Jarrahs Afghanistanaufenthalt.[58] Er habe zugegeben, in Afghanistan gewesen zu sein, wie die *Chicago Tribune* am 13. Dezember 2001 meldete. Spätere Ermittlungen hätten ergeben, dass er sich im Januar 2001 mindestens drei Wochen lang in einem Ausbildungslager von Al Qaida in Afghanistan aufgehalten habe. US-Behörden wurden über die Ergebnisse des Verhörs informiert, noch bevor er den Flughafen verließ.

So weit, so gut. Niemand hat je bestritten, dass Jarrah an diesem Tag Dubai durchquerte, bis auf den Aspekt, dass die CIA nie zugab, die Befragung angeordnet zu haben – so CNN am 1. August 2001. Das ist also nicht das Problem. Nur nahm er just zu dieser Zeit Flugunterricht im Florida Flight Training Center. Vom 15. bis zum 18. Dezember 2000 erhielt er angeblich die Zusatzausbildung auf dem Boeingsimulator. Der Betreiber des Simulators spricht gar von Jarrahs Anwesenheit bis zum 15. Januar.[59] Seine Familie bestätigt sodann seine Ankunft im Libanon am 26. Januar, fünf Tage vor dem angeblichen Transit in Dubai. Sein Vater hatte gerade eine Herzoperation gehabt, und Jarrah besuchte ihn jeden Tag im Hospital.[60] Es fällt schon etwas schwer, diese Aufenthalte jeweils über viele Wochen auf dem jeweils anderen Teil der Erde unter einen Hut zu bringen. Es scheint, als müsse es zwei Ziad Jarrahs geben.

Der *Spiegel* wirft einen weiteren Aspekt in die Debatte ein. Unter der Überschrift »Alle für dumm verkauft« behauptet er: »Fahnder durchleuchten das abenteuerliche Leben eines Verwandten von Todespilot Ziad Jarrah. Der Mann arbeitete nicht nur für die Stasi, sondern angeblich auch für Gaddhafi – und den BND.«[61] Gemeint mit dem Verwandten ist Jarrahs Cousin Assem, den er, da Assem seit Jahren schon in Greifswald lebte, 1996 als Anlaufadresse benutzte, um Deutsch zu lernen. Und schon 1988 sei in Griechenland eine Flugzeugentführung unter dem Codewort »Jarrah« geplant gewesen. Dadurch ergibt sich ganz zwanglos eine Verbindung Terror – Jarrahs Cousin – 11.9.: »Denn in den Trümmern des Flugzeugs, das Ziad nahe Pittsburgh in den Boden rammte, haben Ermittler Assems Visitenkarte gefunden. Darauf handschriftlich vermerkt: die Hamburger Anschrift eines Bekannten von Mohammed Atta.«

Woher weiß der *Spiegel* das? Das kann nur jemandem gesteckt werden, der auf dem Schoß eines Schlapphuts sitzt. Nur wird das dadurch glaubwürdig? Wird hier nicht eher mit Dreck geworfen, um einen Jarrah-Verwandten zum Schweigen zu bringen?

Denn die geplante griechische Flugzeugentführung *anno* 88 kann allein aufgrund des Alters von Ziad niemals mit ihm zusammenhängen. Also nur mit dem Cousin aus Greifswald. Der lebte dort jedoch nicht inkognito, sondern hervorragend integriert unter seinem Namen. Also bestand doch seit einem Dutzend Jahren die Möglichkeit, Herrn Assem Jarrah nach diesem »Codewort« zu fragen. Wenn jedoch an einer Geschichte nichts dran ist, gelten ursprünglich Verdächtige gemeinhin als unschuldig.

Und zur Visitenkarte: Ziad soll der Entführer gewesen sein, also hatte er die Visitenkarte seines Cousins bei sich. Warum eigentlich? Er wusste doch, wo er bei ihm 1996 in Greifswald gelebt hatte. Wegen der Adresse eines Kumpels von Atta? Die konnte er doch sonst wo notieren – warum ausgerechnet auf der Visitenkarte seines Cousins? Klingt alles etwas aufgesetzt.

## Der doppelte Hanjour

Wie anhand der Manipulation der Passagierlisten zu sehen ist, steht nicht einmal fest, ob die »Attentäter«, die sich nicht als quicklebendig outeten, also eigentlich tot sein müssten, überhaupt an Bord waren. Das gilt insbesondere für Hani Hanjour: »Sein Name stand nicht auf der Passagierliste der American Airlines, weil er möglicherweise kein Ticket gehabt hat«, behauptet die *Washington Post*.[62] So kann es kommen. Da will man die USA terrorisieren und vergisst, ein Ticket zu kaufen. Und wird dann wohl im Handgepäck vom Kollegen eingeschmuggelt. Das führt somit dazu, dass ganz am Anfang nur von 18 Entführern die Rede war, dann auf 19 nachgebessert wurde. Anhand der Geschichte der Larsons und der Bukharis sowie der generellen Offenhaltung der Passagierlisten wird deutlich, dass geschoben wurde, dass Namen fehlten und Geschichten nachgeliefert werden mussten.

So von Tim O'Meilia, einem Redakteur der *Palm Beach Post*: »Am 31. August gingen Hanjour und Moqed zum A.T.S.-Reisebüro in Totowa, N.J., wo Hanjour ein First-Class-One-Way-Ticket für den Flug 77 kaufte. Moqed machte die Konversation und suchte den Sitz B1 für Hanjour aus, den Sitz, der dem Cockpit am nächsten war.«[63] Da fragen wir mal ganz unschuldig: Wenn er ein Ticket kauft, warum ist er dann nicht auf der Passagierliste? Geht das überhaupt? Natürlich geht das nicht. Nachgeschobene Lügen haben eben den Nachteil, manchmal nicht zu passen. Es gibt überbuchte Flüge, mit Wartelistenstatus für diejenigen, die für »no-shows« einspringen können. Eine rechtzeitige Buchung führt aber immer dazu, dass der betreffende Fluggast in der Passagierliste auftaucht. Hanjour hätte also eingebucht sein müssen – ebenso wie sein Freund Moqed, dem das im selben Reisebüro laut FBI ja offenbar gelungen war.

Bei Hanjour entwickelt sich der Trick mit den nachgeschobenen Geschichten zu einem ausgesprochenen Missgriff:

> »Ein Mann mit demselben Namen wie einer der verdächtigten Entführer, der eine Boeing 757 in das Pentagon jagte, übte im Juni an einem Flugzeugsimulator in einer Flugschule in Phoenix. Das berichtete die Schule am Mittwoch. Hani Hanjour war Mitglied des Sawyer School of Aviation's Simulatorclubs, was ihm für 200 Dollar pro Monat einen unbegrenzten Gebrauch des Flugsimulators der Schule ermöglichte. Der Simulator ähnelt in Bezug auf die Geräteschalter einem Kleinflugzeug. Es gibt keine Ähnlichkeiten zwischen dem Flugsimulator und dem Cockpit einer Boeing 757, ließ die Schule verlauten. Eine Angestellte der Flugschule, die sich nur als Marlene ausgab, wollte nicht bestätigen, ob der Hanjour an der Schule dieselbe Person wie der verdächtigte Entführer war. Der FBI-Sprecher in Phoenix, Ed Hall, verweigerte jeden Kommentar.«[64]

Also: Ein Hanjour tötet sich und andere, indem er eine Boeing in eleganter Sinkkurve ins Ziel lenkt – und dafür trainierte er auf einer Cessna und einem Flugsimulator, der mit einer Boeing nichts zu tun hat, sowie angeblich in San Diego auf einem PC-Flugsimulator. Das sind vier unterschiedliche Maschinen. Beeindruckend. Und diese Marlene lässt uns im Unklaren, ob ihr Hanjour überhaupt der Hani Hanjour war, den sie vom FBI-Plakat her kannte und der die AA 77 so gekonnt in das Pentagon jagte, dass die Fluglotsen dachten, es sei ein Militärflieger: »Der unidentifizierte Pilot flog eine so enge Kurve, dass es die Beobachter an das Manöver eines Kampfflugzeugs erinnerte.«[65] »Das Radar zeigte, dass Flug 77 in einer Abwärtsspirale nahezu eine komplette Umdrehung machte und dabei in 2,5 Minuten um 7000 Fuß sank.«[66] Handelt es sich hier wirklich um jenen Hanjour, der noch nach Hunderten von Flugstunden so hundsmiserabel flog, dass man ihm am Freeway Airport in Bowie, Maryland, einem Vorort von Washington, nach einem Testflug nicht einmal eine Cessna ausleihen wollte?[67] Die Zurückhaltung von Marlene ist umso bedauerlicher, als sich Hani Hanjour zum fraglichen Zeitpunkt, also im Juni 2001, vielleicht in Florida aufhielt. Oder auch in Las Vegas. Obwohl er doch laut *New York Times* seit 1996 in Phoenix lebte.[68] Ein weiteres Rätsel dieses Falls. Zugleich Flugsimulatorstunden in Phoenix und in Florida, zudem noch Aufenthalte in Las Vegas? Bei scharfer Arbeitsdisziplin lässt sich das allerdings schaffen, wir können es nicht ganz ausschließen.

Dass Hanjour einen Pass, der noch bis 2001 gültig war, nicht weiter nutzte, muss uns auch nicht stutzig machen. Die allfällige Begründung der Schlapphüte wäre sowieso, er habe den ersten Pass halt verloren gemeldet und sei mit einem zweiten eingereist, um die Stempel aus Afghanistan zu vertuschen. Dass er dabei die Schreibweise seines Namens änderte (oo/ou), ist auch noch auf trickreiche Nutzung arabischer Transkription rückführbar. Dass aber seine Schrift so ganz anders ausfällt, grenzt schon an einen bemerkenswerten Verwirrungswillen. Hanjoor 1996 schreibt rechtsgeneigt, Hanjour 2000 linksgeneigt. Versuchen Sie mal kyrillische oder arabische Buchstaben zu schreiben: Natürlich krakeln Sie dabei ungelenk wie ein Kind, das schreiben lernt. Aber das »Gefälle« wird sich nicht wesentlich ändern, auch nicht im Laufe der Jahre. Außer es handelte sich um zwei Personen, von denen die eine die andere zu imitieren versucht.[69]

Dass der Hanjour aus Phoenix die »oo«-Variante war, fanden schon andere heraus. Dass dieser Hanjoor jedoch schon 1990 in den USA Englisch lernte, schrieb – unter der Überschrift »Hijacker Entered U. S. in 1990, Officials Believe« – bisher nur Tim O'Meilia für den Cox News Service am 15. Oktober 2001:

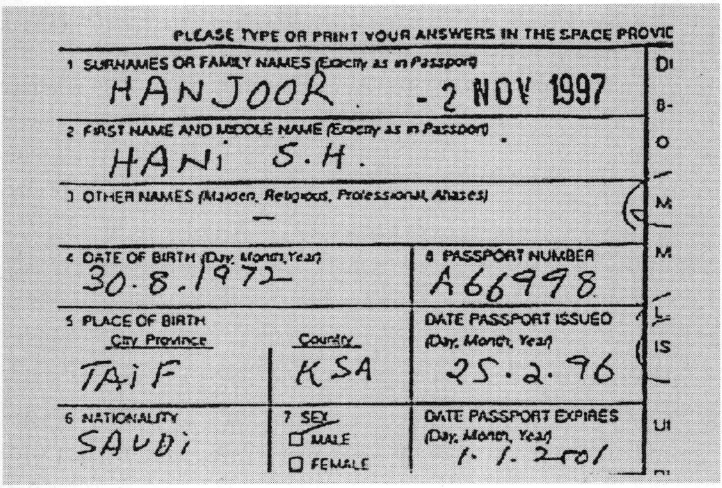
PLEASE TYPE OR PRINT YOUR ANSWERS IN THE SPACE PROVIC
1 SURNAMES OR FAMILY NAMES (Exactly as in Passport)
HANJOOR - 2 NOV 1997
2 FIRST NAME AND MIDDLE NAME (Exactly as in Passport)
HANI S. H.
3 OTHER NAMES (Maiden, Religious, Professional, Aliases)
–
4 DATE OF BIRTH (Day, Month, Year)
30. 8. 1972
8 PASSPORT NUMBER
A66998
5 PLACE OF BIRTH
City Province
TAIF
Country
KSA
DATE PASSPORT ISSUED (Day, Month, Year)
25. 2. 96
6 NATIONALITY
SAUDI
7 SEX
MALE
FEMALE
DATE PASSPORT EXPIRES (Day, Month, Year)
1. 1. 2001

*Hanjoor 1996, rechts geneigt*

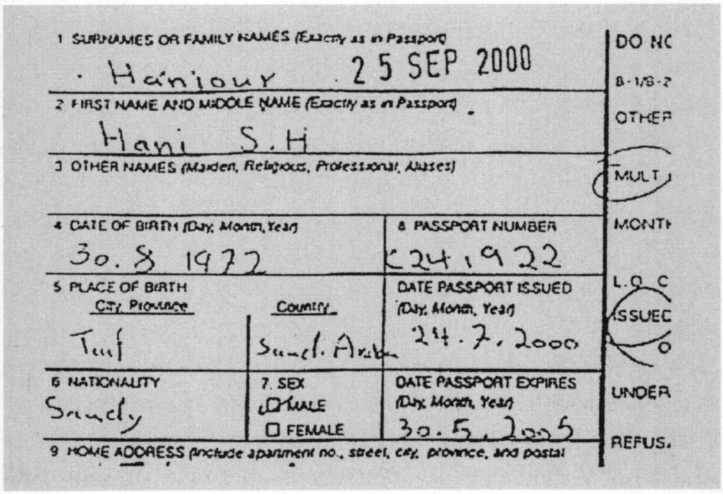
1 SURNAMES OR FAMILY NAMES (Exactly as in Passport)
Hanjour 25 SEP 2000
2 FIRST NAME AND MIDDLE NAME (Exactly as in Passport)
Hani S. H
3 OTHER NAMES (Maiden, Religious, Professional, Aliases)
4 DATE OF BIRTH (Day, Month, Year)
30. 8 1972
8 PASSPORT NUMBER
C241922
5 PLACE OF BIRTH
City Province
Taif
Country
Saudi Arabia
DATE PASSPORT ISSUED (Day, Month, Year)
24. 7. 2000
6 NATIONALITY
Saudy
7 SEX
MALE
FEMALE
DATE PASSPORT EXPIRES (Day, Month, Year)
30. 5. 2005
9 HOME ADDRESS (Include apartment no., street, city, province, and postal

*Hanjour 2000, links geneigt*

»Hanjour, der aus Taif in Saudi-Arabien stammt, war erst 19, als 1990 das erste Mal in den USA über ihn berichtet wurde. Er schrieb sich in einen achtwöchigen Kurs ›Englisch als Zweitsprache‹ an der University of Arizona in Tucson ein, wo sein älterer Bruder studiert hatte. Trotz des Kurses und der Zeitdauer, die er in den Vereinigten Staaten verbrachte, blieb seine Beherrschung der Sprache bruchstückhaft, wie Autoverleiher, Vermieter und Hotelangestellte aussagten...
Im November 2000 bewarb er sich abermals im ELS Language Center in Oakland, Kalifornien – dieses Mal für einen einmonatigen Intensivkurs in Englisch ... Die Berlitz-Angestellten bemerkten nicht, dass Hanjour die Schule schon einmal zuvor besucht hatte, weil er seinen Namen 1998 Hanjoor buchstabierte; aber seine Angaben über Geburtsdatum und Heimatstadt waren identisch mit denen der Bewerbung des Jahres 2000.«[70]

Das Rätsel, wie jemand, der erstmals 1990 mit einem »ou« einreist, zehn Jahre später mit einem »oo« einreisen kann, würde sich in Wohlgefallen auflösen, wenn man den Gedanken zuließe, dass es sich dabei um zwei verschiedene Personen handelt.

Der Hanjour mit »ou« wurde dann am 1. August 2001 in Arlington, Virginia – ganz in der Nähe des CIA-Hauptquartiers – gestoppt, weil er zu schnell unterwegs war: »Hanjour fuhr einen beigen Chrysler Van mit einem Nummernschild aus New Jersey, als ihn die Arlingtoner Polizei um 3.19 Uhr nachmittags herauswinkte. Hanjour präsentierte einen Führerschein aus Florida, der besagte, er lebe in Miramar, Florida, obwohl er doch anderen Berichten zufolge eine New Yorker Adresse hatte.«[71] Überhaupt nicht auffällig, wenn einer mit Arizona-Vergangenheit, aber in New York wohnend, in einem New-Jersey-Auto und mit einem Florida-Führerschein in Virginia zu schnell fährt. An den wird man sich erinnern.

Die Parallele zu Jarrah ist offensichtlich. Freundlicherweise und zum Vorteil der US-Staatskasse überweist er sein 100-Dollar-Ticket (70 Dollar Strafe und 30 Dollar Gebühren) drei

Wochen vor dem 11.9. – wohl weil er fürchtete, sein Leichnam werde sonst nach dem 11.9. vor Gericht gestellt.

Der Widerspruch, dass ein Selbstmordattentäter kurz vor dem Anschlag noch brav seine Strafmandate bezahlt, wirkt freilich bescheiden im Vergleich zu der Tatsache, dass der »Terrorpilot«, der in einem komplizierten Manöver das Pentagon traf, kaum eine Cessna fliegen konnte. Jim Yardley schrieb am 4. Mai 2002 unter dem Titel »A Trainee Noted for Incompetence«: »Mr. Hanjour ... wurde der Luftfahrtbehörde FAA im Februar 2001 gemeldet, nachdem Ausbilder an seiner Flugschule in Phoenix seine Flugfähigkeiten derartig kläglich und sein Verständnis des Englischen derartig unzureichend fanden, dass sie anfragten, ob seine Pilotenlizenz echt war.«[72] Marilyn Ladner, ihres Zeichens Vizepräsidentin der Pan Am International Flight Academy, die die Flugschule in Phoenix betreibt, meinte, das dortige Personal habe Hanjour nun wirklich nicht für einen möglichen Flugzeugentführer gehalten – sondern eher für eine Gefahr für die Luftfahrt: »Die Fluglehrer hatten Bedenken, dass so jemand eigentlich nicht in der Luft sein sollte.« Ein anderer Angestellter sagte, Hanjour habe weiter bezahlt, um an einem Simulator für die Boeing 737 zu üben: »Bis heute bin ich von den Socken, dass der in das Pentagon geflogen sein soll. Er konnte doch überhaupt nicht fliegen.«[73]

Sapperlot. Der Mann war eine aeronautische Niete, obwohl er doch geübt hat wie verrückt: auf der Cessna, auf einem PC-, einem Kleinflugzeug- und jetzt gar auf einem 737-Simulator. Ganz offensichtlich wurde hier wieder einmal ein zweiter Mann angeheuert, der unter falschem Namen Spuren legen sollte. Alle Indizien deuten darauf hin. Beweisen können es nur die, die Zugang zu den Akten haben.

Doch an einer wirklichen Identifizierung der »Hijacker« ist offenbar niemand interessiert.

# Beweise, die nichts beweisen

## Neun Leichen

Kaum waren die Anschläge geschehen und die Schuldigen benannt, begannen die Aufräumarbeiten. Zwar protestierten die Feuerwehrleute, die in der noch rauchenden Schutthalde von Ground Zero weiter nach Überlebenden suchen wollten, gegen das schnelle Anrücken der Abrissfirmen, doch ohne Erfolg. In diversen Internetforen wurde und wird die hektische Betriebsamkeit, mit der nicht nur die WTC-Trümmer beiseite geschafft, sondern auch der Absturzort in Pennsylvania gesäubert und der Pentagonflügel geräumt (Erteilung des Neubauauftrages schon am 14.9.!) wurden, als »systematische Beweisvernichtung« diskutiert. In den Folgetagen des 11.9. wurden allerdings noch erheblich weiter reichende Fakten geschaffen.

Ein skurriles Projekt, mit gewichtiger Bedeutung, war – bereits drei Tage später – eine eilige Gesetzesinitiative an das Repräsentantenhaus, mit der allen Opfern der Anschläge in einem einmaligen Akt posthum die US-Staatsbürgerschaft verliehen wurde.[74] Doch was so hochherzig klingt, voller Edelmut und Großzügigkeit, hat Auswirkungen auf die Rechtsstellung der Toten und ihrer Hinterbliebenen. Im Positiven in Bezug auf Versicherungsansprüche und Klagemöglichkeiten. Aber eben auch auf die Zugriffsmöglichkeiten auf Leichenteile, Gepäckstücke etc. – Beweismaterial, das fremden Regierungen nun nicht mehr umstandslos ausgehändigt werden muss. Dazu gehörten insbesondere die Leichenteile, wie verkohlt, verstümmelt oder zerfetzt diese auch immer sein mochten. Absurd? Nein. Eine Leiche ist ein materieller Beweis in einem Kriminalfall. Mit den Mitteln moderner Gentechnik ist ihre Identität feststellbar, auch ohne Fingerabdrücke, ohne Zahnprofil.

Das gilt für die Hijacker. Wenn Ziad Jarrah nicht als »doppeltes Lottchen« existiert, müssen seine sterblichen Überreste sich unter den Leichen befinden, die in Pennsylvania gefunden wurden. Da alle Leichenteile der 40 Passagiere und Besatzungsmitglieder identifiziert und an deren Angehörige ausgeliefert worden sind, müsste es sich bei den vier, die übrig bleiben, nach Lesart der offiziellen Version um die Attentäter handeln. Gleiches gilt für die Leichen aus der AA 77, die ins Pentagon stürzte.

Am 16. August 2002 berichtete CNN, dass die sterblichen Überreste von neun angeblichen »Hijackern« noch auf Eis liegen – die fünf aus der AA 77 und die vier aus der UA 93.[75] In der zugrunde liegenden AP-Meldung wird zwar kein Aufbewahrungsort für diese Leichen genannt, aber immerhin mitgeteilt, in wessen Obhut sie sich befinden: in der des FBI. Ausführlich kommt Chris Kelly, Sprecher des Armed Forces Institute of Pathology, zu Wort, der sich lang und breit über das Verfahren auslässt, mit dem man Leichenteile zuordnet und identifiziert, wenn man erst einmal keine weiteren Anhaltspunkte hat, der sich aber darüber ausschweigt, dass auch die »Attentäter« jahrelang Wohnungen in den USA hatten, mit Haar- und Zahnbürsten und allen sonstigen Hinterlassenschaften, die man für eine ordentliche vergleichende Genanalyse braucht. Dass die Leichen immer noch beim FBI verwahrt seien, liege schlicht und einfach an den saudischen Familienangehörigen, die ihre Toten nicht abholten.

Die Pittsburgher *Post Gazette* hatte noch am 20.12.01 geschrieben, die sterblichen Überreste der Passagiere der UA 93 ergäben keine Anhaltspunkte für eine Identifizierung. Der Somerset County Coroner (Leichenbeschauer, Gerichtsmediziner) Wallace Miller führte aus, dass die Pathologen vom FBI und die DNA-Spezialisten von der Armee an den Leichen arbeiteten. Weder konnten sie an ihnen die Teppichschneiderwunden nachweisen, die sich einige der Passagiere zugezogen haben müssen, sofern es vor dem Absturz wirklich zu dem angeblichen Handgemenge gekommen ist, noch, ob schon jemand vor dem Aufschlag tot war. Dieser Mangel an Beweisen ist zwar aufgrund des Crashs mehr als plausibel, heißt aber im Klartext, dass sich die Story vom Angriff der Passagiere auf die Hijacker gerichtsmedizinisch nicht belegen lässt. Mehr noch: Während auf den Totenscheinen der Passagiere und Besatzungsmitglieder jeweils die Namen und als Todesursache »Mord« verzeichnet wurden, steht auf denen der angeblichen Entführer jeweils »John Doe« (also die Chiffre für »unbekannt«) und »Selbstmord«.

Das war, wie angeführt, der Stand von Dezember 2001 und August 2002: keine Identifizierung. Bis dato hat sich unseres Wissens daran nichts geändert.

Dabei ist doch bekannt, wo Jarrah in der Nacht zum 11.9. übernachtete. Kein Haar, keine Schuppe im Hotelzimmer? Wir wissen, wo seine Familie im Libanon wohnt. Sie wurde besucht und interviewt. Keine Blutprobe von Vater und Mutter? Seine türkische Freundin in Deutschland – nicht ein einziger Anhaltspunkt wie zum Beispiel eine Zahnbürste für einen Abgleich der Gene?

Gleiches oder Ähnliches gilt für die sterblichen Überreste der anderen acht »Attentäter«. Es ist sachlich ein Humbug, von ihrer prinzipiellen Unidentifizierbarkeit auszugehen. Die Identität der Leichen wäre aufklärbar. Aber weil es offenbar niemand so genau wissen will, werden sie wohl auf ewig auf Eis liegen. Oder sie werden verbrannt und damit ebenso »entsorgt« wie so viel anderes »definitive« Beweismaterial auch.

Es gibt einen weiteren unbeachteten Aspekt bei diesen Leichen der angeblichen Attentäter, denn speziell bei der UA 93, der Pennsylvaniamaschine, ist der Fundort der menschlichen

Überreste wichtig. Wenn bei einer jeden Untersuchung eines Flugzeugabsturzes auch noch das kleinste Blechteil zusammengesucht und sogar zusammengesetzt wird, dann gilt das natürlich auch für Leichen und ihre Teile. Das ist nicht nur theoretisch so, sondern in dem Artikel der *Post Gazette* wurde ausdrücklich erwähnt, dass nach der Weihnachtspause 2001 die Suche weitergehen sollte.

Und natürlich werden dabei sämtliche Fundstücke – ob Blech, ob abgerissene Hand, Gepäck- oder Technikteil – kartografiert und fotografiert. Wir bestehen überhaupt nicht darauf, dass uns alle schockierenden Details im Internet zur Verfügung gestellt werden müssten. Da gehen die Würde der Toten und die Rechte der Angehörigen allemal vor. Aber eine Übersichtskarte wäre eigentlich schon zu erwarten. Erinnern wir uns an den »Bodenseecrash« mit der Tupolev am 1. Juli 2002, bei dem die Verteilung der Trümmer (und ob hier oder da noch Leichen aufzufinden waren) detailliert und mit der Faszination der Katastrophenberichterstattung in unserer Presse dargestellt wurde. Eine derartige Karte zum Beispiel des National Transportation Safety Board (NTSB, Flugunfall-Untersuchungsstelle) würde – da Vergleichsinformationen von Hunderten vergleichbarer Abstürze vorliegen – zweifelsfrei ergeben, *wo* der Körper des Flugkapitäns, eines Hijackers oder eines der mutigen Passagiere gefunden wurde.

Wenn auch beim Aufprall einige Körper aus dem Flugzeug geschleudert worden sein mögen, werden sich angesichts der wilden Flugbewegungen, die die UA 93 in den letzten Minuten ausführte, viele Passagiere angeschnallt haben, weshalb ihre Leichen gewiss zumeist in ihren Sitzen zu finden waren. Damit fallen diese schon einmal als aktiv Handelnde aus jeder Betrachtung heraus. Wenn sich ein Flugzeug mit der Spitze in den weichen Waldboden bohrt – und so soll es bei der UA 93 gewesen sein: fast im Sturzflug und mit angeblich 575 mph[76] –, dann kann ein Passagier nicht zuunterst in der Einschlagstelle liegen, egal wie wild alles durcheinander geworfen wurde.

Anders gesagt: Die Passagiere der Businessclass sind auch zuerst gestorben, und die, die hinten saßen, starben Sekundenbruchteile später. Was bedeutet, dass sehr genau feststellbar sein muss, wer sich im Cockpit befand. Dafür sorgt die »Schichtung« von Material und Leichen. Und gerade diese zeitlich und räumlich »ersten« Leichen müssen relativ gut erhalten geblieben sein, denn wenn sich ein Flugzeug mit dieser Wucht etwa 15 Meter tief in den feuchten Waldboden bohrt[77], kann die Explosion der physisch viele Meter später folgenden Flügeltanks nicht mehr zu vernichtenden Verbrennungen geführt haben.

Es ist schon seltsam, dass der Öffentlichkeit solche Informationen vorenthalten bleiben, obwohl es sie geben muss, da ja alle Leichen außer denen der »Entführer« identifiziert wurden. Im Cockpit, speziell in den Pilotensesseln, saß – wer? Die Piloten – was wir vermuten, ohne es beweisen zu können – oder die »Entführer« selbst anstelle der Piloten; die als Helden verehrten Passagiere, die die Hijacker überwältigt hatten, oder eine »Mischung« von allen? Die Angehörigen des Passagiers Todd Beamer, der mit dem kolportierten Kampfruf: »Let's roll!« die Auseinandersetzung angezettelt haben soll, und ebenso die Öffentlichkeit haben ein Recht darauf, zu erfahren, ob er es in das Cockpit geschafft hatte. Oder ob die ganze Geschichte nicht schlicht ein riesengroßer, auf Patriotismuserzeugung abgestellter Schwindel war. Wie gut erhalten die Leichen gewesen sein müssen, ist (folgt man der FBI-Beweiskette) ablesbar an einem Detail, das das FBI selbst herausgab: am leicht angebrannten Foto von Ziad Jarrah, das angeblich aus dem Wrack der Pennsylvaniamaschine stammt. Es müsste doch ein Wunder sein, wenn von einem Papierfoto mehr übrig wäre als von dem Toten, den es zeigt.

Zusammengefasst: Wir gehen davon aus, dass die Ermittlungsbehörden sehr wohl wissen, um wen es sich bei den angeblichen Hijackern handelt, weil genug Beweise verfügbar sind, anhand derer sich ihre Identität feststellen lässt. Wenn jedoch diese Feststellung öffentlich nicht erfolgt, legt das den Schluss nahe, dass der Beweis »Leichen und ihre Fundorte« einfach nicht das beweist, was bewiesen werden soll.

## Gefälschte Passagierlisten

Die Originale der Passagierlisten der vier Todesflüge sind bis heute nicht veröffentlicht worden. Die zunächst so verständlich klingende Erklärung der Fluglinien lautete, man veröffentliche nur die Namen der Opfer und nicht die der Täter, man habe zudem noch nicht alle Familien erreicht gehabt, um sich das Einverständnis zur Veröffentlichung zu holen. Daraus müsste man schließen können, dass nur diejenigen Opfer aufgeführt wurden, deren Hinterbliebene damit einverstanden waren. Was übereinstimmt damit, dass auf den anfänglich veröffentlichten Listen nicht nur die angeblichen Entführer, sondern auch andere Namen noch fehlten. Das klingt also plausibel und pietätvoll. Ist es aber nicht.

Es gibt *eine* Anfangsversion pro Passagierliste, weltweit ist das so, bei jedem der Zigtausenden von Flügen pro Tag. Beim Check-in wird sie benutzt, um die Bordkarten auszugeben, und beim Einsammeln der Bordkarten wird gegengecheckt, ob alle Passagiere an Bord sind. Andernfalls wird die betreffende Person namentlich am Flughafen ausgerufen (»Herr Meier, bitte sofort zum Gate 23«), und wenn das nichts hilft (weil Herr Meier zum Beispiel plötzlich erkrankt ist, weil er gerade eine Flugangstattacke erleidet etc.), wird ihr Koffer wieder ausgeladen. Es könnte ja ein Trick sein, um eine Bombe in den Flieger zu schmuggeln. Wie oft passiert das? Ziemlich selten. Wichtig ist nur die konkrete Identifizierbarkeit aller Passagiere aufgrund einer (!) Liste. Da muss im Falle eines Crashs nichts mehr zusammengestellt oder gerechnet, sondern nur noch ausgedruckt werden: Namen mitsamt den zugewiesenen Sitznummern.

Stellen wir uns einen konkreten Fall vor. Zunächst existiert der Name: zum Beispiel John Smith. Der wurde eingebucht per Internet oder Reisebüro – und schon ist das Konto, eine Kontakttelefonnummer und meist auch die Adresse da. So weit – so leicht. Bei Inlandspassagieren. Bei Ausländern schon ein wenig komplizierter. Da aber oft im Falle eines Crashs die Angehörigen selbst die Airline kontaktieren und nicht umgekehrt, ist die Frage einer Benachrichtigung kein Hexenwerk. Welchen Inhalts aber kann diese Benachrichtigung nur sein? »Wir haben einen Passagier namens John Smith auf der Liste.« Mehr nicht. Rechtsverbindliche Identifizierung kann man das nicht nennen. Und das geschulte Personal, das jede Fluggesellschaft in solchen Fällen abzieht, um als Team die Familienangehörigen zu betreuen, muss sich aufgrund von möglichen Namensverwechslungen usw. äußerst zurückhaltend verhalten, insbesondere am Telefon.

Woher soll nun in einer solchen noch unklaren Situation eine Erlaubnis zur Veröffentlichung von Namen kommen? Airline-Telefonistin an Supervisor: »Eben rief hier eine Frau Smith an, ob ihr Mann auf der Liste steht. Darf ich ihr bestätigen, dass er tot ist?« Soll das am 11.9. etwa so passiert sein? Wie sollen keine 48 Stunden nach dem Crash für jedes der vier Flugzeuge rechtsverbindliche Unterschriften der dazu berechtigten Opferangehörigen vorgelegen haben, die Namen der getöteten Passagiere zu veröffentlichen? Im Land der Millionenklagen bei Rechtsstreitigkeiten? Kurz und gut, Namensveröffentlichungen ohne Zustimmungspflicht der Angehörigen sind rechtlich durchaus statthaft (denn wie sollte sonst die berühmte Auskunft am Telefon gegeben werden…?). Es handelt sich dabei nicht um zweifelsfreie Identifizierungen, sondern bloß um Namen auf einer Liste. Vergleichbar mit den Lottozahlen: ohne Gewähr.

Somit aber hätten die Listen auch sofort in aller Vollständigkeit veröffentlicht werden können. Was jedoch an die Öffentlichkeit drang und dort auf heftiges Interesse stieß, waren

Passagierlisten mit mehr oder minder großen Auslassungen. Es fehlten insbesondere alle arabisch klingenden Namen.

Sind diese Auslassungen nun ein Indiz für bewusste Manipulation? Andersherum: Entzieht nicht allein die Tatsache, dass die Passagierzahlen veröffentlicht worden sind, jedem Manipulationsverdacht die Grundlage? Nein. Denn diese reinen Zahlen sind sofort medienamtlich, kaum dass eine Maschine abgestürzt oder entführt worden ist (»Flug Lufthansa 365 von X nach Y mit 156 Passagieren«), und sie sind nachträglich kaum zu fälschen. Von der Bodenabfertigung bis hin zu den beauftragten Fremdfirmen (Catering) wissen eine Menge Beschäftigte, wie viele Passagiere in einem bestimmten Flieger an Bord sind. Zahlenangaben müssen einfach »passen«, ob da nun manipuliert wird oder nicht. Anders die Namen der Passagiere. Die lassen sich, im Falle eines Falles, jederzeit geheim halten. Und wenn Hunderte von FBI-Agenten ausschwärmen und zu ermitteln beginnen, dürfte so ein Fall gegeben sein, in dem dann nur wenige, vielleicht sogar keine Flughafenangestellten oder Airlinebediensteten Kenntnis davon erlangen können, unter welchen realen oder fiktiven Namen die Absturzopfer eingecheckt haben.

Der Vorwurf der Manipulation ist natürlich ein harter. Aber wir stolpern da zum Beispiel über einen Artikel im *Honolulu Advertiser*, wo am 18. September 2001 berichtet wurde, Jude und Natalie Larson seien *nicht* unter den Opfern der AA 11 – also jener Boeing 767, die in Boston gestartet war und in den Nordturm des WTC einschlug. Das wäre eigentlich keine Meldung wert, wenn nicht Judes Vater Curtis Larson, wohnhaft auf der Hawaii-Insel Maui, eine Woche zuvor just das Gegenteil behauptet hätte. »Larson berichtete Reportern am 11.9., er habe erfahren, sein Sohn und seine Schwiegertochter seien an Bord der verhängnisvollen Maschine gewesen. Die Namen von Jude und Natalie Larson fanden sich landesweit in allen Zeitungen und im Internet auf der Opferliste.«[78] Der angeblich tote Sohn aber sagte, er sei noch nie in Boston gewesen, und dementierte bei der Gelegenheit gleich noch diverse weitere biografische Details, die ihm angedichtet worden waren. Woraufhin die Sprecher der American und auch der United Airlines eilig versicherten, dass es keinen Jude und auch keine Natalie Larson unter den Flugopfern gebe.

Der Schluss liegt nahe, Larson senior habe sich wichtig machen wollen, auf Kosten seines Sohnes und dessen Frau. So etwas kann passieren, aber ein übler Scherz hat keinen Beweiswert. Wenn nicht – wenn nicht eine der ersten Listen im Netz, die Liste der CNN vom 13.9., die Larsons ebenfalls aufführen würde.

Wie kommt CNN in den Stunden nach den Crashs an die Listen? Durch das FBI natürlich, nicht etwa durch die Fluggesellschaften. Und nun setzt CNN also, weil auf Maui ein durchgeknallter Trottel etwas vom Tod seines Sohnes erzählt und der Sender dem FBI jetzt nicht mehr traut, einfach so mir nichts, dir nichts weitere Personen auf die Liste? Ohne Kommentar? Ohne Nachfragen? Das ist vollkommen abwegig. Eher kann man mit an Sicherheit grenzender Wahrscheinlichkeit davon ausgehen, dass niemand anderes als das FBI die Larsons ursprünglich auf die Liste gesetzt hatte. Wenn am 18.9. die beiden Fluggesellschaften pflichtschuldigst beteuern, das Ehepaar Larson stünde nicht auf den Listen, sich zu dieser Korrektur aber nicht bemüßigt sahen, als am 13.9. durch CNN das Gegenteil behauptet wurde, dann haben wir es mit einem ziemlichen Rätsel zu tun, wie und warum so etwas passieren kann. Jude Larson selbst erfuhr erst am 16.9., dass er eigentlich tot sei. Darin erging es ihm also ebenso wie so einigen »Hijackern« – und auch wie einem Piloten namens Adnan Bukhari, von dem am 14. September 2001 der deutsche Nachrichtensender NTV berichtete:

> »Zwei Brüder wurden offenbar zu Unrecht verdächtigt. Ein Mann, der ursprünglich von US-Behörden als einer der Flugzeugentführer identifiziert worden war, soll noch leben. Das erfuhr der NTV-Partnersender CNN von einer namentlich nicht

> genannten Quelle. Demnach steht das FBI in Kontakt mit Adnan Bukhari, der die Pilotenschule in Vero Beach (Florida) besucht hatte. Ein Möbelhändler sagte, er habe Bukhari nach den Anschlägen gesehen und die Behörden informiert. Auch Ameer Bukhari, Bruder von Adnan, der ebenfalls als Flugzeugentführer identifiziert worden war, soll mit den Anschlägen nichts zu tun haben. Ein Rechtsanwalt der Familie Bukhari erklärte, Ameer sei im vergangenen Jahr bei einem Flugzeugabsturz mit einer kleinen Maschine in Florida ums Leben gekommen. Tatsächlich findet sich auf der Internet-Site www.tcpalm.com eine Meldung vom 20. September 2000 über den Absturz von Ameer Bukhari.«[79]

Auf der Zunge zergehen lassen sollte man sich die Formulierung »als Flugzeugentführer identifiziert worden«. Das bedeutet im Klartext: Bereits vor dem 14.9., an dem die offizielle und dann nicht mehr veränderte FBI-Liste der 19 Hijacker veröffentlicht wurde, lag NTV (und anderen) also eine Liste der »identifizierten« Täter vor – eine Liste vom 12. oder 13.9. *mit* den Namen der Bukharis. Auf welcher Grundlage konnten aber deren Namen überhaupt nur auf eine der Passagierlisten geraten, wenn doch einer der Bukharis schon lange tot war und der andere sich zwar bester Gesundheit erfreute, aber keinen der vier fraglichen Flüge gebucht hatte? Nur die fixe Reaktion von Adnan Bukhari selbst hat wohl dazu geführt, dass wir postwendend zwei andere »Entführer« als ihn und seinen verblichenen Bruder Ameer präsentiert bekamen.

Was zeichnete beide aus, um als Entführer genannt zu werden? Saudi-arabische Herkunft plus in Florida erworbene Flugkenntnisse – das sind offensichtlich die Grundkomponenten des imaginierten Täterprofils. Und was hat beide vom Verdacht befreit? Dass Adnan nach dem 11.9. noch lebte, was ein Unbeteiligter – eben jener Möbelhändler – so überzeugend zu Protokoll gab, dass ihm schlecht zu widersprechen war. Mohammed Atta hatte – bis auf seinen ihn noch nach dem 11.9. als lebend meldenden Vater – offenbar keinen derartigen Fürsprecher.

Zwischenstand: Allzu viele Möglichkeiten, die Manipulation der Passagierlisten nachzuweisen, haben wir ohne Akteneinsicht und vom Ausland her natürlich nicht. Wir mussten aber wenigstens *einen* Beweis antreten, der sich auf einen hinzugefügten oder ausgelassenen Namen stützt – und zwar jenseits der weltweit vorverurteilten 19 angeblichen Hijacker. Die Quelle, das war unser Kriterium, sollte nicht arabischer Herkunft oder sonst wie »verdächtig«, sondern über alle Zweifel erhaben sein. Bitte – der Beweis ist angetreten.

Für die letzten Zweifler sei noch auf ein besonderes Schmankerl verwiesen. Wenn man nämlich der *Washington Post* glauben darf, hat es Hani Hanjour irgendwie geschafft, ohne Ticket zu fliegen: »Sein Name stand nicht auf der American-Airlines-Liste für den Flug, weil er kein Ticket gehabt haben könnte...«[80] »Because he may not have had a ticket« – das ist wirklich toll und erklärt vielleicht auch das Mirakel, warum (bis auf Atta) angeblich keiner der 19 »Hijacker« von den Flughafenkameras in Boston und anderswo aufgenommen wurde. Wer ohne Ticket fliegen kann, bleibt auch ansonsten unsichtbar. Im Falle Hanjour, so kann man sich das Rätsel vielleicht erklären, hat irgendeine »Ermittlungsinstanz« geschlampert und seinen Namen einfach nicht rechtzeitig in die Passagierliste hineingefälscht.

## Die Handyanrufe

Gäbe es eine zivilisierten Standards angemessene polizeiliche und richterliche Ermittlung der Terroranschläge des 11.9., wäre der Ablauf der Ereignisse an Bord der Maschinen längst geklärt. Zentrale Beweismittel dieser Ermittlung hätten sein müssen: die Flugdatenschreiber, die Voice Recorder – und die Dokumentation der Handyanrufe.

Handyrechnungen weisen grundsätzlich alle Verbindungen, ihre Gesprächsdauer und die jeweilige Uhrzeit aus. Die Rechnungen der Opfer sind somit ein unverzichtbares Beweisstück, um den Ablauf der Ereignisse an Bord zu rekonstruieren. Aber soweit bekannt, sind sie ermittlungstechnisch nie ausgewertet worden, geschweige denn an die Öffentlichkeit gelangt. Und auch die Aufzeichnungen der Telefonate selbst sind nie veröffentlicht worden. Denn nicht nur Anrufbeantworter, sondern auch die Geräte der Notfallzentralen zeichnen konstant alle Gespräche auf. So müsste zum Beispiel das Telefonat Todd Beamers samt aller Gebete und samt dem »Let's roll«-Schlachtruf aufgezeichnet worden sein. Stattdessen zirkulieren in den Medien nur die zahlreichen Zeugenaussagen. Wir treten nun nicht an, die dort zitierten leidenden Angehörigen falscher Aussagen zu bezichtigen, geben aber zu bedenken, dass solche Gesprächswiedergaben den juristischen Sachverhalt des »Hörensagens« erfüllen, in den USA als »hearsay« bekannt. Prinzipiell ist das Problem des Hörensagens, dass der Berichtende nicht genau zitiert. Die Gründe sind vielfältig und meist nicht böswillig. Aus einem »Auto«, von dem irgendjemand berichtet, wird ein »Pkw« (obwohl es auch ein Lkw hätte sein können) und umgekehrt. Daten werden vertauscht, spätere Informationen hinzufantasiert, weil es eben so »passt«.

Die Vorstellung, dass aus den Flugzeugen heraus noch in letzter Minute telefoniert wurde, ist absolut plausibel. Anders als die Anrufe aus den brennenden Türmen des WTC sind die aus den Flugzeugen jedoch nicht nur Dokumente der Tragik, sondern Beweismittel in einem Kriminalfall. Wir haben es nicht geschafft, eine Übersicht über *alle* aus den Boeings geführten Telefonate zu finden oder diese anhand der Presseberichte selbst zu erstellen. Hoffentlich macht sich noch ein Forscher an diese Sisyphusarbeit. Aber wir können doch ein paar Zuordnungen treffen. Es gab Telefonate mit rein persönlich-emotionalem Charakter, letzte Abschiedsworte – in denen von den Vorgängen an Bord keine Rede war –, und es gab solche, die Rückschlüsse auf das erlauben, was sich in den vier Flugzeugen abspielte. Nur letztere interessieren uns – und damit können wir die meisten der Telefonate in gebührendem Respekt *ad acta* legen. Diese Kategorien werden zudem noch von zwei weiteren auch nicht unwichtigen Kategorien überlagert: »gut verständlich« oder »voller Störungen«. Ein über Handy geführtes, kurzes, schlecht verständliches, hochemotionales und von einem betroffenen Angehörigen wiedergegebenes Telefonat bietet – egal für welche Auslegung – wenig Substanz.

Beschäftigen wir uns also mit den wenigen gut verständlichen, aussagekräftigen und wegen ihres informativen Gehalts entscheidenden Telefonaten. Die haben seltsamerweise fast allesamt ein gemeinsames Charakteristikum: Sie wurden von Personen im Dienst der Regierung oder der Fluggesellschaften kolportiert. Und das Auffällige ist: Just diese Telefonate mit »Offiziellen« enthalten die für den gesamten Fall zentralen Schlüsselstorys (Stichworte: »Araber«, »Entführung«, »Teppichmesser« usw.). Ausnahmen scheinen nur die Anrufe von Lauren Grandcolas, Tom Burnett, Jeremy Glick und Mark Bingham zu sein, die weiterer Untersuchung bedürfen. Sie sind nicht mit »Offiziellen«, sondern angeblich mit Angehörigen geführt worden, aber was von ihnen bekannt geworden ist, klingt teilweise so seltsam, dass man ziemlich ins Grübeln kommt. So zitiert etwa MSNBC, das News-Portal von Microsoft und dem Fernsehsender NBC, aus dem Telefonat von Bingham: »Mom, this is Mark Bingham.« Wann haben Sie sich zuletzt bei Ihrer Mutter mit Nachnamen gemeldet?[81] Wenn Sie sich fragen, in welche Richtung man dabei denken darf, würden wir sagen: in jede. Von der Stimmenimitation bis zu erfundenen Passagieren mit Schauspieler-Verwandten. Der Film *Wag the Dog* führt so etwas als spielerische Groteske vor, die hübsche, heulende, angebliche Krankenschwester aus Kuwait machte es 1991 als medienwirksames Drama, auch wenn es sich dabei in Wirklichkeit um eine Lügeninszenierung handelte. Die junge Frau war die Tochter des kuwaitischen Botschafters in Washington und hetzte mit ihrer Gruselstory von den Irakis, die Babys aus Brutkästen rissen, die Welt in den vorletzten Golfkrieg. Es war die PR-Agentur Hill & Knowlton, die den Gag ersonnen hatte.

Schnee von gestern? Nein. Auch zur Jahreswende 2002/2003 wurden wieder einmal Terroristen frei erfunden und ihnen alle möglichen Taten, Orte, Merkmale angedichtet. Wobei man nie so genau weiß, wie weit die Fantasie der Ermittlungsbehörden reicht und wo die Medien sie bereitwillig ergänzen. Da gab es die Geschichte der fünf Terroristen, die von Kanada aus die Grenze zur USA überquert hätten und nach denen nun landesweit gefahndet wurde. Eine Geschichte, die zum Beispiel den pakistanischen Juwelier Mohammed Ashgar mächtig erstaunte, als er sein Konterfei als AP-Steckbrieffoto mit dem Namen Mustafa Khan Owasi dann auch in seiner pakistanischen Heimatzeitung vorfand. Er war – wie manche der 19 angeblichen Attentäter – nie in den USA gewesen.[82]

In Deutschland undenkbar? Erinnern Sie sich zum Beispiel noch an das Terroristenpärchen von Heidelberg, das angeblich dringend eine Bombe in einer US-Kaserne legen wollte? Dieses Ammenmärchen sorgte im September 2002 für Furore, und was wurde da nicht alles berichtet: Aussagen von Zeugen, Beweise, Motive – einfach alles. Klammheimlich verschwand die Geschichte dann wieder in den Archiven, weil sich am Ende herausstellte, dass der junge Mann kein größeres Verbrechen begangen hatte, als sich Düngemittel anzuschaffen. Daraus lässt sich, wie jeder Oberschüler aus dem Chemieunterricht weiß, mit Ach und Krach etwas Böllergrundstoff für Silvester basteln. Mehr nicht. In diesem Fall nur für die beiden jungen Leute ein Albtraum, was Politik und die Medien mit ihnen trieben. Am Ende standen 18 bzw. sechs Monate Gefängnis wegen Diebstahls und Verstoßes gegen das Betäubungsmittelgesetz. Drei Jahre zuvor hatte ein ähnliches Manöver mit einem ganzen Staat stattgefunden: Jugoslawien. Die haltlosen Horrorstorys sind mittlerweile in verschiedenen

Büchern beschrieben. Ein leibhaftiger Bundesminister erging sich über einen ominösen »Hufeisenplan«, den es nie gegeben hatte, und beschrieb mit aller Chuzpe, wie böse Serben Albanerfrauen die Föten aus den Bäuchen gerissen hätten – zum Grillen. Der *Spiegel* druckte das. Wichtig ist die Funktion: erst die Hetze, dann der Krieg. Womit wir wieder beim 11.9. und den angeblich alles beweisenden Telefonaten aus den Flugzeugen wären.

Die Geschichte von Ted Olson hatten wir schon in *VVG* angesprochen, aber es sind weitere Aspekte hinzugekommen. Zunächst eine Korrektur. Theodore »Ted« Olson ist als Solicitor General nicht der Generalstaatsanwalt und also unserem Generalbundesanwalt nicht vergleichbar. Dann stände er für den Staat, hieße Attorney General und wäre offiziell regierungsunabhängig. Er übt jedoch den im deutschen Recht unbekannten Job des »Kronanwalts« aus. Konkret heißt das, dass Ted Olson die Regierung Bush vor dem Obersten Gericht vertritt. Auf ihn ist beispielsweise das Votum von 5:4 Stimmen zurückzuführen, mit dem das Oberste Gericht George W. Bush trotz mangelnder Mehrheit und der Wahlfälschungen in Florida das Tor zum Weißen Haus aufriss. Olson, der Kronanwalt, ist also nichts weniger als Bushs »Königsmacher«. Dass der sich am 11.9. in Sarasota, Florida, aufhielt, hatte mit dieser leidigen Angelegenheit zu tun, denn am Ende der betreffenden Woche wollten sich die Demokraten in Miami treffen, um über das weitere Vorgehen gegen den Wahlbetrug zu beraten – ein Vorhaben, das dann wahrscheinlich wegen Sinnlosigkeit gecancelt wurde.[83] Was das mit dem Telefonat zu tun hat? Eine berechtigte Frage. Ted Olson ist Partei und insofern nicht unbefangen, was die Wiedergabe der Worte seiner Frau anbelangt. Wir wissen nicht, ob er überhaupt mit ihr gesprochen hat. Wir wissen allerdings, dass er in seinen Berichten darüber in der Essenz immer dasselbe sagte, sich in relativ unwichtigen Details jedoch widersprach. Olson wird sich als Kronanwalt der Bedeutung seiner Aussage nur allzu bewusst gewesen sein. Aber es geht um seine Glaubwürdigkeit, und da zählen die allgemeine Problematik des »Hörensagens« ebenso wie seine berufliche Rolle und die kleinen Widersprüche, in die er sich verstrickt hat.

Was ist der Plot seiner Behauptung? Seine Frau Barbara – eine bekannte konservative Fernsehjournalistin – habe ihn aus der AA 77 (der Pentagonmaschine) angerufen, ihn nur schwer erreichen können, ihm aber dennoch deutlich berichtet, dass Entführer mit Teppichmessern die Maschine gekapert hätten und die Passagiere bedrohten. Und sie habe ihn gefragt, was sie machen solle.

Wichtig ist das alles, weil einzig und allein dieser Anruf nach dem 11.9. der Öffentlichkeit das »Aha«-Erlebnis bescherte, wie es denn möglich sein konnte, dass vier Entführerteams auf einen Schlag vier Maschinen in ihre Gewalt brachten. Bevor der hoch angesehene Olson seine Version der Dinge zum Besten gab, stand die Welt vor einem Rätsel – und nun wussten alle Bescheid: Teppichmesser! Damit entfielen alle lästigen Nachfragen über die Sicherheitskontrollen auf den Flughäfen, und Olson beglaubigte zugleich einen Umstand, den ohnehin keiner in Frage gestellt hatte: nämlich die Existenz von Entführern. Ab jetzt passte alles schön zusammen.

Nun zu den kleinen Widersprüchen. Noch einmal ganz deutlich: Die einzige Ursprungsquelle für alles jetzt Folgende ist nur Ted Olson!

»Unbemerkt von den Hijackern war die Passagierin und politische Kommentatorin Barbara Olson, 45, in der Lage, ihren Gatten – Solicitor General Ted Olson – über ihr Mobiltelefon anzurufen.«[84] »Es war Olson, von dem die Welt als Erstem über den Gebrauch der Teppichmesser als Waffen erfuhr – und sie (Barbara) fragte nach seinem Rat, erinnerte er sich später in der Larry-King-Show, ›was sie dem Piloten sagen solle‹.«[85] Barbara Olsons Anrufe – bzw. das, was ihr Mann davon erzählte – sind der einzige Beleg für die Teppichmessergeschichte. Ohne dass die Hijacker es mitbekommen hätten, schaffte ausgerechnet und nur sie es, dann aber auch gleich zweimal, ihren Mann anzurufen, der zufällig die Regierung Bush in der Frage der Legitimität ihrer Macht vertritt. Wir erfahren zudem, dass der Pilot offenbar bei ihr hinten in der Maschine sitzt, nicht fliegt, aber auch nicht telefoniert, sondern dies sinnigerweise ihr überlässt. Die Unstimmigkeit der Story ist handgreiflich: Der Jurist soll der Fernsehfrau erzählen, was der Pilot zu tun habe – und nicht etwa telefoniert der Pilot mit seinen Terrorspezialisten bei Fluggesellschaft oder FBI, was zu tun sei. Die *Washington Post* dagegen berichtet, dass die Entführer die Passagiere ausdrücklich aufgefordert hätten, ihre Verwandten anzurufen ...[86]

Halten wir also fest: CNN widerspricht der *Washington Post* in der Frage, ob die Passagiere telefonieren durften oder nicht. Falls die *Post*-Version stimmig wäre, müsste es eine Menge derartiger Telefonate gegeben haben – warum sind sie dann unterschlagen worden? Und wie ist der Widerspruch in der Berichterstattung zu erklären? Mindestens eine dieser »seriösen« Quellen gibt nicht die Wahrheit wieder. Schauen wir uns an, wie die Olson-Geschichte in den Medien auftauchte und wie sich dabei (entscheidende) Details langsam veränderten:

CNN, 11.9.2001: »Ihr Mann sagte, dass sie ihn zweimal aus dem American-Airlines-Flug 77 angerufen habe.«[87] Fox-News, 11.9.2001: »Olson erzählte ihrem Mann, dass das Flugzeug von Terroristen gekidnappt worden sei, die ›messerähnliche‹ Instrumente gezückt hätten.«[88] *USA Today,* 11.9. 2001: »Kollegen ihres Mannes sagten: Nachdem sie und andere Passagiere im hinteren Teil des Flugzeugs zusammengetrieben worden seien, hätte sie ihr Handy herausgeholt und zweimal das Büro ihres Mannes im Justizministerium angerufen.«[89] Das Mediennetzwerk MSNBC, 12.9.2001:

> »Ein Freund, der anonym bleiben wollte, teilte mit, dass Barbara Olson zweimal ihr Mobiltelefon benutzte, um ihren Mann aus dem Flug AA 77 anzurufen ... Wie verlautet sagte sie ihm:

›Kannst du das glauben? Wir werden entführt.‹ Polizeibeamte sagten aus, sie habe auch berichtet, dass die Angreifer messerähnliche Instrumente schwingen würden. Ihr Mann bestätigte die Berichte, dass sie in diese Entführung hineingeraten war: ›Ich wünschte, es wäre nicht wahr, aber es ist so.‹«[90]

Wie bitte? Herr Olson bestätigt nur, was ein anonymer Freund zu berichten weiß und ans FBI weitergegeben hat? Hat er sie womöglich selbst gar nicht gesprochen, oder ist dieses unwesentliche Detail eine solche Nebensache, dass das »seriöse« MSNBC es nicht erwähnen mag? Dass in dieser Version anonyme Erzähler bemüht werden, spricht dafür, dass die Story am 12.9. noch nicht ausgereift war und Ted Olson sie sich noch nicht zu Eigen gemacht hatte.

*Newsday*, 12.9.01:

»Zusammengekauert im hinteren Teil des entführten Flugzeugs rief Barbara Olson verzweifelt und in letzter Minute ihren Mann an ... Bob McConnell, ein Freund der Familie, sagte aus: Augenblicke, bevor das Flugzeug ... ins Pentagon raste, teilte Barbara Olson, eine bekannte Konservative, ihrem Mann mit, dass die Maschine von einer Gruppe Männern mit Messern und ›Cardboard Cutters‹ entführt worden sei. Sie erwähnte keine Gewehre oder andere Waffen, sagte McConnell. Als sie per Handy mit ihrem Mann in dessen Büro sprach, fragte Barbara Olson ihn, was zu tun sie den Piloten auffordern solle, und wies damit möglicherweise darauf hin, dass sich der Pilot im Heck des Flugzeugs befand, wo die Hijacker die 58 Passagiere zusammengetrieben hatten.«[91]

Ted Olson bei Larry King, CNN, 14.9.2001:

»Sie sagte mir, dass sie in den hinteren Teil des Flugzeugs getrieben worden sei. Sie erwähnte, dass sie Messer und ›Box Cutters‹ benutzten, um das Flugzeug zu entführen. Sie erwähnte, der Pilot habe bekannt gegeben, dass das Flugzeug entführt worden sei. Ich glaube, das sagte sie. Und sie ... Ich musste ihr sagen, das zwei Flugzeuge das WTC getroffen hatten.«[92]

Wenn der Pilot mit den Passagieren hinten zusammengepfercht ist, kann er nicht durchsagen, dass die Maschine entführt worden ist, und er braucht es auch nicht mehr zu tun, weil sich dann die Situation von selbst versteht. Saß er also doch noch vorne? Oder gab es da eine zeitliche Reihenfolge?

*The Telegraph*, London, 14.9.2001:

> »An dem Tag, an dem sie starb, hatte Barbara Olson ihren geplanten Flug verschoben, um zusammen mit ihrem Mann an dessen 61. Geburtstag frühstücken zu können. Kurz nach dem Start rief sie im Justizministerium an, wo ihr Mann arbeitet, um mitzuteilen, dass das Flugzeug entführt und die Passagiere hinten zusammengetrieben worden seien. Sie hatte sich auf der Toilette eingeschlossen und zehnmal anrufen müssen, bevor sie den Operator überreden konnte, die Gesprächskosten zu übernehmen.«[93]

Das ist nun wirklich übel und unfreundlich, die Telefonisten um die Übernahme der Kosten bitten zu müssen. Warum nur? Wieso taucht hier überhaupt die Geschichte eines Operators auf? Woher weiß der *Telegraph* – eine der seriösen englischen Tageszeitungen und einer der größten der 200 zum US-Medienkonzern Hollinger Inc. zählenden Titel – mehr und anderes als alle anderen? Sollte dieser besondere Informationsfluss damit zu tun haben, dass zum Aufsichtsrat von Hollinger Henry Kissinger und Richard Perle – einer der schärfsten Bush-Falken – gehören? Festzuhalten bleibt jedenfalls an dieser Stelle, dass der *Telegraph* mit der Einführung des Operators den Grundstein zu einer neuen Legende legt. Am 5. März 2002 wird sie dann weitergestrickt, von Ted Olson persönlich und wiederum im *Telegraph*:

> »›Sie hatte Probleme durchzukommen, weil sie nicht ihr Handy benutzte, sondern das Telefon im Passagiersitz‹, sagt Olson. ›Ich glaube, sie hatte ihre Börse nicht und machte einen Collect-Call-Anruf. Und sie versuchte, im Justizministerium durchzukommen, was nie ganz leicht ist.‹«[94]

Die so genannten »Powerphones« der American Airlines[95] schlucken aber keinerlei Kleingeld, sondern wollen Kreditkarten sehen. Das jedoch macht die Sache mit dem Portemonnaie ebenso unsinnig wie die mit der Kostenübernahme. Was treibt also Olson dazu, knapp ein halbes Jahr nach seinen ersten Statements nun mit einer völlig anderen Geschichte aufzuwarten? Warum waren es zuerst zwei Handyanrufe und wird jetzt mit Bestimmtheit behauptet, seine Frau habe ein bordeigenes Telefon benutzt? Hat ihn etwa jemand nach der Abbuchung auf der Kreditkarte oder nach der Handyrechnung gefragt? Wenn da jeweils nichts ausgewiesen wäre, dann, ja dann ließe sich der Wechsel von der alten Story zu dieser neuen Version erklären. Natürlich ist es im Grunde genommen völlig unwichtig, von wo aus der Anruf erfolgte. Das Handy (normalerweise ist die Benutzung in Flugzeugen verboten, aber wer schert sich schon in seiner Todesangst um so was) ist ein völlig normales und unproblematisches Telefon, um die Geschichte zu transportieren – doch wenn Olson gesteigerten Wert darauf legt, von seiner ursprünglichen Geschichte in diesem Detail abzuweichen, muss er seine Gründe dafür haben.

Es sei noch einmal daran erinnert, dass es hier um das entscheidende Telefonat geht, mit dem die offizielle Legende der Entführungen von vier Maschinen durch Männer mit Teppichmessern geprägt worden ist. In jeder gerichtlichen Ermittlung der Tatumstände müsste dieses Beweiselement eine zentrale Rolle spielen und wäre Kronanwalt Olson einer der wichtigsten Zeugen. Geklärt werden müsste, welche der Versionen, die er dazu abgegeben hat, denn nun stimmt:

- Er telefonierte nicht direkt mit seiner Frau.
- Er sprach mit ihr zweimal direkt über Handy.
- Es war das AA-Telefon in der Rückenlehne, also kein Handy.
- Sie telefonierte heimlich, die Hijacker wollten nicht, dass telefoniert wurde.
- Sie wurde aufgefordert, zu telefonieren.
- Der Pilot war bei ihr hinten.

- Der Pilot war vorne und machte Durchsagen.
- Sie war allein, eingeschlossen in der Toilette.
- Sie befand sich mitten unter den anderen Passagieren.
- Sie kam im Justizministerium nicht durch, sondern blieb dort in der Warteschleife hängen.
- Sie kam nicht durch, weil sie erst in zehn Anläufen den Operator dazu überreden musste, das R-Gespräch anzunehmen.

Etwas viel Durcheinander für einen gewieften Kronanwalt, der immerhin Bushs Präsidentschaft vor Gericht durchboxte. Barbara Olsons letzte Handy- bzw. Kreditkartenabrechnungen jedenfalls sind, wenn schon keine »Smoking Gun«, dann zumindest ein rauchender Damenrevolver.

Nun könnte man noch einwenden, dass einem Mann, den der tragische Tod seiner Frau gewiss in tiefe Verzweiflung gestürzt hat, ein wenig mehr Nachsicht entgegenzubringen sei und seine widersprüchlichen Einlassungen deshalb nicht unbedingt auf die Goldwaage gehören. Doch diesen Einwand müssen wir zurückweisen, mit einem Hinweis des Solicitor General selbst: »Es ist leicht eine unbegrenzte Anzahl von Situationen vorstellbar, in denen die Regierung legitimerweise falsche Informationen ausgeben könnte.« So Ted Olson am 18. März 2002 in einer Aussage vor Gericht zum Thema Lügen in der Öffentlichkeit.[96]

## Über weitere Telefonate und ihre Untauglichkeit, die »Entführung« zu beweisen

Schon am 11. September 2001 wurden Vermutungen geäußert, die Maschine der United Airlines, die in Pennsylvania abstürzte, sei möglicherweise doch abgeschossen worden. Als Beleg für einen möglichen Abschuss wird (außer den über viele Kilometer verstreuten Trümmern, außer dem Nichterreichen eines »Ziels«, dem Abschussbefehl Bushs nach dem

Einschlag der AA 77 ins Pentagon, den Abfangjägern in der Nähe der UA 93 – also außer durchaus guten und belastbaren Gründen) häufig diese Geschichte zitiert:

> »Ein namentlich nicht genannter Passagier ... schloss sich in einer der Flugzeugtoiletten ein und rief den Notruf 911. Die Angestellten, die den Anruf beantworteten, verlauteten, er hätte wiederholt gesagt: ›Wir werden gehijackt, wir werden gehijackt, das ist kein Witz.‹ ›Er hörte eine Art Explosion und sah weißen Rauch aus dem Flugzeug kommen, und wir verloren den Kontakt mit ihm‹, so Glenn Cramer, der Dienststellenleiter in Westmoreland.«[97]

Explosion – Rauch – Abbruch des Telefonkontakts ... Diese Geschichte scheint wie geschaffen, einen Abschuss zu erklären. Nur hat sie leider diverse Schönheitsfehler. Wieso schließt sich da jemand auf dem Klo ein? Die anderen konnten doch frei telefonieren. Wieso ruft er die Notrufnummer an und erzählt, es sei kein Scherz? Es sieht fast so aus, als bezwecke dieser Anruf nur, die Geschichte der Explosion zu transportieren. Er wird – vorläufig – nicht identifiziert. Warum eigentlich nicht? Wenn er die 911 anruft, ist jedes seiner Worte auf Tonband gespeichert. Damit müsste ein Transkript des genauen Wortlauts verfügbar sein. Aber das ist nie öffentlich gemacht worden. Zudem müsste die Stimme dieses Passagiers von Verwandten, Freunden, Kollegen identifiziert werden können. Da haben wir endlich mal die Stimme eines Opfers auf Band, aber erhalten auch dieses Beweismittel nicht. Eventuell deshalb, weil es den Anruf nie gab?

Später tauchte eine weitere Version dieser Geschichte auf:

> »Um 9.58 Uhr wurde ein 911-Notruf – der letzte Handykontakt von Flug 93 – aus einer der Flugzeugtoiletten von Passagier Edward Felt getätigt. Glenn Cramer, der Notfallüberwacher, der ihn annahm, sagte an diesem Tag: ›Er war sehr aufgewühlt. Er sagte, er glaube, das Flugzeug komme runter. Er hörte eine Explosion und sah weißen Rauch aus dem Flugzeug kommen, aber nicht, woher. Und dann verloren wir den Kontakt mit

> ihm.‹ Glenn Cramer bekam jetzt vom FBI einen Maulkorb verhängt.«[98]

Nun sieht es so aus, als sei der Passagier doch identifiziert worden, aber Glenn Cramer darf uns nichts mehr sagen. Warum denn nicht? Man würde ihn schließlich gerne einmal interviewen. Wenn das Telefonat um 9.58 Uhr begann und bis zum Absturz dauerte, also fünf Minuten mindestens, müsste doch mehr zu erfahren gewesen sein als nur die bloße Mitteilung, man sei gehijackt worden. Warum sagte der Mann nichts zu den »Let's roll«-Plänen – hat er auf dem Klo nichts davon mitbekommen? Und dann gibt es da noch die Beobachtungen eines merkwürdigen Flugmanövers der UA 93 auf den letzten Meilen. So schrieb die *Post Gazette* am 12. September 2001: »Einige Zeugen berichteten, dass das Flugzeug kurz vor dem Crash in Rückenlage flog. Andere sagten aus, dass sie bis zu drei laute Donner gehört hätten, bevor die Maschine abstürzte.« Sollte es der Aufmerksamkeit dieses Passagiers entgangen sein, dass das Flugzeug sich um seine eigene Achse drehte? Es müsste ihm doch eine Erwähnung wert gewesen sein.

Auch ein weiterer Anruf aus der UA 93, der des »Let's roll«-Helden Todd Beamer, gibt Rätsel auf:

> »Beamer sagt Jefferson, dass einer der Passagiere tot ist. Er weiß nichts über die Piloten. Ein Hijacker hält sich im hinteren Flugzeugteil auf und behauptet, er habe sich eine Bombe an den Körper gebunden. Die Unterhaltung ist eindringlich, aber ruhig. Dann sagt Beamer: ›Oh Gott, ich glaube, wir gehen runter‹, und fügt hinzu: ›Nein, wir drehen uns.‹ An diesem Punkt, so spekulieren die Ermittler, flog einer der Hijacker fehlerhaft. Das Flugzeug verlässt die zugewiesene Flughöhe, und der Transponder wird ausgeschaltet.«[99]

Wieder eine Stimme, die eigentlich auf Band sein müsste. Doch leider … Beamer, heißt es, habe statt seiner Frau eine Telefonistin der Fluggesellschaft zur Telefonpartnerin erkoren.

Es wird uns ernsthaft berichtet, Beamer habe zu dieser ihm fremden Frau Zutrauen gefasst, weil sie denselben Vornamen hatte wie seine Frau. Und so betete er mit ihr, schilderte ihr seine Todesängste usw. – eben *nicht* seiner Frau, die er doch auch hätte anrufen können. Diese allerdings erfuhr erst drei Tage später davon – offenbar nachdem die Story zurechtgefeilt war.[100] Als »Identifikation«, dass Jefferson wirklich mit Beamer gesprochen habe, diente der Spruch »Let's roll«. Nicht etwa die Tonbandaufzeichnung, sondern ein Allerweltsfootballspruch.

Szenenwechsel zur AA 11, aus der kurz vor dem Einschlag ins WTC ein weiteres »Schlüsseltelefonat« geführt wurde, wie BBC und die *Los Angeles Times* berichten.[101] Die Stewardess der AA 11, Madeline Sweeney, teilte nicht nur mit, dass einem Passagier und zwei Flugbegleiterinnen von den Hijackern die Kehlen durchschnitten worden waren, sondern gab zur Identifikation der Attentäter auch deren Sitzplatznummern durch – Nummern, die nicht völlig mit den gebuchten übereinstimmten. Atta hatte laut veröffentlichten Passagierlisten den Platz 8D inne. Sweeney berichtete jedoch nur von Leuten aus den Reihen 9 und 10 und tat dies, so die *Los Angeles Times* am 20. September 2001, bemerkenswert ruhig und mit der Professionalität einer Stewardess, die die Nummern aus dem Effeff kennt. Sagt wer? Der »flight service manager Michael Woodward« in Boston, laut BBC ein Angehöriger des Bodenpersonals. Ein Manager und Offizieller also, aber kein nahe stehender Kollege von Madeline Sweeney und auch kein Mitarbeiter, der ihre Stimme hätte identifizieren können.

Gerade, als Ms Sweeney die Sitznummern durchgab, drangen die Hijacker angeblich in das Cockpit ein, und in diesem Moment änderte das Flugzeug plötzlich den Kurs, worauf sie ihre letzten Worte sprach: »Ich sehe Wasser, ich sehe Gebäude, mein Gott, mein Gott!«[102] Man beachte den Zeitablauf: Erst wurden zwei Stewardessen und ein Passagier ermordet, dann erreichen die Hijacker das Cockpit, während Sweeney die

Sitznummern durchgibt, und kurz darauf gibt es eine plötzliche Kursänderung, die direkt ins Herz Manhattans führt. Dann hätte das Telefonat aber etwa eine halbe Stunde dauern müssen, denn die einzige Kursänderung der AA 11 gab es an der »Wendestelle«, als die Maschine gegen 8.28 Uhr von ihrem Kurs Richtung Westen scharf nach Süden abdrehte – und auf ihrem Weg nach New York auch kein Wasser mehr überquerte (nur die UA 175 flog das letzte Stück zum WTC über das offene Meer an). Und die Hijacker hätten das Cockpit erst kurz vor dem Kurswechsel erreicht? Was machten denn die Piloten die ganze Zeit über, als ihre Passagiere bedroht bzw. abgemetzelt wurden? Da passt nichts zusammen

**Ein Endlostelefonat bis zum Crash**

Aus der AA 11 ist nicht nur der Anruf von Madeline Sweeney verbürgt – auch ihre Kollegin Betty Ong meldete sich um 8.21 Uhr per Telefon: »Die Flugbegleiterin Betty Ong ruft aus Flug 11 Vanessa Minter bei der Reservierung von American Airlines an. Nydia Gonzales hört ab 8.27 Uhr mit. Sie spricht 25 Minuten lang, bis das Flugzeug abstürzt. Das FBI sagt, dass nur die ersten vier Minuten aufgezeichnet wurden, aber will das Tonband nicht veröffentlichen.«
Warum wird ein 25-minütiges Telefonat aus der Maschine nicht veröffentlicht, warum nur rudimentäre Angaben über seinen Inhalt?
»Mrs. Ong befindet sich anscheinend in der Mitte des Flugzeugs, aber andere Flugbegleiter geben ihr Informationen, was vorne geschieht. Sie sagt, die Hijacker hätten in der ersten Klasse etwas gesprayt, um die Leute aus dem vorderen Teil des Flugzeugs fern zu halten. Es brennt in ihren Augen, und sie hat Atemprobleme.«
Merkwürdigerweise hat ihre Kollegin Sweeney von dieser Sprayaktion, die Betty Ong den Atem nahm, nichts gemerkt.

*http://abcnews.go.com/sections/primetime/DailyNews/primetime_flightattendants_020718.html* in der Sweeney-Story. Und wir können uns wieder einmal keinen Reim darauf machen, weil weder Transkript noch Originaltonband veröffentlicht werden. Abermals wird der entscheidende Inhalt von einem Offiziellen, von Supervisor Woodward, überbracht, der freilich nicht als zentraler Zeuge im Mittelpunkt steht, sondern als Nebenfigur anscheinend nur dazu dient, Neutralität und Glaubwürdigkeit der lancierten Geschichte sicherzustellen.

Wenn wir diese drei Schlüsselstorys aus der AA 11, der UA 93 und der AA 77 abschließend Revue passieren lassen, können wir nicht umhin, ihre Glaubwürdigkeit und ihre Beweiskraft in Zweifel zu ziehen. Dabei handelt es sich hier, darauf sei noch einmal ausdrücklich hingewiesen, um die entscheidenden Spuren, an denen der gesamte ins öffentliche Gedächtnis eingeprägte Verlauf des 11.9. in wesentlichen Teilen hängt. Unsere Zweifel an diesen Telefonaten sind keine Missachtung der Opfer oder ihrer Angehörigen. Verhöhnt werden diese vielmehr durch jene systematische Nichtermittlung, aufgrund derer seit nunmehr fast zwei Jahren keiner der wahren Täter zweifelsfrei identifiziert, geschweige denn einer ihrer Hintermänner zur Verantwortung gezogen worden ist. Jeder neutrale Richter – wegen der weltpolitischen Dimension des ganzen Falls müsste er wohl von einem anderen Stern kommen –, der die Beweise für die offizielle Version der Ereignisse begutachten würde, müsste sie als fragwürdig zurückweisen bzw. weitere Ermittlungen fordern, um sie überhaupt zum Verfahren zuzulassen.

Im Klartext: Es gibt keinen handfesten Beweis, dass die 19 Männer, die als Täter behauptet werden, wirklich in die Flugzeuge eingestiegen sind und sie entführt haben. Damit ist das gesamte Szenario des 11. September, wie es die US-Regierung und der Posaunenchor der Medien seit diesem Tag verkünden, von nachprüfbaren Fakten nicht gedeckt.

Wir empfehlen Ihnen an dieser Stelle deshalb, sich probeweise von der Vorstellung zu verabschieden, dass 19 »Hijacker« mit Teppichmessern die Tat begangen haben. Versuchen Sie, sich in den Zustand zu versetzen, als Sie zum ersten Mal hörten: »Zwei Flugzeuge sind ins World Trade Center gecrasht.« Und stopp. Weitere Informationen gibt es nicht. Sie wissen nichts über die Täter, nichts über die Hintergründe. Auch wenn es schwer fällt, die in der größten Gehirnwäscheoperation aller Zeiten eingebrannten Informationen auszublenden, versuchen Sie es. Die Bilder der einschlagenden Flugzeuge und der einstürzenden Türme scheinen fest verknüpft mit der Botschaft von Bin Laden und seinen 19 Hijackern – aber sie haben nichts miteinander zu tun. Sie sind uns nur eingeprägt wie ein Pawlowscher Reflex. Um unbefangen auf diesen Fall blicken zu können, müssen wir uns von diesem Reflex befreien. Das heißt nicht, Bin Laden und die 19 von jedem Verdacht zu befreien, sondern erst einmal nur sich selbst von dem Vorurteil, dass gar keine anderen Verdächtigen in Frage kommen.

# Eine kurze Geschichte des Nichtfliegens

> »Eine Hand voll arabischer Terroristen hat mit drei koordinierten selbstmörderischen Angriffen auf die Zwillingstürme des Welthandelszentrums und das Pentagon nicht nur fassungsloses Entsetzen in der ganzen Welt ausgelöst. Fachleute haben sehr schnell die Frage gestellt, warum die stärksten Luftstreitkräfte der Welt nicht in der Lage waren, wenigstens den letzten Angriff auf das Pentagon zu verhindern ... Von Vorteil ist, dass sich die Zusammenarbeit zwischen militärischer und ziviler Flugsicherung im engen Luftraum der Bundesrepublik bewährt hat. In den langen Jahren des Kalten Krieges wurden täglich Alarmstarts von den Piloten der beiden deutschen Jagdgeschwader ›Richthofen‹ und ›Mölders‹ geübt.«
> *Hermann Hagena, Brigadegeneral a. D., Führungsstab der Luftwaffe, in: »Streitkräfte und Strategien«, NDR 4, 22.9.2001*

Eines der größten Mysterien des 11. September ist die Tatsache, dass die Luftabwehr am Boden blieb. Über New York und Washington, also über dem Regierungsviertel der USA, blieb der sensibelste Luftraum der Welt fast zwei Stunden lang offenbar völlig unbewacht – und waren die Standardprozeduren der Luftraumüberwachung außer Kraft gesetzt.

## Die ganz normale Routine

Um sich klar zu machen, was das bedeutet, stellen Sie sich einen normalen Linienflug von Hamburg nach Wien vor. Nach Erreichen der Reiseflughöhe geht die Anzeige »Bitte anschnallen« aus, begleitet von dem vertrauten »Ping«, der

Geruch von Kaffee strömt aus der Galley, Sie sind guter Laune – doch dann werden Sie über die Bordlautsprecher informiert, eine Gruppe interessierter Passagiere bestehe auf einem anderen Reiseziel. Nach Madrid, Teneriffa oder Bombay. Eine Entführung. Was wird nun passieren? Müssen Sie befürchten, über größeren Städten, vor Atomkraftwerken oder bei Erreichen der Grenze von der österreichischen Luftwaffe abgeschossen zu werden? Oder dass von dem Drama niemand am Boden etwas mitbekommt, dass also der Verteidigungs- und der Innenminister und der Kanzler in aller Ruhe ihren üblichen Geschäften nachgehen? Müssen Sie nicht. Auch wenn Sie kein Luftfahrtexperte sind und keinen Pilotenschein haben, wissen Sie, dass solche Annahmen unsinnig sind.

Was erwarten Sie also? Dass die Fluglotsen am Boden in wenigen Minuten merken, dass etwas nicht stimmt – und sei es nur, weil sich die Piloten nicht mehr über Funk melden. Oder weil es leichte Kursabweichungen vom gemeldeten Flugplan gibt. Wenn dann auch noch der Transponder ausfällt, dürfen Sie sicher sein, dass unten am Boden höchste Alarmstufe herrscht und eine Notfallroutine ausgelöst wird. Eine Routine wohlgemerkt, geübt und eingebimst, ohne Diskussionen oder Kompetenzgerangel. Dazu gehört die unverzügliche Information der höchsten Entscheidungsträger inklusive des Kanzlers.

Bei der Feuerwehr, beim Küstenschutz, der Bergwacht usw. gibt es überall solche Routinen, die im Notfall greifen, ohne dass Sie die Details kennen und kennen müssen. Erst recht beim Luftverkehr. Weltweit gilt hier in Notfällen (mit nur leichten Abweichungen) ein einheitliches Procedere, gestützt auf ein Netz von Verträgen und Abkommen der Luftverkehrsgesellschaften mit den Flughäfen, dem Militär, mit Katastrophendiensten. Die zivile und die militärische Luftüberwachung arbeiten zusammen. Die Kompetenzen sind klar geregelt, auch grenzüberschreitend.

Konkret für Deutschland bedeutet das: Das so genannte

»Air Policing« ist nach NATO-Standards geregelt. Auch Luxemburg zum Beispiel wird mitversorgt, ohne eigene Abfangjäger einbringen zu müssen. In Deutschland sind in Friedenszeiten zwei Jagdgeschwader (im Verteidigungsfall mindestens vier) für das Air Policing zuständig: im Norden das JG 71 »Richthofen« in Wittmund und im Süden das JG 74 »Mölders« in Neuburg a. d. Donau. Ein Jagdgeschwader, in diesem Fall das JG 73 »Steinhoff«, beschreibt auf seiner Homepage seine Aufgaben u. a. so: »Bekämpfung feindlicher Luftstreitkräfte in der Luft, Gestellung einer Alarmrotte (QRA), Identifikation von Luftfahrzeugen, Abdrängen von Luftfahrzeugen, Erzwingen von Landungen, Hilfestellung bei in Not geratenen Luftfahrzeugen ...«

QRA steht für Quick Reaction Alert. Beim JG 74 »Mölders« sind zwei F-4F Phantom 365 Tage im Jahr rund um die Uhr im QRA-Status. Ihr letzter Einsatz (vor Redaktionsschluss dieses Buchs) datiert auf den 5.1.2003, als ein verwirrter Pilot mit seinem Motorsegler in Frankfurt/Main Aufsehen erregte: »Phantom-Kampfjets der Bundeswehr verfolgten das Kleinflugzeug über der Innenstadt. Die Jets aus Neuburg an der Donau waren voll bewaffnet«, meldeten die Agenturen – und sie waren innerhalb von Minuten in der Luft.[103] Beim QRA-Status geht es um die ständige Alarmbereitschaft von mindestens zwei Jägern. Wie darf man sich das vorstellen? Im Wachraum neben dem Hangar sitzen jeweils mindestens zwei Piloten (sowie weiteres Personal) in voller Montur, also in ihren Druckanzügen. Der Helm liegt griffbereit. Im Alarmfall fällt das Butterbrot oder die Zeitung aus der Hand und bleibt der Kaffee stehen. Im Hangar warten die Maschinen, betriebsbereit, d. h., alles ist auf Betriebstemperatur. Die Bodencrew zieht nach dem Einstieg nur noch die Leitern und die Anschlüsse weg, ein Wart nimmt die Kappen vom berührungsempfindlichen Staurohr, ein anderer reißt die Rollsicherung von den Rädern. Die Hangartore sind in der Zwischenzeit zur Seite geschoben. Das alles geschieht unter dem unüberhörbaren Jaulen der Alarmsirenen. Wenn alles gut geht, haben die Maschinen zehn Minuten nach Alarmbeginn die Startbahn erreicht und sind »ready zum Take-off«. Eine Übung wird hier meist abgebrochen. Im Ernstfall erhält der Pilot während seines Flugs die notwendigen Einzelheiten mitgeteilt. Aber was zu tun ist, wie das »Abfangen« funktioniert, das weiß er im Schlaf, das hat er Hunderte Male geübt. Das ist sein Job.

Und so etwas wird überprüft. Einmal alle 18 Monate (im Kalten Krieg alle zwölf Monate) stürzen sich ca. 130 NATO-Kontrolleure vom Tactical Evaluation Team für eine Woche auf die ca. 1000 Mann eines Geschwaders und prüfen auf Herz und Nieren, was die mit ihren 20 bis 30 Maschinen anstellen können. Das ergibt, wie nicht anders zu erwarten, am Ende einen Bericht.

Das Verfahren ist sonnenklar. Die QRA-Mannschaft hat nach NATO-Standard 15 Minuten bis zum Abheben. Wird dieser Standard nicht eingehalten, kann sich der Geschwaderkommodore bald nach einem neuen Job umsehen. Zwölf Minuten sind besser, aber immer noch nicht gut, zehn Minuten normal. In 50 Jahren NATO ist dieser Standard ständig verbessert worden. Gesetzt haben ihn die USA. Wer aber die Standards setzt, hält sie auch selber ein. Deshalb ist die US-Air Force eher noch besser als die Bundesluftwaffe beim Üben, Überwachen, Prüfen.

Sie sitzen noch immer in der Maschine Hamburg–Wien – und wissen nun, dass die Auffälligkeiten, mit denen so eine erzwungene Änderung des Reiseziels einhergeht, der Bodenkontrolle nicht verborgen geblieben sind, dass die Fluglotsen umgehend Alarm geschlagen haben und dass es auch in Deutschland Abfangjäger gibt, die daraufhin fix zur Stelle sind, um nach dem Rechten zu schauen.

Wie so etwas praktisch funktioniert, war erst am 10. Juli 2002 im deutschen Luftraum zu beobachten: Ein US-Militärflugzeug geriet unmittelbar nach dem Abheben von der Airbase in Ramstein in eine Notlage. In der Boeing 747-100 waren alle elektronischen Systeme ausgefallen.

Dieser Vorfall fand wenig Beachtung, weil die Öffentlichkeit noch ganz unter dem Eindruck des spektakulären Crashs über dem Bodensee stand, der sich eine gute Woche zuvor ereignet hatte. Erst am 13.7. wurde er von der *FAZ* und von *Spiegel*-online aufgegriffen:

> »Der Pilot der vom US-Verteidigungsministerium gecharterten Maschine habe sich über Hessen nur noch über Flugfunk, mittels seines Gleichgewichtssinns und eines Kreiselkompasses orientieren können ... ›So eine Situation kann brisant werden‹, sagte der Sprecher der Deutschen Flugsicherung in Langen, Axel Raab. ›Es ist sehr ungewöhnlich, dass alles ausfällt.‹ Die elektronischen Systeme seien zwei- oder dreifach gesichert. Wenn sie in einem deutschen Flugzeug ausfielen, übernähme die Bundesstelle für Flugunfalluntersuchung (BFU) in Braunschweig die Untersuchungen. Wie das bei einem amerikanischen Flugzeug sei, wisse er nicht.«[104]

Wir dürfen ergänzen: Es wäre wohl der National Transportation Safety Board (NTSB).

Innerhalb kürzester Zeit stiegen zwei F-16-Jäger von der US-Airbase Spangdahlem bei Trier auf, um der havarierten Maschine zu helfen und sie beim Rückflug nach Ramstein zu eskortieren. Dieses und weitere Beispiele normalen Air Policings zeigen, wie solche Vorgänge routinegemäß ablaufen – selbst bei Sturm, Gewitter oder anderen Problemen, in Europa wie in den USA.

## Keine Abfangjäger, nirgends

Der 11. September war ein wunderschön klarer Tag – ideales Flugwetter. Über den USA waren Tausende ziviler Maschinen in der Luft. Und keine Militärmaschinen? Nicht einmal im Übungseinsatz? Viermal gibt es Alarm; 100 Minuten verstreichen vom ersten Alarm, ausgelöst um 8.24 Uhr durch die AA 11, bis zum Crash der letzten Maschine, der UA 93 über Pennsylvania; alle vier Maschinen legen zwischen der ersten Kursänderung und dem Crash genügend weite Strecken zurück, dass ein paar Abfangjäger hätten auftauchen, nach dem Rechten sehen und zunächst einmal ihren Beistand anbieten können. Aber nichts geschieht. Das ist absurd. Es ist völlig undenkbar. Stellen Sie sich zum Vergleich eine Feuerwache vor, bei der an einem schönen Spätsommertag vier Alarme eingehen und die einfach nicht ausrückt. Später, während die ausgebrannten Trümmer noch rauchen, heißt es zur Entschuldigung: Man sei von Fehlalarmen ausgegangen. Oder: Das Löschwasser habe ohnehin nicht gereicht. Oder: Man habe erst nach den Einsatzplänen suchen müssen. Oder: Alle Fahrzeuge hätten gleichzeitig eine Reifenpanne gehabt.

Nach dem 11.9. tauchte in allen Diskussionen über das Rätsel der Abfangjäger sofort das unheilschwere moralische Dilemma auf, ob es denn überhaupt zu verantworten wäre, eine Zivilmaschine zum Abschuss freizugeben und Hunderte von unschuldigen Opfern in Kauf zu nehmen. Braucht es dafür nicht »neue Gesetze«? Nein, braucht es nicht, weil solche Fälle im NATO-Procedere längst klar geregelt sind. Aber die Diskussionen waren ohnehin am wirklichen Thema vorbei geführt. Denn Abfangjäger schießen nicht, zumindest in 99,9 Prozent aller Einsatzfälle. Abfangjäger schauen nach, überwachen, drängen ab, zwingen zur Landung, geleiten bei einem Instrumentenausfall oder einem plötzlichen Kollaps des Piloten usw. sicher zum Boden. Aber auf ein Passagierflugzeug schießen? Das ist so selten, dass diese Fälle im Gedächtnis der Menschheit eingebrannt bleiben: so etwa bei der koreanischen Boeing KAL 007, die im September 1983 weit in den sowjetischen Luftraum eindrang, oder bei der Iran Air 655, die von den Amerikanern am 4. Juli 1988 über dem Golf mit Raketen runtergeholt wurde, weil sie sie angeblich für eine angreifende F-14 hielten. Am 11.9. konnte beim plötzlichen Kurswechsel und Funkausfall der Maschinen zunächst niemand wissen, ob sich die Frage eines Abschusses überhaupt stellen würde. Und weil sich gar kein Abfangjäger in der Nähe der entführten Boeings aufhielt, gab es auch niemanden, der diese Frage später hätte beantworten müssen.

Nur darum geht es also: um eine Feuerwehr, die nach einem Alarm schlicht nicht ausrückt.

Nach Angaben des Nordamerikanischen Luftverteidigungskommandos (NORAD) waren am Morgen des 11.9. im gesamten Land 14 Abfangjäger im QRA-Status – 14 Maschinen, die dann nicht oder viel zu spät aufstiegen. Nur zehn Meilen von Washington entfernt befindet sich die Andrews AFB. Hier ist die Air Force One stationiert, die Präsidentenmaschine, hier landen Staatsgäste, die Bush die Hand schütteln wollen – und hier sind auch das 113. und 121. Kampfgeschwader der US-Air Force angesiedelt. Das ist sinnvoll sowohl für den Geleitschutz an- und abfliegender Maschinen inklusive der des Präsidenten als auch zur Sicherung des Washingtoner Luftraums, in dem es natürlich »no fly«-Zonen gibt, insbesondere den Raum unter 18.000 Fuß, der komplett tabu ist. Überwacht wird dieser sensibelste Teil der USA von der District of Columbia Air National Guard (DCANG). Die DCANG betreibt nicht nur Andrews, sondern seit dem 16. August 2000 auch eine eigene Homepage. Das Internet-Archiv www.archive.org vermerkt für das Jahr 2001 auf dieser Homepage folgende Bewegungen, wobei die Sternchen für die Updates stehen:

| | |
|---|---|
| Feb 02, 2001* | Sep 13, 2001* |
| Feb 03, 2001 | Sep 14, 2001 |
| Feb 08, 2001 | Sep 15, 2001 |
| Mar 02, 2001 | Sep 16, 2001 |
| Apr 02, 2001 | Sep 17, 2001 |
| Apr 05, 2001 | Sep 18, 2001 |
| Apr 19, 2001 | Sep 19, 2001 |

Am 13.9. wurde die Homepage der DCANG also renoviert. Dabei ging es allerdings nicht nur um aktuelle Nachträge zu

den jüngsten Anschlägen, also um Ergänzungen – es wurde auch gestrichen. Von der Homepage verschwand still und leise ein zentraler Satz, nämlich die bis dahin selbstbewusst proklamierte Aufgabenbeschreibung der DCANG: »DCANG-MISSION: To provide combat units in the highest possible state of readiness.« Was wir, der Eindeutigkeit halber, übersetzen: »Aufgabe der DCANG: Kampfeinheiten im höchsten Bereitschaftsstatus zur Verfügung zu stellen.«

Kampfeinheiten im höchstmöglichen Bereitschaftsstatus sind aber logischerweise und faktisch Einheiten im QRA-Status. Der gilt nicht für das gesamte Geschwader, aber eben für zwei oder drei Einheiten. Das ist so in Deutschland üblich, wie wir bereits wissen, das ist so in der gesamten NATO üblich – und damit auch und erst recht in den USA.

Wo waren diese QRA-Jets am Morgen des 11.9.? Diese Abfangjäger, die das Pentagon, das Weiße Haus, die Air Force One und den Kongress verteidigen sollten und allein aufgrund ihrer Nähe dazu am besten geeignet waren? Sie waren nicht zur Stelle. Sie fehlten ebenso wie zwei Tage später jener schneidige Satz zur Mission der DCANG auf deren Homepage. Nun ist dort neuerdings, statt des »highest possible state of readiness«, nur noch von Transport, Übungsflügen, Ausbildung und anderem Trallala die Rede, mit denen die 113. und die 121. Staffel einzig und allein beschäftigt seien.[105] Und wer schützt nun den Luftraum? Wer den Präsidenten, ankommende Staatsgäste? Natürlich weiterhin die DCANG auf der Andrews Air Force Base – nur sagt sie es nicht mehr. Solche Kapriolen schlägt eine »Informationspolitik«, die ganz offensichtlich etwas zu vertuschen hat. Denn warum sonst ist dieses völlig selbstverständliche und harmlose »Mission Statement« von der Homepage der National Air Guard verschwunden? Doch wohl nur, weil bitte, bitte niemand nachfragen soll, warum genau diese zentrale Mission am 11. September nicht erfüllt wurde – und zwar sage und schreibe fast zwei Stunden lang. Erst nach dem Einschlag im Pentagon, nachdem die entführte Maschine zuvor in einem weiten Bogen über Washington und in aller Ruhe ihre Einflugschneise anvisieren konnte, erst dann stiegen die Abfangjäger von Andrews auf.

Nachdem wir mit dem Procedere der Luftkontrolle einigermaßen vertraut sind und den weltweit üblichen 10-Minuten-QRA-Status kennen, scheint die Betriebsruhe von Andrews und allen anderen im »Katastrophengebiet« liegenden Militärflughäfen am Morgen des 11.9. äußerst ungewöhnlich und, um es vorsichtig auszudrücken, in jedem Fall erklärungsbedürftig zu sein. Um 9.06 Uhr, nach dem zweiten Einschlag in das WTC, griff die zivile Flugüberwachung, die Federal Aviation Administration (FAA), zu einer ihrer drastischsten Maßnahmen und sperrte zunächst den ganzen Luftkorridor zwischen Cleveland und Washington, kurze Zeit darauf dann den gesamten US-Luftraum. Allerspätestens um 9.06 Uhr hätten daher die QRA-Jäger von Andrews aus starten müssen. Die auf das Pentagon zusteuernde Maschine war zu diesem Zeitpunkt noch gut eine halbe Stunde entfernt.

»Fachleute haben sehr schnell die Frage gestellt, warum die stärksten Luftstreitkräfte der Welt nicht in der Lage waren, wenigstens den letzten Angriff auf das Pentagon zu verhindern«, stellt der eingangs zitierte ehemalige Luftwaffengeneral Hagena fest. Doch so offensichtlich sich jedem Fachmann diese Frage aufzudrängen scheint (uns als aeronautischen Laien fiel es erst nach dem Studium der Standardprozeduren auf), so schnell und gezielt wurde sie auch in den Hintergrund gedrängt. Und keiner der Verlautbarungsjournalisten, die die offiziellen Wahrheiten stets für bare Münze nehmen, ging ihr weiter nach, alle schnappten nach der Wurst, mit der Dick Cheney in der NBC-Talkshow »Meet the Press« am 16. September lockte, und käuten fortan seine Tarngeschichte wieder: von Verwirrung, Kompetenzproblemen und dem moralischen Dilemma des Schießbefehls. Der New Yorker Journalist Jahred Israel war einer der wenigen, die sich nicht auf diese falsche Spur locken ließen und der auf seiner Website www.tenc.net

jene Fragen stellte, die für jeden Fachmann auf der Hand liegen. Er zeigte, mit welchen Tricks Cheney die offizielle Version der Geschichte inszenierte.

**To Intercept or Not To Intercept**

»Am Sonntag, dem 16. 9. 2001, wurde Vizepräsident Richard Cheney vom Fernsehsender NBC in ›Meet the Press‹ interviewt. In diesem Interview erweckte er den Eindruck, dass das Militär eine Genehmigung des Präsidenten benötigt hätte, um Kampfflugzeuge aufsteigen zu lassen, mit denen der American Airlines Flug 77 abzufangen gewesen wäre, bevor er ins Pentagon einschlug.

Mr. Cheney präsentierte diese Lüge nicht gerade heraus. Stattdessen tat er zwei Dinge. Erstens vermied er es, über das Versäumnis zu reden, den Flug 77 nicht abgefangen zu haben, sprach nur über die Entscheidungen, die Mr. Bush angeblich fällte, nachdem das Pentagon getroffen worden war.

Zweitens stellte er es als selbstverständlich hin, dass eine Präsidentenerlaubnis zum Abfangen von Zivilmaschinen gebraucht wird, als sei dies eine anerkannte Tatsache. Von dieser falschen Begründung aus warf er dann einen Nebel emotionaler Fehlinformationen, um Millionen von Amerikanern zu verwirren, die wissen wollten: Warum stiegen keine Abfangjäger auf, um Flug 77 abzufangen, bevor er ins Pentagon einschlug? Haben die Vereinigten Staaten kein Radar und keine Air Force mehr?

Verantwortliche, die ein Verbrechen zu vertuschen versuchen, schieben die Schuld üblicherweise auf einen Untergebenen. Mr. Cheney jedoch befleißigte sich in ›Meet The Press‹ eines anderen Erklärungsmusters. Im Vertrauen auf sein Geschick in öffentlicher Täuschung versuchte Cheney den Eindruck zu erwecken, dass sich gar nichts Ungewöhnliches ereignet und dass ein tapferer Präsident angesichts schrecklicher Alternativen das Richtige getan habe.

Sobald man aber dieses Geschwätz durchschaut, wird einem klar, dass Mr. Cheney die Verantwortung für das Versäumnis,

Flug 77 abzufangen, auf George W. Bush abgeschoben hat. Hier das Exzerpt der wichtigsten Passagen des Interviews:

*Tim Russert:* Was, glauben Sie, war die wichtigste Entscheidung, die er im Verlauf dieses Tages traf?
*Dick Cheney:* Nun, ich nehme an, die schwerste Entscheidung war die, ob wir die hereinkommenden Zivilflugzeuge abfangen oder nicht.
*Russert:* Und wie entschieden Sie sich?
*Cheney:* Wir entschieden uns, es zu tun. Wir brachten in der Tat eine fliegende Kampfflugzeugstaffel über die Stadt, mehrere F-16 mit einer AWACS, dem luftgestützten Radarsystem, und Tanker-Unterstützung, sodass sie lange oben bleiben konnten ... Es ist nicht gut, eine Kampfflugzeugstaffel hochzubringen, wenn man ihnen keine Anweisung gibt, dass sie handeln dürfen, wenn sie das tatsächlich für angemessen halten.
*Russert:* Wenn also die US-Regierung darauf aufmerksam wird, dass ein gekapertes Flugzeug sich dem Weißen Haus oder dem Kapitol nähert, würden wir das Flugzeug herunterholen *(take the airliner down)*?
*Cheney:* Ja. Der Präsident fasste den Entschluss, dass, wenn das Flugzeug nicht ausweichen würde, unsere Piloten bevollmächtigt wären, sie in letzter Konsequenz auszuschalten *(to take them out)*. Jetzt sagen die Leute, wissen Sie, das ist ja eine fürchterliche Entscheidung ... Ja, das ist es. Du hast ein Flugzeug voll mit amerikanischen Bürgern, Zivilisten, gefangen von Terroristen ... und du gehst daran, es abzuschießen *(shoot it down)* und alle diese Amerikaner an Bord zu töten? ...
Es ist eine Entscheidung, die nur der Präsident treffen kann, und der Präsident brach, wie ich glaube, genau in den richtigen Stoßseufzer aus, indem er sagte: »Ich wünschte, wir hätten eine Jägerstaffel über New York gehabt.«

Beachten Sie, dass Mr. Cheney hier einen Taschenspielertrick anwendet. Zuerst sagt er: ›Die schwerste Entscheidung war die, ob wir die hereinkommenden Zivilflugzeuge abfangen

oder nicht.‹ Später sagt er: ›Der Präsident fasste den Entschluss, dass, wenn das Flugzeug nicht ausweichen würde, unsere Piloten bevollmächtigt wären, sie in letzter Konsequenz auszuschalten.‹ D. h., es abzuschießen.
Aber ›abfangen‹ *(intercept)* und ›abschießen‹ *(shoot down)* sind zwei völlig verschiedene Dinge ... Mr. Cheney brachte diese Begriffe ganz bewusst durcheinander, um die Leute am Fragen zu hindern: Warum wurde keines der entführten Flugzeuge abgefangen? Da ›abfangen‹, ›aufhalten‹, ›jemandem den Weg abschneiden‹ (so die deutschen Übersetzungen für *intercept* lt. Wörterbuch) nicht notwendigerweise Gewaltanwendung beinhaltet, konnte es auch kein moralisches Hindernis geben, Kampfjets zum Abfangen des Flugs 77 zu starten. Deshalb wechselte Cheney schnell zu der moralisch aufgeladenen Frage über, ›ein Flugzeug voll mit amerikanischen Bürgern‹ abzuschießen. Durch diese emotionale Verbindung zwischen ›abfangen‹ (nicht notwendigerweise gewalttätig) und ›abschießen‹ (sehr gewalttätig) hoffte Cheney, Sympathie für den Präsidenten zu erwecken, der vor einer ›schrecklichen‹ Entscheidung gestanden habe: *›to intercept or not to intercept‹*.
Zu beachten ist auch, dass Cheney ausschließlich von der Periode spricht, als Flug 77 schon in das Pentagon gerast war. Indem er den Sachverhalt ›abfangen‹ und ›abschießen‹ durcheinander brachte und für den Zeitraum erörterte, *nachdem* das Pentagon getroffen worden war, versuchte Cheney, den eigentlichen Punkt vergessen zu machen: dass nichts getan worden war, *bevor* das Pentagon getroffen wurde.«

*http://emperors-clothes.com/indict/indict-2.htm*
*NBC, »Meet the Press«, 16.9.2001:*
*http://stacks.msnbc.com/news/629714.asp?cp1=1*

Könnte es nicht aber sein, dass die Verwirrung durch vier entführte Flugzeuge zugleich zu problematischen Abläufen, Entscheidungsproblemen etc. führen kann – und dass das um Stunden verspätete Aufsteigen von Abfangjägern am Morgen des 11. 9. letztlich eine Folge von Pleiten, Pech und Pannen war, die jetzt vertuscht werden? Nein, das kann nicht sein, denn es geht nicht um Entscheidungen, schon gar nicht um moralische Zwickmühlen in Shakespearscher Dimension. Es geht um schlichte Ablaufpläne, um das geregelte Ineinandergreifen von ziviler (FAA) und militärischer (NORAD) Luftraumkontrolle, um tausendfach geübte Standards. Beim simpelsten, harmlosesten Hobbypiloten, der sich verfliegt und auf Funksignale nicht antwortet, muss die FAA beim Militär um Abfangjäger nachfragen – die FAA hat ja nicht etwa eigene Cessnas, um einer Cessna, oder Boeings, um einer Boeing hinterherzufliegen. Die DCANG ist also vertraut mit der Situation: der drohenden Verletzung des Luftraums über Washington D.C., und sei es durch Instrumentenausfall, unwissende Piloten, wetterbedingte Zwischenfälle.

Darüber hinaus besitzt bekanntlich das Militär eigenes Radar. Nach den WTC-Einschlägen verging weit mehr als eine halbe Stunde bis zum Einschlag im Pentagon – ein Zeitraum, in dem einerseits der Luftkorridor geschlossen war und sich andererseits die AA 77 schnurstracks in bekanntermaßen gehijacktem Status auf dem Weg nach Washington befand. Selbst wenn die DCANG darüber nichts gewusst hätte, selbst wenn alle Befehlsstränge zu langsam, zusammengebrochen oder zu kompliziert gewesen wären (eine wieder einmal absurde Annahme, schon allein weil die FAA auf der Andrews AFB mit zig Fluglotsen selbst vertreten ist)[106] – allein als Vorsichtsmaßnahme zum präventiven Schutz wäre ein Alarmstart angebracht gewesen. Eine nahe liegende Idee.

Eine Idee, die zumindest ein Geschwaderkommandeur in Syracuse, Staat New York, von sich aus gehabt hat. Dieser Kommandeur teilte dem NORAD sofort nach 9.03 Uhr, als die UA 175 im Südturm des WTC explodiert war, mit, er könne innerhalb von zehn Minuten seine Abfangjäger in der Luft haben.[107]

## Zwei Nichtflieger aus Otis

Es dauerte zwei Tage. Zwei Tage unzähliger Presseerklärungen und -konferenzen, auf denen immer wieder gefragt wurde, wie das alles hatte geschehen können und wo denn die Abfangjäger der Air Force geblieben waren. Die Fragen wurden schärfer und härter, sie ließen sich mit Erklärungen wie »allgemeine Konfusion« sowie der unbestreitbaren Tatsache, dass in den Stunden *nach* den Anschlägen unzählige Abfangjäger über den USA kreisten, nicht mehr zum Schweigen bringen. Dass von Andrews AFB keine Jäger aufgestiegen waren, war offensichtlich, aber die Verantwortlichen des NORAD mussten irgendwie belegen, dass sie nicht untätig und konfus gewesen waren. Und so entstand in der Nacht zwischen dem 12. und 13. September die Legende von den zwei einsamen Abfangjägern, die zu spät kamen. Allerdings war die Geschichte so improvisiert und unkoordiniert, dass sie voller Fehler steckte.

Schon am Nachmittag des Tattages hatte sich Donald Quenneville, Commander des 102. Luftgeschwaders auf Otis AFB, den Fragen der Reporter von der Lokalzeitung *Cape Cod Times* gestellt.[108] Cape Cod ist eine Halbinsel vor der Küste auf der Höhe von Boston. Hier liegt Otis, ein bedeutender Luftstützpunkt der Air National Guard (Otis ANG) mit immerhin 18 F-15-Abfangjägern, die prompt nach den Anschlägen ab 10.00 Uhr morgens und dann in den Folgetagen mächtig aktiv waren. Und natürlich wollte die Heimatzeitung wissen, was denn »unsere Jungs« zur Luftsicherheit beigetragen hätten. Der Commander hielt sich bedeckt und quasselte nicht gleich drauflos. Aber einige wenige, eigentlich völlig harmlose Informationen allgemeiner Art standen dann ab dem 12. September 2001 online zur Verfügung. Dass dort F-15 stationiert waren (was jeder wissen konnte, der es wissen wollte), dass es 153 Meilen (knapp 250 km) Luftlinie von Otis bis Manhattan sind (was jeder auf einer Karte nachmessen kann) – und etwas spezifischer: dass eine F-15 von Otis zum WTC etwa zehn bis zwölf Minuten braucht (was jeder abschätzen kann, der Entfernung und Geschwindigkeit in ein Verhältnis setzt).[109]

Nun passierte aber Folgendes: Nachdem in den ersten beiden Tagen von keinerlei Abfangjägern die Rede war, wurde am 13. September die »Information« nachgereicht, von Otis aus seien zwei F-15 gestartet, aber zu spät gekommen. Diese »Tatsache« musste, um den Misserfolg beider Jets zu rechtfertigen, zwischen zwei bekannten Zeitpunkten terminlich fixiert werden: zum einen der Benachrichtigung des NORAD über die erste Entführung (angeblich erst um 8.28 Uhr), zum anderen den Einschlägen um 8.45 Uhr bzw. 9.03 Uhr. Die weltweit erste – und offenbar überstürzte – Meldung las sich noch so: »Um 8.39 Uhr starteten zwei F-16 oder vielleicht F-15 von Otis AFB in dem Versuch, eine der entführten Maschinen abzufangen.«[110] 8.39 Uhr: Das wären elf Minuten, nachdem das NORAD »offiziell« informiert worden war, und völlig im Rahmen der QRA-Zeit. Bei zehn Minuten Flugzeit wäre damit auch erklärt, weshalb die AA 11 (Crash um 8.45 Uhr) nicht mehr hatte abgefangen werden können. Aber was ist mit der UA 175?

Die Geschichte musste umgeschrieben werden. Aus 8.39 Uhr Startzeit wurde 8.38 Uhr Alarmierungszeit, und die zehn Minuten, die sich jetzt als Zeitloch zwischen der Information der Zentrale und der der Otis ANG auftaten, wurden dem langsamen Amtsschimmel angelastet. Schließlich legten sich die Amtsgewaltigen auf 8.52 Uhr Startzeit fest.[111] Um 8.52 Uhr also, so steht es noch jetzt auf der Timeline des NORAD zu lesen, seien zwei F-15 gestartet. Von der langen halben Stunde wurden folglich zehn Minuten vom NORAD-Amtsschimmel übernommen, die stolzen und NATO-schnellen Otis-Leute ließen sich lahme 14 Minuten Rüstzeit zumessen, und 8.52 Uhr scheint dann fast schon eine plausible Zeitangabe zu sein, um erklären zu können, warum es für das Abfangen der UA 175 zu spät war. Wenn nicht mindestens fünf Informationen den NORAD Lügen strafen würden:

*Die eigene Übertreibung*

Denn die Geschichte mit dem Zuspätkommen und der Startzeit 8.52 Uhr war in der Weltpresse und auch der Otis-Heimatzeitung immer mit dem Zusatz versehen, dass um 9.03 Uhr (beim zweiten Einschlag in das WTC) die beiden Abfangjäger noch etwa 100 km vom WTC entfernt gewesen seien.[112] Wie das? In elf Minuten hätten die F-15 nicht einmal die Hälfte der Strecke geschafft, für die sie normalerweise zehn bis zwölf Minuten brauchen?

*Die Flugzeit*

Wenn man diese Fiktion in Verbindung mit den Realdaten durchdenkt, kommt man zu den ulkigsten Ergebnissen. Die Höchstgeschwindigkeit einer F-15 liegt bei 3000 km/h.[113] Nun erreicht sie die natürlich nur unter bestimmten Bedingungen (große Höhe über 12.000 m, am besten im Sinkflug, mit »Anlauf« usw.). Aber als Orientierungshilfe reicht diese Angabe. In zehn Minuten Höchstgeschwindigkeit schafft eine F-15 demzufolge 500 km, also doppelt so viel, wie die Strecke Otis–Manhattan beträgt. Wenn man jedoch die Startphase, die niedrige Flughöhe usw., also eine langsamere Durchschnittsgeschwindigkeit mitbedenkt, dann sind zehn bis zwölf Minuten Flugdauer bis zum WTC durchaus realistisch.

*Mr. Wibel*

Bekanntlich begannen weltweit und auch vor Ort alle Radio- und Fernsehsender bald nach dem ersten Einschlag ihr Programm zu ändern, ABC zum Beispiel sieben Minuten danach, um 8.52 Uhr.[114] Den zweiten Einschlag konnte man dann »live« sehen. Diese Zeit erlebte der Direktor der örtlichen Schule von Otis, William Wibel, so:

> »Wibel war gerade dabei, sich auf eine Zusammenkunft mit Militärkommandeuren vorzubereiten, als er erstmals vom ersten Crash ins World Trade Center hörte. Die Zusammenkunft wurde plötzlich abgesagt. ›Als ich wegfuhr und dabei die Nachrichten im Radio hörte, bereitete sich das 102. Geschwader gerade auf den Alarmstart vor‹, sagte Wibel, der vier weitere Jets starten hören konnte, wie er später am Tag aussagte.«[115]

Mit ein wenig Fantasie dürfen wir uns vorstellen, wie William Wibel im noch leeren Besprechungszimmer saß und seinen Folienvortrag für das um 9.00 Uhr angesetzte Treffen durchging und wie er auf einmal laute Entsetzensschreie im Flur und in den Nebenräumen hörte, wo Radio gehört wurde. Das ist uns zwar so nicht überliefert, lässt sich aber seiner Aussage zwanglos hinzudenken. Dann, erst dann wurde (wenn auch abrupt) das Meeting gestrichen. Anschließend setzte er sich in sein Auto und fuhr weg, und erst jetzt – also nach 9.00, möglicherweise auch erst gegen 9.30 Uhr – hörte er den Fliegeralarm, die Starthektik. Von irgendwelchen Alarmsirenen, die um 8.38 Uhr beim angeblichen Alarm auf Otis losgeheult hätten, hat er nichts erzählt. Und auch nichts davon, dass die F-15 »schon« um 8.52 Uhr gestartet wären.

William Wibel ist deshalb ein unbestechlicher Zeuge, weil er seine klare Aussage über die Abfolge der Ereignisse schon am 11. September machte und sie tags darauf in der *Cape Cod Times* stand. Einen Tag, bevor das NORAD die Starts der F-15 erfand.

### *Augenzeugen in Manhattan*

Es gibt nicht nur Augenzeugen für etwas, was geschieht, sondern auch für etwas, was nicht geschieht. Vergegenwärtigen Sie sich die Situation: Ein lauter Knall in Manhattan. Zehntausende schrecken auf und sehen sich um, was los ist. Der Nordturm des WTC wurde offenbar von einem Flugzeug getroffen. Keiner weiß, von was für einem Flieger, nur die wenigsten haben es selbst einschlagen gesehen. Nun schauen aber erst diese Zehn-, dann Hunderttausende und bald via Bildschirm Millionen auf die Türme, von denen einer brennt und qualmt. Und nun explodiert es ein zweites Mal. Diesmal haben alle miterlebt, dass es eine Passagiermaschine war, diesmal ist klar: Terror! Und nun sollen niemandem die zwei Abfangjäger aufgefallen sein, die da, wie behauptet, so gegen 9.05 Uhr oder 9.08 Uhr aufgetaucht sind – knapp zu spät, um den zweiten Einschlag noch verhindern zu können? Keine einzige Kamera hielt die beiden F-15 fest. Niemand hat sie gesehen, niemand hat sie gehört. Gehört? Die beiden Piloten, die sich da angeblich von Otis auf den Weg gemacht hatten, sagten aus, sie seien mit Nachbrennern und Überschallgeschwindigkeit geflogen. Und den »Bums« eines Überschallknalls sollen Millionen von Radiohörern und Fernsehern nicht mitbekommen haben?

Nein, die zwei Abfangjäger waren schlicht nicht da – und dafür gibt es Millionen Zeugen. Erst ab etwa 10.00 Uhr, als die Türme in sich zusammenstürzten, waren unbestreitbar Jäger in der Luft. Und das dann tagelang.

Was sich mit dem bereits angeführten Artikel aus der *Cape Cod Times* deckt, wo es über die Situation auf der Otis AFB heißt: »Ein anderer Nachbar, Bill Thompson, teilte mit, er hätte eine gesteigerte Aktivität gestern gegen 10 Uhr oder 10.30 Uhr bemerkt, als die Kampfflugzeuge paarweise abhoben.«

### *Duff und Nasty*

Am 3. Juni 2002 präsentierte das Fachblatt *Aviationweek* der staunenden Öffentlichkeit eine ganz eigene Version der Ereignisse:

> »Um 8.40 morgens erhielt Tech. Sgt. Jeremy W. Powell vom Northeast Air Defense Sector (NEADS) in Rome, N.Y., des North American Aerospace Defense Command (NORAD) den

> ersten Anruf des Boston Center. Er benachrichtigte den Kommandeur des NEADS, Col. Robert K. Marr, Jr., vom möglicherweise gekidnappten Flugzeug American Airlines Flugnr. 11.«[116]

Wir zitieren diesen Satz nur stellvertretend für die detailhuberische und zugleich verwirrende Schreibweise des gesamten Artikels. Es werden da neue Zeiten, neue Personen und neue Zuständigkeiten eingeführt. Es brauchte so seine Zeit, bis sich NORAD und FAA auf die Sprachregelung verständigt hatten, das NORAD sei seitens der FAA um 8.28 Uhr benachrichtigt worden, doch jetzt erfolgt die Alarmierung einer Unterabteilung des NORAD zum einen über die Fluglotsen des Flughafens Boston, zum anderen noch einmal zwölf Minuten später. Bekanntlich war die Bodenkontrolle in Cleveland gegen 8.13 Uhr oder 8.15 Uhr auf Kursänderung, Transponder- und Funkausfall der AA 11 aufmerksam geworden. Was hat die Bodenkontrolle des Ursprungsflughafens Boston damit zu tun? Prinzipiell gar nichts. Und erst recht nicht mehr um 8.40 Uhr, als die AA 11 schon 40 Minuten in der Luft war.

Aber die neue Lesart ist ein weiterer Versuch, die NORAD-Zentrale aus der »Schusslinie« zu nehmen – wenn auch zu einem hohen Preis. Denn jetzt wird ein Bild entworfen, demzufolge die Luftverteidigung der USA am Morgen des 11.9. »auf Zuruf« funktioniert zu haben scheint. Da »kennt« man sich, da »ruft« einer an, da erfährt angeblich einer der zwei Abfangjägerpiloten von Otis durch einen Kumpel im Flugleitzentrum, dass da »irgendwas im Busche ist«, woraufhin er sich in Eigeninitiative bereitmacht. Ein verblüffendes Ablaufschema, das nur dazu dient, zwei zu spät gekommene Helden in den Vordergrund zu schieben und ihre vorgesetzten Dienststellen dahinter vergessen zu machen. Konkret sind es Lt. Col. Timothy (Duff) Duffy und Maj. Daniel (Nasty) Nash, die nicht nur der *Aviationweek*, sondern auch der Heimatzeitung ihre Geschichte erzählen. Die putzigen Namen in Klammern sind ihre »Kampfnamen«, mit denen sie nun an die Öffentlichkeit treten:

> »Ein zweites entführtes Flugzeug war am Morgen des 11. September gerade in die Türme gerast, und die zwei Otis-Piloten versuchten, den Himmel über Lower Manhattan freizuhalten. ... ›Wir haben alles getan, was wir tun konnten, um rechtzeitig da zu sein‹, sagte der Cape-Pilot gestern, im selben Kontrollraum sitzend, in dem er im letzten Herbst erstmals von den Entführungen hörte ... Um 8.40 Uhr änderte sich alles. Ein Kollege erzählte Nasty, dass offenbar eine in Boston gestartete Maschine der American Airlines entführt worden sei. Es gab noch keinen offiziellen Alarm, aber die beiden Piloten, die gerade Bereitschaftsdienst hatten, eilten in einen nahe gelegenen Raum, um sich ihre Flugausrüstung anzulegen. Als sie über das Rollfeld zu ihren Jets gingen ..., heulte eine Sirene ... Das war ein offizieller militärischer Alarm ... Laut North American Aerospace Defense Command oder NORAD – das verantwortlich ist für den US- und den kanadischen Luftraum – wurde der Alarmstart um 8.46 Uhr befohlen.«[117]

Ein Lehrstück in Sachen Zeitverwirrung. Wir aber fragen weiter: Wenn denn Duff und Nasty tatsächlich über Manhattan angekommen sind – zu spät zwar, um noch den Südturm retten zu können, aber ab 9.08 Uhr vier Stunden lang auf Patrouille –, hätten sie da nicht gleich weiterfliegen können, der AA 77 entgegen? Dieses Flugzeug war seit zehn Minuten als entführt bekannt und hatte noch eine gute halbe Stunde bis zum Einschlag im Pentagon vor sich. Aber Duff und Nasty kreisten, ganz im Sinne der mit einem halben Jahr Verzug nachgereichten Geschichte, nutzlos um die beiden in sich zusammenstürzenden Türme des WTC herum.

## Technisch möglich: die Fernsteuerung

Was am 11.9. am Himmel wirklich geschah, könnte ein Gericht oder ein Untersuchungsausschuss anhand der Flugdatenrecorder und Funkprotokolle ziemlich genau rekonstruieren, doch diese Beweismittel werden unter Berufung auf die »nationale Sicherheit« von der US-Regierung zurückgehalten.

Auch uns fehlen deshalb die Grundlagen, um zu rekonstruieren, was in diesen Flugzeugen wirklich geschah. Wir können jedoch das bisher Undenkbare belegen, dass es nämlich durchaus eine Möglichkeit gab, die Maschinen ohne die angeblichen »Terrorpiloten« in ihre Ziele zu steuern. Dieser verschwörungstheoretisch anmutende Gedanke kam schon kurz nach dem 11.9. in der Diskussion auf, wurde aber schnell wieder fallen gelassen. Zu Unrecht, wie wir glauben. Mehrere Fachleute, darunter vor allem der ehemalige Bomberpilot und ägyptische Präsident Mubarak sowie in Deutschland der ehemalige Forschungsminister Andreas von Bülow, hatten ihren Unglauben geäußert, dass Amateure zu den komplizierten Flugmanövern in der Lage seien, die die vier Maschinen ausgeführt haben.[118]

Was waren das für Manöver? Die AA 11 absolvierte in kürzester Zeit einen rapiden Sinkflug um 30.000 Fuß. Noch um 8.38 Uhr war sie aus der UA 175 von Kapitän Victor Saracini in dieser Höhe fliegend gemeldet worden, sieben Minuten später stürzte sie in das WTC, punktgenau. Die UA 175 flog, wie alle Filmsequenzen ausweisen, ihr Ziel in einer Kurve vom Meer her an, wobei sie noch Sekunden vor dem Einschlag ihren Kurs perfekt korrigierte. Die UA 93 flog zeitweise über Kopf. Und die scharfe Sinkkurve der AA 77, die mit hoher Geschwindigkeit zielgenau das Pentagon traf, erinnerte Fachleute eher an einen professionellen Kunstflug als an den Zufallstreffer eines Fluglaien.

Deutlich äußerte sich der ägyptische Präsident Hosni Mubarak, der in jungen Jahren als Pilot schwere Bomber geflogen hat: »Mir fällt es schwer zu glauben, dass Leute, die in Florida fliegen gelernt haben, nach eineinhalb Jahren große Passagierflugzeuge fliegen und akkurat die Türme des WTC treffen können, die doch einem Piloten aus der Luft so groß wie Bleistifte vorkommen.«[119] Die Fluglotsin Danielle O'Brien, die auf dem Washingtoner Dulles-Airport arbeitet und die letzten Meilen der Pentagonmaschine beobachtete, glaubte danach sogar, dass es sich dabei um ein Militärflugzeug handelte: »Die Geschwindigkeit, die Manövrierbarkeit, die Art, wie es drehte, wir alle im Radarraum, alles erfahrene Luftraumkontrolleure, dachten, es sei ein Militärflugzeug. Man fliegt eine 757 nicht auf diese Weise. Das ist unsicher …«[120] In den Augen von Fachleuten saß hier also ein absoluter Profi am Steuerknüppel und kein Hani Hanjour, dem man wegen fliegerischer Inkompetenz nicht mal eine einmotorige Cessna ausleihen wollte. Und in der ersten Unkoordiniertheit der Meinungsfindung konnte im *Spiegel* vom 12. September 2001 noch Professor Stefan Levedag, Leiter des Instituts für Flugsystemtechnik beim Deutschen Zentrum für Luft- und Raumfahrt (DLR) in Braunschweig, mit der Aussage zu Wort kommen, dass die komplette Fernsteuerung von Flugzeugen seit 20 Jahren technisch kein Problem mehr sei. Damit hatte Levedag zwar nicht gesagt, er selber glaube, dass wir es am 11.9. mit einem Fall von Fernsteuerung zu tun gehabt hätten, aber er hatte immerhin eingeräumt, dass dergleichen prinzipiell nicht abwegig ist.[121] Diese dissidenten Stimmen klingen wie Rufer in einer Fachweltwüste, die die technische Möglichkeit, eine Boeing gegen den Willen der Piloten zu steuern, ansonsten rigoros in Abrede stellt.

Dazu kurz einige Anmerkungen zum Stand der Technik. Noch vor 30 Jahren war die Fliegerei eine Sache der Mechanik und Elektrik, bei der die manuellen Eingriffe eines Piloten mittels Drahtseilen auf die Seiten- und Höhenruder übertragen wurden. Heute jedoch ist es (sichtbar u. a. am Fehlen eines dritten oder vierten »Piloten«) alles andere als außergewöhnlich, dass Verkehrsflugzeuge elektronisch gesteuert werden. Bei der Boeingflotte führen noch verschiedene Elektrokabel zu den hydraulischen Systemen, beim Airbus hingegen funkt der Bordcomputer seine Steuersignale an Ruder und Einspritzpumpen. Für die Einführung dieser technischen Errungenschaft bedurfte es allerdings einiger Überzeugungsarbeit nicht nur beim breiten Publikum, das durch den Absturz eines Airbus A320-111 bei einem Testflug in Mulhouse am 26. Juni 1988 verschreckt war (obwohl es sich dabei eindeutig um einen Pilotenfehler gehandelt hatte), sondern auch bei den Piloten, die um ihre »Steuergewalt« und auch um ihre Arbeitsplätze fürchteten. Wie auch immer, die Bedenken konnten ausgeräumt werden. Dennoch waren in noch frischer Erinnerung der Flugzeugentführungswelle in den 70er Jahren Überlegungen angebracht, wie man eine Maschine wieder aus der Gewalt von Hijackern bzw. von Piloten, die von Hijackern bedroht wurden, befreien konnte. Solche technischen Pläne konnten die Flugzeugindustrie und die Militärmaschinerie allerdings *nicht* an die (u. a. Hijacker-)Öffentlichkeit *und auch nicht* an die Pilotenschaft geben, die man gerade erst mit Müh und Not davon überzeugt hatte, dem Konzept der Elektronik zuzustimmen. Deshalb mussten diese Entwicklungen und Experimente so weit wie möglich geheim gehalten werden. Die aufstrebende europäische Flugzeugindustrie durfte nicht durch Pilotenboykotts gefährdet werden. In diese Zeit fällt die Entscheidung einer großen Fluggesellschaft (wahrscheinlich der Lufthansa), das »home-run«-System, das eine komplette Fernsteuerung der Maschinen ermöglicht, aus allen gelieferten Boeings wieder auszubauen – so Andreas von Bülow.

Obwohl allgemein bekannt ist, wie restriktiv die US-Industrie mit ihren Patenten und technischen Errungenschaften umgeht, fällt bei manchen Zeitgenossen schon die Klappe, wenn auch nur das Wort »Geheimnis« fällt. Da wird ein denunziatorisches Schubkästlein aufgemacht und das Denken abgeschaltet. Ist aber jeder ein »Verschwörungstheoretiker«, der nur das Wort »Geheimnis« benutzt? Unterliegt diesem Verdikt auch, wer nur darauf hinweist, dass das Rezept von Coca-Cola geheim ist? Dass uns die Quellcodes so vieler Microsoft-Programme ewig verborgen bleiben werden? Dass die US-Militärs die Technik zum Beispiel ihrer F-16-Jagdbomber mittels eingebauter Elektronik herunterstrippen, wenn sie die Mühlen ins befreundete Ausland verkaufen? Jeder weiß doch, wie ungenau das Positionierungssystem GPS noch vor wenigen Jahren war – ungeeignet für die Straßennavigation, aber für die Schifffahrt ging es gerade. Die Daten, die mit demselben GPS den Militärs zur Verfügung standen, waren weit genauer. Das System war künstlich blockiert und nicht etwa technisch unterentwickelt (eben deshalb bemüht sich die EU derzeit um ein eigenes GPS, das in der Entwicklung ist). Auch bei den Anti-Aids-Medikamenten wird der Deckel auf den Erkenntnissen gehalten. Das internationale Patentrecht erfährt in den USA eine besondere turbokapitalistische Modifikation, indem es die jeweilige Company begünstigt.

Lassen wir uns also von dem Vorwurf, »Verschwörungstheoretiker« zu sein, nicht beirren, sondern halten wir daran fest, dass militärtechnische Innovationen, die in den USA ausgetüftelt werden, zunächst in der heimischen Industrie in den Probelauf gehen und dass ihre sensiblen Teile beim Verkauf ins Ausland geheim gehalten werden. Und so scheint es uns durchaus plausibel zu sein, dass auch an der Schnittstelle von militärischer und ziviler Luftfahrt – im Bereich Radar, Luftraumkontrolle und Fernsteuerungen – solche weitgehend geheimen Systeme im Einsatz sind.

Wen nimmt es also wunder, wenn uns von Georg Fongern, dem Sprecher der Pilotenvereinigung »Cockpit«, und auch von einem Ausbilder auf Boeing 757/767 vehement versichert wurde, die Piloten hätten die Kisten immer und jederzeit in ihrer Gewalt. Sie müssen das sagen, selbst wenn sie es besser wüssten, was sie wahrscheinlich nicht tun. Ihre Gesellschaften und auch die Hersteller werden den Teufel tun und die »Anti-Hijack-Technik« publik machen, sondern lieber tausend Gründe liefern, weshalb es sie nicht geben kann.

Computer an Bord moderner Flugzeuge gibt es in Hülle und Fülle. Fällt der eine aus, springt der andere ein. Sie können während des Flugs heruntergefahren und neu gestartet werden, ausgebuffte Debuggings und Fehlersuchsysteme versprechen wasserdichte Software. Bei Stromausfall werden alle möglichen Akkus aktiv, und zur Not wird der kleine Windgenerator unter dem Cockpit ausgeklappt, der angesichts der Fluggeschwindigkeit Saft genug liefern würde. Alles überzeugend, das.

Aber dieser Exkurs über die Möglichkeit eines geheimen Systems belegt natürlich noch längst nicht, dass dieses geheime System auch existiert. Irgendwie wirkt es versponnen, im Hinblick auf den 11.9. über eine Fernsteuerung nachzudenken. Wirklich?

Eigentlich sind wir seit unserer Jugend an Fernsteuerungen gewöhnt. Sie werden nahezu überall eingesetzt, vom Autoschließsystem bis hin zum TV. Jeder Spielzeughersteller hat Dutzende von Fernsteuerungen im Programm, und alle Modellflugzeugbastler hantieren damit, wenn sie ihre Nachbildungen fliegen lassen. Seit dem Ersten Weltkrieg schon tüfteln die Militärs an ferngesteuerten Luftfahrzeugen – im Jugoslawienkrieg gehörten Drohnen ebenso selbstverständlich zum Militäralltag wie die in Afghanistan und im Irak eingesetzten unbemannten Flugzeuge. Cruise Missiles finden seit Jahrzehnten vollautomatisch ihr Ziel. Nur sitzen in all diesen Modellflugzeugen oder Drohnen oder sonstigen Geräten eben keine Piloten mit eigenem Willen, die sich dagegen wehren würden, fernbedient und ferngesteuert zu werden. Die Besatzungen der vier Boeings hätten sich verzweifelt gewehrt. Also geht es außer um die Technik der Fernsteuerung auch noch um die Ausschaltung der Gegenmaßnahmen der Besatzung.

Associated Press bietet für die Weiterbildung seiner Reporter die Webseite »Facsnet« an. Wir fanden dort, unter dem Datum vom 2. Oktober 2001, einen Artikel von Alan Staats mit der schlagenden Überschrift »Vom Boden aus Flugzeugentführungen durchkreuzen«. Dort heißt es, dass bei der US-Luftwaffe automatische Landesysteme schon seit den 50er und in der zivilen Luftfahrt seit den 80er Jahren weltweit im Einsatz seien: »Technisch ist es möglich, ein System zu entwickeln, das ein entführtes Flugzeug ferngesteuert zum Rückflug zwingt ... Der pragmatischste Ansatz? Baue und installiere solche Systeme von vornherein in die neu entwickelten Flugzeuge ein und behelfe dich bei Maschinen aus laufender Produktion mit elektronischen Schnittstellen und Überbrückungen.«[122] ACARS (Aircraft Communications Addressing and Reporting System), das in Zivilflugzeugen weithin schon jetzt benutzte System zum Datenaustausch, mit dem üblicherweise Position, Treibstoffverbrauch, Wetter- und Flugplaninformationen an die Bodenstationen gemeldet werden, könnte ohne weiteres auch für die Fernsteuerung von Passagiermaschinen herhalten. Diese Entwicklungen fanden durchaus nicht völlig im Geheimen statt, sondern führten zu teils spektakulären und der Öffentlichkeit auch zugänglichen Bildern und Videos – so zum Beispiel der planmäßige Versuch mit einer völlig unbesetzten Boeing 720-027 am 1. Dezember 1984 auf der Edwards AFB in Kalifornien: »Das Flugzeug wurde in einem Crashtest benutzt, um die Feuerfestigkeit bei einem Kraftstoffbrand zu testen. Das ferngesteuerte Flugzeug verunglückte bei der Landung und ging in Flammen auf.«[123]

Die Fernsteuerung von Flugzeugen ist also keineswegs eine »Zukunftstechnik«, auch wenn manche Medienberichte das so suggerieren, sondern seit Jahrzehnten machbar. Es gibt verschiedene Systeme, die meisten serienmäßig, die sowohl Daten in den Flugzeugen abgreifen als auch die Maschinen (mehr oder minder) steuern können. Um überhaupt für die Entführung und Steuerung der Maschinen in Frage kommen zu können, müssten sie jedoch

- aktivierbar und danach nicht wieder deaktivierbar sein,
- die »letzten Kurven« erklären,
- eingebaut und zielprogrammiert sein und dabei unbemerkt bleiben.

Die Spezialisten, die sich seit Jahrzehnten mit dem Problem herumschlagen, wie Hijacker auszutricksen sind, müssen sich nicht nur mit dem Problem der Fernsteuerung, sondern auch mit dem »menschlichen Faktor« beschäftigen, also mit den Gegenmaßnahmen der Piloten, unverhofften Eingriffen der Hijacker oder allen möglichen »Let's roll«-Aktivitäten der Passagiere. Wie legt man einander ersetzende und ergänzende Systeme, die von Menschen überwacht und eingesetzt werden, lahm? Wie jegliche Elektronik? Wie schon gesagt: Da müssen Fehlersuchsysteme, Parallelrechner und schlaue Piloten überlistet werden. Nun sind bekanntlich die übelsten Feinde eines PCs nicht die elektronischen (Würmer, Trojaner, Käfer, Viren aller Art). Es ist die Datenbearbeitung, die sich zum Beispiel nach einem heftigen Tritt gegen die Kiste einstellt. Die Festplatte beginnt zu seufzen und tut nichts mehr. Ein starker Magnet hat denselben Effekt. Im Cockpit einer Boeing sitzt aber keiner, der die Bordcomputer zertritt oder magnetisiert. Was also könnte diesen Effekt auslösen?

In Frage kommen ein Magnetschock von außen, gepulste Mikrowellen oder ein simpler Stromschalter. Licht an, Licht aus. Ohne den Lebenssaft Strom kommen die Bordcomputer eben nicht aus. Ein Sicherheitsingenieur, der auf diese Option setzt und ein entsprechendes Antihijacking-System einbaut, muss dabei natürlich auch den Saft abklemmen, der vom Notgenerator kommen könnte. Diesen kleinen Schalter könnte es schon jahrzehntelang geben, ohne je bemerkt worden zu sein. Oder er müsste, falls erst später installiert, den Technikern und Piloten logisch »verkauft« werden, etwa als Notschalter für den Fall eines Kurzschlusses im elektrischen System zur Vermeidung von Kabelbränden. Innenbeleuchtung, Videos, der Kaffeekocher in der Galley: All das mag noch funktionieren, gespeist von Akkus oder von den weiterlaufenden Turbinen – nur die Strippe zum Cockpit mit der richtigen Spannung ist eben nicht so schnell zu ersetzen. Und auch die vielen kleinen Motörchen an den Rudern und an den Einspritzpumpen für die Triebwerke dürften weiterhin ungestört arbeiten. Sie sind von einem Fremdsystem zumindest teilweise übernehmbar, wenn es die bei Boeing noch vorhandene Ansteuerung der Hydraulik per Elektrokabel austrickst – etwa unter Nutzung des Autopiloten. Die Flugmanagement-Computersysteme (FMCS) der Boeings stehen bei der FAA-Aufsicht durchaus nicht als vollkommen sicher da.[124] Wenn wir bei den Todesmaschinen von einer Störung des Elektrosystems ausgehen, dann erklären sich auch zwei weitere Phänomene wie von selbst: der Ausfall des Funkverkehrs zwischen den Fluglotsen und den Maschinen sowie der Ausfall der Transponder. Kein Saft!

Bisher konnte uns nämlich niemand erklären, wieso überhaupt die Transponder (ein kleiner Sender, der ständig Daten zur Position der Maschine zum Bodenkontrollradar überträgt) ausgeschaltet wurden. Jeder Hobbypilot – also sogar selbst solche fliegerischen Nieten wie Atta, Hanjour und Co. – weiß doch, dass ein Jet durch den Wegfall des Transponders nicht unsichtbar wird, sondern nur die Aufmerksamkeit der Bodenkontrolle auf sich zieht. Das Gleiche gilt für den Funkausfall. Unseren »Fanatikern« hätte es nun wirklich gut angestanden, zumindest noch in der letzten Minute ihres Lebens ein freundliches »Allah ist groß« oder Ähnliches in den Äther zu schmettern. Taten sie nicht. Keine Forderungen, keine Aufrufe, keine Begründungen, schlichtweg nichts. Stattdessen forderten sie die Passagiere angeblich auf, per Handy zu Hause anzurufen. Ein aus Sicht eines Terroristen (gleich welcher ideologischen Verblendung) völlig unsinniger Vorschlag.

Man mag sich kaum vorstellen, wie die Piloten versucht haben werden, in ihren Bordbüchern zu lesen, die Checklisten abzuarbeiten, um immer wieder nur festzustellen, dass alle Ausschalt- und Wiederhochfahrszenarien, die sie in ihrer Ausbildung gelernt hatten, nichts, aber auch rein gar nichts nutzten. Eine verzweifelte Situation, die sich da in kurzer Folge viermal abgespielt haben dürfte. Und gewiss nichts, was eine ohnehin erschütterte Öffentlichkeit problemlos verkraftet hätte. Deshalb wohl sind uns die Blackboxes verschlossen geblieben: keine Auswertung der Flugdatenschreiber, erst recht keine Aufzeichnung der Cockpit Voice Recorder, die je bekannt geworden wäre.

Außer einem kleinen Schalter käme für das Ausknocken der Steuerung auch noch die Strahlentechnik in Frage. Wer uns jetzt endgültig in die SF-Schublade zu Spiderman & Mr. Spock stecken will, sollte sich erst einen groben Überblick über die technischen Möglichkeiten der militärischen Mikrowellentechnik verschaffen und beim Militär selbst, etwa bei www.DARPA.mil, nachsehen. Mit diesen Waffen ist es nämlich möglich, bis auf eine Entfernung von zehn Kilometern nicht nur bombenähnlichen Schaden anzurichten, sondern auch elektronische Systeme zu beeinflussen. »Beeinflussen« – ein schönes Wort mit vielen Bedeutungen: beeinträchtigen, zerstören, möglicherweise aber auch steuern oder zur Steuerung per Funk (andere Frequenzen) präparieren.[125] Dabei handelt es sich um eine Technologie, deren Möglichkeiten schon vor drei Jahren der Öffentlichkeit preisgegeben wurden – die also technisch damals schon angejahrt war.[126] In diesem Bereich forschen nicht nur Firmen wie Raytheon oder Litton, sondern zum Beispiel auch Boeing selber, und zwar nicht nur auf dem zivilen, sondern auch auf dem militärischen Sektor. Boeing, der Hersteller aller vier Maschinen des 11.9., ist zugleich einer der führenden Produzenten der gepulsten Mikrowellentechnologie.[127]

Das *Time Magazine* machte am 19. Januar 2003 mit der Titelstory »Amerikas ultrageheime Waffe« auf und erörterte deren Anwendung im damals noch bevorstehenden Irakkrieg.[128] Die Strahlentechnik sei kriegsreif, berichtete auch schon die *Aviation Week & Space Technology* am 22. Juli 2002 unter der Überschrift »Lasers, HPM Weapons Near Operational Status«. Freundlicherweise stellte das Blatt der Öffentlichkeit auch noch eine Grafik einer Maschine vom Typ C-130 zur Verfügung und schrieb dazu: »Ein Konzept für ein Flugzeug mit gerichteten Energiewaffen zeigt einen Laser, der vom

Achterdeck einer C-130, und eine Hochspannungs-Mikrowellenwaffe, die von einer Öffnung vor dem Flügel aus gefeuert wird.«[129] Natürlich gibt es dabei Probleme mit der Größe, Abschirmung, Zielgerichtetheit, Reichweite usw. Aber nichts, was nicht lösbar wäre: »Die Reichweite ist ein begrenzender Faktor bei Mikrowellenwaffen. Abhängig vom Typ reichen sie von einem bis zu zehn Kilometer.«[130]

## C-130 und andere Flieger

Aber selbst wenn es nun technisch möglich ist, die Steuerung auszuschalten: Muss es dann nicht Fernsteuerer geben, die die Fernsteuerung fernsteuern? Die vier Maschinen des 11.9. legten zunächst, vom Umkehrpunkt bis zur Ostküste, einen langen Weg über Hunderte von Meilen zurück und »meisterten« dann den ungeheuer präzisen Endanflug von der Reisehöhe stracks hinunter in die Ziele WTC und Pentagon. Das lässt sich nicht mithilfe des Bodenradars bewerkstelligen. Bei diesem Leitsystem müssten mehrere Stationen und also ebenso viele Bodencrews sich abwechseln und ineinander greifen. Also kommt nur ein System in Frage, das die Todesmaschinen nach dem »Umlegen des Schalters« vom Umkehrpunkt bis zum Ziel begleitet. Ein Flugzeug mit der entsprechenden Elektronik. Als Erstes fallen einem da die großen Boeing 707 mit dem Telleraufbau, die AWACS-Maschinen, ein – doch solche unverkennbaren Maschinen wurden im klaren Himmel des 11.9. weit und breit nicht gesichtet. Auch auf Maschinen vom Typ Sabreliner und Prowler, die die US-Luftwaffe zur elektronischen Kriegsführung angeschafft hat und die hervorragend für solche Störmanöver geeignet wären, gibt es keinen Hinweis. Heißt das, dass alles bisher Gesagte reine Theorie ist? Nein. Denn von diversen Zeugen wurden – trotz Flugverbots im betreffenden Luftkorridor ab 9.06 Uhr – um die Todesmaschinen sehr wohl andere Flugzeuge gesichtet.

Schon in den Folgetagen des 11.9. war in der US-Lokalpresse von ominösen Maschinen in unmittelbarer Nähe der UA93 zu lesen, kurz bevor sie sich in den Waldboden von Pennsylvania bohrte. Zum einen ging es dabei um eine kleine weiße Maschine, eine Falcon Fairchild der Firma NetJet. »Aber ich habe es gesehen, und es war da vor dem Crash, etwa 40 Fuß über meinem Kopf. Das FBI wollte meine Geschichte nicht haben – niemand hier interessierte sich dafür«, sagte eine Augenzeugin in den ersten Tagen. Sie war und blieb jedoch nicht die Einzige, und so war die Information nicht mehr totzukriegen.[131] Sehr seltsam, dass eine Stunde nach Verbotserteilung für alle zivilen und militärischen Flugzeuge sogar noch eine Privatfirma einen Jet oben hatte. Was machte der da in der Nähe der UA93? AP meldete am 9. August 2002, also fast ein Jahr später, die Falcon Fairchild von NetJet sei gebeten worden, irgendwelche Aufnahmen von der Unglücksmaschine zu machen. Von wem? Warum? Von der kleinen weißen Maschine ist jedenfalls seitdem keine Rede mehr.

Zum anderen ging es auch um die Frage der Abfangjäger. Condoleezza Rice gab im ZDF zum Besten, mehrfach sei ein Befehl zum Abschuss der UA 93 gegeben worden.[132] Wer hätte diesen Befehl befolgen sollen, wenn nicht ein Pilot eines Abfangjägers? Zunächst hieß es allerdings, im weiten Umkreis der UA 93 habe es einen solchen Militärjet gar nicht gegeben – so etwa der General Paul Weavers am 15. September 2001.[133] Eine Fehlinformation. Denn schon am 12. September hatte ein (anonym bleibender) Fluglotse aus dem Leitzentrum in Nashua, New Hampshire, seiner Heimatzeitung von einer F-16 ganz in der Nähe der UA93 berichtet: »Die F-16 machte Kehren um 360 Grad, um ganz nahe an der Passagiermaschine dran zu bleiben ... ›Er muss die ganze Sache gesehen haben‹, sagte der Lotse über den Piloten der F-16 im Hinblick auf den Absturz der UA 93.«[134] Mit gebührendem Verzug wurde vom NORAD-General Ralph E. Eberhart die Existenz einer F-16 bestätigt. Am 1. November 2002 zitierten die *Rocky*

*Mountain News* aus seiner Rede vor dem Denver Rotary Club:

> »Am 11. September 2001 war die Air Force darauf vorbereitet, den Flug 93 der United Airlines zu stoppen, bevor er ein Ziel in Washington erreichen konnte, sagte ein General der Air Force am Donnerstag. ›Wir hätten einer solchen Attacke zuvorkommen können‹, erläuterte General Ralph Eberhart dem Denver Rotary Club während eines Essens im Denver Athletic Club. ›Aber die tapferen Seelen an Bord nahmen es selbst in die Hand‹, meinte er unter Verweis auf die Passagiere, die mit den Hijackern kämpften, bis das Flugzeug in ein Feld in Pennsylvania stürzte.«[135]

Und dennoch bleibt es bisher unklar, ob die UA 93 abgeschossen wurde, denn direkte Augenzeugen dafür fehlen. Allerdings ist die Tatsache, dass die Trümmer der Maschine in einem Umkreis von 10 km in den Boden eingeschlagen waren, ein starkes Indiz für die Abschussthese. Eine Explosion, vermutlich also einen Abschuss, beglaubigen auch mehrere Ohrenzeugen. So gab eine Laura Temyer der *Philadelphia Daily News* vom 15. November 2001 zu Protokoll:

> »›Ich habe das Flugzeug nicht gesehen, aber sein Motorengeräusch gehört. Dann hörte ich einen lauten Knall, der in den Hügeln widerhallte – und danach wieder den Motor. Ich hörte zwei weitere laute Schläge, und danach war der Motor des Flugzeugs überhaupt nicht mehr zu hören.‹ Sie besteht darauf, dass Bekannte von ihr, die in Justizbehörden arbeiten, ihr vertraulich gesagt hätten, dass die Maschine abgeschossen worden sei und dass der plötzliche Druckabfall Gegenstände aus dem Flugzeug geschleudert hätte, was den weiten Umkreis der gefundenen Trümmer erklärt.«[136]

Damit aber noch nicht genug. Denn im Himmel über Pennsylvania wurde, ganz in der Nähe der UA 93, auch ein »Militärtransporter« vom Typ C-130 gesichtet, wie das Pittsburgher Lokalblatt *Post Gazette* am 16.9. unter Berufung auf einen FBI-Sprecher meldete. Nicht ohne sofort hinzuzufügen, dass dieser Transporter mit dem Absturz nichts zu tun gehabt habe.[137] Was aber schippert das US-Militär gegen 10 Uhr da eigentlich noch durch die Gegend, wo doch seit 9.06 Uhr für den Raum Washington–Cleveland absolutes Flugverbot herrscht und seit 9.25 bzw. 9.45 Uhr für die gesamten USA die Landeanweisung gilt? »The day the FAA stopped the world«, titelte das *Time Magazine* zu dieser drastischen Maßnahme: »Der Befehl, der seit der Erfindung des Fliegens im Jahre 1903 noch nie ausgegeben worden war, bezog praktisch alle nur möglichen Flugzeuge mit ein – ob zivile, militärische oder Polizeiflieger.«[138] Wirklich alle? Außer den Abfangjägern (die unter merkwürdigen Umständen angeblich nicht schossen und so auch keine Heldenlegende zerstörten) sind in der Nähe der UA 93 der private Flieger von NetJet und eben auch die C-130 nachweisbar. Kurz zuvor ist die AA 77 in das Pentagon gekracht – und auch dort berichten Augenzeugen von den unverkennbaren Propellermaschinen des Typs C-130. Diese beiden merkwürdigen Sichtungen haben unseren Verdacht genährt, diese C-130 könnten etwas mit den Flugmanövern der Todesmaschinen zu tun haben.

**Die Evakuierung**

Neben den Radarstationen, die die Start- und Landekontrolle an den Flughäfen übernehmen, gibt es – über die gesamten USA verteilt und mit genau abgegrenzten Zuständigkeitsbereichen – Flugleitzentren, die den Flugverkehr regeln. Das Cleveland Center liegt ziemlich genau in der Mitte zwischen der Offutt AFB in Nebraska und der Ostküste. Wegen der zentralen Stellung für den transkontinentalen Verkehr ist es das Flugleitzentrum mit dem höchsten Durchsatz weltweit.
Man darf also getrost davon ausgehen, dass von den 500 Fluglotsen, die in Cleveland beschäftigt sind, Zigdutzende derjenigen, die am Morgen des 11. 9. Dienst hatten, Auskunft geben können müssten über die Vorgänge rund um die UA 93. Weit gefehlt. Hier wurde seitens der FAA und des FBI nicht

nur gemauert und ein Sprechverbot wegen »laufender Ermittlungen« erteilt, sondern ganze Arbeit geleistet.
Vergegenwärtigen wir uns die Situation: Zwischen 9.00 Uhr und 12.15 Uhr waren in den USA etwa 4500 Flugzeuge unterwegs. Der absolute Landebefehl, erteilt erst nach 10 Uhr, führte gewiss zu enormer Hektik bei der Suche und Zuweisung der jeweils nächstgelegenen Flughäfen. Diese Arbeit »gegen die Flugpläne« wird in der Presse immer wieder gerne aufgeführt, um eine Begründung für das Nichtabfangen der vier Todesflieger zu suggerieren.
Nur, wie sah es von 9 bis 10 Uhr im Luftraum zwischen New York, Washington und Cleveland aus? Seit 9.06 Uhr durften an der Ostküste keine Flugzeuge mehr starten, Flugzeuge aus der Gegenrichtung wurden umgeleitet, um keine Maschinen mehr auch nur entfernt in die Nähe der Todesflieger kommen zu lassen. Flugzeuge außerhalb des besagten Dreiecks wurden von anderen Flugleitzentralen umgeleitet – Cleveland hatte sich um diejenigen zu kümmern, die sich noch in diesem Luftraum befanden, für die es jedoch noch keine Landeanweisung gab. Das heißt auch um die UA 93, die sich nicht um irgendwelche Anweisungen scherte – und um den Flying Circus der C-130 und der Falcon Fairchild, der sich um sie herum abspielte. Da sonst niemand mehr in diesem Lufraum flog, richtete sich die Aufmerksamkeit aller diensthabenden Fluglotsen der gesamten Leitzentrale auf eben jene Maschinen. Und mehr als einem von ihnen hätte der »Zirkus« rund um die Todesflieger auffallen müssen, wenn – ja, wenn nicht ausgerechnet dieses Flugleitzentrum genau dann evakuiert worden wäre, als es darauf ankam.
Auf der Homepage des Cleveland-Centers ist zu lesen:

»Zur vielleicht schlagendsten Demonstration des hohen Grades an Professionalität der Beschäftigten des Cleveland Centers kam es am 11. September 2001. Als die unglaublichen Geschehnisse sich abzuzeichnen begannen, war es einer unserer Controller, der das Kommandozentrum drängte, alle Flugzeuge am Boden bzw. landen zu lassen. Die Controller taten dies mit erstaunlicher Effizienz, wobei sie die Erfordernisse der Systemsicherheit nie aus den Augen verloren. Der Controller mit direktem Kontakt zur United Flight 93 konzentrierte sich unermüdlich darauf, den Kontakt wieder herzustellen. Als die Entscheidung fiel, die gesamte Einrichtung wegen einer möglichen Bedrohung zu evakuieren, weigerten sich Mitarbeiter von wirklich jedem Areal [der Cleveland-Luftraum ist intern in sieben Areale unterteilt, d.V.], ihre Posten zu verlassen, um die notwendige Koordinierung aufrechtzuerhalten.«

Als das Gebäude schließlich doch geräumt wurde, blieb nur ein heroischer Mitarbeiter am Schirm – für die UA 93. Als Grund für die Evakuierung vermeldet die offizielle Homepage des Cleveland-Centers einen anonymen Drohanruf. Er muss schon sehr drohend gewesen sein, um eine ganze Flugleitzentrale lahmzulegen. Zumindest drohend genug, um dafür zu sorgen, dass sich in der entscheidenden Stunde in der entscheidenden Leitzentrale unzählige entscheidende Zeugen nicht an ihrem Arbeitsplatz befanden. So konnte es kommen, dass das muntere Treiben am Himmel niemandem auf den Radarschirmen auffiel – sie flimmerten unbemannt vor sich hin. Die Radaraufzeichnungen dieses Morgens schlummern beim FBI – aller Voraussicht nach auf Nimmerwiedersehen.

*http://www2.faa.gov/ats/aglzob/What.htm*
*(bei »Facility of the Year« den Unterpunkt »Professionalism« anklicken)*

Wir würden uns unseren Verdacht gern ausreden lassen. Denn es kann ja purer Zufall sein, dass trotz Flugverbots noch zwei C-130 über Pennsylvania und Washington unterwegs waren. Es müsste sich bloß mal ein ordentlicher Untersuchungsausschuss an die Arbeit machen – der wäre sehr schnell in der Lage, sich über die militärischen Flugbewegungen an diesem Morgen Kenntnis zu verschaffen. Da aber ein solcher Ausschuss nicht einberufen wird und wir bei allen vermeintlichen Zufällen des 11.9. grundsätzlich von tiefer Skepsis befallen werden, schauen wir uns die Sache doch lieber etwas genauer an.

Was ist die C-130? Zunächst einmal ist sie das Arbeitstier vieler westlicher Armeen und als »Hercules« auch eine Transportmaschine der deutschen Luftwaffe.

Eine andere Variante der C-130, die »Gunship«, ist als Bomber bzw. besser als »fliegender Raketenwerfer« umgebaut, um die Bodenkämpfe der in den letzten beiden Jahren viel beschäftigten US-Infanterie gewinnen zu helfen. Aus der gepanzerten Kiste heraus lassen sich Bombenfracht, Minen und Raketen punktgenau auf den Boden bringen.[139]

Darüber hinaus sind C-130-Maschinen auch in einer dritten Variante verfügbar, die uns hier besonders interessiert: Der Rüstungskonzern Raytheon baut sie zu fliegenden »Command & Control«-Einheiten aus, zu mit Elektronik voll gestopften fliegenden »Gefechtsständen«, mit denen sowohl Verbände der Armee unten am Boden gesteuert als auch feindliche Funksignale überlagert werden können. Diese C&C-Version ist daher ein bedeutsamer Brückenkopf der elektronischen Kriegführung.

Wie schon erwähnt, tauchte eine C-130 auch in der Nähe der AA 77 auf, deren Aufprall auf das Pentagon der Augenzeuge John O'Keefe im *New York Law Journal* beschrieb:

> »Ich fuhr auf der Interstate 395…, und ich weiß nicht, ob ich es zuerst hörte oder sah – dieses silberne Flugzeug. Ich erkannte es gleich als Jet der American Airlines … Es stürzte von links über den Highway hinweg … Ich hatte gerade im Radio gehört, dass der National Airport geschlossen worden war, und dachte mir: ›Der wird es nicht mehr bis zum National Airport schaffen.‹ Und dann kapierte ich, was los war und dass er das Pentagon treffen würde … Es gab keine große Explosion, keinen Riesenkrach, es machte nur ›pffff‹. Nicht das, was ich erwartet hätte von einem Flugzeug, das ungefähr ein Fußballfeld von mir

entfernt war ... Als ich aus dem Auto ausstieg, sah ich ein anderes Flugzeug, das über meinem Kopf flog, und das erschreckte mich ..., weil ich ja wusste, dass zwei Flugzeuge das WTC getroffen hatten. Ich lief von der Fahrbahn runter und sah zu, dass ich weiter weg kam. Dann begann das Flugzeug – es sah aus wie ein C-130-Transportflugzeug – vom Pentagon abzudrehen, es machte einen kompletten Turnaround.«[140]

John O'Keefe hatte vielleicht einen besseren Grund, vor der Maschine zu erschrecken, als er ahnte. Und er war nicht der Einzige, der die trotz Flugverbots gemütlich über dem Regierungszentrum kreisende Großmaschine gesichtet hatte.[141] Bruce Warner, ein anderer Zeuge, der offenbar in einer militärischen Einrichtung in unmittelbarer Nähe des Pentagon arbeitet, wunderte sich, warum keine F-16-Jäger zu sehen waren: »Das einzige große Flugzeug, das da auftauchte, war eine graue C-130, es schien ein elektronisches Kriegsflugzeug der Navy zu sein, das die Gegend beobachtete und dann in westlicher Richtung verschwand.«[142] Der eine Zeuge sagt, der Flieger habe ausgesehen »wie eine C-130«, und der andere Zeuge präzisiert »elektronisches Kriegsflugzeug«. Die beobachtete Propellermaschine schien also etwas anders ausgesehen zu haben als ein normaler C-130-Transporter. Wie das? Eine Erklärung liefern die dicken zusätzlichen Generatoren: Die EC-130 der Navy haben einen extra 90-Kva-Generator pro Motor. Der wird für die Power gebraucht, um die Radioantenne zu »heizen«, wenn sie ihre Mission fliegen.

Die überschallschnellen Abfangjets schafften es nicht, rechtzeitig zur Stelle zu sein, aber eine langsame Propellermaschine ist pünktlich vor Ort gewesen? Es kommt indes noch toller. Denn am Jahrestag der Anschläge, also am 11. September 2002, wurde eine Version lanciert, der zufolge es sich bei den beiden C-130 – der über Washington in Sichtweite der AA 77 und der über Pennsylvania in Sichtweite der UA 93 – um ein und dieselbe Maschine handelte. In der *Star Tribune Minneapolis* kommt ein Lt. Col. Steve O'Brien zu Wort, der damals mit einer ganz normalen Lastesel-C-130 von der Andrews AFB aus gestartet sein will. Kurz darauf habe ihn die AA 77 fast geschnitten, und dann sei er von der Bodenstation angeblich aufgefordert worden, dieser Maschine zu folgen – wobei es ihn völlig geplättet habe, dass der »Controller überhaupt nichts zu wissen schien … Das Nächste, was ich gesehen habe, war der Feuerball … Ich wurde angewiesen, das Gebiet so schnell wie möglich zu verlassen.« So drehte er nach Westen ab, ohne so recht zu wissen, wo er nun landen sollte. Irgendwo über Pennsylvania sah er dann – rein zufällig – Rauchschwaden, die von einem schwelenden Feld aufstiegen. Und nun hörte er auch in seinem Cockpitradio von »all diesen Flugzeugen. Es war wie ein Dominoeffekt – wirklich ein schlechter Tag für Flugzeuge.«[143]

Da kam also ein harmloser Pilot seines Wegs daher, und wie der Teufel es manchmal so will, schrammte er gleich an zwei Tatorten vorbei. Keine Rede mehr vom Flugverbot – und von den beiden anderen Fliegern, die trotz dieses Verbots gesichtet worden waren. Weil die Fairchild Falcon von NetJet und die F-16 längst in Vergessenheit geraten sind, muss Steve O'Brien auch nicht mehr darauf eingehen. Hauptsache, den hieb- und stichfesten Belegen für die Anwesenheit der C-130 konnte nach einem Jahr fleißiger Recherche irgendeine Legende untergeschoben werden. Es war halt eine Transportmaschine – einer der Piloten sagt's ja selbst!

Angenommen, O'Brien nähme es mit der Wahrheit nicht so genau, und es gäbe gute Gründe, von der Spezialvariante EC-130 auszugehen, die an zwei Tatorten gesichtet wurde: Wo wären die dann hergekommen? Mit ziemlicher Sicherheit aus Middletown in Pennsylvania. In der dortigen Air Force Base auf dem Harrisburg International Airport ist die 139. Staffel stationiert, und nur dort gibt es Maschinen vom Typ EC-130. Middletown liegt zudem inmitten der Flugrouten aller vier Maschinen des 11. September.[144] Kurz vor Redaktionsschluss gelangten wir im Zuge der Ermittlungen der

»Unabhängigen Untersuchungskommission« (einberufen auf Verlangen von Tom Daschle, dem demokratischen Oppositionsführer im Senat – gegen den erklärten Willen von Bush und Cheney) noch an eine eher unfreiwillig ausgeplauderte Information. Col. Alan Scott umriss am 23. Mai 2003 die Zeitabläufe des 11.9. aus der Sicht des NORAD – worauf wir jetzt überhaupt nicht weiter eingehen wollen. Aber bemerkenswert ist, dass er ohne Not wieder eine C-130 erwähnte! »Ohne Not« sagen wir deshalb, weil ihn niemand nach einer C-130 gefragt hat. Von einer solchen Maschine hatten bisher nur Augenzeugen berichtet, aber in allen Artikeln und Büchern, Videos und Grafiken wurde sie verschwiegen.

Alan Scott nun sagte, die Fluglotsen der FAA hätten auf der Suche nach der angeblich »verschwundenen«, da ohne Transponder fliegenden AA 77 »eine Menge Leute (gemeint sind Piloten, d.V. ) nach ihr gefragt, inklusive einer C-130, die in Richtung Westen nach Ohio flog«. Den Zeitraum dieses Vorfalls grenzte Scott genau ein auf 9.09 bis 9.11 Uhr. Bemerkenswert sind dabei verschiedene Aspekte. Von den Flugzeugen der anderen gefragten »Leute« sprach er nicht, erwähnte nicht ihre Maschinentypen, ihre Flugnummern, ihre Flugrouten, sondern hob einzig die C-130 hervor. Warum das? Wegen des Typs oder wegen ihrer Flugrichtung? Beides sind an sich völlig unerhebliche Daten. Oder weil er weiß, dass es etwas Besonderes auf sich hat mit dieser Maschine – was er zwar nicht sagte, aber mit dieser Freudschen Fehlleistung hervorhob?

Halten wir fest: Dies ist nun die dritte in der Nähe einer Todesmaschine bestätigte C-130! Sie kann – laut Aussage des Piloten O'Brien – nicht identisch sein mit der phänomenalen »Beobachtungs-C-130«, die ihren Flug von Ost nach West ja erst nach 9.40 Uhr, eine halbe Stunde später, ab Washington begann. Sie könnte jedoch – reine Spekulation – identisch sein mit einer EC-130, die ihren Job in New York getan und sich nun der AA 77 zugewandt hat.

Wir können nicht beweisen, dass die Todesmaschinen des 11.9. tatsächlich ferngesteuert wurden. Wir können bisher nur zeigen, dass eine solche Fernsteuerung technisch machbar ist und dass mögliche Sendesysteme in Form elektronisch aufgerüsteter C-130-Transporter in der Nähe waren. Es gibt daher gute Gründe, auch diesen scheinbar undenkbaren alternativen Tatverdacht weiter zu verfolgen. Dass die offiziellen Beweise über Existenz und Wirken der »19 Hijacker« an Bord der Maschinen dubios, dass alle vorgebrachten Indizien wie Handyanrufe und Passagierlisten mit äußerster Vorsicht zu genießen, wenn nicht gar plump gefälscht sind: Diese ziemlich offensichtlichen Schwächen der offiziellen Tatversion sind bis dato nur deshalb noch nicht in den Fokus der Aufmerksamkeit geraten, weil irgendwer ja die Maschinen in ihr Ziel gesteuert haben muss – und wenn nicht die Terroristen, wer dann?

Das objektive Problem, dass die C-130 mit ihren maximal 600 km/h im Vergleich zu den schnellen Boeings ziemlich langsame Maschinen sind, lässt sich relativieren. Die Führungsmaschine kann der geführten Maschine durch die Funkbefehle mitteilen, ihre Geschwindigkeit zu drosseln. Und – oh Wunder! – nach den uns mitgeteilten Zeiten taten sie das auch auf dem »Rückweg«. Als Beispiel nehmen wir die AA 11: Start um 8.00 Uhr, Umkehrpunkt um 8.15 Uhr, eventuell auch um 8.20 Uhr[145], Einschlag um 8.45 Uhr. Nach der einen Rechnung brauchte die AA 11 also 15 Minuten zum Umkehrpunkt und 30 für den Rückflug, nach der anderen 20 zu 25 Minuten. Dabei ist die langsamere Startphase einerseits, die Ungleichmäßigkeit des geflogenen Dreiecks andererseits allerdings unberücksichtigt geblieben. Zudem müssen die Führungsflugzeuge nicht an den Boeings kleben (sogar die Mikowellenwaffe wirkt über 10 km hinweg) – nicht nur die Radarsicht, sondern auch die Sicht per Auge war exzellent am 11.9. Genaues würden nur die Blackbox-Daten liefern – die uns leider eben nicht vorliegen. Aber die Geschwindigkeitslücke ist schließbar.

Wir sind somit von einer rein hypothetischen zu einer ziemlich handfesten Faktenebene gelangt, auf der man wiederum nur durch kriminaltechnische Untersuchungen weiterkäme – Untersuchungen, die wir nicht anstellen können, die jedoch unserer Überzeugung nach gewiss schon angestellt wurden. Und zwar so erfolgreich, dass ihre Ergebnisse der Öffentlichkeit aus guten Gründen vorenthalten bleiben.

## Entführte Entführer?

> »Alles, was die Brüder, die die Operation durchführten, wussten, war, dass sie eine Märtyrer-Operation vor sich hatten. Wir baten jeden von ihnen, nach Amerika zu gehen, aber sie wussten überhaupt nichts über die Operation, nicht das Geringste. Aber sie waren ausgebildet, und wir offenbarten die Operation erst, als sie dort waren und kurz bevor sie die Flugzeuge bestiegen.« *Auszug aus dem angeblichen »Homevideo« Osama Bin Ladens, Newsweek, 24.12.2001, S. 19*[146]

Die gesamte Überlegung, ob die vier Todesmaschinen ferngesteuert gewesen sein könnten, gründet auf der Annahme, dass die Araber an Bord (sofern sich überhaupt welche an Bord befanden) entweder selber harmlose Passagiere waren oder »entführte« Entführer, die feststellen mussten, dass sie zwar das Cockpit angreifen, jedoch die Maschinen nicht steuern konnten. Die Macher des oben zitierten Videos – ob nun Osama oder jemand anderes – geben in diesem Zitat der Überlegung »entführte Entführer« eine gewisse zusätzliche Grundlage – zumindest wenn man davon ausgeht, dass das Phantom Bin Laden genau wusste, dass seine kaum flugfähigen Brüder Unterstützung »von oben« bekommen würden.

Ist der Nachweis der Existenz von C-130 in der Nähe der Todesmaschinen und der weiterer Flieger nun die berühmte »Smoking Gun«? Nein. Noch immer nicht. Denn unsere Alleserklärer von der Regierung Bush und ihre getreuen Posaunisten im Mediengewerbe haben auch für den eklatanten

Widerspruch – überschallschnelle F-16: zu spät!, lahm propellernde C-130: schon da! – ein Sprüchlein parat. Immerhin nur noch leise, nicht mehr an die große Glocke gehängt: Es seien »Beobachtungsflüge« gewesen. Hier aber stoßen wir als deutsche Beobachter des US-Luftraums an die Grenzen unserer Möglichkeiten. Die Nachfrage, ob es sich bei den C-130 um Spezialversionen mit elektronischem Equipment handelte, die Einsicht in die Flugplanungen aller C-130, das Rausfiltern, welche wann und wo in der Luft waren, und dann die ganzen Zeugenvernehmungen – das muss dann schon die unabhängige Untersuchungskommission zum 11.9. selbst machen. Das können wir leider nicht.

Was wir aber können, ist, den Weg zu zeigen, der zur »Smoking Gun« führen müsste. Also, es fliegen da langsame C-130 »zur Beobachtung« in der Nähe der Tatorte umher, am Pentagon eineinhalb Stunden nach dem Bekanntwerden der ersten Entführung (9.40 bzw. 10.03 zu 8.20 Uhr), aber schnelle Abfangjäger, deren Job das gewesen wäre, waren nicht in die Luft zu bekommen.

Und laut Verkehrsminister Norman Mineta war der gesamte Luftraum für zivile *und* militärische Flieger seit fast einer Stunde gesperrt. Somit hätte dort auch nicht ein »zufällig« vorbeigondelnder Militärtransporter in der Luft sein dürfen. Aber es waren mindestens eine Fairchild Falcon, eine F-16 und eine C-130 unterwegs, ein echter Zirkus von Fliegern, die nicht auf Mineta hörten. Befehlsverweigerung. Grund zum Nachhaken, nicht nur bei dem angeblichen C-130-Piloten Steve O'Brien. Und zwar am besten schnell. Denn bekanntlich fordern der hektische Straßenverkehr in den USA, aber auch der Luftverkehr und allfällige Kriege einen hohen Blutzoll unter Zeugen. Ein rätselhafter Zeugenschwund war schon bei den Kennedy-Morden offensichtlich, und derzeit scheint es ebenso tödlich zu sein, bei der Elektronikfirma Raytheon zu arbeiten oder auch als Mikrobiologe im Bereich Anthraxforschung beschäftigt zu sein – dazu weiter unten mehr. Die Befragung der Zeugen aus den C-130-Besatzungen und dann auf der Befehlskette immer weiter hoch sollte direkt auf die Schuldigen am 11.9. verweisen. Sie raucht noch, diese Knarre …

Ein Aspekt sei noch erwähnt: Das Argument, es sei doch notwendig gewesen, die entführten Flugzeuge zu »beobachten«, stützt scheinbar die schon seit langem verbreitete These, durch das Abschalten der Transponder seien die Todesflieger quasi unsichtbar für die Fluglotsen geworden. Dieses Argument wird weiter untermauert durch den Hinweis auf »altes« und »neues« Radargerät: Die FAA habe sich soeben erst für das »neue« »beacon-only«-System entschieden[147], mit dem das konventionelle Sichtradar ersetzt worden sei, und dieses neue System könne nichts mehr sehen, wenn irgendein übler Täter den Transponder ausschalte. Das ist Humbug, wenn auch die Behauptung stimmt, dass das neue System nicht mehr die »Physis« des Flugzeugs radarmäßig abgreift (also etwa: »großes Metallobjekt in 10 km Entfernung und 3000 Fuß Höhe im Landeanflug«), sondern nur die Daten, die der Flieger selbst von sich aus per Transponder sendet (Flug XYZ usw.). Diese Theorie unterschlägt jedoch die enge Verwobenheit von NORAD und FAA. So arbeiten vielfach, zum Beispiel auf der Andrews AFB, zivile und militärische Fluglotsen direkt zusammen, was ja auch angesichts des militärischen Luftverkehrs notwendig ist. Mehr noch: Diese Theorie zielt im Effekt darauf ab, die Existenz des NORAD überhaupt vergessen zu machen. Das Ziel der Luftverteidigung ist aber – die Luftverteidigung. Ja, so primitiv muss es mal gesagt werden. Das NORAD mit all seinen technischen Systemen ist nicht zum Däumchendrehen da. Es ist nicht untätig, nur weil gerade mal kein Krieg über den USA stattfindet. Und wer hat schon je davon gehört, dass sich feindliche Raketen oder Flugzeuge korrekt mit Transponder anmelden? Wem das Wort »Wetterradar« nicht völlig unbekannt ist und wer von der Existenz von Ballons oder der Möglichkeit geklauter Flieger weiß, kann sich vorstellen, dass zivile und militärische Bodenkontrolle jeweils immer *beide* Systeme benutzen (müssen). Eine »Unsichtbarkeit« gibt es nicht. Gäbe es sie – wie hätten dann die »Beobachtungsflieger« ihre Objekte UA 93 und AA 77 finden können? Oder waren die C-130 etwa schon präventiv an der geplanten Einschlagstelle präsent? Wie das?

Der oben zitierte General Eberhart übrigens hat nie von einer solchen Unsichtbarkeit der AA 77 gesprochen. Allerdings auch nicht davon, wie denn zu erklären ist, dass diese AA 77 geschlagene 45 Minuten nach Abschalten des Transponders noch immer nicht abgefangen wurde. Man sei von der FAA erst um 9.24 Uhr informiert worden und schon um 9.30 Uhr mit Abfangjägern aus Langley, Virginia, in der Luft gewesen. Als ob eine geschlagene halbe Stunde lang kein Mensch von der AA 77 gewusst hätte – und selbst die letzten Minuten hätten noch zum Abfangen gereicht ...

Wie genau die Bodenkontrolle die Route der entführten Maschinen bestimmen konnte, ergibt sich aus dieser folgenden Anekdote des *Spiegel:*

> »Der Pilot meldet sich nicht mehr. Noch weiß die Flugleitzentrale nicht, dass die Maschine entführt wurde und seit gut 20 Minuten auf Abwegen fliegt, inzwischen südwärts, Richtung New York City. Es ist der 11. September, 8.37 Uhr, Good morning, America, die Welt glaubt an einen normalen Dienstag, noch acht Minuten lang.
> Im Cockpit der United Airlines 175 hören die Piloten die Bitte eines Fluglotsen, nach der verstummten American Airlines 11 Ausschau zu halten. Um 8.38 Uhr meldet Flugkapitän Victor Saracini, 51 Jahre alt, ein Navy-Veteran: ›Ja, wir haben ihn im Blick ... scheint ungefähr 20 ... äh ... 29.000, 28.000 Fuß hoch zu sein.‹«[148]

Wir erfahren hier einerseits Unsinn (»Noch weiß die Flugleitzentrale nicht, dass die Maschine entführt wurde ...«), denn um 8.15 Uhr brach schon der Funkverkehr ab, um 8.20 Uhr war der Transponder weg und der Kurs geändert, seit 8.28

Uhr spätestens war das NORAD informiert, und die F-15 von der Otis AFB liefen zumindest (angeblich) in der Startvorbereitung. Andererseits lesen wir ein wichtiges Detail: 20 Minuten nach der Kursabweichung und acht Minuten vor dem Einschlag fliegt AA 11 also noch satte 29.000 Fuß hoch. In zehn Kilometern Höhe. Verdammt hoch für einen ungeübten Attentäter-Piloten, der doch das »Starten und Landen« nicht lernen wollte und sich einen klaren Tag aussuchte, um nach Sicht zu fliegen (wie konnte er das bei der Buchung vor zwei Wochen wissen?). In höchstens acht Minuten also zielgenau von 10 km Höhe auf »Ground Zero« – nach Sicht, das ist eine phänomenale Leistung.

Der *Spiegel* weiter: »Der Pilot des Fluges 175 antwortete dem Lotsen um 8.41 Uhr: ›Gleich nach unserem Start in Boston fingen wir einen verdächtigen Funkspruch auf.‹ Hörte sich an, als ob jemand das Mikro abgedreht hat und sagte, jeder soll auf seinem Platz bleiben.« Was mithin dokumentiert, dass es einen regen Funkverkehr gab (was völlig normal ist), angeblich sogar mit einer entführten Maschine (was nicht bewiesen ist), und dass dieser aufgezeichnet ist – jedoch nur häppchenweise in die Öffentlichkeit gelangt. Und dass angeblich aus der AA 11 etwa um 8.20 Uhr noch etwas zu hören war – aber nur seitens der UA 175? …

Die Story ging durch die Weltpresse, aber kein Journalist fragte nach, ob ein Spruch auf der Notruffrequenz nicht logischerweise von vielen Piloten und Bodencrewleuten hätte gehört werden müssen. Keiner fragte nach, warum Saracini »gleich nach dem Start« etwas Verdächtiges gehört hatte, es aber erst auf Anfrage um 8.41 Uhr für nötig hielt, dieses Verdächtige weiterzumelden. Eine nette Geschichte, aber eine, die vorne und hinten nicht stimmen kann.

Andere Quellen berichten, dass diverse Unregelmäßigkeiten (Transponder, Route, Funk …) etwa eine Viertelstunde bis 20 Minuten nach dem Start von AA 11 die Fluglotsen zu der Annahme veranlassten, es handele sich um eine Entführung.

Was die Einschaltung von FAA und NORAD zur Folge hatte (spätestens um 8.28 Uhr). Und was auch den folgenden Funkspruch erklärt: »Um 8.40 Uhr gibt der Controller, der in Chicago sitzt, Flugkapitän Saracini die Anweisung: ›United 175, ändern Sie Ihren Kurs. 30 Grad rechts. Ich will Sie weghaben aus diesem Verkehr da.‹«

Welcher Verkehr? Victor Saracini hatte gerade noch gemeldet, er habe die AA 11 gesichtet – ein Zusammenstoß mit *diesem* Flugzeug war also wohl unwahrscheinlich. Aber waren da nicht zwei F-15 in der Luft? Oder eine C-130? Oder wusste der Controller gar von weiteren geplanten oder stattfindenden Entführungen in der Region, nicht jedoch, dass es sich dabei gerade um die Maschine handelte, die jetzt Anweisungen von ihm erhielt? Welchen »Verkehr« meinte er?

Fassen wir zusammen: Alle hier vorgelegten Indizien sind keine schlüssige Theorie dessen, was sich an Bord der Boeings abgespielt haben mag. Es könnte also durchaus sein, dass sich Hijacker an Bord befanden (wenn auch zumindest nicht alle diejenigen, die vom FBI verkündet wurden) und, so wie es betrogene Betrüger gibt, zu entführten Entführern wurden.

Auch kennen wir das genaue technische System der Fernsteuerung nicht, nicht einmal mit Namen. Ein britischer Flugzeugingenieur hat es einfach »home-run« genannt.[149] Wir können es ebenso gut auch »Gerhard« nennen. Das Problem bei wirklichen Geheimnissen ist halt, dass sie geheim sind. Dass solche Fernsteuerungen aber kein grundsätzliches technisches Problem darstellen, wurde hinreichend dargelegt, ebenso wie die Anwesenheit der für eine solche Operation notwendigen »Command & Controll«-Einheiten. Sollte es sich irgendwann einmal herausstellen, dass es sich bei diesen C-130 tatsächlich um definitiv harmlose »Beobachtungsmaschinen« handelte, wäre dieses Kapitel hier dennoch nicht gegenstandslos. Vielmehr würde das eklatante »Hase-Igel«-Paradox – der überschallschnelle »Hase« kommt immer zu spät, der propellernde »Igel« ist immer schon da – noch deutlicher zu Tage treten.

## Der göttliche Strahl – Raytheon

Das Unternehmen Raytheon Co. – es begann als Hersteller von Radioröhren und produzierte 1946 den ersten Mikrowellenherd sowie ein revolutionäres Lenksystem für Raketen – ist heute der viertgrößte Rüstungsbetrieb der Vereinigten Staaten.[150] Die elektronische Abteilung von Raytheon stellt neben den Boden-Luft-Raketensystemen Hawk, Tomahawk und Patriot auch Radar- und Navigationseinrichtungen sowie Erkennungs- und Zielsysteme her. Die »Command, Controll & Information Systems«-Abteilung des Unternehmens produziert Systeme für Luftfahrtkontrolle und Satellitensteuerung. Während der Löwenanteil der Umsätze von Raytheon im militärischen Bereich erzielt wird, gehen einige Produkte auch an die zivile Kundschaft, und auch hier bleibt die Firma ihrem Namen (*ray* = Strahl, *theos* = Gott) treu: Sie liefert, neben Mikrowellengeräten, vor allem Fernbedienungen.

Raytheon ist als Spezialist für Fernsteuerungen aller Art auch einer der Entwickler des automatischen Flug/Lande-Systems Global Hawk – sowie der neuen Strahlenwaffen aus gepulsten Mikrowellen, die im jüngsten Irakkrieg erstmals eingesetzt wurden. »Phaser«, oder wie die Strahlenwaffen bei Captain Kirk & Co. sonst heißen, sind keine Sciencefiction mehr, sondern milliardenschwere Fakten – und Raytheon ist der Marktführer dieser »Directed Energy Weapons«-Technologie (DEW). Interessant ist nun, welche Maschinen von Raytheon bevorzugt sowohl zu elektronischen Kommandozentralen ausgebaut als auch zu neuen DEW-Fightern aufgerüstet werden: Es sind die Propellermaschinen C-130, die dank ihrer traktorartigen Eigenschaften von dem »High Energy«-Schnickschnack an Bord verschont bleiben, der bei modernen, mit Elektronik voll gestopften Fliegern schwere Probleme verursachen würde.

In der offiziellen Beschreibung der Variante EC-130F wird deren umfangreiche Möglichkeit, feindliche Frequenzen zu überlagern, geschildert: »Sie ist ein stark modifizierter C-130-Hercules-Transporter, der als luftgestützte TV- und Radio-Sendeplattform dient ... und fähig ist, lokale Frequenzen mit seiner eigenen Message zu überlagern.«

Einer der merkwürdigsten Zufälle des ganzen rätselhaften 11. September ist nun, dass mindestens fünf der Flugpassagiere in den Todesmaschinen Mitarbeiter von Raytheon waren:

- Kenneth Waldie (AA 11), leitender Ingenieur für elektronische Systeme bei Raytheon in Tewksbury, Massachusetts,
- Herbert Homer (UA 175), Vizedirektor des Corporate Management bei Raytheon in Burlington, Massachusetts,
- Stanley Hall (AA 77), Direktor des Programm-Managements bei Raytheon in Washington, »der ›Dean‹ unserer elektronischen Kriegführung«,
- Peter Gay (AA 11), Vizedirektor für elektronische Systeme bei Raytheon in Andover, Massachusetts,
- David Kovalcin (AA 11), leitender Ingenieur für elektronische Systeme bei Raytheon in Tewksbury, Massachusetts.

Außerdem kam in der AA 77 Charles S. Falkenberg, Forschungsdirektor der ECOlogic Corp., ums Leben. Diese Software-Firma entwickelt Tools zur Nutzung der Landsat-Fotos für Global Hawk.

Man beachte die unterschiedlichen Maschinen: In dreien der vier Flugzeuge saß mindestens ein leitender Angestellter von Raytheon. Es handelt sich also nicht um einen gemeinsamen Ausflug von einem Kongress weg oder zu einer Tagung hin. So eine Situation wäre keiner weiteren Erwähnung wert. Aber nachdem Sie unsere Hypothese einer möglichen Fernsteuerung der Todesmaschinen kennen, gibt die Sitzverteilung dieser fünf Männer dann doch zu denken.

Gestatten Sie uns deshalb ausnahmsweise einmal ein spekulatives Thriller-Szenario. Um eine im Geheimen von Raytheon weiterentwickelte »Anti Hijacking«-Einrichtung zu testen, wird von den militärischen Auftraggebern eine Test-Simulation vorgeschlagen, die ebenfalls unter größter Geheimhaltung erfolgt. Fünf Top-Experten für automatische Flug/Lande-Systeme werden ausgesucht, um die Reaktion der Flugzeuge direkt an Bord zu beobachten. Geplant ist, dass die Flugzeuge nach einer vorgetäuschten Entführung von der Fernsteuerung übernommen und sicher zur Landung gebracht werden – so zumindest wird es der Hand voll Eingeweihten bei Raytheon mitgeteilt. Doch dann läuft alles ganz anders ... Die »Entführer« werden entführt und die Fernsteuerungsingenieure zu Opfern ihrer eigenen Technik. Auch wenn er spekulativ bleiben muss, zeigt der Gedankengang doch, dass einer der landläufigen Einwände gegen eine Großverschwörung – dass nämlich Hunderte von Mittätern und Mitwissern einbezogen sein müssten – nicht zwingend sticht. Außer ein paar Special Forces für die Fernsteuerung müssen nur noch einige wenige Raytheon-Direktoren in die geheime Simulation eingeweiht sein – und die werden sich hüten zu plaudern, zumal die Kriegsanstrengungen nach dem 11. September dem Unternehmen riesige neue Profite bescherten.

Nachdem sich die Sporen in den Anthrax-Briefen als US-Produktion erwiesen hatten, lebten Mikrobiologen von Weltrang plötzlich sehr gefährlich: 14 von ihnen kamen nach dem 11.9. unter teilweise äußerst dubiosen Umständen »natürlich« zu Tode.[151] Wir wissen nicht, wie viele Manager von Raytheon durch den hektischen Autoverkehr auf den US-Straßen oder weitere Unbill wie allfällige Selbstmorde, plötzliche Herzschwäche oder dergleichen unlängst umkamen – und wollen den verwegenen Thriller auch nicht ernsthaft weiterspinnen. Am 8. Mai 2002 starben allerdings zwei weitere Mitarbeiter auf einem seltsamen Testflug in einem T-39 Sabreliner, der mit einem zweiten kollidierte. Die beiden Maschinen waren auf der Pensacola Naval Air Station (NAS) in Florida stationiert und verschwanden plötzlich vom Radar, 40 Meilen seewärts südlich von Pensacola Beach.[152] Das ist nicht nur deshalb ein seltsamer Vorfall, weil keine Funknotrufe der zwei beteiligten Maschinen abgesetzt wurden – wegen der anschließenden Zugeknöpftheit und Geheimhaltung sowieso –, sondern auch deshalb, weil der Pilot der Maschine, in der die Raytheon-Leute saßen, ein Ambarak S. Al-Ghamdi war. Al-Ghamdi – den Namen kennen wir doch! Welch ein Zufall mal wieder. Der Name mag ja unseren Müller-Meier-Schulzes entsprechen. Aber Ambarak war nun einmal Pilot. Er war Saudi. Und als saudischer Flugausbilder mit diesem Namen zufällig auf jener Basis tätig, auf der wahrscheinlich auch die anderen angeblichen Hijacker namens Al-Ghamdi ihre Übungsflüge absolviert hatten. Laut *Newsweek* wohnten zumindest Said Al-Ghamdi (UA 93) und später auch Ahmed (UA 175) schon ab Anfang 1997 auf der Basis: »Militärische Aufzeichnungen belegen, dass sie als Adresse Radford Boulevard 10 angaben, eine Straße auf der Militärbasis, an der die Häuser für Flugschüler ausländischer Armeen stehen.«[153] Irgendwie muss wohl nach der *Newsweek*-Veröffentlichung vergessen worden sein, dass die Al-Ghamdis eventuell etwas miteinander zu tun haben könnten. Von Al-Ghamdi Nr. 3 zumindest hatte man bis zu seinem Tod nichts gehört.

# Wer tat was wann am 11.9.?

## Alibigeschichten

Vielleicht erinnern Sie sich noch an die *Spiegel*-Serie »Was wirklich geschah«, in der akribisch die letzten Minuten des World Trade Center beschrieben worden sind. So tragisch und emotional bewegend auch jedes der darin geschilderten Einzelschicksale ist – der letzte Kaffee eines Büroangestellten, der Tod eines Feuerwehrmanns –, zu einem Erkenntnisgewinn, was am 11.9. wirklich geschah, trägt das nicht bei. Jedes dieser Opfer hat gewiss das Recht auf »seine« Geschichte, doch für den Tatverlauf und über die Hintermänner geben diese Geschichten nichts her. Uns interessiert in diesem Kapitel deshalb, was eigentlich die verantwortlichen Entscheidungsträger in diesen entscheidenden Stunden gemacht haben: Wie agierten Präsident, Vizepräsident, Verteidigungsminister und die anderen Verantwortlichen, bevor, während und nachdem sich die Anschläge ereigneten?

Wir fragen jetzt also, um in der Sprache Bushs zu bleiben, nach den »Guten«. Von den »Bösen«, den vermeintlichen Entführern, wissen wir mittlerweile angeblich recht viel, von den »Guten« jedoch seltsamerweise recht wenig. Warum eigentlich? Warum fragen die Medien nicht nach, womit sich der Verteidigungsminister am Morgen eines solchen Angriffs beschäftigt hat? Auch Bushs merkwürdiges Verhalten lässt manche Frage offen. Wenn in der öffentlichen Diskussion berechtigterweise darauf hingewiesen wird, dass ein Pilot eines Abfangjägers »nicht einfach eben mal so« eine Passagiermaschine abschießen darf, auch nicht in den schießfreudigen USA, dann ist das ein wesentlicher Punkt. Dafür muss in der Tat die Genehmigung bzw. der Befehl des Präsidenten oder eines Regierungsmitglieds her. Also ist die Frage, was wer wann tat, nicht einfach nur von theoretischem Interesse.

Es gibt Einwände, die besagen, was die Regierung Bush am 11.9. getan und gelassen habe, sei doch eigentlich angesichts automatisierter Handlungsabläufe ganz unerheblich (die Feuerwehr rückt selbstverständlich aus, wenn das WTC brennt, und braucht dafür keinen Befehl von ganz oben). Sinn und Zweck einer Regierung sei schließlich, sich politischen Fragen zu widmen (im Sinne von Reden halten und Gesetze zimmern). Das greift zu kurz. Nun sind wir die Letzten, die standardisierte Vorgänge bezweifeln. Wir sind es gerade, die die Frage stellen, warum die NATO-Standards beim Abfangen von falsch fliegenden Passagiermaschinen nicht eingehalten wurden. Aber über die nicht eingehaltenen Standards hinaus gab es eine Vielzahl von Entscheidungssituationen, die einer Untersuchung bedürfen.

Eine Regierung ist nach modernem Staatsverständnis kein politisches Beratergremium, sondern Haupt der Exekutive. Hier wird entschieden – nach Beratungen, nach dem Abchecken der Handlungsoptionen, unter Berücksichtigung von Gesetzen, Interessengruppen usw. Aber es wird entschieden. Und das ist es auch, was das Volk eines demokratischen Landes von seinen Regierenden erwartet: dass sie in angemessener Zeit verantwortlich handeln. Was entschieden also die »Guten«, was machte die Regierung während der Angriffe? Waren die Kabinettsmitglieder informiert? Ja, wir können zeigen: Jeder war informiert, nahezu zeitgleich mit den Ereignissen. Die Schaltung offener Leitungen ab dem ersten Einschlag wurde von Cheney selbst bestätigt.[154] Also war die unabdingbare Handlungsvoraussetzung gegeben.

Wurden nun Planungen abgesagt, Besprechungen unterbrochen, Stäbe zusammengetrommelt, Krisensitzungen initiiert usw.? Es geht nicht um den Nachmittag des 11.9., sondern um die eine Stunde ab etwa 9 Uhr morgens. Denn kurz vor 9 Uhr, das kann nicht klar genug gesagt werden, waren *drei* Flugzeuge entführt worden, war schon eines in das WTC gerast und das zweite auf dem Weg dorthin – und die Regierungsmitglieder wussten das. Wer nicht handelt, macht keine Fehler. Wer nicht handelt, macht auch nichts richtig. Die Regierung der Vereinigten Staaten von Amerika war keineswegs handlungsunfähig an diesem Morgen des 11.9. – aber sie handelte nicht.

Nicht ein einziges Regierungsmitglied entschied irgendetwas, übernahm Verantwortung. Weder wurde etwas falsch noch überhaupt irgendetwas gemacht. Weder wurden Befehle gegeben, endlich alle Abfangjäger starten zu lassen, ob bewaffnet oder nicht, ob »vorgesehen« für den Luftraumbereich oder nicht, einfach nur vorsichtshalber, da die Situation außergewöhnlich war. Noch wurde der Abschussbefehl gegeben, an dem angeblich so viel lag (ein Humbug angesichts nicht präsenter Abfangjäger).

Nein, nicht nur einsame Entscheidungen wurden nicht getroffen. Es gab nicht einmal Stabsbesprechungen, nicht einmal Beratungen der jeweiligen Kabinettsmitglieder mit ihren Untergebenen, ihren Informanten. Es gab auch keine Schreckensstarre. Die wäre vielleicht noch erklärlich, obwohl sie den Feuerwehrleuten, Krankenschwestern, Polizisten, Rettungssanitätern usw. in ihren Berufen auch nicht zugestanden wird und am 11.9. auch nicht eintrat. Von denen machte jeder seinen Job, und das recht gut bis hin zur Heldenhaftigkeit, wie so manche Geschichte von den Feuerwehrmännern am WTC ausweist. Nur die Bush-Regierung machte ihren Job nicht. Sie regierte nicht.

Wenn ein Mafioso-Padrone ein Verbrechen begehen lässt oder davon weiß, besorgt er sich ein Alibi. Für die Nacht ist das einfach: Er sagt schlicht, er habe geschlafen, und präsentiert den Ermittlern eine notfalls getürkte Bettgefährtin, die das bezeugt. Am helllichten Tag wird der Mafioso sich nicht darauf zurückziehen können, er habe unsichtbar für andere unter der Bettdecke gelegen. Er muss irgendwo sein und irgendetwas tun. Am Besten ist: etwas Normales tun. Etwas Stinknormales. Business as usual, und das unter Zeugen. Das ist das perfekte Alibi. Für einen Mafioso. Nun besteht die Regierung der Vereinigten Staaten von Amerika nicht aus Mafiosi. Dieser Vergleich liegt uns völlig fern. Die Regierungsmitglieder stehen im Rampenlicht der Öffentlichkeit und brauchen sich nichts einfallen zu lassen, um zu beweisen, dass sie nichts mit den Angreifern des 11.9. zu tun haben. Niemand, abgesehen von ein paar verrückten »Verschwörungstheoretikern«, würde sie verdächtigen. Sie benötigen kein Alibi. Sie benötigen einzig plausible Erklärungen, warum sie nichts taten. Diese Erklärungen haben wir seit dem 11.9. gesucht – und sind nicht fündig geworden. Die Spitzen des Staats und der Armee verhielten sich normal, stinknormal. Als sei der 11.9., auch nach der Entführung von vier Flugzeugen, ein hundsgewöhnlicher Tag und als komme es auf sie selber gar nicht an. Faszinierend und niederschmetternd zugleich an diesem ganz besonderen Tag ist die absolute Banalität der Tätigkeiten, in die sich die Verantwortlichen stürzten – wo doch in der Rückschau jedermann sagte, von nun an sei die Welt nicht mehr dieselbe.

Es gibt allerdings eine rühmliche Ausnahme von all den Unentschlossenen und Untätigen, die wir der Vollständigkeit halber erwähnen müssen: Außenminister Powell. Der weilte in Peru und erwies sich dort als recht entscheidungssicher:

> »In Lima brach Powell abrupt sein Frühstück mit dem peruanischen Präsidenten ab, nachdem er vom zweiten Einschlag im WTC erfahren hatte, und traf sofort Anstalten, nach Washington zurückzukehren. ›Hol das Flugzeug‹, sagte er einem Assistenten. ›Geh und sag ihnen, dass wir aufbrechen.‹ Er hatte einen Sieben-Stunden-Flug mit schlechten Telefonverbindungen vor sich.«[155]

Die Qual des zum Nichteingreifen Verdammten rührt ans Herz. Was hätte Powell, der so entschlossen und voller Tatkraft sogar sein Frühstück abbrach, doch zu Hause zupackend bewirken können, wenn – ja, wenn er wie seine Kabinettskollegen an Ort und Stelle gewesen wäre...

Bevor wir uns näher anschauen, wer am 11.9. wann was machte, hier zunächst noch einige bemerkenswerte Ereignisse aus den Tagen zuvor:

- Der Oberkommandeur der US-Army, General Tommy Franks, weilte in Pakistan zu Gesprächen über Sicherheit und Terrorismus.[156]
- Der pakistanische Geheimdienstchef Mahmud Ahmed hielt sich seit dem 10.9. in Washington auf und führte mit seinen Counterparts Gespräche über die Taliban (als einen Monat später herauskommt, dass in seinem Auftrag 100.000 Dollar an Atta überwiesen wurden, tritt er »überraschend« zurück).[157]
- Mohammed Atta logierte auf der Insel Longboat Key – vier Tage, bevor Bush vom 10. auf den 11.9. ebendort Station machte.[158]
- 500 islamische Websites wurden überraschend gecancelt, verschwanden einfach im digitalen Orkus.[159]
- Gouverneur und Präsidentenbruder Jeb Bush bereitete sich konkret auf künftigen Terror vor und erließ ein neues Notstandsgesetz für Florida.[160]

Bob Woodward, jener zur Hofschranze mutierte Investigativjournalist (vgl. *VVG*, S. 223 ff.), der einst den Watergate-Skandal aufdeckte, Nixon stürzte und damit weltberühmt wurde, schreibt in der *Washington Post* vom 27.1.2002:

> »Am Abend zuvor (gemeint ist der 10.9.) saß Bush mit seinem Bruder, dem Gouverneur von Florida, Jeb Bush, dem ehemaligen Gouverneur Bob Martinez und anderen Republikanern des Bundesstaates beim Dinner. Es war ein entspannter Abend, vol-

> ler Gespräche über Politik und angereichert mit Witzen, einige davon über Jeb Bushs mögliche Opponenten in seinem Wahlkampf 2002.«

Wir zitieren hier nur, um die Oberflächlichkeit der gängigen Berichterstattung zu karikieren. Der fast ebenso investigative *Spiegel* hätte bestimmt noch ausfindig gemacht, was Bush in sein Haferpäppchen einrührte und ob er sich einer guten Verdauung erfreute.

Wir hingegen finden es spannender, dass auf Longboat Key, jenem Sarasota vorgelagerten Florida-Inselchen, noch drei Tage zuvor Mohammed Atta residierte, nachdem der seine Flugausbildung bei Huffman Aviation im kaum 20 km entfernten Venice absolviert hatte. Die USA zählen nun nicht gerade zu den kleinsten Ländern der Welt, aber die Wege der Bushs – die im Gegensatz zu den Wegen des Herrn nicht unerforschlich sind – scheinen sich merkwürdig mit denen der Bin Ladens oder Attas zu kreuzen. Auch dass es kein »soft event« war, der Bush nach Florida führte, sei erwähnt, also nicht allein die Forcierung einer Regierungskampagne im Bereich Schule und Erziehung. Es ging um die Wahlfälschungen des kleinen Bruders Jeb zu Gunsten von George W., die Ende der besagten Woche auf einem Meeting der Demokraten in Miami verhandelt werden sollten.[161]

Wie es der Zufall, der getreue Patron des 11.9., so will, hatte Jeb vier Tage zuvor schnell noch die Notstandspläne um die Flughäfen erweitert. Insofern mag die Bemerkung vom fröhlich-unbeschwerten Vorabend auch stimmen: Es war alles vorbereitet. Und während in Florida Wahlfälschungen vertuscht und Witze über die Konkurrenz gemacht werden, lädt in der Hauptstadt der Rüstungsinvestor Carlyle Group, der von Vater Bush repräsentiert wird und an dem die Bin-Laden-Familie einen Zwei-Millionen-Dollar-Anteil hielt (der dann im Oktober schnell verkauft wurde), zu einem luxuriösen Dinner mit internationalen Repräsentanten und Investoren. Einer der Gäste: Osamas Bruder Shafiq Bin Laden.[162]

## Fünf Sekunden in Sarasota

Sind Präsidenten anders als du und ich? Irgendwie schon. Und nicht nur Präsidenten, auch schon unser Kanzler und seine Minister. Solche Leute achten unablässig auf ihr Image, bedenken jeden Satz, geben sich staatsmännisch, sind zumindest im Dienst hochkonzentriert, kamerafixiert, überhaupt nicht locker, bis hin zur Brettsteifigkeit eines Rudolf Scharping. Nur die echten Profis schaffen es, Natürlichkeit und Gelassenheit um sich zu verbreiten, während sie einen treuherzig anlügen. Ihr Verhalten wirkt nicht mehr einstudiert, sondern »natürlich«. Hitler übte seine Posen noch vor dem Spiegel, heute nehmen unsere Spitzenkräfte meist teure Kurse in Sachen Körpersprache und Rhetorik.

Bevor George W. Bush Gouverneur und Präsident wurde, galt er zeit seines Lebens eher als Loser und Schluckspecht, und sein Daddy dürfte ihn durch einige solcher Kurse geprügelt haben, mit wenig Erfolg. Er ist halt kein professioneller Schauspieler wie Reagan, die Unbedarftheit ist ihm einfach nicht auszutreiben, und so stellt er sie, unbekümmert Unsinn plappernd, immer wieder zur Schau. Diese »Volksnähe« brachte ihm bei der Wahl sogar einige Sympathiepunkte ein, die fehlenden Stimmen musste dann allerdings doch Bruder Jeb aus Florida herbeimanipulieren. Ein Manöver, das sich die Demokraten – nach Monaten paralytischen Schreckens – gerade in einer Kampagne vorknöpfen wollten und über das er am Vorabend des 11.9. mit seinem Bruder noch gesprochen hatte.

Am Morgen nach Verlassen seines Hotels wird Bush über den ersten Einschlag ins WTC von seinem Stabschef Andrew Card informiert, und als er kurz vor neun an der Emma-Booker-Grundschule in Sarasota eintrifft, sprechen ihn wartende Reporter schon darauf an.

Warum dieser Schulbesuch angesichts eines terroristischen Angriffs überhaupt noch stattfand und der Präsident von seinen Sicherheitsleuten nicht nach dem Bekanntwerden des beginnenden Terrors umgehend in Sicherheit gebracht wurde, bleibt eine offene Frage. Denn nicht nur Jacksonville, Miami, Tampa und Orlando haben weltbekannte internationale Flughäfen, sogar das Örtchen Sarasota verfügt über einen International Airport. Von diesen Flughäfen aus hätte sich in der Start- oder Landephase jederzeit ein Flieger auf die Schule stürzen können, in der Mr. Bush gerade Ziegengeschichten zuhörte. Der Besuch des höchsten Repräsentanten der USA dort war lange geplant und öffentlich bekannt, also hatten auch potentielle Terroristen Kenntnis davon.

Wusste man etwa, dass dem Präsidenten in Sarasota nichts passieren würde? Wieso? Woher? Wenn irgendwo in der Nähe des Präsidenten ein Schuss knallt, stürzen sich sofort die Bodyguards auf ihn, um ihn in Sicherheit zu bringen. Aber wenn von 8.15 Uhr an vier Flugzeuge als entführt gemeldet werden und das erste schon in das WTC gekracht ist, lässt man ihn in aller Ruhe bei einem völlig unwichtigen Termin in einem öffentlichen Gebäude sitzen? Sieht der nationale Notfallplan, den Bush angeblich schon um 8.45 Uhr ausgerufen hat, etwa vor, dass die Nr. 1 des Staates sich nicht vom Fleck rührt? Vizepräsident Cheney zumindest erging es zum gleichen Zeitpunkt anders: Ziemlich ruppig wurde er gepackt und, mehr getragen als gegangen, in den Bunker des Weißen Hauses gebracht.

Und was tut Bush? Er nimmt im Klassenzimmer Platz und hört sich das Vorlesen der Kinder an. Zu diesem Zeitpunkt – wir wiederholen das ausdrücklich – ist er schon über die Flugzeugentführungen des Morgens und den Einschlag in den Nordturm des WTC informiert. Als nun sein Stabschef Andrew Card gegen 9.05 Uhr in das Klassenzimmer tritt, flüstert er ihm nur kurz den neuesten Stand zu, und zwar, wie Bush später berichtet, mit folgenden Worten: »A second plane has hit the tower, America is under attack.« Eine aufbereitete Nachricht, mit der nur etwas anfangen kann, wer bereits vor-

*Sarasota, etwa 9.05 Uhr. Stabschef Andrew Card teilt Präsident Bush mit: »Ein zweites Flugzeug ist ins World Trade Center gestürzt. Amerika wird angegriffen.«*

informiert ist. So lässt sich überhaupt nur verstehen, warum Bush nicht reagierte wie wir alle – mit hängenden Armen, aufgerissenen Augen, hochgezogenen Augenbrauen und klaffender Kinnlade: »Waaaas?« So oder so ähnlich, wie jeder normale Erdenbürger auf diese unglaubliche Nachricht reagierte: mit unwillkürlichen Äußerungen der Überraschung, des Erstaunens, des Entsetzens.

Nichts davon bei Bush, wie die fünf Bilder aus den drei Sekunden zeigen, nachdem er die Nachricht erhalten hatte. Bush wusste, worum es ging. Und er blieb einfach sitzen. Das ist überaus erstaunlich, denn bei dieser Informationslage erwartet jeder Bürger von seinem Staatsoberhaupt, dass er den Kindern ein freundliches »Weitermachen!« wünscht und sagt: »Tut mir leid, ihr lieben Kleinen, ich muss nun ein wenig regieren.« Bush aber blieb sitzen. Wäre er aufgesprungen, hätte er wie wild herumtelefoniert, um Krethi und Plethi zusammenzutrommeln – dann hätte er Verantwortung übernommen. Hat er aber nicht. Ebenso wenig wie Rumsfeld, der in der entscheidenden Stunde ungestört telefonieren und konferieren musste, wie Generalstabschef Myers, der dringend mit einem Senator über die Formalitäten seiner eigenen Beförderung reden musste, wie Cheney, der zu seinem Verkehrsminister in den Bunker geschleppt worden war. Reagieren und regieren wollte in dieser entscheidenden Stunde offenbar niemand so recht. Vor allem eben Bush nicht.

Was zeigt nun sein Gesicht in dem entscheidenden Moment, nachdem ihm die Nachricht zugeflüstert worden war? Es demonstriert keinerlei Erstaunen, es zeigt eine andere, eine ganz andere Emotion. Kinder kauen auf der Unterlippe, wenn sie verlegen sind oder schuldbewusst etwas machen müssen, was ihnen gar nicht schmeckt: zum Beispiel eine Sünde beichten. Das Unterbewusstsein übernimmt in solchen Augenblicken höchster Anspannung die Macht über Mimik und Gestik. Und Bush als Nichtschauspieler schafft es zwar noch, gelassen und ruhig sitzen zu bleiben, aber die innere Seelenverfassung

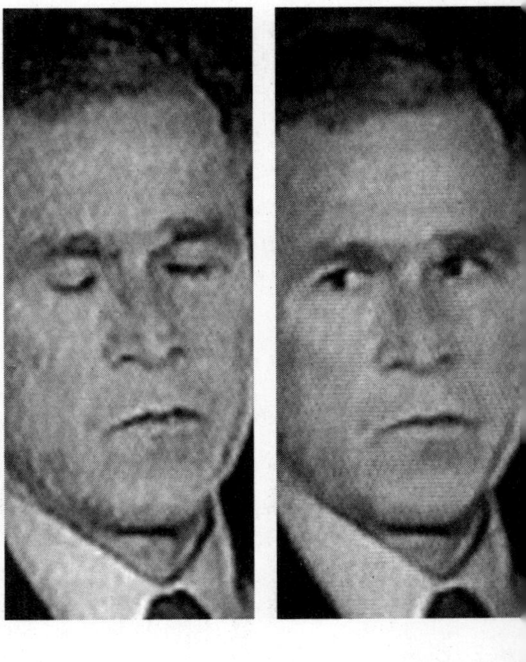

*Bushs Gesichtsausdruck in den fünf Sekunden, nachdem er die Nachricht des zweiten WTC-Crashs von Andrew Card erhalten hat.*

dringt aus dem Gesicht. Urteilen Sie selbst über diesen unterlippenkauenden Mann, der die Augen mehrfach aufreißt und zuklappt und dazwischen über die Schulklasse hinweg ins Leere blickt. Ist es das Gesicht eines Unwissenden, eines Überraschten, Erstaunten, eines Nachdenklichen? Ist es eine Gesichtsregung, die wir nicht kennen und keinem bestimmten Gefühlszustand zuordnen können? Oder ist es das Gesicht eines verlegenen, schuldbewussten Kindes? Wir sind keine Experten in Körpersprache – Sami Molcho, Desmond Morris, Irenäus Eibl-Eibesfeldt und andere haben wissenschaftlich dazu gearbeitet und könnten vielleicht zu anderen Schlüssen kommen. Uns jedenfalls scheint aus diesem lippenkauenden Gesicht des kleinen George W. in diesen drei Sekunden keinerlei Erstaunen, keinerlei Schrecken zu sprechen, sondern Schuldbewusstsein, ein nagendes schlechtes Gewissen. Und dass wir uns nicht missverstehen! Nicht nur *vor* der zugeflüsterten Mitteilung von Andrew Card, sondern auch danach,

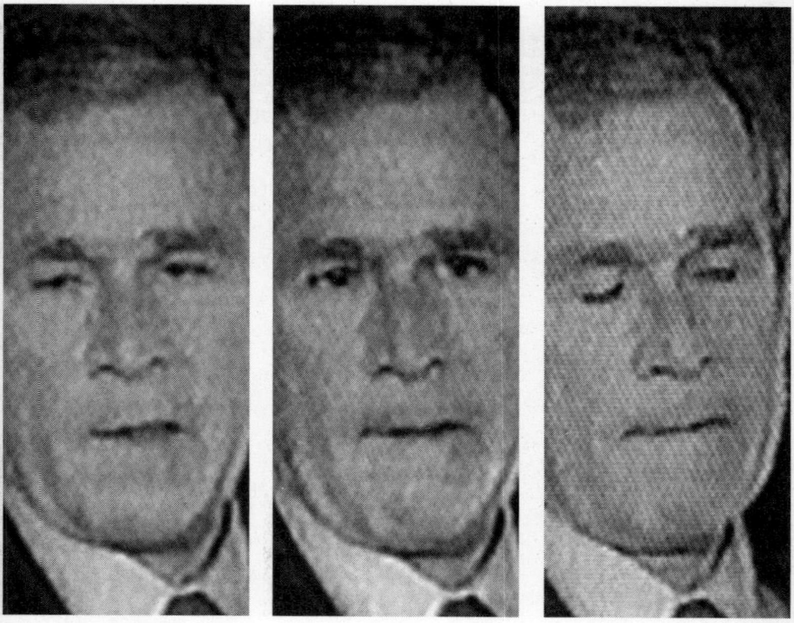

als er also vom zweiten Einschlag erfahren hatte, hörte Bush den Kindern und ihren Ziegengeschichten zu, fragte sie noch artig, ob sie denn wohl mehr lesen als fernsehen, und blieb ruhig sitzen. Während »America under attack« war und seine Landsleute aus den WTC-Fenstern sprangen.

Was empfand er in dieser Situation? Am 4. Dezember in Orlando von einem Schüler öffentlich darauf angesprochen, antwortete ihm Bush:

> »Ich wusste zuerst gar nicht, was ich denken sollte. Weißt du, ich bin in einer Zeit groß geworden, in der mir der Gedanke, jemand könnte Amerika angreifen, gar nicht in den Sinn kam … genauso wenig wie deinem Vater oder deiner Mutter vermutlich. Und dann habe ich in dieser wahnsinnig kurzen Zeit scharf nachgedacht, was es bedeutet, ›under attack‹ zu sein. Und ich wusste, wenn ich erst einmal genauere Informationen darüber hätte, dass wir angegriffen wurden, dann würde jemand für diesen Angriff auf Amerika eine Menge bezahlen müssen.«[163]

Bei Lichte besehen: nichts als gequirlter Schwachsinn also. Er hatte durchaus eine Menge Zeit und kannte in diesem Moment alle Fakten: vier Maschinen entführt, zwei ins WTC eingeschlagen. Dass diesbezügliche Überlegungen durch Vorlesen von Kindergeschichten gefördert werden, bezweifeln wir ebenso wie die Tatsache, dass man als erwachsener Mensch verlegen Lippen kaut, wenn man angestrengt über die Kreuzworträtselfrage nachdenkt: »Was heißt eigentlich ›under attack‹?« Nein, was da an der Seele des kleinen George nagte und sich auf seinem Gesicht abzeichnete, die coole Präsidentenpose für wenige Sekunden überlagernd, erinnert dann doch eher an ein schuldbewusstes Kind, das sich in einer großen Lüge übt und dem jederzeit die Möglichkeit ihrer Aufdeckung droht.

## Timeline

*5.33 h* Mohammed Atta und Abdulaziz Al-Omari checken aus ihrem Hotel »Comfort Inn« in Portland, Maine, aus.[164]

*5.40 h* Sie treffen in ihrem gemieteten blauen Nissan Altima mit dem Nummernschild aus Massachusetts 3335VI im Portland International Jetport ein und stellen den Wagen im ersten Stock des Parkdecks direkt gegenüber dem Flughafeneingang ab. Sie sind rechtzeitig da, ohne durch einen Stau oder irgendein unvorhergesehenes Ereignis aufgehalten worden zu sein. Andernfalls wären sie zu ihrem Todesflug zu spät gekommen. Im Auto hinterlassen sie freundlicherweise ebenso wie in dem Wagen, den sie tags zuvor in Boston am Flughafen hatten stehen lassen, eine Menge »Beweismaterial«.

*5.43 h* Check-in am Schalter von US Airways.

*5.53 h* Sie passieren die Kontrollen in Portland. Das Video weist auch die Zeit 5.45 h aus. Bei dem bekannten Foto wird von aufmerksamen Fotoredakteuren (auch in Deutschland) die widersprüchliche Zeit 5.53 h einfach weggeschnitten.

*6.00 h* Ihr Zubringerflug Colgan Air 5930 nach Boston, Massachusetts, hebt pünktlich ab, eine Beechcraft-1900 mit 19 Insassen. Atta und Al-Omari benehmen sich wie normale Geschäftsleute. Ein Mitreisender, Roger Quirion, 40, aus Winslow: »Nichts, was sie taten, war irgendwie ungewöhnlich.«[165]

*ca. 6.00 h* Präsident Bush wacht auf. Sein Hotel »Colony Beach & Tennis Resort« auf Longboat Key an der Küste Floridas, direkt vor der Stadt Sarasota am Golf von Mexiko gelegen, wird von vier arabisch aussehenden Männern aufgesucht, die ihn angeblich interviewen wollen. Auf Nachfrage erklären sie, sie hätten einen Termin mit einer Person aus Bushs Sicherheitsstab abgemacht. Diese

# Portland Airport

## 9/11/01

## 5:45 am

*Diese Fotos zeigen angeblich Mohammed Atta beim Einchecken. Doch nicht in Boston zum Todes-, sondern in Portland zum Zubringerflug. Was den Fotos an Beweiskraft mangelt– nicht einmal Atta ist sicher zu erkennen –, haben sie an Uhrzeiten zuviel: gleich zwei (Bildmitte und Bildrand unten). Wollte da ein Bildbearbeiter durch das Einfügen einer anderen Uhrzeit vertuschen, dass der vermeintliche Chef der Terrorpiloten fast seinen Flug verpasst hätte? Zumindest schnitten die Medien bei der Veröffentlichung der Bilder die unpassende untere Uhrzeit einfach weg – zu Gunsten einer stimmigen Legende und zu Ungunsten jeder kritischen Nachfrage. Auch wenn die Beweiskraft dieses Fotodokuments gegen Null tendiert: Dies sind die einzigen Bilder, die einen der mutmaßlichen Hijacker am 11. September 2001 auf einem Flughafen zeigen.*

Person gibt es nicht. Ohne dass sie befragt und ihre Personalien aufgenommen worden wären oder jemand das Nummernschild ihres Wagens notiert hätte, fahren die vier unverrichteter Dinge wieder ab.[166]

*6.30 h* Der Präsident joggt rund um den Golfplatz, etwa vier Meilen.

*6.50 h* Die Maschine mit Atta und Al-Omari landet flugplangerecht in Boston. Die Gepäckstücke werden umgeladen in den gebuchten Anschlussflug mit der American Airlines. Zufällig bleibt dabei das Gepäck Attas hängen und liefert später »Beweisstücke« wie Pilotenuniform, Testament, Flughandbücher usw.

*7.00 h* Bush ist zurück im Hotel.

*ab 7.00 h* Angeblich treffen sich nun in Boston zehn Hijacker und verteilen sich zu je fünf auf die beiden Flüge AA 11 und UA 175. Laut einem vermeintlichen Bin-Laden-Video wissen sie bis jetzt noch nicht, dass es sich um ihren Todesflug handeln wird. Laut FBI-Angaben gibt es auf dem (im Verhältnis zu Portland) weit größeren und bedeutenderen Logan Airport in Boston keinerlei Video-Überwachungskameras, die dieses denkwürdige Treffen aufzeichnen – auch beim Boarding wurde angeblich keiner der »Attentäter« auf Video aufgenommen.

*7.45 h* Auch in New York auf dem Flughafen Newark und in Washington auf dem Dulles International Airport gibt es dem offiziellen Vernehmen nach keinerlei Kameras, die zweifelsfrei beweisen könnten, dass weitere fünf bzw. vier Attentäter ihre Maschinen besteigen. Angeblich fallen neun der 19 beim Boarding auf, werden aber dennoch durchgelassen. Teppichmesser (die bekanntlich die Entführungen ermöglicht haben sollen) sind, manchen Quellen zufolge, bis zu einer bestimmten Klingenlänge erlaubt. Eine andere Quelle behauptet hingegen das völlige Verbot solcher Messer. Die widersprüchliche Quellenlage erstreckt sich auch auf die anderen Waffen, die angeblich in den Handytelefonaten der Passagiere erwähnt worden sind: die am Körper befestigten Bomben, das Reizgas sowie die Pistolen. All das scheint weiter keine Probleme bereitet zu haben oder fiel beim Einchecken nicht auf.[167]

*7.59 h* Die AA 11 hebt mit 14 Minuten Verspätung ab. Kurz zuvor soll Atta angeblich noch mit seinem Kollegen Marwan Al-Shehhi in der UA 175 auf der Startbahn telefoniert haben. Die Herkunft dieser Information ist aber völlig dunkel. Sollte sie stimmen, müsste das FBI ihre Telefonate abgehört haben – und untätig geblieben sein.

*8.00 h* Morgendliches routinemäßiges Briefing in Bushs Hotel. Anders als Clinton, der sich die Geheimdienstlage morgens schriftlich geben ließ, lässt sich Bush auf Anraten seines Vaters jeden Morgen persönlich von der CIA-Spitze informieren.

*8.01 h* Die UA 93 hat 40 Minuten Verspätung, was vermutlich die Ursache dafür ist, dass es bei diesem Flug zu einem ganz anderen Verlauf der Ereignisse kommt.

*8.13 h* Kapitän John Ogonowski auf der AA 11 befolgt letztmals eine Anweisung der Bodenkontrolle und dreht rechts ab.

*8.14 h* Die AA 11 befolgt den Befehl zu steigen nicht mehr, und der Funkkontakt bricht ab. Trotz dieser Anzeichen eines Hijackings informiert die zivile FAA-Bodenkontrolle angeblich noch nicht das NORAD. Allerdings ist es wahrscheinlich, dass das NORAD die Ereignisse schon jetzt mitverfolgt.

*8.20 h* Die Bostoner Flugkontrolle geht erst jetzt davon aus, dass die AA 11 vermutlich gehijacked worden ist. Der FAA-Befehl 7110.65M besagt jedoch, dass schon bei den ersten Anzeichen eine militärische »Eskorte« hätte angefordert werden müssen. So unglaubhaft schon dieses Versäumnis anmutet, dauert es noch weitere acht Minuten, bis die Flugkontrolle Alarm gibt.[168]

*8.20 h* Mit einigen Minuten Verspätung hebt auch die AA 77 vom Washingtoner Dulles Airport ab. Der Kapitän Charles Burlingame war früher u. a. mit Anti-Terror-Szenarien im Pentagon beschäftigt.[169]

*8.21 h* Aus der AA 11 telefoniert die Stewardess Betty Ong mit Vanessa Minter von der Reservierung der American Airlines, zum selben Zeitpunkt ruft ihre Kollegin Madeline Sweeney den Manager Michael Woodward vom Bodenpersonal an. Beide Telefonate dauern angeblich 25 Minuten, bis zum Crash der Maschine. Beide Flugbegleiterinnen berichten von einem getöteten Passagier, darüber hinaus haben ihre Informationen so gut wie keine Gemeinsamkeiten.[170]

*8.24 h* Angeblich schafft es Kapitän Ogonowski in der AA 11 danach noch, gelegentlich das Mikro offen zu halten, so dass die Bodenkontrolle erfährt, was an Bord los ist. Es gelingt ihm jedoch nicht mehr, die Transponderkennung für »Hijacking« einzugeben.

*8.25 h* Der Kontrollturm benachrichtigt verschiedene andere Bodenkontrollzentren darüber, dass es eine Entführung gibt – aber noch nicht das NORAD.[171]

*8.28 h* Die AA 11 weicht weitere 100 Grad nach Süden ab. Die FAA entscheidet nun angeblich, sie habe es mit einer Entführung zu tun, und informiert – einigen Quellen zufolge – das NORAD (andere gehen von 8.40 h aus). Die Regel heißt: informieren/alarmieren. Die Anforderung einer Eskorte ist nichts, was einem Fluglotsen zum Nachteil gereichen würde. Die Entscheidungssituation ist leicht: Es darf immer das Schlimmste als Basis der Entscheidung angenommen werden. Es ist der Pilot, der die Folgen zu tragen hätte, wenn er mutwillig den Kurs verlässt, Anordnungen nicht befolgt oder nicht per Funk kommuniziert.[172]

*8.30 h* Bushs Wagenkolonne verlässt das Hotel.

*8.38 h* Victor Saracini, Kapitän der UA 175, den die Bodenkontrolle aufgefordert hat, nach der AA 11 Ausschau zu halten, meldet: »Ja, wir haben sie im Blick …, scheint ungefähr 20 … äh … 29 000, 28 000 Fuß hoch zu sein.«

*8.38 h* Nach Angaben des Pentagon informiert das NORAD die Air National Guard auf Otis AFB in Cape Cod, sie möge sich bereithalten. Anderen Angaben zufolge dauert es jetzt immer noch zwei Minuten, bis das NORAD selbst informiert wird. (Bei diesem Punkt geht es schlicht darum, ob die Hälfte der Zeitverzögerung ab 08.14 h vom NORAD mitgetragen wird oder die Verantwortung allein bei der FAA liegt. Ein »Voralarm« macht in jedem Fall wenig Sinn.)

*8.39 h* Erstmals werden Abfangjäger erwähnt, die von der Otis AFB aus gestartet sein sollen.[173]

*8.40 h* Nach einer Aussage von Torie Clarke, der Sprecherin des Verteidigungsministeriums, sei Rumsfeld etwa um diese Zeit informiert worden, habe sich daraufhin in sein Büro zurückgezogen, um Telefonate zu erledigen – während sich der Stab, wohl oder übel, im »National Military Command Center« traf. Demzufolge verabschiedet sich Rumsfeld für eine ganze Stunde (bis zum Einschlag im Pentagon selbst) von allen relevanten Entscheidungen.[174]

*8.40 h* Die Bodenkontrolle weist Kapitän Saracini an: »United 175, ändern Sie Ihren Kurs. 30 Grad rechts. Ich will Sie weghaben aus diesem Verkehr da.«

*8.42 h* Ein Fluglotse sagt über UA 175: »… sieht aus, als ob er südwärts abdreht, aber kein Transponder, nichts, niemand spricht mit ihm« – eindeutige Zeichen eines weiteren »Problemflugs«.[175]

*8.43 h* Die Nachricht von der Entführung der UA 175 geht jetzt (diesmal innerhalb einer Minute!) auch an das NORAD.

*8.45 h* Einschlag der AA 11 in den WTC-Nordturm.

*8.45 h (und später)* Während Amerika »under attack« ist, bewegt sich der Präsident entgegen allen Sicherheitsroutinen weiter durch den öffentlichen Raum. Statt den Besuch Bushs in einer Schule in der Innenstadt Sarasotas aus Sicherheitsgründen abzusagen, wird das Programm fortgeführt. Florida hat viele internationale Flughäfen, von denen aus ein Hijacking ebenso hätte stattfinden können – mit dem Ziel der Schule, die als Besuchsort Bushs seit dem 6. September öffentlich bekannt war.[176]

*8.45 h* »Unmittelbar nach der ersten Attacke implementierte ich den Notfallplan unserer Regierung.« Diese Bemerkung Bushs, noch am 11.9. gemacht, steht in ihrem auffälligen Stolz, alles richtig gemacht zu haben, in scharfem Kontrast zu den in den Folgetagen aufkommenden Fragen, worin sich denn dieser Notfallplan geäußert haben könnte. Und sie steht insbesondere im Gegensatz zu seiner Bemerkung in Orlando, er habe beim ersten Einschlag an einen Unglücksfall eines »terrible pilot« gedacht. Über die Natur des Einschlags in den WTC-Nordturm wurde er jedoch spätestens durch seinen Berater Karl Rove aufgeklärt, der ihn noch vor Betreten der Schule beiseite nahm und informierte.[177]

*8.48 h* Drei Minuten nach dem Einschlag in den Nordturm des WTC melden die Agenturen das Ereignis. Die Fernseh- und Rundfunksender in aller Welt ändern sofort ihre Programme

*8.52 h* Zwei Abfangjäger steigen angeblich in Cape Cod auf. Nach der Aussage des Kommandanten der Otis AFB, die F-15 bräuchten etwa zehn bis zwölf Minuten nach Manhattan, grenzt es an ein Wunder, dass diese Maschinen die UA 175 nicht abfangen konnten – und auch sonst nicht gesichtet bzw. gehört (Durchbrechen der Schallmauer!) wurden.[178]

*8.55 h* Die vor der Schule wartenden Reporter sind über den Anschlag bereits informiert, weil sie die Radionachrichten hören oder von Kollegen angerufen werden. Sie fragen Bush auf dem Weg ins Schulgebäude, ob er von dem Ereignis in New York gehört hat, er antwortet, dass er später dazu etwas sagen wird.[179]

*8.56 h* Die AA 77 wird als entführt gemeldet. Es beginnt die Geschichte ihres angeblichen Verschwindens vom Radarschirm.

*ca. 9.00 h* Eine Senatorendelegation trifft sich mit Rumsfeld und Wolfowitz in Rumsfelds privatem Esszimmer. Der Verteidigungsminister hat sehr Wichtiges zu tun, wie Senator Christopher Cox bezeugt: Man spricht über die Gewinnung einer Mehrheit für den Verteidigungsetat der Regierung Bush.[180]

*ca. 9.00 h* Als Bush in der Emma-Booker-Grundschule in Sarasota eintrifft, erreicht ihn ein Anruf seiner Sicherheitsberaterin Condoleezza Rice, die später mehrfach bestätigt, Bush um diese Zeit informiert zu haben. Da die Entführung seit 8.28 h bekannt war, ist es unmöglich, immer noch von einer Fehlinformation – Absturz einer kleinen Maschine – auszugehen. Nach der Begrüßung durch die Lehrer und die Direktorin Gwen Rigell setzt sich Bush in die 2. Klasse von Sandra Kay Daniels und hört zu, wie sie die Kinder im Chor eine Geschichte über eine kleine Ziege vorlesen lässt.[181]

*9.03 h* Einschlag der UA 175 in den WTC-Südturm.

*9.05 h* Andrew Card vom Sicherheitsstab informiert den Präsidenten, der zweite Turm sei getroffen worden, und setzt wertend hinzu: »Amerika wird angegriffen.« Statt Anweisungen abzuwarten oder Bush aus dem Klassenzimmer zu holen, zieht er sich wieder zurück. Auch Bush steht nicht von sich aus auf, sondern hört weiter den Kindern beim Vorlesen der Ziegengeschichte zu.[183] Sein Sprecher Ari Fleischer, der hinten im Klassenzimmer steht, hält einen Zettel hoch, auf dem in großen Blockbuchstaben die Anweisung steht: »DON'T SAY ANYTHING YET – Sagen Sie noch nichts!«[183]

*9.06 h* Die FAA schließt den Luftraum zwischen Cleveland, Washington und New York.[184]

*9.16 h* Die FAA benachrichtigt das NORAD über die Entführung der UA 93.

*9.20 h* Jetzt erst, nach Abschluss der Leseübung, verlässt Bush das Klassenzimmer. »Er wollte die Kinder nicht aufregen«, gibt sein Berater Karl Rove als Begründung an.

*9.24 h* Die FAA benachrichtigt das NORAD, dass Flug AA 77 entführt worden sein könnte und nach Washington zu fliegen scheint.[185]

*ca. 9.25 h* Rumsfeld unterhält sich weiter mit seinen Besuchern und theatralisiert, was er seit etwa 8.40 h weiß: »Ironischerweise beschrieb mir Minister Rumsfeld – nur wenige Augenblicke, bevor das Verteidigungsministerium von Selbstmord-Hijackern getroffen wurde – gerade, warum Amerika seine Jahrzehnte alte, auf der Erfahrung zweier Großkriege fußende Strategie aufgeben und die eigentliche Gefahr des 21. Jahrhunderts ins Auge fassen müsse: den Terrorismus und das Unerwartete ... ›Und lass dir sagen, ich war ein paarmal um den Block [soll heißen ›ich kenne mich aus‹, d.V.]. Es wird ein weiteres Ereignis geben.‹ ... Innerhalb weniger Minuten nach dieser Äußerung stellten sich Rumsfelds Worte tragischerweise als prophetisch heraus.«[186]

*9.26 h* Die FAA untersagt landesweit alle Flugzeugstarts.[187]

*9.27 h* Zwar ist seit 8.56 h die AA 77 als entführt gemeldet, aber erst jetzt starten angeblich drei F-16-Abfangjäger der Langley AFB, zeitgleich mit dem Alarmierungsbefehl. Langley liegt etwa 200 km von Washington entfernt (zehnmal so weit wie Andrews AFB), die Jäger kommen zu spät am Pentagon an. Sie müssen demzufolge in den mindestens elf noch verbleibenden Minuten reichlich getrödelt und die Distanz mit weniger als 25 Prozent ihrer Höchstgeschwindigkeit zurückgelegt haben.

*9.30 h* Ansprache Bushs in Sarasota – die erste sichtbare Reaktion seiner Regierung. Es fallen die Worte Terror und Angriff (»apparent terrorist attack on our country»), noch nicht das Wort »Krieg«. Er habe u. a. zuvor mit Cheney darüber gesprochen.

*9.30 h* Vizepräsident Cheney wird von Leibwächtern gepackt und aus seinem Büro in den Bunker des Weißen Hauses gebracht, in dem sich schon Verkehrsminister Norman Mineta befindet. Unklar bleibt, was, angesichts von drei entführten Flugzeugen, beide in den 75 Minuten zuvor gemacht haben. Auch Condoleezza Rice und andere leitende Regierungsmitglieder werden von Sicherheitsleuten in den Bunker gebracht. Obwohl Bush später gegenüber Opferangehörigen des 11.9. beteuert, wie sehr auch seine Eltern an dem Morgen in der Präsidentensuite in Gefahr gewesen seien, ist über deren Verbringung in den Bunker nichts ausfindig zu machen. Die Alarmierung des Weißen Hauses sei über den Reagan National Airport erfolgt (nicht seitens der FAA, des NORAD, der Andrews AFB oder des Sicherheitsstabs).[188]

*9.38 h* Einschlag der AA 77 in den Flügel 5 des Pentagon. In diesen Flügel sind unlängst zusätzliche Stahlsäulen und -träger eingezogen worden. Die Renovierungsarbeiten stehen kurz vor dem Abschluss, der Flügel ist vom Personal noch nicht wieder bezogen worden.

*9.40 h* Bush besteigt in Sarasota die Air Force One. Im Telefonat mit Cheney und Mineta (im Bunker) erlässt Bush nun, etwa eine Stunde nach dem ersten Einschlag, den Abschussbefehl. Daraus ergibt sich, dass alle bisher erwähnten angeblichen Abfangjäger – wenn sie wirklich je gestartet und an Ort und Stelle gewesen sind – ohne Handlungsanweisung aufgestiegen sind. Genau ist der Zeitpunkt von Bushs Anweisung nicht fixierbar – überliefert jedoch ist, dass Cheney sie gegenüber dem Verbindungsoffizier, der den Kontakt zu den Abfangjägern an der UA 93 aufrechterhält, dreimal bestätigt.

*ca. 9.45 h* General Richard Myers, Generalstabschef der Armee, taucht aus der Versenkung auf. Zuvor hat er anderthalb Stunden auf dem Capitol Hill mit Senator Max Cleland über die Formalitäten seiner anstehenden Beförderung geplaudert. Zwar habe er durch das TV in einem Nebenbüro mitbekommen, dass das WTC von einem Flugzeug getroffen wurde, aber »sie dachten, dass es ein kleines Flugzeug oder irgend so etwas wäre«, sagte Myers, deshalb hätte er seine Besprechung fortgesetzt. In der Zwischenzeit werden der Südturm und das Pentagon getroffen, »aber niemand informierte uns, doch als wir rauskamen, war es offensichtlich«.[189]

*9.45 h* Die FAA stoppt den gesamten Luftverkehr des Landes und fordert alle in der Luft befindlichen Flugzeuge zur Landung auf.

*9.53 h* Rumsfeld läuft wie ein Rettungssanitäter auf dem zentralen Rasen des Pentagon neben einer Trage her – dank einer zufällig vorhandenen Kamera kann diese Szene, in der er sich dekorativ um Verletzte kümmert, auch im deutschen Fernsehen gezeigt werden. Ein schönes Bild – der Kriegsfalke als barmherziger Samariter –, nur: in diesem Moment absolut nicht der Job des Verteidigungsministers. Erst etwa eineinhalb Stunden, nachdem er über den ersten Anschlag informiert wurde, bezieht Rumsfeld seinen eigentlichen Posten im National Military Command Center, dem »War Room« des Pentagon.[190]

*9.58 h* Der Passagier Edward Felt ruft aus der Toilette der UA 93 die Notrufnummer 911 an und berichtet dem Vernehmen nach von einer Explosion und Rauchwolken.[191]

*9.59 h* Der Südturm des World Trade Center, der 56 Minuten zuvor von der UA 175 getroffen wurde, stürzt ein.

*ca. 10.00 h* Die Air Force One hebt vom Flughafen Sarasota ab, ohne jeden Schutz durch militärische Abfangjäger. Zu diesem Zeitpunkt befinden sich noch etwa 3000 Flugzeuge in der Luft.[192] Besondere Sicherheitsvorkehrungen sind offenbar unnötig, obwohl AP von einem anonymen Anruf beim »Secret Service« mit der Drohung »Air Force One is next« berichtet hatte[193] und Bush-Sprecher Ari Fleischer später behauptete: »Wir hatten glaubhafte Informationen, dass die Air Force One ein Ziel war.«[194]

*ca. 10.03 h* Absturz der UA 93 in Pennsylvania. Allerdings ist die genaue Uhrzeit umstritten. Das NORAD gibt 10.03 h an, weil zu diesem Zeitpunkt die Aufzeichnungen des Cockpit Voice Recorders angeblich abbrechen. Teile dieser Aufzeichnung werden später einigen Angehörigen vorgespielt.[195] Anhand seismischer Messungen wurde jedoch als Absturzzeitpunkt 10.06 h ermittelt – die fehlenden letzten drei Minuten auf dem Band bleiben rätselhaft.[196] Auch die ABC-News erklären 10.06 h zum Absturztermin (und widersprechen auch in anderen Details den sonstigen Nachrichten).[197] NTV behauptet einen noch späteren Zeitpunkt: »Das Flugzeug stürzt um 10.10 Uhr in der Nähe von Pittsburgh im US-Bundesstaat Pennsylvania ab.«[198] Der Absturz und die Flugbewegungen in den letzten Minuten davor werden von zahlreichen Augenzeugen beobachtet, die aber sehr unterschiedliche und widersprüchliche Angaben machen. Mehrere jedoch haben vor dem Absturz einen Knall gehört, was für einen Abschuss zu sprechen scheint.[199]

*10.06 h* Nach dem Absturz der UA 93 werden am Himmel von den Zeugen Düsenjets und eine C-130 Propellermaschine gesichtet.

*10.08 h* Die US-Streitkräfte in aller Welt erhalten den »Defcon Delta«-Befehl, womit sie in den höchsten Alarmzustand versetzt werden – das erste Mal seit über 30 Jahren. Unklar ist, wer den Befehl erteilt hat, Verteidigungsminister Rumsfeld kann es nicht gewesen sein, da er zu diesem Zeitpunkt auf dem Pentagon-Rasen noch als Sanitäter posierte.[200]

*10.28 h* Auch der Nordturm des WTC, der um 8.46 von der AA 11 getroffen wurde, stürzt ein. Etwa 15.000 Menschen konnten in der Zwischenzeit aus beiden Türmen und den Nebengebäuden flüchten.

*ca. 10.30 h* Minister Rumsfeld betritt endlich das »National Military Command Center«, den »War Room« des Pentagon. »Eine halbe Stunde lang konnten wir ihn nicht finden, und gerade als wir begannen, uns Sorgen zu machen, kam er zur Tür hinein«, so Brigadegeneral Montague Winfield später.[201]

*10.35 h* Die Air Force One dreht nach Louisiana ab. Auf Anraten von Cheney fliegt Bush aus Sicherheitsgründen nicht nach Washington zurück, sondern macht auf der Barksdale AFB in Louisiana und der Offutt AFB in Nebraska Zwischenstation. Erst gegen 19.00 h kehrt er ins Weiße Haus zurück.

*11.45 h* Die Air Force One landet auf der Barksdale AFB in Lousiana, wo Bush um 12.36 h eine kurze Rede aufzeichnen lässt: »Die Freiheit selbst wurde heute morgen angegriffen – und wir werden die Freiheit verteidigen.«

*12.05 h* CIA-Chef Tenet berichtet Minister Rumsfeld von einem vor zwei Stunden abgehörten Telefonat, in dem Anhänger Osama Bin Ladens die Anschläge feierten.

*14.40 h* Die CIA identifiziert anhand der Fluglisten drei der Entführer als Mitglieder von Al Qaida. Rumsfeld beginnt mit der Kriegsplanung und gibt die (ein Jahr später veröffentlichte) Anweisung: »Beste Infos schnell. Entscheiden, ob sie gut genug sind, Saddam Hussein zu treffen. Nicht nur OBL. Werdet massiv. Fegt alles aus. Ob es damit zu tun hat oder nicht.«[202]

*14.50 h* Bush landet auf der Offutt AFB und spricht aus einem Bunker per Videokonferenz mit Cheney und anderen Regierungsmitgliedern.

*16.10 h* Das Gebäude 7 des WTC-Komplexes brennt und stürzt 70 Minuten später ein. Niemand kommt dabei ums Leben.

*18.54 h* Bush kehrt ins Weiße Haus zurück. Als er die Rauchsäule über dem Pentagon sieht, sagt er zu einem seiner Helfer: »Das mächtigste Gebäude der Welt liegt am Boden. Soeben wurden Sie Zeuge des Krieges im 21. Jahrhundert.«

*19.00 h* Außenminister Powell trifft aus Lima ein. Erstmals kann er nun mit Bush und anderen sprechen. Er sagt später: »Das Schlimmste an diesem Flug war, dass ich aufgrund von Kommunikationsproblemen die ganze Zeit niemand in Washington sprechen konnte.«[203] Dass Powell den ganzen Tag über abgemeldet war, wunderte nicht nur den Londoner *Telegraph:* »Warum so lange? In den Wochen vor dem 11.9. war Washington voller Gerüchte, dass Powell in Ungnade gefallen und an den Rand geschoben worden sei.«[204]

*20.30 h* Bush hält eine Live-Ansprache an die Nation. Darin formuliert er erstmals, was später Bush-Doktrin genannt werden wird: »Wir machen keinen Unterschied zwischen den Terroristen, die diese Tat begangen haben, und denen, die sie beherbergen.«

*23.30 h* Laut *Washington Post* notiert Bush vor dem Schlafengehen in sein Tagebuch: »Heute fand das Pearl Harbor des 21. Jahrhunderts statt – wir glauben, es war Osama Bin Laden.«[205]

**Der erste Arbeitstag**

Der offiziellen Legende des 11.9. zufolge war es George W. Bush, der Präsident »himself«, der die notwendigen »schnellen Entscheidungen« traf. In der zweiten Reihe machte auch sein Verkehrsminister auf sich aufmerksam. Norman Mineta sagte am 20. September 2001 aus:

»Am Morgen des 11. September, schon bei der ersten Nachricht über den Angriff, begab ich mich umgehend ins Weiße Haus. Sobald mir die Art und die Schwere des Angriffs bewusst geworden waren, rief ich vom Weißen Haus aus an, um das Luftverkehrssystem anzuweisen, alle Flugzeuge zur Landung aufzufordern, unverzüglich und ohne Ausnahme. Das war ein beispielloser Schritt. Aber angesichts des Risikos weiterer Flüge, die sich als terroristische Waffen hätten herausstellen können, glaube ich, dass diese Maßnahme richtig und notwendig war ...
Dank seiner ausgeklügelten Vorbereitungen brauchte das Crisis Management Center des Verkehrsministeriums nur Minuten, um in Aktion zu treten. Der erste Absturz erfolgte um 8.46 Uhr, und das Crisis Management Center war um etwa 9.00 Uhr voll einsatzfähig – mit abhörsicherer Kommunikation, der Initiierung der Sicherheitsprozeduren und freigeschalteten Direktverbindungen zu den relevanten Stellen. Dann sicherte das Ministerium schnell und in vorgeplanter Weise Tausende von Transportknotenpunkten und -korridoren in den gesamten Vereinigten Staaten – einschließlich Brücken und Eisenbahnen, Straßen und Häfen.«

Das alles hört sich gut an, nur entspricht es nicht den Tatsachen. Wer traf wirklich die Landeentscheidung? Es war ein Ben Sliney, seines Zeichens National Operations Manager der FAA. Und auf diesem Posten ohne weitere Erfahrung. Denn es war »Ben Sliney's very first day on the job«. Sein erster Arbeitstag. Bei diesem Ben Sliney liefen die Informations- und Entscheidungsfäden am 11.9. technisch zusammen, in seiner Handlungsvollmacht stand es, den Luftraum zu schließen (oder nicht).

Das kann man Zufall nennen – so wie beim ebenfalls erst seit ein paar Tagen im Amt befindlichen FBI-Chef Robert Mueller, der dann die (Nicht-)Ermittlungen leiten sollte. Vielleicht aber saß da auch gerade der richtige Mann zur richtigen Zeit am richtigen Ort …

*http://www.davidrhenderson.com/articles/0902_mrwhitehouse.html*
*http://usinfo.state.gov/topical/pol/terror/01092012.htm; www.dot.gov/affairs/092001statement.htm*
*http://pqasb.pqarchiver.com/USAToday/148353311.html?did=148353311&FMT=ABS&FMTS=FT&PMID=7631&desc=Special+report+—+Amid+terror,+a+drastic+decision:+Clear+the+skies+%3b+Four+hours+of+fear:+9%2f11%27s+untold+story*

## Ein interessanter Tag

»Jedenfalls«, resümierte Präsident Bush seine Eindrücke des 11. September einige Monate später, »war es ein interessanter Tag.«[206] So kann man es auch ausdrücken, und weil es so ein interessanter Tag war, fassen wir die Highlights dieses Tages noch einmal zusammen.

Ausgerechnet der Provinzflughafen Portland, Maine, zeichnet sich durch Videokameras aus, mit denen die Passagiere beim Boarding erfasst werden, die internationalen Flughäfen in Boston und Washington hingegen sind – angeblich – frei von aller Kameraüberwachung. Jedenfalls gibt es keine Flughafenbilder, die definitiv beweisen könnten, dass die »19 Hijacker« in die Maschinen eingestiegen sind.

Obwohl Präsident Bush angeblich um 8.45 Uhr »den Notfallplan unserer Regierung implementiert«, sagt er den Auftritt in einem öffentlichen Gebäude (der Schule) nicht ab.

Verteidigungsminister Rumsfeld zieht sich um 8.40 Uhr zurück, »um Telefonate zu erledigen«, und tagt ab 9.00 Uhr mit Staatssekretär Wolfowitz und Senatoren zu Fragen des Verteidigungshaushalts. Er warnt theatralisch davor, »dass es ein weiteres Ereignis geben wird« … und schon macht's rums. Kein Grund für Rummy, spätestens jetzt seinen Posten im »War Room« zu beziehen – für die Kameras mimt er auf dem Rasen zuvor noch den barmherzigen Samariter.

Der höchste amtierende Militär des Landes, General Myers, setzt in aller Seelenruhe eine Routinebesprechung im Büro von Senator Cleland auf dem Capitol Hill fort – nachdem er schon die ersten Bilder des brennenden WTC gesehen hat und sich nichts weiter dabei denkt. Erst als auch sein Arbeitsplatz, das Pentagon, getroffen ist, taucht Myers wieder auf und beschwert sich: »Niemand informierte uns.« Wie das, wo doch seit 8.45 Uhr laut Bush der »Notfallplan unserer Regierung« läuft? Die Armeespitze ist in diesen Notfallplan offenbar nicht integriert, genauso wenig wie alle anderen entscheidenden Regierenden vom Präsidenten abwärts, die sich in den entscheidenden Minuten und Stunden alle durch eklatantes Nichtstun auszeichnen. So wie die drei Top-Executives Bush, Rumsfeld und Myers haben offenbar alle an diesem Morgen endlos Zeit – wen wundert es da noch, dass auch kein Abfangjäger rechtzeitig am Himmel aufkreuzte.

# Vorauswissen

Die Anschläge des 11.9. kamen aus heiterem Himmel, und kein Mensch, schon gar nicht die US-Regierung, konnte damit rechnen, dass Terroristen Passagierflugzeuge entführen und als Bombe benutzen würden. Es ist diese Behauptung eines Überraschungsangriffs, die der offiziellen Version als Fundament und Kernaussage zugrunde liegt. Dass verschiedene ausländische Geheimdienste in den Monaten zuvor dringende Warnungen nach Washington durchgegeben hatten, dass dabei von Anschlägen mit entführten Zivilflugzeugen auf exponierte Gebäude die Rede war, dass die CIA Präsident Bush in einem Memo Anfang August 2001 über diese Erkenntnisse informiert hatte – all diese nach den Anschlägen auftauchenden Nachrichten konnten dieses Fundament nicht erschüttern. Diese Meldungen seien »unspezifisch« gewesen, spulten Bush-Beraterin Rice und Regierungssprecher Fleischer jedesmal gebetsmühlenartig ab, wenn öffentlich Fragen nach dem Vorauswissen und der Verhinderbarkeit der Anschläge gestellt wurden. Natürlich wusste man nichts, und natürlich hätte man schon beim leisesten Verdacht das Möglichste zur Verhinderung getan.

## Propaganda und die Spitze des Eisbergs

Wir können in diesem Kapitel nicht nachweisen, was die Bush-Regierung im Detail von den geplanten Anschlägen wusste, doch wir können beweisen, dass sie von der Attacke mit entführten Flugzeugen keineswegs überrascht wurde. Das Szenario, das uns Condoleezza Rice immer als völlig unvorstellbar schilderte, wurde in einer Notfallübung des Pentagon sogar schon konkret geprobt.

Doch bevor die Fragen über ein mögliches Vorauswissen der US-Regierung auftauchten, sorgten in den Tagen nach dem 11. September zwei Meldungen über angebliche Vorinformationen zu den Anschlägen für Aufsehen. Die erste behauptete, dass 4000 im World Trade Center beschäftigte jüdische Angestellte am Tag der Anschläge nicht zur Arbeit erschienen seien. Wir konnten die eigentliche Quelle dieser Meldung, die in den Tagen danach auf vielen Seiten im Internet kursierte, nicht ausfindig machen – doch sie kursiert dort bis heute und zählt in der arabischen Welt quasi zu den Selbstverständlichkeiten. Auf die Eingabe von »WTC+4000+jews« bei Google kommen über 1400 Treffer. Wer immer diese Legende in die Welt gesetzt hat, um dem antisemitischen Affen Zucker und der Mär von der jüdischen Weltverschwörung Auftrieb zu geben, kann sich über mangelnden Erfolg nicht beklagen.

Wir vermuten hinter dieser Meldung denselben Spin-Doktor, der auch die zweite Meldung über ein angebliches Vorauswissen lancierte, der zufolge Mitarbeiter der israelischen Kommunikationsfirma Odigo, die in der Nähe des WTC angesiedelt ist, vorgewarnt wurden. »Odigo, der ›Instant Message Service‹, sagt, dass zwei seiner Angestellten zwei Stunden vor den Anschlägen am 11. September Nachrichten empfingen, in denen die Attacken vorhergesagt wurden. Die Firma arbeitet mit israelischen und amerikanischen Behörden, darunter dem FBI, daran, den Absender der Nachricht mit der Vorauswarnung zu finden«, berichtete die Jerusalemer Zeitung *Haaretz* in den Tagen danach.[207] Doch wie der Urheber der Legende von den 4000 vorgewarnten jüdischen WTC-Angestellten blieb auch der Absender der Nachricht an die Odigo-Mitarbeiter bis heute unbekannt.

Vergegenwärtigen wir uns: Wer auch immer den 11.9.

plante, musste nicht nur Vorbereitungen und Durchführung, sondern auch die Nachbereitung planen. Der 11.9. war nach der Tat nicht beendet, denn die Ereignisse des Tages sollten dann ja erst ihre Wirkungen entfalten. Halten wir mal an der vermeintlichen Gewissheit fest, dass es sich bei den Tätern um fanatische Islamisten handelt. Warum, im Namen Allahs und seines Propheten, sollten die sich bemüßigt gesehen haben, irgendwelche Angestellten einer israelischen Firma in New York vorab zu alarmieren? Um von der eigenen Tat auf Israel abzulenken? Das würde angesichts des Stolzes über den eigenen bevorstehenden Märtyrertod an Selbstverleugnung grenzen. Oder gaben sich die Attentäter nur schlicht irgendeiner menschlichen Regung hin?

Wir stehen vor einem Rätsel, doch dieses Rätsel macht als Rätsel Sinn. Das Gerücht von den 4000 Vorgewarnten und dann die zwar absenderlose, aber eindeutige Vorwarnung an eine israelische Firma, die das passende Fleisch für den Gerüchteknochen liefert – und schon rief diese propagandistische Nachbereitung die gesamte weltweite Armada der Antisemiten auf den Plan, die immer schon gewusst hatten, dass der »Ewige Jude« hinter allem steckt und sogar Araber anstiftet zu bösem Unheil. Israel, so lautet seitdem die Argumentation, brauchte den 11.9., um im Nahen Osten ein für allemal auftrumpfen zu können. Und ist die brutale Expansionspolitik Israels seitdem nicht unbestreitbar? Also ist doch wohl klar, wer hinter den Anschlägen steckt.

Wir sehen hier den klassischen Mechanismus von Verschwörungstheorien am Werk. Ein einziges Indiz, die Vorauswarnung, plus ein Gerücht reichen aus, um einen hochkomplexen Zusammenhang auf einen ganz einfachen Nenner zu bringen und einen Sündenbock verantwortlich zu machen.

Wo Absurdistan Staatsbürger hat, fehlen die Parteigänger der Gegenseite natürlich auch nicht. Hier gilt, dass jeder, der die offizielle Version – der 11.9. als autonomes Werk von Osama und seinen 19 Räubern – bezweifelt, automatisch des

Antisemitismus bezichtigt wird, weil Zweifel ja nur den Islamisten nützen. Derlei Humbug konnten wir im Zusammenhang mit dem Buch *Verschwörungen, Verschwörungstheorien und die Geheimnisse des 11. September* bei *Spiegel*, *Konkret* und anderen immer wieder nachlesen. Und vollends zur Verwirrung in der Debatte trägt dann noch die zaghaft fundamentalpazifistische und korrekt linke Position bei, dass, wenn es denn schon die »Islamisten« waren, man deren Hass irgendwie verstehen (nicht tolerieren) müsse, weshalb vor allem die Ungerechtigkeit, die Unterdrückung und die Not in Palästina schnellstens zu überwinden seien.

All das ist ja nicht völlig falsch. Aber der Odigo-Coup erfüllt eine objektive Funktion, und deshalb scheint uns das Tohuwabohu, das er ausgelöst hat, auch keine Zufallsreaktion zu sein. Wer auch immer diese Warnung in die Welt gesetzt hat, wusste sehr genau, was für ein Echo er damit auslösen würde – und genau dies war beabsichtigt.

Neben diesen eher der Abteilung Propaganda zuzurechnenden »Vorauswarnungen« gab es allerdings einige weitere Vorfälle, die durchaus ernst zu nehmen sind. Bitte beachten Sie bei den folgenden Informationen, dass das Nichtfliegen und Nichtverunglücken, das Nichtsterben und Nichtwissen normalerweise keine Schlagzeilen machen. Erst recht nicht, wenn in jenen Tagen alle Medien voll sind mit den Tausenden von Opfern, die am 11.9. ums Leben kamen. Weshalb wir davon ausgehen, dass wir nur die Spitze des Eisbergs gefunden haben und hier antippen.

Der *San Francisco Chronicle* meldete am 12. September 2001, dass Willie Brown, der Bürgermeister der Stadt, vor einem Flug am Tag zuvor gewarnt worden sei:

> »Für Bürgermeister Willie Brown war das erste Anzeichen, dass etwas nicht in Ordnung war, ein Anruf am Montagabend von jemandem, den er als seine ›airport security‹ beschrieb. Der Bürgermeister, der gestern morgen vom San Francisco International Airport nach New York hatte fliegen wollen, sagte, dass ›der

> Anruf keinen irgendwie alarmierenden Beigeschmack hatte, weshalb ich zögere, jetzt eine beunruhigende Erklärung abzugeben‹. Tatsächlich nahm er zu diesem Zeitpunkt den Anruf nicht weiter wichtig. ›Es war kein ungewöhnlicher Anruf. Ich kümmere mich immer darum, ob meine Flüge wie geplant gehen, und sie sagen mir immer Bescheid, wenn ich vorsichtig sein muss.‹
> Wo genau der Anruf herkam, bleibt etwas mysteriös. Der Bürgermeister sprach nur von ›meinen Sicherheitsleuten am Flughafen‹. Mike McCarron, Direktionsassistent des Flugfhafens, sagte, dass die FAA routinemäßig Ankündigungen über mögliche Gefahren herausgibt und in den letzten Monaten zwei oder drei solcher Warnungen eingegangen seien, nicht jedoch in den letzten Tagen. Wie auch immer, Brown hatte nicht wieder über den Anruf nachgedacht, bis er aufgestanden war, sich angezogen hatte und auf die Fahrt zum Flughafen für den 8-Uhr-Flug nach New York wartete.«[208]

Eine allgemeine, datums- und streckenmäßig nicht spezifizierte Warnung wurde zufällig von »irgendeinem« Sicherheitsmenschen auf den Bürgermeister bezogen. Von Einstellung des Flugbetriebs oder verschärften Kontrollen keine Rede. Wollte da jemand den Bürgermeister ein wenig foppen oder verunsichern? Es gibt doch nur die zwei Möglichkeiten: Entweder man nimmt eine Warnung ernst, dann gilt sie allgemein mit allen Konsequenzen, oder man nimmt sie nicht ernst und bucht sie unter der Rubrik »schlechter Scherz« ab. Oder eben: Da wusste einer Bescheid und gab, obwohl er es nicht sollte, einen Tipp. Verplapperte sich einfach, volle acht Stunden vor den Anschlägen.

Die offenbar besonders intimen Beziehungen des Bürgermeisters von San Francisco zu den »Sicherheitskräften« trugen dann bekanntlich in den Folgemonaten noch reiche Früchte, weil Willie Brown weltweit beachtete »Terrorwarnungen« herausgab, in denen er seinen Befürchtungen Ausdruck verlieh, eine Boeing könne sich vielleicht in der Golden Gate Bridge verfangen oder in einem Cable Car stecken bleiben.

Die Bürger der Stadt waren genervt – und fragten nicht mehr nach der seltsamen Frühwarnung des 11.9.

Ein weiterer Offizieller mit offenbar guten Verbindungen zu besonderen Sicherheitsinformationen war Justizminister Ashcroft. Er flog schon den ganzen August nicht mehr mit Zivilmaschinen, wie CBS berichtete.[209] Und auch einige Führungskräfte des Pentagon scheinen konkret im Hinblick auf den 11.9. vorgewarnt worden zu sein. Sie stornierten am Vortag ihre gebuchten Flüge: »Am 10. September, so hat *Newsweek* erfahren, sagte eine Gruppe von Spitzenbeamten des Pentagon plötzlich Reisepläne für den nächsten Morgen ab, anscheinend aus Sicherheitsbedenken.«[210]

## Boeing 757 vs. Pentagon – eine Simulation im November 2000

Wir wissen ja schon, wer sich wo befand. Bush, Cheney & Co. – sie alle waren am Morgen des 11.9. irgendwie indisponiert. Auch Rumsfeld regierte nicht, hielt sich aber immerhin dort auf, wo er von Amts wegen hingehörte: im Pentagon. Unterstellt, er hätte etwas von den kommenden Anschlägen gewusst – wäre sein Verhalten nicht außerordentlich mutig, wenn nicht gar tollkühn gewesen? Der Mann wird schließlich beim »Krieg gegen den Terror« noch gebraucht. Wenn wir uns allerdings anschauen, wie man sich im Pentagon in einer Simulation auf genau den Anschlag vorbereitet hatte, der dann am 11. September stattfand, steht der »Mut« des heroischen Herrn Rumsfeld in einem etwas anderen Licht.

Im Oktober 2000 hatten die hauseigenen Einsatzkräfte des Pentagon ein Szenario durchgespielt, bei dem es galt, sich auf den Notfall eines ins Gebäude stürzenden Flugzeugs einzustellen. Dabei griff man auf Modelle zurück, die der Realität, wie sie dann – im Wortsinn – am 11.9. über das Pentagon hereinbrach, äußerst nahe kamen.[211]

Auch das medizinische Personal trainierte, ein paar Monate später, für einen Absturz, bei dem nicht etwa von einer x-beliebigen Maschine ausgegangen wurde, nicht von einer Cessna, einem Jumbo-Jet oder auch einem Militärflieger, sondern ausgerechnet von einer Boeing 757. Bei dieser Notfall-

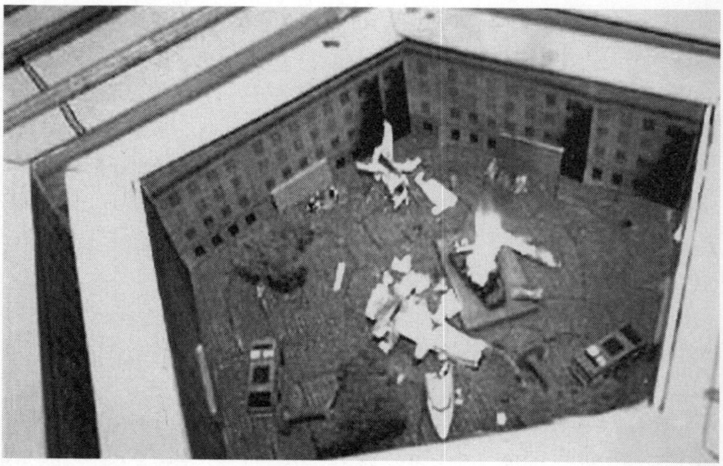

*2000 und 2001 simulierte das Pentagon übungshalber einen Notfall am Modell (oben). Dabei ging es konkret um eine von Terroristen entführte Boeing 757, die in das Gebäude stürzte. Anders als nach dem 11.9. waren bei dieser Simulation die Trümmer im Modell deutlich zu sehen (unten).*

übung im Mai 2001 ging es darum, »das Pentagon vor einer gelenkten Ersatzrakete (›ersatz guided missile‹) in Form einer entführten Boeing 757« zu schützen.[212]

Und eine entführte Boeing 757 war es ja dann auch. Wie gut, dass man sich gerade auf diesen Maschinentyp vorbereitet hatte.

Nicht nur im Pentagon, auch bei der CIA war man gewappnet. Immerhin liegt Langley, das CIA-Hauptquartier, ganz in der Nähe Washingtons, nur auf dem anderen Ufer des Potomac. In einer Simulation hatten sich die Geheimdienstler mit dem Fall beschäftigt, dass eine schwere Zivilmaschine in ein hohes Gebäude stürzen würde. Und wie der Terminteufel es so wollte, fand exakt am Morgen des 11.9. eine weitere Besprechung dazu statt.[213]

Zurück zum Pentagon. Die unzureichende Stabilität der Gebäudemauern war schon vor 1999 bekannt. Im Zweiten Weltkrieg gebaut, mangelt es dem Pentagon ein wenig an Stahl im Stahlbeton, denn Stahl wurde dringend für Kriegsschiffe gebraucht. Das »PENREN« (Pentagon-Renovierungsprogramm) sah daraufhin bauliche Verstärkungen vor, die zum Zeitpunkt der Übungen im Oktober 2000 und im Mai 2001 noch im Gange waren. Dabei wurden die Mauern des betreffenden Gebäudeflügels durch ein Gitter aus Stahlträgern und zudem die Außenmauer durch feuerfeste Wandverkleidungen verstärkt. Außerdem wurden explosionssichere Fenster eingesetzt.

Im Schock der Ereignisse des 11.9. fiel es niemandem so richtig auf, wie wenige Todesopfer es im Pentagon im Verhältnis zum WTC gegeben hatte: 126 Menschen kamen in Washington um. Auch war die Funktionsfähigkeit des Verteidigungsministeriums in keiner Weise angekratzt, die kommenden Kriege – Afghanistan, Irak – konnten weiter geplant werden. Waren da bei dem Feuerball keine Unterlagen vernichtet worden? Waren keine Reorganisationsmaßnahmen nötig? Wen traf denn der Einschlag der AA 77? Fünf Tage vor der Fertig-

Structural steel, running through all five floors, strengthens the walls around the blast resistant window units. A geo-technical mesh is stretched between the steel tubes to prevent debris from becoming shrapnel in the event of an external explosion.

*Im ersten Flügel des Pentagon waren die Renovierungsarbeiten gerade abgeschlossen und die Außenmauern mit einem Netz von Stahlträgern von innen verstärkt worden. Zum Zeitpunkt des Anschlags waren die Büros noch nicht wieder bezogen. Die neuen explosionssicheren Fenster blieben auch direkt über der Einschlagstelle intakt.*

stellung der Renovierung traf es vor allem Bauarbeiter und Handwerker, nicht etwa wichtiges Pentagonpersonal.[214] »Die explosionssicheren Fenster und die Struktur aus Stahlträgern waren jeden Pfennig wert und retteten Tausende von Leben«, so Michael Sullivan, der für das Renovierungsprogramm des Pentagon Verantwortliche.[215]

In diesem Bericht ist davon die Rede, dass die Bauarbeiten im Pentagon zum Zeitpunkt des Anschlags zu 20 Prozent abgeschlossen waren – was den Tatsachen entspricht, aber nicht der ganzen Wahrheit. Denn ein entscheidender Hinweis fehlte: Die zu 20 Prozent abgeschlossenen Baumaßnahmen bezogen sich komplett auf einen der fünf Flügel des Pentagon. Und genau in diesen weitgehend fertig gestellten Flügel schlug die AA 77 ein – und wurde von den gitterartig eingezogenen Stahlverstrebungen aufgefangen: »Von Stockwerk zu Stockwerk und miteinander verbundene vertikale Stahlsäulen, massivere Fenster und mit Kevlar bewehrte Paneele, die in der neugestalteten Außenmauer benutzt wurden, halfen, das Flugzeug zu verlangsamen und die Auswirkungen der Explosion zu reduzieren, als der Flieger in das Pentagon rammte.«[216] Dieses Stahlskelett sorgte auch dafür, dass sogar die neu installierten Fenster im 4. und 5. Stock ganz blieben, obwohl unter ihnen eine 757 eingeschlagen war.[217]

**Aufrüstung und Abriss**

Das Bauunternehmen, das federführend für die vergitterte Aufrüstung des Pentagon zuständig war, heißt AMEC. AMEC baut aber nicht nur auf, AMEC reißt auch ab. Und so machte sich diese Firma – als Einzige – gleich auf zwei exponierten Baustellen nützlich: nicht nur in Rumsfelds Domizil, sondern auch auf Ground Zero, wo sie (als eine von nur vier) an den Aufräumarbeiten am WTC beteiligt war.
Will uns das irgendwas sagen? Vielleicht. Denn ein weiterer Geschäftsbereich von AMEC sind Radiofrequenzscanning, Frequenzplanungen und dergleichen – im Zusammenhang mit den Möglichkeiten der C-130 vielleicht nicht ganz uninteressant.
Deren Geschäftsverbindungen, Verbindungen zur Familie Bush und zur Öl- und Bauindustrie sind auf der Homepage der AMEC nachlesbar und könnten bei näherer Untersuchung ganze Bücher füllen. Erwähnt worden war schon in *VVG* die Firma Controlled Demolition, deren Beteiligung an den Aufräumarbeiten des WTC angesichts ihres normalen Geschäftsfeldes, der Sprengung von Hochhäusern, eine gewisse Aufmerksamkeit erregte.

*http://www.amec.com/cm/how/how_2ndlevel.asp?PAGEID=3034;*
*http://www.spectrocan.com/english/services_eng.htm;*
*http://www.osha.gov/media/oshnews/nov01/national-20011120.html*

Insofern dürfte sich Minister Rumsfeld – als er mit Senator Cox und dem Kollegen Wolfowitz ab 9.00 Uhr gemütlich Kaffee schlürfte, statt zu regieren und das Land zu verteidigen – angesichts der Umbau- und anderer Präventionsmaßnahmen so sicher gefühlt haben wie in Abrahams Schoß.

**Rumsfeld – sicher wie in Abrahams Schoß**

Die Boeing 757 traf ausgerechnet denjenigen der fünf Pentagonflügel, der gerade verstärkt und renoviert worden war. Das Büro des Pentagonchefs Donald Rumsfeld liegt Luftlinie etwa einen halben Kilometer und unzählige Betonmauern vom Einschlagsort entfernt auf exakt der Gegenseite: im E-Ring – dem äußersten der fünf Pentagonringe – am Potomac. Auch sein Stellvertreter Paul Wolfowitz residiert dort, im 3. Stock.

Warum, so hätte jeder Journalist unbedarft fragen dürfen, wählten die Hijacker eigentlich nicht den direkten Anflug auf das Büro des Verteidigungsministers? Der Fluss bietet sich doch als Anflugorientierung geradezu an, und von dieser Seite aus hätte sich auch viel leichter ein flacher Anflugwinkel fliegen lassen. Warum also die komplizierte steile Sinkkurve, um gleichsam von hinten, über den Hubschrauberlandeplatz, reinzurauschen? Bei der jahrelangen Vorbereitung hätten sich doch gewiss noch ein paar Minuten investieren lassen, um per Google die exakte Position der Gemächer beider Herren in Erfahrung zu bringen.

*http://www.defenselink.mil/pubs/pentagon/facts.html*

Damit waren die Möglichkeiten des Pentagon aber noch nicht erschöpft. »Innerhalb einer Stunde«, so berichtet der News-Service der Army, »waren in New York Hilfskräfte des Verteidigungsministeriums auf der Straße und in der Luft, um den Zivilbehörden am WTC zu helfen, nachdem der erste Turm getroffen war.«[218] Innerhalb einer Stunde? Das war etwa zu der Zeit, als sich Rumsfeld, der Chef des Ladens, zum

Morgenkaffee niederließ und an einer Sitzung über den Verteidigungshaushalt teilnahm. Der Mann muss gute Leute haben, die sich an ihrem Chef kein Vorbild nahmen, sondern *subito* handelten.

Aber auch im Verkehrsministerium war man gut gerüstet und vorbereitet: »Dank ausführlicher Simulationen und Vorbereitungen konnte das Krisenmanagement des Verkehrsministeriums innerhalb von Minuten in Aktion treten.«[219] Dort war also auch vorgeplant worden.

Wogegen nun wirklich niemand etwas einzuwenden hat. Im Gegenteil: Wir gehen wie selbstverständlich davon aus, dass Rettungsdienste und alle Sicherheits- und Katastrophenschutzeinheiten derart vorbereitet sind, um im Ernstfall innerhalb von Minuten reagieren zu können. Wir haben aber einen guten Grund, hier dennoch ausführlicher darauf zu sprechen zu kommen. Denn nach dem 11.9., Sie werden sich erinnern, tat die gesamte Regierung Bush wochenlang so, als sei sie total überrascht worden, weil sich ja kein Mensch vorstellen konnte, dass Terroristen Flugzeuge als fliegende Bomben einsetzen würden. »Hätte der Präsident gewusst, dass Terroristen Flugzeuge als Bomben benutzen und das World Trade Center und das Pentagon angreifen könnten, hätte er entsprechend gehandelt«, so und so ähnlich immer wieder Bushs Sicherheitsberaterin, Condoleezza Rice[220], die in diesem Zusammenhang gern auch von »unspezifischen Warnungen« faselt, und dass man doch mit einem »eher traditionellen« Terroranschlag gerechnet habe. Aber doch nicht mit so etwas ... Und dann lächelt das telegene Smartie der Bush-Junta so gewinnend, dass ihr jeder diese Story abkauft.

Wir ihr aber spätestens jetzt nicht mehr, denn wir haben gesehen, dass man sich diese unkonventionelle Art des Hijackings nicht nur vorstellen konnte, sondern sich ganz konkret darauf einstellte – nicht irgendwie, nicht unspezifisch, sondern am Modell und bis ins Simulationsdetail genau. Nicht irgendwo, sondern im Pentagon und bei der CIA.

**Das Treffen**

Wenn Warren Buffett, der (nach Bill Gates) zweitreichste Mann der Welt, zu einem Wohltätigkeitsfest einlädt, stehen nicht Krethi und Plethi, Hinz und Kunz auf der Gästeliste, sondern die Spitzen der Gesellschaft. Nach dem Motto »Tue Gutes und rede darüber« sind für die Reichen und Superreichen der USA solche Charity-Events nichts Ungewöhnliches, und dass sie an außergewöhnlichen Lokalitäten stattfinden, ist für die in der Regel über Privatflugzeuge verfügende Klientel kein Hindernis. Das »Fundraising«-Fest, das Warren Buffett diesmal ausrichtete, zeichnete sich jedoch durch zwei Besonderheiten aus. Zum einen fand es am Morgen des 11. September statt. Und zum anderen hatte Buffett – verglichen mit den ansonsten für solche Feste üblichen Luxusresorts – in ein sehr merkwürdiges Ambiente geladen: auf die Offutt AFB in Nebraska.

Anders als ansonsten üblich scheint dieses Meeting auch völlig diskret abgelaufen zu sein – weder im Vorfeld noch danach wurde im Fernsehen oder auf den bunten Seiten darüber berichtet. Hätte nicht Anne Tatlock, Chefin der über 800 Millionen Dollar schweren Vermögensverwaltung Fiduciary Trust, gegenüber der *San Francisco Business Times* ein bisschen aus dem Nähkästchen geplaudert, hätte die Welt von diesem Treffen vielleicht nie erfahren.

Die Büros des Fiduciary Trust waren im 92. Stock des WTC-Südturms angesiedelt, wo 87 Angestellte der Firma den Tod fanden. Anne Tatlock befand sich zu dieser Zeit mit einigen ihrer betuchten Klienten aber schon in Offutt. Alle Versammelten müssen sehr zeitig aufgestanden sein, um so früh mitten in Nebraska zusammenzutreffen. Angenommen, einer der anwesenden Wirtschaftsführer hätte nun das dringende Bedürfnis verspürt, sich aus dem sicheren Aufbewahrungsort Offutt in die feindliche Welt zu begeben, sprich: zurück nach Hause an die Ostküste, wäre er gescheitert. Denn der Luftraum war gesperrt. Flüge nach Osten – dies eine der ersten Maßnahmen der FAA – durften nicht einmal mehr abheben.

Mit Warren Buffett sitzen nun ab 9 Uhr früh, geplant oder ungeplant, wesentliche Konzernchefs der USA fest, auf einer Air Force Base inmitten des Kontinents. Wir kennen außer dem Gastgeber, der Vermögensverwalterin Anne Tatlock und einigen ihrer (ungenannt gebliebenen) Klienten nur noch einen weiteren Teilnehmer dieses merkwürdigen Treffens: Nach dem Mittagessen, gegen 14 Uhr, trifft George W. Bush ein. Dessen rätselhafter Rundflug über die halben USA – von Florida (Sarasota) über Louisiana (Barksdale) und Nebraska (Offutt) nach Washington –, der bis dato mit »Sicherheitsbedenken« begründet wurde, ergibt in Kombination mit dem ebenso rätselhaften Meeting der US-Elite durchaus Sinn. Angeblich landete Bush in Offutt, um im dortigen Bunker des Strategic Air Command per Videokonferenz mit Vizepräsident Cheney zu sprechen – wie es die Medien dann auch im Bild belegen. Aber musste er seinen Vize, mit dem er aus der Air Force One mehrfach telefoniert hatte, unbedingt per Live-

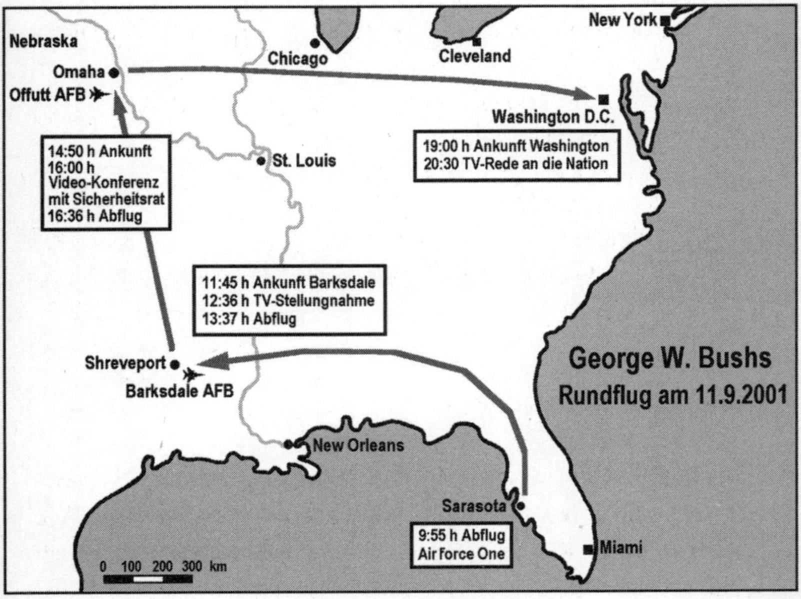

Video sehen? Musste er in den Bunker gebracht werden, weil der seit Stunden von jeglichem Fluggerät gesäuberte US-Luftraum unsicher war? Warum flog er überhaupt den riesigen Umweg über Nebraska, wo Dutzende andere Militärflughäfen auf dem Weg gelegen hätten?

All das scheint uns in keiner Weise plausibel. Spekulativ, aber hoch plausibel ist dagegen die Annahme eines geplanten Zusammentreffens – denn wo sonst konnte sich Bush fernab von jeder Öffentlichkeit kurz, aber ungestört mit der Wirtschaftselite seines Landes über die Schritte nach dem »Pearl Harbor« des 21. Jahrhunderts verständigen? Sollte sich dieser Verdacht bestätigen, ergäben sich hochnotpeinliche Fragen: Warum lud Buffett am 11.9. ein und wen? Was wusste er im Vorfeld dieses Tages von dem, was da passieren würde? Was wurde in Offutt mit Bush erörtert? Interessanterweise gehört die Firma NetJet, die trotz Flugverbots mit einer ihrer Falcon Fairchilds in der Nähe der UA 93 herumflog, niemand anderem als Warren Buffett.

Ob diese Maschine nach ihrem Beobachtungsflug in Offutt gelandet ist, um der versammelten Industrie-Elite und dem Präsidenten mit Material aus erster Hand zu dienen, entzieht sich unserer Kenntnis.

*http://www.bizjournals.com/sanfrancisco/stories/2002/02/04/story3.html*

*http://www.newsday.com/ny-uspent232380681sep23.story;*

*http://www.standdown.net/USAFbases.htm*

*http://www.observer.co.uk/business/story/0,6903,910218,00.html*

## Durchsichtige Ausreden

Wir haben uns in diesem Kapitel auf einige bisher wenig beachtete Hinweise auf das Vorauswissen über die Anschläge beschränkt – und hier auch nur die unserer Ansicht nach schlagendsten Beweise aufgeführt. Weitere Belege für die Vorinformationen der Bush-Regierung sind mittlerweile in den Medien breit referiert worden – und fast schon wieder in Vergessenheit geraten. Wie etwa der Report des FBI-Büros Phoenix, Arizona, vom Juli 2001 und einen Monat später der aus Minneapolis, in denen der Verdacht geäußert wurde, dass Al-Qaida-Mitglieder US-Flugschulen benutzen, um Fähigkeiten für Flugzeugentführungen zu erwerben. Das Memo vom 10. Juli empfahl eine bundesweite Überprüfung von Flugschulen und zitierte mögliche Verbindungen zu Osama Bin Laden. Die FBI-Agenten aus Minneapolis berichteten über die Festnahme von Zaccarias Moussaoui, jenem Franzosen marokkanischer Abstammung, der nur das Fliegen einer Boeing 747 lernen wollte, aber nicht, wie man sie startet und landet. In einer E-Mail an die Zentrale beschrieben die FBI-Ermittler ihn als jemanden, der geplant haben könnte, einen Jumbojet ins World Trade Center zu fliegen. Beide Reports wurden vom FBI-Hauptquartier ignoriert, den lokalen Ermittlern wurden Durchsuchungs- und Haftbefehle verweigert.

Dieses Abblocken der Ermittlungen im Sommer 2001 fällt zusammen mit dem Rücktritt des FBI-Antiterror-Chefs John O'Neill, dem man die Fahndung nach Al-Qaida-Verdächtigen im Jemen und Saudi-Arabien untersagte. Und zugleich wurde an der Heimatfront auf die dringenden Warnungen ausländischer Geheimdienste mit tödlicher Ignoranz reagiert. Als vor dem G-8-Gipfel in Genua am 20. Juli 2001 in Italien Warnungen verschiedener Länder einliefen, dass Terroristen das Tagungsgebäude mit entführten Flugzeugen angreifen könnten, wurden der Flugverkehr eingeschränkt und die Luftabwehrmaßnahmen verschärft. Präsident Bush übernachtete sicherheitshalber auf einem US-Kriegsschiff im Hafen. Doch als er am 6. August in einem Briefing der CIA von der Gefahr informiert wurde, dass mit Osama Bin Laden verbundene Terroristen Flugzeuge entführen und als Bomben benutzen könnten, geschah nichts. Weder die Flugüberwachung noch die militärische Luftabwehr wurden in erhöhte Alarmbereitschaft versetzt. Am 20. August wies der russische Präsident Putin seinen Geheimdienst an, den US-Diensten eine Warnung »mit den deutlichsten Worten« zukommen zu lassen, dass Angriffe auf Regierungsgebäude und Flughäfen drohten. In der russischen Zeitung *Iswestia* wurde spezifiziert, dass sich diese Warnung auf 25 Selbstmordattentäter bezog, die einen Anschlag auf exponierte Gebäude planten. Auch diese Warnung blieb folgenlos.

Was aber ist von einem Hausherrn zu halten, der von verschiedenen Freunden und Nachbarn mit den deutlichsten Worten gewarnt wird, dass eine Bande einen Anschlag auf sein Haus plane – und der mit keinerlei Abwehrmaßnahmen darauf reagiert? Vier Möglichkeiten kommen in Frage: Der Hausherr ist so verantwortungslos, dass ihm selbst ein Anschlag auf sein Haus egal ist. Oder er hält alle seine Freunde und Nachbarn für hysterische Alarmisten, deren Warnungen man getrost in den Wind schlagen kann. Oder er weiß dank eigener Informanten über das Vorhaben der Bande besser Bescheid als seine Nachbarn, bereitet sich vor und lässt sie kommen – weil ihm dieser Anschlag mehr nützt als schadet. Oder er plant einen Versicherungsbetrug, mit enorm hohem Gewinn und (dank geeigneter Maßnahmen) kontrolliertem Schaden, und legt schon im Vorhinein die falschen Spuren aus, die auf alle anderen Täter weisen können – nur nicht auf die, die er beauftragt hat.

Wir geben zu, dass die Möglichkeiten eins und zwei im Falle des 11.9. nicht sonderlich realistisch sind und vieles für die dritte oder vierte Variante zu sprechen scheint. Beweisen können wir mit den in diesem Kapitel angeführten Beispielen allerdings nur, dass es sich bei der Standardausrede der Bush-Regierung defintiv um eine weitere Lüge mehr handelt.

# »Terrorchef« und/oder Agent?

## Mohamed Atta and the Venice Flying Circus

Dass der investigative Journalismus in den Massenmedien spätestens seit dem 11. September 2001 ausgestorben ist – diese Tatsache wird nicht zuletzt durch dieses Buch belegt, in dem zwei freie Autoren quasi die Hausaufgaben für eine ganze im Koma liegende Branche übernehmen. Doch diese Nachhilfe wäre uns allein gar nicht möglich, wenn nicht als Ausnahmen von der Regel doch einige freie, selbstdenkende, investigative Reporter überlebt hätten und ihre Berichte über das Internet publizieren könnten. Einer von ihnen ist der Journalist und Filmemacher Daniel Hopsicker[221], der in Florida seit dem 11.9. akribisch recherchiert, was da vor seiner Haustür, in den Flugschulen, Hotels und Bars, die von den »Hijackern« frequentiert wurden, eigentlich los war. Er hat darüber einen Videofilm gemacht, dem dieser Abschnitt seinen Titel verdankt und der unserem Buch als CD beiliegt: *Mohamed Atta and the Venice Flying Circus*. Auf dem kleinen Flughafen in Venice, Florida, etwa 20 Kilometer südlich von Sarasota, war die von Atta besuchte Flugschule Huffman Aviation des Holländers Rudi Dekkers beheimatet, und über beide hat Hopsicker einiges in Erfahrung gebracht, was die Massenmedien aus gutem Grund nicht aufgreifen, denn diese Recherchen lassen eigentlich nur einen Schluss zu: Die CIA oder auch andere US-Geheimdienste waren in diesen Fall involviert. In einem Interview mit Radio Free America[222] wurde Dan Hopsicker Anfang Januar 2003 zum Zwischenstand seiner Recherchen von Tom Valentine und Michael Piper befragt:

*Tom Valentine:* In Ihrem Buch über den CIA-Agenten Barry Seal haben Sie gezeigt – wie einige andere, die diese Materie untersucht haben, auch –, dass die weltgrößte Luftfracht-Airline für alle möglichen Zwecke und Absichten von der CIA geführt wurde. Haben Mitarbeiter des Geheimdienstes auch eine definitive Verbindung zu dem kleinen Flughafen in Venice? Manche Leute könnten erwidern, es sei einfach Zufall, dass Atta und die Jungs vom 11.9. dort hingingen, um fliegen zu lernen.
*Dan Hopsicker:* Das ist mittlerweile kein Zufall mehr. Stattdessen findest du heraus, dass Wallace J. Hilliard, der Besitzer dieser Flugschule in Venice, ein Geschäftspartner von einer der Schlüsselfiguren des Whitewater-Skandals ist, von Truman Arnold, einem Kumpel von Bill Clinton aus Arkansas, der Finanzchef der Demokratischen Partei war ... Hilliard – ein 70-jähriger Multimillionär aus der Versicherungsbranche und selbsternannter Mormonenbischof – kam, was unbestritten ist, vor drei Jahren mit dem aus Holland stammenden und in den Staaten lebenden Rudi Dekkers ins Geschäft. Der hatte eine Flugschule eröffnet, die kurz darauf von arabischen Flugschülern regelrecht überflutet wurde. Ursprünglich dachte ich, Dekkers sei der Besitzer, tatsächlich gehört Hilliard die Schule, an der Atta und die anderen 9/11-Hijacker lernten. Nebenan, im Florida Flight Training Center, das – zufällig, könnte man sagen – auch von einem Holländer geleitet wird, studierte ein anderer Hijacker: Zaccarias Moussaoui, der auch wegen der Anschläge angeklagt ist.
*Valentine:* Später tauchten die Bundesbehörden dort auf und beschlagnahmten alle Unterlagen der Flugschule.
*Hopsicker:* Richtig. Sie flogen alles aus, in einem Flugzeug mit Jeb Bush an Bord.
*Valentine:* Sagten die Bundesbehörden den lokalen Justizbehörden, dass sie ihre Nase aus der Untersuchung heraushalten sollen?
*Hopsicker:* Das ist korrekt. Ich saß mit zwei Justizbeamten aus dem Süden zusammen, einem amtierenden Sheriff und seinem unmittelbaren Vorgänger. Diese zwei Männer schauten mir direkt in die Augen. Sie hatten in ihrer Region viele Aktionen mitbekommen, an denen die CIA beteiligt war. Und sie sagten, dass die CIA auch auf irgendeine Weise involviert, wenn nicht sogar

verantwortlich war für die Anschläge auf das WTC. Glauben Sie bloß nicht, dass das zwei Linksradikale mit irrem Blick sind, die so etwas sagen, nein, es sind zwei Südstaaten-Sheriffs. Sie haben jahrelang CIA Aktivitäten beobachtet, ohne etwas machen zu können.

*Valentine:* Wer sind diese beiden Holländer?

*Hopsicker:* Tja, das ist die Frage: Wer sind diese Kerle? Warum brachten sie Hunderten von Arabern hier das Fliegen bei? So viele Luftfahrtjobs gibt es in der arabischen Welt gar nicht, aber sie trainierten Hunderte von jungen Männern für eine Handvoll Jobs. Hier ging irgendetwas anderes vor. Was sie taten, macht auch geschäftlich keinen Sinn. Diese Studenten zahlten doppelt soviel, wie die Ausbildung in Venice eigentlich wert ist, und warfen mit Geld um sich, das eindeutig jemand anderem gehörte. Wenn du die CIA bist und eine geheime Operation in diesem Land durchführst, brauchst du einen plausiblen Grund, um alles abstreiten zu können – warum also nicht zwei Holländer anheuern, damit sie in die Staaten kommen und das für dich erledigen? Dies ist eine große Geschichte.

Ich will Ihnen etwas sagen: Ich habe soeben ein dreistündiges Interview mit Attas amerikanischer Freundin geführt.

*Valentine:* Ich wusste bisher gar nicht, dass er eine Freundin hatte.

*Hopsicker:* Das ist es ja. Fragen Sie sich selbst, warum Sie davon nichts wissen. Hätten Sie das nicht sehen müssen, überall auf den Supermarkt-Illustrierten: »Ich hatte ein Date mit dem Terroristen.« Die Wahrheit ist, dass diese Frau sich versteckt. Ich musste sie lange suchen und überreden, mit mir zu sprechen.

*Valentine:* Diese Story müssten Sie doch sofort dem *National Enquirer* verkaufen können?

*Hopsicker:* Nein, ich denke, die sind nicht daran interessiert. Die Regenbogenpresse ist Teil der Frontoperation.

*Valentine*: Das heißt, die Regenbogenpresse ist nicht interessiert an Geschichten, die den Verdacht nahelegen, dass die CIA in verdeckte Operationen um Atta involviert ist?

*Hopsicker:* Attas Freundin war eine rosahaarige Stripperin. Sie lebte zwei Monate mit ihm zusammen, bevor sie ihn rauswarf, weil sie einen neuen Freund hatte. Aus ihren Beschreibungen können wir mittlerweile fünf Leute positiv identifizieren, die enge Begleiter Attas waren. Ich meine damit keine anderen

Flugschüler, sondern Leute, mit denen er sich regelmäßig traf. Sie leben noch, und ich kann Ihnen sagen: Es sind keine Araber. Es sind alles Deutsche.
Hier haben wir Atta, der acht Jahre brauchte, um ein eigentlich nur vierjähriges Stadtplanungsstudium in Hamburg zu absolvieren. Was hat er die ganze Zeit gemacht in Deutschland? Ist niemandem in Deutschland aufgefallen, dass der Ausländer Atta acht Jahre in einem vierjährigen Studium zubrachte? Natürlich fiel es auf, Atta war Geheimdienstagent. Und nach dem, was mir seine Freundin erzählte, auch psychopathisch genug, die Tat, die er begangen haben soll, wirklich zu begehen. Und er hasste die USA. Ich weiß nicht, wer die Maschinen ins World Trade Center gelenkt hat, aber Atta wäre dazu fähig gewesen.
*Valentine:* Was ist das für eine deutsche Connection?
*Hopsicker:* Ich habe nicht die leistete Ahnung. Aber dann – wenn du dir das Oklahoma-Bombing ansiehst – stellst du dir wieder die Frage: Wer war eigentlich dieser Andreas Strassmeier, der Deutsche, der in die ganzen Umstände des Falls so verstrickt war? …
*Valentine:* Wieviel wissen die örtliche Polizei und Justizbehörden in Venice von dieser ganzen Sache?
*Hopsicker:* Sie sind nicht blöd. Aber ihre Möglichkeiten, etwas zu tun, sind begrenzt. Ich sprach mit dem Polizeichef, und der war sehr einverstanden mit dem, was man von ihm verlangte. Der Polizei war es nicht erlaubt, sich um Dekkers' Geschäfte in Venice zu kümmern. Die Drug Enforcement Agency zum Beispiel verlangte von der örtlichen Polizei, Venice Airport in Ruhe zu lassen. Der Flughafen hatte »grünes Licht«, was immer das heißen mag. Der Polizeichef meinte, es sei nicht unüblich, dass dort mal nachts um drei ein Militärhubschrauber landet und drei Minuten später wieder wegfliegt.
*Piper:* Alle diese Fakten werden von der Weltpresse unterschlagen … Alle diese Informationen laufen auf einen Punkt hinaus: dass Atta nicht einfach ›für Osama Bin Laden arbeitete‹, wenn er überhaupt für Bin Laden arbeitete. Atta bewegte sich in Kreisen, die unter der Aufsicht der amerikanischen Geheimdienste stehen.
*Hopsicker:* Ich will mal für einen Moment spekulieren: Nachdem ich nun über ein Jahr in Venice recherchiert habe, scheinen mir hier zwei Dinge gleichermaßen möglich zu sein, und, ehr-

> lich gesagt, ich weiß nicht, welches richtig ist: Entweder betrieb die CIA eine verdeckte Operation, um Hunderte junge Araber im Fliegen auszubilden und als Agenten in Bin Ladens Organisation zu platzieren, oder jemand dealte, zwischen 1999 und 2001, an der Südwestküste Floridas mit Öl und Heroin gegen Waffen und Training. Ich glaube, dass die Absage von Henry Kissinger und George Mitchell, der Vizedirektor des Untersuchungsausschussses zum 11.9. werden sollte, auf einen kritischen Punkt deutet. Ich glaube, sobald der Irakkrieg vorüber ist, wird man sich wieder genauer anschauen, was am 11.9. wirklich geschah. Ich glaube, Kissinger und Mitchell haben abgelehnt, weil ihnen etwas bevorstand, was zehnmal größer ist als der Watergate-Skandal.

Am 25. Juli 2000 stürmte die Drug Enforcement Agency (DEA) auf dem Rollfeld des Orlando Executive Airport einen aus Venezuela kommenden gecharterten Learjet und beschlagnahmte ihn. 13 Kilogramm Heroin wurden konfisziert, zwei Venezolaner an Bord verhaftet. Dan Hopsicker fand bei seinen Recherchen heraus, dass dieser Jet (Charterpreis bis zu 1800 Dollar die Stunde) in den Monaten zuvor viele Dutzend Male für immer dieselbe Tour nach Venezuela und zurück gechartert worden war.[223] Besitzer der Plane 1 Leasing, die den Learjet für diese Touren vermietete, ist eben jener Wallace J. Hilliard, der neben Huffman Aviation auch noch die Fluglinie Discover Air betreibt. Diese Linie und auch die Leasing-Jets von Plane 1 standen niemand anderem als Jeb Bush und seiner Innenministerin Katherine Harris (die im Zuge der Wahlmanipulationen zu landesweiter Berühmtheit gelangte) praktisch jederzeit kostenlos zur Verfügung und wurden auch nach dem Heroinzwischenfall weiter von ihnen genutzt. Der Gouverneur stattete der Firma sogar einen Besuch ab und posierte mit der »Discover Air Family« auf Fotos, die mittlerweile aber von der Website verschwunden sind (im Google-Archiv aber in alter Pracht festgehalten werden).[224]

Wenn schon die Fotos von Jeb Bush inmitten der Belegschaft verschwunden sind, so tauchten irgendwelche Passagiere anscheinend gar nicht erst auf. Am 28. Juni 2001 meldete das Lokalblatt *Orlando Sentinel:* »Air Service nach Miami floppt, nicht eine Person kaufte ein Ticket, deshalb stoppt Discover Air Pläne für Flüge von Daytona Beach.«

Eine merkwürdige Luftfahrtunternehmung ist das, die kein einziges Ticket verkauft. Außer als Privatflotte für Jeb Bush und beim Heroinschmuggel scheinen die fliegenden Unternehmungen des Mormonenbischofs Hilliard in Florida nicht weiter aufgefallen zu sein, zumindest nicht bei zahlenden Passagieren. Mit seiner Übernahme von Huffman Aviation aber änderte sich das, Scharen von arabischen Flugschülern durchliefen von 1999 an dort ihre Ausbildung und zahlten Tarife, die kein Inländer auf den Tisch gelegt hätte. In dem verschnarchten Rentnernest Venice – gelegen zwischen dem Edelresort Boca Grande (einem Feriendomizil der Familie Bush) und Sarasota – blieb diese Invasion nicht unbemerkt. Spätestens als am 12. September 2001 bekannt wurde, dass die vermeintlichen Terrorpiloten, die die Maschinen in die beiden WTC-Türme gelenkt hatten, in Venice gelebt und fliegen gelernt hatten, hätten diese Hintergründe eigentlich umgehend in den Fokus der Medienöffentlichkeit geraten müssen, doch just an diesem Tag wurden sämtliche Unterlagen von Huffman Aviation vom FBI beschlagnahmt. »›Sie beluden zwei Trucks (mit Dokumenten von Huffman Aviation und dem Venice Police Department) direkt durch das Fenster der Polizeistation‹, berichtete uns ein Justizbeamter in Venice, ›und sie fuhren direkt zu einem C-130-Transportflugzeug, das mit Jeb Bush an Bord abflog. Das FBI nahm alle unsere Akten. Alles.‹«[225]

Und gäbe es nicht investigative Reporter wie Dan Hopsicker, könnte man meinen, dass alles mit rechten Dingen zuging im lauschigen Landkreis Sarasota in Florida, wo die Republikaner 41 von 42 Mandaten halten. Zufälle gibt es schließlich nicht nur immer wieder, sondern auch überall, ohne dass man sich dabei gleich was denken muss.

Dass die örtliche Polizei von der Bundesbehörde ausgebootet wird und das FBI Akten beschlagnahmt, ist – zumal in einem solchen Fall – nicht weiter verwunderlich. Und dass Gouverneur Bush selbst im Flugzeug sitzt, das die brisanten Akten ausfliegt, muss auch überhaupt nichts heißen. Vielleicht stimmt die Geschichte ja nicht einmal, und der ungenannte Justizbeamte, von dem sie stammt, wollte bloß originell sein. Vielleicht ist es auch Zufall, dass sich drei der vier Terrorpiloten unter den 200 Flugschulen Floridas ausgerechnet für die beiden von Wallace J. Hilliard entschieden, denn nur einige dieser Schulen sind vom INS autorisiert, die hoch begehrten I-20-M-Formulare zu vergeben, mit denen (nichtakademischen) Lernwilligen aus dem Ausland die Einreise »zur Berufsausbildung« ermöglicht wird – darunter eben Huffman Aviation und die Florida Flight Training School. Als die beiden unbekannten Dutch Boys Rudi Dekkers und Arne Kruithof diese Flugschulen übernahmen, wunderte man sich auf dem kleinen Flugplatz Venice zwar über ihren mangelnden Background, doch verfügten sie offenbar über Einfluss genug, die begehrte Autorisierung vom Immigration Service zu erhalten. Ebenfalls ein Zufall mag es sein, dass Mohammed Atta und seine Hamburger Gruppe, die der offiziellen Lesart zufolge im Juni 2000 nach Florida reisten, um fliegen zu lernen, nicht zum ersten Mal dort waren, sondern im April 2000 schon an anderen Flugschulen geübt hatten.

Aber jetzt fängt diese Häufung von Zufällen doch an, bedenklich zu werden. Denn zu dem doppelten Atta, der 2001 mit zwei Visa einreisen konnte, gesellt sich hier vielleicht noch ein dritter, der – als er bei Huffman Aviation anfing – schon eine Privatpilotenlizenz besaß und dieses Mal, wie Rudi Dekkers bei einem seiner vielen widersprüchlichen Interviews ausplauderte, nur einen Erweiterungsschein machen wollte. Dieser Mohammed Atta bezog im März 2000 – vier Monate bevor er der offiziellen Legende nach erstmals in die USA einreiste – gegenüber dem Venice Airport eines der Sandpiper

Apartments (so heißt das zweistöckige Gebäude). Sechs Wochen lang wohnte er dort bei seiner amerikanischen Freundin Amanda Keller. Anwohner erinnern sich an Attas unfreiwilligen Auszug: Die Freundin hatte ihn rausgeworfen und seine Koffer aus dem zweiten Stock auf den Parkplatz gefeuert. Amanda Keller, so ihre nächste Nachbarin Stephanie Frederickson gegenüber Hopsicker, arbeitete als Hostess bei einem Service für gewisse Stunden, trug ihre Haare in vielen schrillen Farben und war zum Dienst »gekleidet wie eine Nutte … Mitte März brachte sie Atta mit und sagte: ›Ich möchte Ihnen meinen Freund Mohammed Atta vorstellen, er ist aus Frankreich.‹« Als die FBI-Agenten in Venice auftauchten, setzten sie den Manager der Anlage und alle Augenzeugen unter Druck, ihre Geschichten nicht weiter zu verbreiten – so auch Mrs. Frederickson: »Unmittelbar nach den Anschlägen sagten sie zunächst zu mir, dass ich mich bei meiner Identifikation bestimmt geirrt hätte. Ansonsten müssten sie behaupten, dass ich lügen würde … Später fragten sie mich bloß immer wieder: ›Sie werden doch hoffentlich niemandem etwas erzählen?!‹.«[226]

Ist das nur eine klatschsüchtige Nachbarin, die sich wichtig tut? Wohl nicht. Denn Hopsicker kann sich auch auf eine AP-Meldung vom 15. September 2001 sowie auf Auskünfte von Amanda Keller berufen:

> »Charles Grapetine, der Manager der Sandpiper Apartments an der Airport Avenue in Venice, sagte, er erinnere sich, Atta drei Wochen lang im April auf dem Gelände gesehen zu haben. Er sagte, er habe in einem Apartment mit Amanda Keller gelebt … In einem Telefoninterview am Freitag sagte Frau Keller, dass sie Atta über einen Freund kennen gelernt habe und ihn in ihrem Apartment zusammen mit ihr und ihrem damaligen Freund, Garett Metts, wohnen ließ, weil er ihr leid tat. Sie sagte, die Behörden hätten ihr geraten, nichts über Atta zu erzählen.«

Amanda Keller ist mittlerweile aus Venice verschwunden, doch dass sie dem armen Atta aus Mitleid Unterschlupf gewährt haben will, ist fraglos eine fromme Legende. Stephanie Frederickson antwortete auf die Frage, was ihrer Meinung nach der Grund für die Liaison mit Atta war, obwohl er Amanda Keller doch mehrfach geschlagen haben soll:

> »Atta und seine Truppe warfen mit Geld nur so um sich, sie waren *party animals* ... Ich wohnte im zweiten Stock neben Amanda und Atta, aber als mein Vater nach einer Operation keine Treppen mehr steigen konnte, zog ich zu ihm nach unten ... Daher übernahmen Attas Kumpel mein altes Apartment. Einmal steckte ich den Kopf rein, da hausten mindestens acht in der kleinen Zwei-Schlafzimmer-Wohnung. Schlafsäcke überall am Boden.«

Irgendwie seltsam, dass es da einen Mohammed Atta gibt, der so gar nicht dem der offiziellen Legende entspricht. Einerseits der wortkarge, verkniffene Hamburger Student mit dem fundamentalistischen Testament, das er dem FBI am Flughafen hinterließ, nach dem ihn keine Frau nach seinem Tod berühren dürfe. Andererseits das »Party Animal«, der mit einem pinkhaarigen Callgirl zusammenlebt, »Beastie Boys« hört, im Stripteaseclub »Cheetah« und anderen Bars verkehrt, der gern und viel Wodka trinkt – und das Monate, bevor er offiziell in den USA ankam.

Wie oft mag sich Amanda Keller insgeheim gewünscht haben, ihre Geschichte an die Medien zu verkaufen, um ein für allemal aller Geldsorgen los und ledig zu sein! Und auch ihre Nachbarin hätte doch unter dem Motto »Tür an Tür mit dem Terrorpiloten« durch die Talkshows tingeln und ein bisschen Kleingeld verdienen können. Wenn, ja wenn da nicht die Behörden wären und auf gut Amerikanisch sagen würden: njet! Dies ist wohl auch der Grund, warum ein professioneller TV-Journalist wie Dan Hopsicker nur auf seiner Website publizieren kann, was er über die Hintergründe der »Bin Laden Air Force« und Attas diverse Aktivitäten in Florida herausgefunden hat.

Gerade in Sachen Atta stolpern wir in einem fort über elusive Informationen, die in schreiendem Widerspruch zu der offiziellen Legende stehen. Sie erinnern sich, dass wir Ihnen bereits eingangs dieses Phänomen unverhofften Auf- wie dauerhaften Abtauchens dissidenter Wahrheiten nahe gebracht haben. So meldeten in den Tagen nach den Anschlägen *Washington Post*, *Newsweek* und der Nachrichtendienst Knight Ridders übereinstimmend, dass einige der Terroristen in den 90er Jahren in amerikanischen Militäreinrichtungen ausgebildet wurden: Mohammed Atta an der Maxwell AFB in Montgomery, Alabama, Abdulaziz Al-Omari an der Brooks AFB in Texas und Said Al-Ghamdi am Defense League Institute im kalifornischen Monterrey. Letzterer sowie zwei weitere Terroristen sollen auch an der Naval Air Station in Pensacola, Florida, gewesen sein – in ihren Führerscheinen war eine Adresse der Militärsiedlung angegeben. Nachdem das Verteidigungsministerium verlautbart hatte, dass es sich aufgrund von Diskrepanzen im Alter und der Schreibweise nicht um die Hijacker handeln könne, beschied es die Nachfrage des demokratischen Senators Bob Nelson mit der Antwort, das FBI werde »jede mögliche Verbindung zu militärischen Einrichtungen« untersuchen.

Das war's. Seitdem ist der Nachricht, dass Atta und Co. schon früher in den USA waren und an Militärinstituten ausgebildet wurden, niemand mehr nachgegangen – so wenig wie dem Dolce Vita der »islamistischen« Partylöwen im sonnigen Florida, Attas angeblicher Freundin und seinem Pendelverkehr zwischen Venice, Naples und Miami in den Wochen vor dem Anschlag. Auch die dubiosen Flugschulen der beiden Holländer, die Hundertschaften von Arabern im Fliegen ausbildeten, und die merkwürdigen Luftfahrtgeschäfte ihres Geldgebers Hilliard machten keine weiteren Schlagzeilen – so wie sämtliche Unterlagen von Huffman Aviation im Schwarzen Loch« des FBI zu Ermittlungszwecken (d. h. auf Nimmerwiedersehen) verschwanden. Das Ergebnis dieser Ermittlungen ist bekannt: null, niente, nothing.

Ebenso erging es auch der E-Mail-Liste, die Atta und sein Begleiter Marwan Al-Shehhi zu einer Zeit führten, als sie angeblich noch gar nicht im Lande waren. Bei einer Firma für Luftfahrtartikel, Eastern Avionics, am Charlotte County Airport in Punta Gorda – 30 Kilometer südlich von Venice – hatte Al-Shehhi ein Headset gekauft und die E-Mail-Adresse der Firma in eine Adressliste aufgenommen. Da er offenbar zusammen mit Atta ein gemeinsames E-Mail-Konto benutzte, kam nun auch Post des »Bandenchefs« bei der Firma an – nichts, was über die Vorbereitung der Attacken Aufschluss gegeben hätte, aber auch nichts, was unbedingt auf einen »islamistischen Fundamentalisten« schließen lässt. So beschwerte sich Atta in einer Mail über die Amerikanische Universität Kairo, weil dort eine Studentin, die keinen Schleier trug, relegiert worden war: Die Uni solle sich gefälligst an die »Nicht-Diskriminierungs-Politik« in ihrer Satzung halten. Erstaunlich frauenfreundliche Töne für den misogynen Fanatiker Atta der offiziellen Legende.[227]

Uns fehlen die Möglichkeiten, die Identität dieses doppelten Atta weiter aufzuklären, doch die hier dargelegten Puzzlesteine müssten für einen Untersuchungsausschuss doch dringender Anlass sein, die Vorgänge in Florida akribisch unter die Lupe zu nehmen – schließlich geht es um den vermeintlichen »Rädelsführer« eines gigantischen Verbrechens. Da sollte man doch eigentlich erwarten dürfen, dass auch noch der unbedeutendsten Spur nachgegangen wird. Die Tatsache, dass das eben nicht geschieht und bis heute 19 Passbilder und Namen sowie ein Flughafenfoto von Atta in Portland alles sind, was an »Fleisch« für die These von den »19 Hijackern« vorliegt – diese Tatsache spricht angesichts der rekonstruierten Zusammenhänge für sich. Ganz offensichtlich soll hier nicht weiter ermittelt werden, denn wer in dieses Wespennest sticht, muss befürchten, einen ganzen Schwarm aufzuscheuchen. Nicht von islamistischen Turbanträgern, sondern von westlichen Schlapphüten – aus den Geheimdiensten der USA,

Deutschlands sowie, in der Rolle des »Führungsoffiziers«, Pakistans. General Mahmud Ahmed, Chef der ISI in Islamabad, ließ bekanntlich im Juli 2001 auf ein Konto Attas in Florida 100.000 Dollar überweisen, wie wir schon in *VVG* (S. 139 ff.) ausgeführt haben.

Dieser mehrfache Mohammed Atta, so schließen wir aus den Konturen dieser bisher ignorierten Puzzlesteine, hat weniger das Profil eines kurzfristig fanatisierten Selbstmordbombers als vielmehr das eines langjährigen Eliteagenten. Dass er in diesem Plan am Ende als »goat« fungieren würde, wie im Geheimdienstjargon der zur öffentlichen Schlachtung präsentierte Sündenbock heißt, ahnte er dann wohl zu spät.

Daniel Hopsicker hat die »German Connection« des doppelten Atta mittlerweile weiter recherchiert: Während seiner Liaison mit Amanda Keller stellte er ihr fünf deutsche bzw. deutschsprachige Freunde vor, mit denen er häufig zu tun hatte. Sie alle hatten Pilotenscheine oder arbeiteten als Fluglehrer, zwei von ihnen nannte Atta »meine Brüder«. Mit ihnen war er laut Keller sehr eng verbunden, sie hingen dauernd zusammen und gingen gemeinsam aus: »Diesen Jungs flog das Geld nur so aus der Tasche, es schien ihnen niemals auszugehen. Und sie hatten immer reichlich Kokain.« Mehrfach soll Atta – bei aller Partylaune – von Treffen mit ihnen allerdings auch sehr ernst und deprimiert zurückgekommen sein, woraus Daniel Hopsicker schließt, dass es bei diesen Treffen um Attas Mission ging und es sich bei seinen »Freunden« um seine Agentenführer handelte.

Hopsickers Recherchen zu dieser Verbindung sind noch nicht abgeschlossen. Vier dieser Begleiter sollen mittlerweile wieder nach Deutschland zurückgekehrt sein, einer hat die US-Staatsbürgerschaft erhalten und lebt in den Vereinigten Staaten. Hat Atta, der in den 90er Jahren als Stipendiat und Tutor der deutschen Carl-Duisberg-Gesellschaft (CDG) mit Geld und Reisemöglichkeiten ausgestattet wurde, dieses Studium als Tarnung genutzt, um sich heimlich mit islamistischen

Fanatikern zu vernetzen und zum »Terrorchef« ausbilden zu lassen? Oder wurde er 1996, als man ihn über den Kanal einer unverdächtigen Industriestiftung (die CDG wurde von einem Direktor der Bayer AG gegründet) mit einem für einen Studenten stattlichen Monatssalär von 2635 DM ausstattete, bereits als inoffizieller Mitarbeiter rekrutiert? In der Marienstraße in Hamburg jedenfalls, wo Atta und andere Terrorverdächtige logierten, gaben sich die verschiedensten Geheimdienste quasi die Klinke in die Hand...

## Tausendundeine Nacht in Hamburg

Mindestens 1001 Tage und Nächte lang haben die Geheimdienste die obskursten Spiele miteinander gespielt. Und wenn sie nicht gestorben sind, dann spielen sie noch immer. Und wir? Wir stehen nur am Rand und staunen.

Erinnern Sie sich noch an solche Namen wie Mounir Al-Motassadeq und Ramzi Binalshibh, geschweige denn Mamoun Darkazanli, Haydar Zammar oder Mahmud Salim? »Das FBI forderte Darkazanlis Arrest, aber die Deutschen sagten, es gebe zu wenig Beweise. Sie stellten ihn dennoch unter Beobachtung.« So schrieb die *New York Times* am 11. Juli 2002 in Bezug auf die »Nachbereitung« des 11.9.[228]

Dieser Darkazanli (und das ist nur ein Name von Hunderten, die immer mal wieder genannt werden) fiel angeblich durch eine Bankvollmacht für ein Konto eines Mohammed Haydar Zammar auf, der zwischenzeitlich mal festgenommen worden war, weil er mit den Botschaftsattentaten in Nairobi und Daressalam 1998 in Verbindung gebracht wurde. Wie auch immer, ob in Al Qaida verwickelt oder nicht – Darkazanli interessiert uns nicht weiter. Wir nehmen nur einfach einmal diesen Namen, um festzustellen, dass es zwischen Geheimdiensten offenbar zum guten Ton gehört, sich wechselseitig auf die Füße zu treten.

Das FBI wollte also Action sehen bei den Deutschen, und die begnügten sich ab 1997 zunächst mit reiner Beobachtung, bevor sie dann ab 1998 auch die Telefone von Darkazanli und Zammar überwachten, was schließlich ab dem 17. Februar 1999 zur Überwachung der Atta-Wohnung in der Marienstraße führte.

Telefonüberwachung? Muss sowas nicht richterlich angeordnet werden? Setzt das nicht wiederum erhebliche Verdachtsmomente voraus? Eine Frage, auf die wir noch kommen werden – nicht jedoch die *New York Times*. Stattdessen finden sich hier heftige Vorwürfe an die Adresse des FBI. »Wir hatten immer den Verdacht, dass die Amerikaner Geheimdiensterkenntnisse zurückhielten, und jetzt haben wir den Beweis«, sagt Rolf Tophoven, ein deutscher Antiterror-Experte mit engen Verbindungen zu deutschen Diensten.[229]

Das ist der eine Vorwurf in der *New York Times*. Der andere, bezogen auf Februar 1999, lautet: »Um diese Zeit nahmen die amerikanischen Ermittler die Sache selbst in die Hand. Ein mit dem Fall vertrauter Ermittler sagte, die deutsche Polizei entdeckte, dass amerikanische Agenten in Hamburg Leute über Darkazanli und Zammar vernommen hätten, ohne die deutschen Behörden zu informieren.«

Befreundete Geheimdienste entfalteten also ab 1999, etwa im Februar, eigene Aktivitäten in Hamburg. Obwohl die Telefone der Verdächtigen überwacht wurden, obwohl die Deutschen »dran« waren. Oder waren die Deutschen dran, *weil* sie merkten, dass US-Geheimdienste in Hamburg aktiv wurden?

Das riecht ziemlich nach Katz-und-Maus-Spiel. Aber so recht erfahren wir nicht, wer da überhaupt mitgespielt hat. Zur Auswahl stehen CIA, FBI, Verfassungsschutz, BKA, BND. Mindestens. Dass und wie dem so ist, erfahren wir auch aus einer Presseerklärung der Hamburger Innenbehörde vom 18. November 2002:

> »Aus Anlass der aktuellen Presseberichterstattung über Ermittlungen in Zusammenhang mit Herrn Darkazanli betont die

> Behörde für Inneres die besonders enge und ausgezeichnete Zusammenarbeit mit den amerikanischen Dienststellen bei der Bekämpfung des internationalen islamistischen Terrorismus in Hamburg. Es gibt in dieser Hinsicht nach beiderseitiger Einschätzung keinerlei Anlass für atmosphärische noch sonstige Irritationen, wie Staatsrat Walter Wellinghausen schon nach seinem Besuch in Washington im Oktober mitgeteilt hat. Das Hamburger Landesamt für Verfassungsschutz (LfV) sieht Herrn Darkazanli bereits seit mehreren Jahren als Verdachtsperson mit Kontakten in das internationale islamistische Netzwerk und hat auch eigene Ermittlungen in dieser Hinsicht durchgeführt. Hinweise für diesen Verdacht lieferte insbesondere die Verhaftung des Sudanesen Mamdouh Mahmud Salim 1998 in Bayern, der an die USA ausgeliefert wurde und dort inhaftiert ist. Tatsache ist, dass mehrere deutsche Sicherheitsbehörden gegen Herrn Darkazanli ermittelt haben und zur Zeit noch ermitteln. Hierzu konnte das LfV eigene Erkenntnisse beisteuern, die auch an die Strafverfolgungsbehörden übermittelt wurden. Operative Maßnahmen des LfV Ende 1999/Anfang 2000 hatten vor allem zum Ziel, Herrn Darkazanli deutlich zu machen, dass er im Visier der Sicherheitsbehörden steht. Dies geschah vor dem Hintergrund allgemeiner Warnungen vor Anschlägen aus dem Al-Qaida-Netzwerk, die sich auch auf Hamburg beziehen. Zu weiteren operativen Einzelheiten werden aus Ermittlungsgründen keine Auskünfte gegeben. Generell ist allerdings darauf zu verweisen, dass die Tatsache von Ermittlungen im Zusammenhang mit Herrn Darkazanli bereits unmittelbar nach dem 11.9.2001 auch der Presse bekannt war und der Bezugsartikel aus der *Chicago Tribune* insoweit keine neue Einschätzung enthält.«[230]

Wir lernen: *Mehrere* deutsche Sicherheitsbehörden waren da dran. Und zur Jahreswende 1999/2000 hat man Mamoun Darkazanli erschreckt und »Buh, wir beobachten dich!« gemacht. Also etwa ein Jahr sowohl nach Beginn der Telefonüberwachung als auch nach der gesetzwidrigen US-Geheimdienstoperation. Also *zwei* Jahre *vor* dem 11.9. Nun ist wirklich nicht mehr zu bestreiten, dass in der Hamburger Marienstraße die Schlapphüte aller Provenienz sich die Klinke in die Hand gaben oder aus der Hand rissen, Türen öffneten und zuschlugen. Klar, dass dann der »Bezugsartikel aus der *Chicago Tribune* insoweit keine neue Einschätzung enthält«. *Insoweit.* Was sagt er denn noch, dieser Artikel vom 17. November 2002?

> »CIA belauerte Al Qaida in Hamburg
> Bei der Suche nach Informanten versuchte der Geheimdienst 1999, einen aus der Gruppe der 9/11-Hijacker in Deutschland anzuwerben ... Die Versuche der CIA, Mamoun Darkazanli anzuwerben, wurden Ende 1999 initiiert, zu einer Zeit, als drei der vier Hamburger Studenten, die später die entführten Flugzeuge steuerten, in einem Trainingscamp von Al Qaida in Afghanistan erstmals von dem Entführungs-Plot erfuhren.«[231]

Interessant. Die »Hamburger« waren also sukzessive zu Osama geschickt worden – und Darkazanli sollte nun von der CIA angeworben werden. Von der CIA, nicht vom FBI! Es ging also gar nicht mehr, wie behauptet wurde, um »Befragungen«, die ja schon illegal waren, sondern um Rekrutierung von Agenten und volle Geheimdiensttätigkeit in Deutschland.

Und nun schauen wir uns die Abfolge der Ereignisse wieder an: Die »Deutschen« ließen Darkazanli also wissen, dass er beschattet wurde, nachdem die CIA mit dem Anwerbeversuch begonnen und dies ihren Kollegen wohl auch offen angekündigt hatte. Vielleicht war da der Hamburger CIA-Vertreter schlicht in die Büros des Hamburger Verfassungsschutzes spaziert, mahnte zunächst die Verhaftung Darkazanlis und dessen Überstellung in die USA an und forderte jetzt auf einmal die Anwerbung. Stellvertretend für die CIA dackelte dann ein Verfassungsschützer zu Herrn D., erhielt eine Abfuhr und daraufhin eine Lektion der CIA, wie das »richtig« gemacht wird. Die Deutschen versuchten es dann noch mal, mit ähnlichem Misserfolg. Und dann spuckten sie der CIA offenbar in die Suppe. Warum? Wir wissen es nicht. Nicht einmal, ob das alles so war wie geschildert. Am 31. Oktober 2001 kam – laut *Chicago Tribune* – ein serbischer Einbrecher des Wegs und brachte einen Stoß Darkazanli-Akten ins Hamburger Polizeihauptquartier. Habe er gerade gestohlen, sagte er. Wie es Einbrecher eben halt so machen, ihre Beute zur Polizei zu bringen. Junge serbische Einwanderer zumindest machen es so, was man auch in Chicago bemerkenswert fand.

> »Bisher sind keine Belege dafür aufgetaucht, dass amerikanischen Geheimdiensten vor dem 11.9.2001 etwas von den Plänen Al Qaidas, Zivilflugzeuge in Häuser zu stürzen, bekannt war, obwohl Ermittler des Kongresses in diesem Zusammenhang verschiedene verpasste Gelegenheiten beschrieben. Aber die Enthüllung, dass die CIA versuchte, Darkazanli als Agenten zu gewinnen, zu einer Zeit, als die ursprünglichen Entführungspläne ausgeheckt wurden, markiert die frühesten und tiefsten Fußabdrücke der US-Geheimdienste vor dem Fenster der Hijacker.«

Sind jedoch diese »Fußabdrücke« nur außerhalb der Hijackerwohnungen zu finden? Die *Frankfurter Allgemeine Sonntagszeitung* meldete am 2. Februar 2003, zumindest ein Informant (allerdings nur in der Al-Quds-Moschee in Hamburg, aber das schon vor Jahren) habe gewonnen werden können, und kam hinsichtlich der oft bemühten These von den »Schläfern« zu dem Schluss: »Vielmehr schlossen sich die drei Hamburger Todespiloten und ihre Helfershelfer unter den Augen diverser Nachrichtendienste zu einer Terrorgruppe zusammen und planten den wohl spektakulärsten Terroranschlag in der Geschichte – während sie beobachtet wurden.«

Liefen alle Anwerbeversuche so wie bei Darkazanli? Gab es wirklich seit 1997 nur Misserfolge, Unwissen, Pleiten? Und wenn ja, waren sie Folge der Unfähigkeit (schon wieder diese Standarderklärungsformel ...) des deutschen Verfassungsschutzes – oder steckt dahinter etwas anderes? Etwas Licht in dieses Dunkel bringen die Anfrage 14/7247 der CDU/CSU-Bundestagsfraktion zu den Hamburger Vorgängen – und die in ihrer nichts sagenden Beliebigkeit höchst aussagekräftige Antwort der Bundesregierung:

> »Medienberichten zufolge ist es im Zusammenhang mit der Verfolgung islamistischer Terrorstrukturen in Deutschland zu Differenzen zwischen dem Bundeskriminalamt (BKA) und dem Generalbundesanwalt gekommen. Danach soll dem Generalbundesanwalt bereits im Januar 2000 derart brisantes Tatsachenmaterial über den islamistischen Extremismus in Deutschland vorgelegt worden sein, dass aus Sicht des BKA genügender Anlass zur Einleitung eines Ermittlungsverfahrens bestand. Der Generalbundesanwalt soll hingegen einen entsprechenden Anfangsverdacht verneint haben. Er soll ein Tätigwerden seiner Behörde auch sechs Monate später abgelehnt haben, als das BKA weiteres Material vorlegte, welches die Annahme strafbarer Handlungen erhärtete.«[232]

In der ARD-Sendung »Kontraste«, die am 4. Oktober 2001 mit dem Tenor »Hat Kay Nehm versagt?« ausgestrahlt wurde, erklärte der Sprecher des BKA mehrfach, dass aus Sicht seiner Behörde die seinerzeit gesammelten Erkenntnisse ausgereicht hätten, die Einleitung eines Ermittlungsverfahrens für angezeigt zu halten. Dem Vernehmen nach soll es sich insbesondere um Erkenntnisse über die Terrororganisation Osama Bin Ladens gehandelt haben, bis hin zu Hinweisen auf mindestens zwei Personen, die inzwischen als mutmaßliche Attentäter der Anschläge vom 11.9. identifiziert worden sind, sowie auf einen mutmaßlichen Drahtzieher der terroristischen Anschläge, der sich bis zum 9. September 2001 in Deutschland aufgehalten haben soll. Das wirft also die Frage auf, ob die Vorbereitung der Anschläge aufgedeckt worden wäre, wenn der Generalbundesanwalt die aus Sicht des BKA gebotenen strafprozessualen Maßnahmen ergriffen hätte. Und was lernen wir daraus? Die CIA gab keine Infos preis, wollte jedoch Gehorsam, und in Deutschland selbst wurden offenbar Ermittler zurückgepfiffen.

Und das geht so weiter! Auch im Motassadeq-Prozess wurden Informationen – und zwar von *deutschen* Behörden – zurückgehalten. Mounir Al-Motassadeq war erst 2002 in Hamburg festgenommen worden unter dem Vorwurf, Atta logistisch unterstützt zu haben. Er wurde im Frühjahr 2003 wegen Beihilfe zum Mord in 3000 Fällen zu 15 Jahren Gefängnis verurteilt. Ramzi Binalshibh hatte ebenfalls intensiven Kontakt zu Atta. Er setzte sich nach dem 11.9. nach Pakistan ab, gab selbstbezichtigende prahlerische Interviews, wurde dort festgenommen und gilt seitdem als Gefangener der USA – festgehalten an einem geheimen Ort. Diese Tatsachenbehauptung darf durchaus bezweifelt werden. Während andere angebliche Mitverschwörer Attas wie eben Al-Motassadeq oder auch Moussaoui in normalen Gefängniszellen sitzen, ihre Unschuld beteuernd, wird ausgerechnet derjenige, der sich selbst der Mittäterschaft bezichtigt, an einem geheimen Ort festgehalten? Ebenso seltsam, dass Zammar derzeit laut *Washington Post* vom 31.1.2003 in Syrien festgehalten und gefoltert wird. In Syrien? Auf amerikanisches Geheiß?[233]

Zurück zum Tanz der Schlapphüte rund um die Marienstraße. Der *Spiegel* berichtete am 8. Januar 2003 unter der Überschrift »Motassadeqs letzte Chance«:

> »Bisher aber lehnten die USA eine Vernehmung Binalshibhs ab. Doch auch die deutschen Behörden wie der BND oder das Bundeskriminalamt (BKA), denen nach eigenem Bekunden ebenfalls lediglich Zusammenfassungen der Aussagen vorliegen, stellten sich bisher gegenüber dem Gericht und seinen Ersuchen taub. BND-Chef August Hanning beschied im Dezember 2002 noch einmal schriftlich, dass ihm zu der Causa Binalshibh ›keine weitergabefähigen Informationen‹ vorlägen.«

Die ach so befreundeten Dienste mögen sich offenbar also nicht – nicht einmal die im eigenen Land. Was dazu führt, dass man auf US-Seite, wie schon zu Beginn dieses Kapitels geschildert, so gut wie keine Informationen rausrückt, aber fleißig Festnahmen und Verurteilungen fordert. Im Falle der Verurteilung Al-Motassadeqs hielt die deutsche Verteidigung es allerdings schon für sinnvoll, Ramzi Binalshibh vernehmen zu können – ein Zeuge, der immerhin sowohl mit Al-Motassadeq als auch mit Atta und den anderen zusammenlebte und sich (wo auch immer) in den Händen der Amerikaner befindet. Da wurde gemauert, so wie bei allem materiellen Beweismaterial.

Zugleich ist jedoch der Informationshunger der US-Dienste unersättlich. Wir wollen ja niemandem etwas unterstellen, aber dass da in den USA plötzlich Koffer deutscher Richter und Ermittler verschwinden, lässt sich nicht kategorisch als klandestine Möglichkeit zur Einsichtnahme in die darin deponierten Akten ausschließen. Was war passiert? Der Richter im Motassadeq-Prozess sowie zwei Kollegen aus der Staatsanwaltschaft waren zur Zeugenvernehmung in die USA geflogen und hatten natürlich zu diesem Zweck Prozessakten mit dabei. Im Koffer wohlgemerkt, nicht in der Jackentasche. Eben diese Koffer fehlten dann bei der Gepäckausgabe auf dem Ankunftsflughafen, »fanden sich« jedoch ein, zwei Tage später wieder ein – zumindest zwei der drei Koffer. Mit dem, was er am Leib trug, marschierte der weiterhin kofferlos gebliebene Dritte in den US-Gerichtssaal.[234]

Wie viel die deutschen Dienste insgeheim über den 11.9. wissen, kann und darf die Verantwortlichen in den USA schon mal interessieren. Nur schält sich für uns eine seltsame Informationslage heraus: Sowohl in den USA als auch in Deutschland waren die polizeilichen Ermittlungsbehörden nahe an den Beschuldigten dran. Was in den USA ein O'Neill, mögen hierzulande ein paar engagierte Verfassungsschützer, BKA- und BGS-Beamte gewesen sein. Aber anscheinend hakte es nicht nur zwischen der CIA und den deutschen Ermittlern, sondern auch zwischen Generalbundesanwalt/BND einerseits und BKA/BfV/BGS andererseits.

Hilft da die Behauptung Amanda Kellers, ihr zwischenzeitlicher Liebhaber Atta sei in Florida von fünf *deutschen* Freunden umgeben gewesen, irgendjemandem auf die Sprünge? Wahrscheinlich nicht.

Die deutsche Öffentlichkeit wachte auch bei der folgenden AP-Meldung am 22.1.2003 nicht auf:

> »Das Oberlandesgericht präsentierte am Mittwoch so genannte Sperrerklärungen von Bundeskanzleramt und Innenministerium, wonach vorliegende Aussageprotokolle des in den USA inhaftierten mutmaßlichen Terrorhelfers Ramzi Binalshibh dem Gericht nicht zur Verfügung gestellt werden. Eine Weitergabe der vertraulichen Aussagen Binalshibhs, der in den USA in Haft sitzt, beeinträchtige die Zusammenarbeit zwischen den Nachrichtendiensten und würde ›dem Wohl des Bundes Nachteile einbringen‹, hieß es in den Erklärungen des Bundeskanzleramtes für den BND und des Innenministeriums für das BKA.«[235]

Das »Wohl des Bundes« steht also auf dem Spiel. Damit aber erst gar keine Zweifel aufkommen, dass die Interessen der Bundes- und der US-Regierung zwei getrennte Paar Schuhe sind, heißt es weiter: »Außerdem hätten die US-Behörden die Verwendung der Protokolle ausdrücklich nicht gestattet.«

Wir kommen zu einer unserer ersten Fragen zurück: Wenn ein Richter seit 1998 Telefonüberwachung genehmigte, müsste die Staatsanwaltschaft bei deren Beantragung erhebliche Verdachtsmomente vorgelegt haben, die diesen Eingriff in die Grundrechte begründen. Warum kann darüber heute keine Auskunft gegeben werden? Gab es vielleicht gar keine richterliche Genehmigung, wurde in Hamburg an aller Gesetzlichkeit vorbei geheimdienstelt? Das kommt immer mal wieder vor, ist zwar einerseits nicht legal, aber andererseits auch nur ein Formfehler, zumal wenn sich, wie in diesem Fall, herausstellt, dass es durchaus gute Gründe für die Überwachung gab. Wie kann, wenn sich deutsche Ermittler korrekt verhalten haben sollten, die Aussage eines Binalshibh »das Wohl des Bundes« beeinträchtigen? Was hat »das Wohl des Bundes« mit Al Qaida zu tun? Und sind wir schon wieder so weit, dass das »Staatswohl« ausreicht, um das Recht zu beugen und Höchststrafen auszusprechen?

Wir vermuten, dass es nicht ein bloßer Formfehler ist, der mit dieser Informationsblockade über eine fehlende richterliche Lauscherlaubnis vertuscht werden soll, sondern ein schweres Zerwürfnis. Kam etwa im Verlauf der Ermittlungen heraus, dass BKA und FBI in Hamburg an Leuten dran waren, die schon auf der Gehaltsliste der CIA standen und nicht erst wie Darkazanli angeworben werden mussten?

Wir haben dafür keine Beweise, aber der Verdacht, dass nicht nur Binalshibh, sondern auch Atta und andere »Hijacker« CIA-Agenten gewesen sind, drängt sich angesichts dieses Verlaufs der Ereignisse einmal mehr auf. So wie Anti-Terrorchef John O'Neill und das FBI dem Al-Qaida-Stützpunkt der Al-Hadas im Jemen auf die Spur gekommen waren und zurückgepfiffen wurden, weil die CIA dort schon lange dran war – so könnten FBI und BKA/Verfassungsschutz auch dem Stützpunkt Marienstraße näher gekommen sein, als es der dort aktiven und fröhlich rekrutierenden CIA recht war.

# Nichtermittlungen

»Wunder geschehen nicht im Gegensatz zur Natur, sondern im Gegensatz zu dem, was wir von der Natur wissen«, stellte schon der Heilige Augustinus fest, und wir sind geneigt, diesem erkenntnistheoretischen Ansatz zu folgen. Insofern heißt es, offen zu bleiben, sein Wissen über die Natur jederzeit zu erweitern, sofern eindeutige Beweise für ein Wunder vorliegen.

Auch die Beweislage im Fall der Anschläge des 11.9. offenbart eine Reihe von Merkwürdigkeiten, von denen einige durchaus als Wunder bezeichnet werden können. Weltweit geisterte zum Beispiel die Nachricht durch die Medien, der Pass von Satam Al-Suqami, einem der vermeintlichen Terroristen aus der AA 11, sei einen Block vom WTC entfernt aufgefunden worden. Das derart überlebenstüchtige Dokument wurde freilich nie gezeigt, obwohl das feuerfeste Material doch absolut patentreif wäre – und uns umgehend glauben ließe, das hier keinerlei Wunder stattgefunden hat.

## Fabrizierte Beweise

Der zweite, ebenfalls an ein Wunder grenzende Zufall geschah dann in Boston, wo Mohammed Attas Tasche hängen blieb. Sie wurde angeblich nicht in den Anschlussflug umgeladen. So etwas kann passieren, ohne Frage, doch die Funde, die im Gepäck des »Topterroristen« gemacht wurden, lassen uns diesen Zufall dann doch eher im Bereich des Wunderbaren vermuten.[236]

Da wurden etwa Teile einer Pilotenuniform gefunden, ein Handbuch für einen Boeing-Simulator, zwei Videobänder von Boeing-Flügen, ein tragbarer Flugcomputer – und, neben einem Testament und handgeschriebenen »Anweisungen«, natürlich auch ein Koran, wie es sich als Wegzehrung für einen ordentlichen Islamisten gehört. Als wunderbar erscheint dieses Sammelsurium deshalb, weil es jeder Logik entbehrt: Atta hatte ein Ticket, was sollte also die Uniform? Er befand sich angeblich auf seiner letzten Mission, wozu das Testament in einem Gepäckstück, das in einem Feuerball hätte enden müssen? Wenn die »spirituellen Anweisungen für den Selbstmordanschlag« *(Spiegel)* wirklich für den letzen Gang gedacht waren, warum befanden sie sich dann nicht im Handgepäck, sondern in der aufgegebenen Tasche? Weder aus der Sicht des »Attentäters« Atta noch aus irgendeiner anderen Perspektive machen diese Fundstücke in der »zufällig« hängen gebliebenen Tasche irgendeinen Sinn. Sie entbehren wirklich jeder Logik, außer einer einzigen: Es handelt sich hier offensichtlich um einen fabrizierten Beweis, der mit symbolischen Trophäen – Uniform, Flughandbücher, Computer, Koran – jenen neuen Terroristentypus profiliert, der mit dem 11.9. erstmals zu Tage trat: den »islamistischen Terrorpiloten«.

In diese Kategorie der »fabrizierten Beweise« gehören außer jenem Pass, der feuerfester ist als die Stahlsäulen des WTC, und der Reisetasche mit den wunderbaren, alles erklärenden Fundstücken noch weitere Indizien, allen voran die gefälschten Listen von Passagieren und Tätern, denen wir uns bereits ausführlich gewidmet haben. Ähnlich wie bei dem hitzebeständigen Ausweispapier, das kein Mensch gesehen hat, wären wir auch hier durch eine Präsentation von Originalfluglisten ganz leicht zu überzeugen, dass die verdächtigten 19 Hijacker tatsächlich alle an Bord waren. So aber scheint es uns weiterhin ein Wunder, dass viele der 19 nach dem 11.9. noch lebten und dass sie bis heute als Täter gehandelt werden, obwohl sie zum Tatzeitpunkt nicht einmal in den USA waren. Um dieses

Mysterium realistisch erscheinen zu lassen, mussten freilich einige weitere kleine Wunder geschehen: Die nicht vorhandenen Täter mussten auch für die Videokameras an den Flughäfen unsichtbar werden – und bis auf Mohammed Atta, der beim Einchecken auf dem Provinzflughafen Portland aufs Videoband geriet, wurden sie das auch. Nicht weil sie über die magische Fähigkeit des Unsichtbarmachens verfügen, sondern weil – oh Wunder – an den internationalen Flughäfen in Boston und Washington angeblich keinerlei Videoaufzeichnungen gemacht werden.

**Die Zeit des Vergnügens und der Zeitverschwendung ist vorüber**

Wie ernsthafte Ermittlungen mit Beweisstücken umgehen müssten, demonstrierte Robert Fisk, der Nahost-Korrespondent des britischen *Independent,* am 29. September 2001 in einer Textanalyse der angeblichen Selbstmordanweisung, die in Attas Gepäck gefunden wurde:

»Welcher Muslim würde schreiben: ›Die Zeit des Vergnügens und der Zeitverschwendung ist vorüber‹?
Wenn das handgeschriebene fünfseitige Dokument, von dem das FBI behauptet, es sei in dem Gepäck von Mohammed Atta ... gefunden worden, echt ist, dann glaubten die Männer, die mehr als 7000 Unschuldige ermordeten, an eine sehr exklusive Version des Islam – oder waren überraschenderweise mit ihrer Religion nicht vertraut ...
Das Dokument beginnt mit den Worten: ›Im Namen Allahs, des Gnadenvollsten, des Allergütigsten ... Im Namen Allahs, in meinem Namen und im Namen meiner Familie.‹
Das Problem ist, dass kein Muslim – wie ungebildet auch immer – seine Familie in ein solches Gebet einbeziehen würde. Natürlich würde er sich zuerst an Allah und sofort danach an den Propheten Mohammed wenden. Libanesische und palästinensische Selbstmordattentäter sind bisher nie dafür bekannt gewesen, sich auf ›die Zeit des Vergnügens und der

Zeitverschwendung‹ zu beziehen – weil ein wahrer Muslim niemals seine Zeit ›vergeuden‹ und Vergnügen als eine Belohnung im Leben nach dem Tode ansehen würde.
Und welcher Muslim würde seine Glaubensbrüder drängen, das Morgengebet zu beten – und daraufhin daraus zitieren? Ein wahrer Muslim müsste nicht an seine Pflicht erinnert werden, das erste der fünf Tagesgebete aufzusagen – und müsste gewiss nicht an den Text erinnert werden. Das ist so, als würde es ein Christ, der seine Gefolgsleute zum Gebet des Vaterunsers drängte, für nötig halten, das gesamte Gebet zu rezitieren für den Fall, dass sie sich nicht mehr daran erinnern.«
Fisk macht klar, dass es sich hier nicht um eine strenge Glaubensvariante à la Osama handelt, sondern um Widersprüche des Textes zum ganz normalen islamischen Grundkanon. Er erinnert daran, dass CIA-Übersetzer sich oft als libanesische Maronitische Christen herausstellten, deren Verständnis des Islam und seiner Gebete so manches Mal zu ernsthaften Textirrtümern geführt hat. So baut Fisk sogar noch eine Brücke zwischen offensichtlich falschem Beweis und der offiziellen Theorie.
Wie auch immer: Das angebliche Bekennerschreiben Attas scheint uns ein interessantes Dokument für die bewusste Einbringung gefälschter Beweise zu sein.

*http://www.independent.co.uk/story.jsp?story=96697*

In diese Rubrik der fabrizierten Beweise gehören nach unserer Meinung auch die Telefonate aus den Flugzeugen, wobei wir, wie oben ausführlich dargelegt, gar nicht bestreiten, dass es sie gegeben hat, sondern nur auf die eklatanten Widersprüche und Ungereimtheiten verweisen, die sich aus den der Öffentlichkeit zugänglich gemachten Gesprächen ergeben. So lange der komplette Funkverkehr zwischen den entführten Maschinen und der Bodenkontrolle als Staatsgeheimnis versiegelt bleibt, sind diese Telefonate bzw. das, was davon an die Öffentlichkeit gelangt ist, die einzigen Zeugnisse über das Geschehen an Bord der Maschinen. Sie sind, wie wir unter anderem am Fall von Bushs Kronanwalt Olson zeigen konnten, äußerst dubios, gleichwohl aber zentral für die offizielle Version des Tatablaufs. Anhand der Handyrechnungen bzw. der Kreditkartenabbuchungen durch das Bordtelefon ließen sich die Zweifel an diesen Telefonaten sehr leicht ausräumen, ebenso wie durch die Veröffentlichung der Mitschnitte jener Gespräche, die auf Band aufgezeichnet wurden.

## Unterdrückte Beweise

In dieser Indizienkategorie geht es nicht um Zeugenaussagen oder logische Schlussfolgerungen, sondern um handfeste Fakten, die sowohl durch ihre »Augenscheinlichkeit« als auch durch ihre Überprüfbarkeit über nahezu jeden Zweifel erhaben sind. »Nahezu« deshalb, weil auch derartige materielle Beweise – Fotos, Videos, Stimmen auf Tonbändern – mit gehörigem Aufwand fälschbar sind. Darüber müssen dann Spezialisten befinden. Die können, wenn sie eine Fälschung nachweisen, damit zwar nicht die Wahrheit, aber doch immerhin die Tatsache offenbaren, dass da gefälscht wurde. Andersherum: Der Wahrheitsgehalt eines Beweismittels lässt sich so lange nicht überprüfen, wie es unter Verschluss gehalten wird. Und als »Verschlusssache« gelten nach dem 11.9. viele Indizien. Mit unserer kleinen Übersicht dessen, was der Öffentlichkeit alles vorenthalten wird, beanspruchen wir keine Vollständigkeit:

- die Fingerabdrücke aller Hijacker auf ihren Bordkarten und damit ihre eindeutige Identifizierung,
- der ganze Funkverkehr zwischen den Bodenstationen und den vier Flugzeugen,
- die kompletten Aufnahmen der aus den Trümmern der AA 77 und UA 93 geborgenen Cockpit Voice Recorder (CVR),

- die ebenfalls geborgenen Daten der Flug-Daten-Recorder (FDR) dieser beiden Maschinen,
- die Identifizierung der Hijacker durch Genproben der Leichen oder Leichenteile aus der AA 77 und UA 93,
- Lageskizzen dieser Leichen (im Pilotensitz oder hinten angeschnallt),
- Hand- oder auch nur Unterschriften der vermeintlichen Attentäter auf allen möglichen Buchungsbelegen,
- Radaraufzeichnungen der Flugwege aller Maschinen mit Zeitangaben (darauf müssten auch begleitende Flugzeuge zu sehen sein),
- Video- oder Fotoaufnahmen aus der Falcon Fairchild von NetJet, die die UA 93 begleitete, bzw. telefonische Zeugnisse der Passagiere und Piloten aus der abgestürzten Boeing, die die Falcon vor dem Absturz noch gesehen haben müssen,
- Einsatzpläne auf den Air Force Bases Andrews, Otis und Langley: Wer tat am 11.9. Dienst, welche Maschinen waren im QRA-Status?

## Verschwundene Beweise

Anhand dieser harten, materiellen Beweise, die jeder Dorfpolizist oder Provinzstaatsanwalt zur Rekonstruktion der Tat umgehend ermitteln und sichern würde, ließe sich der Fall, wenn nicht restlos, so doch ziemlich weitgehend aufklären. Doch was lesen wir im April 2002 in der *Los Angeles Times:* »Die weltweite Suche hat absolut gar nichts an harten Beweisen über die Planungen der Terroristen erbracht ... Dieser ernüchternde Schluss unterstreicht die Gewandtheit und Raffinesse des Terroristennetzwerks Al Qaida, seine Aktivitäten zu verbergen ...«[237]

Auf gut Deutsch gesagt: Dass es bis heute nicht den Hauch eines Beweises für die Täter und Hintermänner des 11. September gibt, ist gerade der Beweis für die Gewitztheit der

Al-Qaida-Bande! Mit ähnlich irrsinnigen Umkehrschlüssen haben zwar schon die Dämonologen des Mittelalters die Anwesenheit des Teufels bewiesen, doch die Bush-Regierung – in ihrer Kreuzzugsmentalität dieser Epoche ohnedies tief verhaftet – lässt sich von dieser Methode auch durch die schreiendsten Widersprüche nicht abbringen.

Polizei ist hierzulande Ländersache. So steht es in der Verfassung – und stimmt doch nur bedingt. Wir haben ein Bundeskriminalamt, Europol, Interpol und einige Instanzen mehr, die in die Autonomie der Länderpolizei eingreifen. Dafür gibt es wiederum Regularien, um es in der Regel am Tatort nicht zu Rangeleien kommen zu lassen. So etwa sollte es auch in den USA sein: Das FBI übernimmt einen Fall, und der Ortssheriff hat eine Sorge weniger. Und dennoch blieb rund um den 11.9. so manchen Gesetzeshütern schlicht die Spucke weg. So wie in Venice einfach alles an Beweismaterial aus den Flugschulen in einer Transportmaschine mit Jeb Bush auf Nimmerwiedersehen verschwand, ging es auch an anderen Tatorten zu.

Die Renovierungsarbeiten am Pentagon wurden bereits am 15. September an die Firma AMEC vergeben. Wir erinnern uns: Es handelt sich um die Firma, deren Subunternehmen Controlled Demolition auch den WTC-Schutt beiseite räumte. Zu diesem Zeitpunkt war zwar das Feuer gelöscht, aber vermutlich waren noch nicht einmal alle Leichen geborgen. Bekanntlich wurde das Trümmergelände des WTC abgesperrt, die Feuerwehrleute suchten noch eine Zeit lang nach Überlebenden, aber schon parallel dazu begann der Abriss – was zu wütenden Protesten der Fireworker führte, die um ihre verschütteten Kollegen bangten. Alle Trümmer gelangten zunächst auf eine Deponie in der Nähe der Stadt und wurden dann an langen Fließbändern auf Leichenteile, Wertsachen usw. untersucht. Der Schutt und das Eisen wanderten augenblicklich danach in die Wiederverwertung. Die Stahlträger sind längst eingeschmolzen. Was so sinnvoll klingt, hat zumindest einen Haken. Sämtliche Beweismittel sind auf diese

Weise vernichtet worden. Die Frage, ob es im WTC zusätzliche Explosionen gegeben hat, kann so nicht mehr anhand von Spuren an den Eisenträgern geklärt, chemische Untersuchungen des Bauschutts über die Hitzegrade und auf eventuelle Sprengstoffspuren können nicht mehr durchgeführt werden.

Zusätzliche Explosionen? Die merkwürdige Art, in der beide WTC-Türme einstürzten – so schnell, so präzise in sich zusammen, nicht kippend –, hat die wüstesten Spekulationen auf den Plan gerufen. Die meisten von ihnen lassen sich mit sachlichen Argumenten ausräumen. Vor allem die »architektonische« Erklärung – die besondere, »hängende« Bauweise der WTC-Türme – könnte eigentlich fast alles abdecken, was geschah und bezeugt ist. Fast. Denn es gab Feuer nicht nur in den oberen, kerosingetränkten Stockwerken, sondern auch tiefer. Ein Journalist, der sich aus dem Erdgeschoss der brennenden Gebäude retten konnte, sprach von »Explosionen«, die er hörte. Auch das lässt sich sachlich erklären. Kerosin kann durch die Fahrstuhl- und anderen Schächte weit nach unten gelangt sein – brennend oder später erst entzündet. Betonplatten, die ersten zumindest, die zunächst nur sukzessive ins jeweils darunter liegende Stockwerk krachten (während äußerlich die WTC-Türme noch standen), dürften sich wie »Explosionen« angehört haben.

Berechtigte Fragen ließen sich also eigentlich ganz unaufgeregt beantworten, aber wegen der Beweisvernichtung hängt nun auch die plausibelste Antwort in der Luft, bleibt bloße Behauptung und ist nicht dazu angetan, alle Mutmaßungen und Verdächtigungen aus der Welt zu schaffen. Wir jedenfalls hängen den im Internet zirkulierenden »Sprengungstheorien« nicht an, weil sie uns unlogisch erscheinen: Wenn die Verschwörer das WTC einfach in die Luft hätten jagen können, warum dann die ganze Flugzeugnummer? Dennoch: Wie können wir als »externe« Journalisten scharfe Trennlinien zu Spekulationen ziehen, wenn alle Beweismöglichkeiten aus dem

Verkehr gezogen worden sind, anhand derer sich diese Spekulationen widerlegen ließen?

Festzuhalten ist jedenfalls eine unglaubliche Hektik der Katastrophenbewältigung – als ob es irgend etwas ausgemacht hätte, den sortierten Schutt noch zwei Jährchen irgendwo zu lagern. So klein sind die USA doch nicht, als dass es dort an Platz fehlte. Ein weiterer Tatort, an dem es ziemlich eilig zuging, ist Shanksville, wo die UA 93 in den weichen Waldboden rammte. Der Coroner vor Ort konnte sich nicht durchsetzen mit seinem Ansinnen nach der üblichen foto- und kartografischen Beweissicherung.[238] Man wisse doch längst alles über den Hergang, wurde ihm von den FBI-Beamten erklärt. Dieses »Nicht-so-genau-wissen-Wollen«, die Vermeidung intensiver kriminaltechnischer Recherchen, scheint den gesamten Fall wie einen roten Faden zu durchziehen. Man könnte ja womöglich der Aufklärung näher kommen.

## Blockierte Ermittlungen

In Phoenix gab es einige aufgeweckte FBI-Ermittler, denen schon im Sommer 2001 einige Araber äußerst spanisch vorgekommen waren. Das Memo, das sie dazu verfassten, war sehr spezifiziert – es nannte Namen, es schlug Observationen, Durchsuchungen, Verhöre vor ...[239] Wir haben es also durchaus nicht mit obskuren, allgemein gehaltenen Hinweisen aus den eigenen Reihen oder von fremden Geheimdiensten zu tun – dennoch wurden die weiteren Ermittlungen von der FBI-Zentrale abgeblockt. Am deutlichsten wurde das bei der FBI-Agentin Coleen Rowley, die keine Durchsuchungserlaubnis zwecks Einsicht in die Wohnung und die PC-Festplatte von Zaccarias Moussaoui erhielt, der immerhin als »20. Attentäter« gilt und schon im August festgenommen worden war. Der Fall Rowley erregte einiges Aufsehen, da sie sich nach dem 11.9. öffentlich über die Steine beschwerte, die die FBI-

Zentrale ihr vor dem 11.9. in den Weg gelegt hatte. Zum einen wurde Coleen Rowley für ihre Enthüllungen über die »Schlampereien« des FBI vom *Time Magazine* zur »Person of the Year« gekürt[240], und zum anderen war am 22. Dezember 2002 in der *Star Tribune* aus Minneapolis zu lesen, wie es Spike Bowman als dem zuständigen Vorgesetzten erging, der alle Informationen und Aktivitäten von Frau Rowley in der FBI-Zentrale abgeblockt hatte:

> »Der *Star Tribune*-Reporter Greg Gordon berichtete letzte Woche von einer stillen kleinen Zeremonie am Monatsanfang, bei der Spike Bowman als einer von neun Mitarbeitern des FBI einen Preis für ›außergewöhnliche Leistungen‹ erhielt. Der Preis bedeutet einen Bonus von 20 bis 35 Prozent des Jahresgehalts und ein gerahmtes, vom Präsidenten unterzeichnetes Zertifikat.«[241]

Ginge es mit rechten Dingen zu, hätte es wohl genau umgekehrt laufen müssen: Die pflichtbewusste FBI-Beamtin wird diskret mit der präsidialen Urkunde und einer saftigen Gehaltserhöhung belohnt – und ihr verantwortungsloser Chef auf das *Time*-Cover gehievt, als »Versager des Jahres«.

**Der Fall Hopkins**

Erinnern Sie sich noch an Adnan Bukhari, dessen »Fall« wir weiter oben aufgegriffen haben? Das ist jener Pilot, der ursprünglich als einer der Attentäter ausgegeben, dann aber von einem Möbelhändler nach dem 11. 9. so überzeugend als Lebender bezeugt wurde, dass das FBI ihn von der Liste streichen musste. Dieser Bukhari hat noch einen Monat später, obwohl er gar nichts dafür konnte, zu weiteren Verwicklungen beigetragen.

»Das US Office of Special Counsel (OSC) gab heute bekannt, dass das Merit Systems Protection Board (MSPB) der Petition des OSC stattgab, Herrn James P. Hopkins die Rückkehr an seinen Arbeitsplatz ... bei der FAA in Washington zu ermöglichen. Das OSC setzte sich, nachdem es die Klage Hopkins' gegen seine Kündigung ... geprüft hatte, für seinen Verbleib ein. Diese Prüfung ergab hinreichende Gründe zu der Vermutung, Herr Hopkins sei entlassen worden, weil er seine Vorgesetzten und das FBI in Bezug auf seine begründete Annahme alarmierte, es könne eine Verbindung geben zwischen einem der Hijacker, die in die Terrorangriffe des 11.9. verwickelt waren, und einer Person, die an einem Luftfahrts-Sicherheitstraining der FAA-Akademie teilgenommen hatte.«

Was so verklausuliert daherkommt, ist einer der vielen kleinen Skandale rund um die Nichtermittlungen des 11.9. Eine Bundesbehörde, die Beschwerdeinstanz OSC, hatte es unter Berufung auf Spezialregelungen für Kronzeugen und Hinweisgeber geschafft, einem James Hopkins seinen Arbeitsplatz wieder zu verschaffen. Was war passiert?

Hopkins, ein ehemaliger Offizier der US-Navy mit 20-jähriger Dienstzeit, war im Mai 2001 als Spezialist für internationalen Luftverkehr zur FAA gewechselt. Als Navy-Offizier arbeitete er in der Defense Intelligence Agency (DIA), dem Militärgeheimdienst, und hatte sich dort mehrere Orden verdient. Zwei Tage nach dem 11.9. las er in der *Washington Post* über Atta und Bukhari, über die das FBI nach Informationen suche und dass sie in den USA ein Flugtraining absolviert hätten. Hopkins ging flugs an den Computer und durchsuchte die International-Training-Program-Datenbank der FAA, die die Namen und Nationalitäten der Teilnehmer an der FAA-Akademie in Oklahoma City beinhaltet. »Atta« ergab keinen Treffer, aber»Bukhari« schon, weil der 1991 und 1998 in der Akademie eingeschrieben war.

Als Hopkins mit dieser Information bei seinen Vorgesetzten vorstellig wurde, fing er sich zum einen den Rüffel ein, er solle sich um seine eigenen Sachen kümmern, und zum anderen das explizite Verbot, damit zum FAA-Sicherheitsdienst zu gehen. Unter Berufung auf seinen Eid zum Schutz des Vaterlands informierte Hopkins jedoch das FBI, woraufhin er noch am selben Tag gefeuert und vor die Tür gesetzt wurde. Das

FBI war zu jener Zeit schon mit der Vernehmung Bukharis beschäftigt.
Der FAA-Vorgesetzte berief sich auf die Probezeit Hopkins' und reichte die schriftliche Kündigung nach, wandelte diese dann nach der Einschaltung des OSC in eine Beurlaubung um und musste schließlich die Wiedereinsetzung Hopkins in den Job hinnehmen.
Im Klartext: FAA-Beamte waren nicht daran interessiert, dass das FBI oder auch nur der eigene Sicherheitsdienst über einen hochbedeutsamen (wenn auch sachlich falschen) Sachverhalt informiert wurden. Wussten sie etwa an diesem 13.9. schon, dass Bukhari die AA 11 gar nicht entführt hatte? Wenn ja, woher? Oder wussten sie gar nichts? Weshalb aber wollten sie dann einen möglichen Verdacht unter den Teppich kehren? Hatten sie vielleicht eine dumpfe Ahnung, dass da am 11.9. etwas oberfaul und die eigene Behörde darin verwickelt war?

*http://www.osc.gov/documents/press/2001/pr01_25.htm*

Nicht mehr beim FBI arbeitet mittlerweile Sibel Edmonds, wie die *Washington Post* am 19. Juni 2002 berichtete. Die 32-Jährige wurde im März 2002 gefeuert. Zwar war sie erst im September in der Übersetzungsabteilung eingestellt worden, aber es war ihr sofort etwas aufgefallen, was sie (anscheinend mit zu viel Nachdruck) »nach oben« gemeldet hatte:

> »In einem Interview sagte sie, sie sei besonders alarmiert gewesen, als sie von einer gerade angestellten FBI-Übersetzerin erfuhr, diese selbst gehöre zu der arabischen Organisation, deren mitgeschnittene Gespräche sie für die FBI-Gegenspionageagenten übersetzt habe. Vorgesetzte verfügten dann, dass der Name dieser beobachteten Gruppe aus Gründen der nationalen Sicherheit nicht enthüllt werden solle.«[242]

Zwei weitere »Whistleblower« des FBI, der Ermittler Robert Wright und sein Kollege John Vincent, berichteten gegenüber ABC-News, man habe ihnen, als sie Mitte der 90er Jahre eine

Chicago-Connection zu Osama Bin Laden untersuchen wollten, gesagt: »Schlafende Hunde soll man nicht wecken.« Dazu ABC am 19. Dezember 2002:

> »Im Jahr 1998 zerbombten Al-Qaida-Terroristen zwei amerikanische Botschaftsgebäude in Afrika. Die Agenten sagten, ein Teil des Geldes für die Angriffe habe zu den Leuten zurückgeführt, an denen sie in Chicago dran waren, und zu einem mächtigen saudi-arabischen Geschäftsmann, Yassin Al-Kadi. Al-Kadi ist einer von zwölf saudischen Geschäftsleuten, die verdächtigt werden, Millionen von Dollars an Al Qaida zu leiten, und die weitreichende geschäftliche und finanzielle Beziehungen in Chicago haben. Nun, selbst noch nach den Bomben, so Wright, wollte das FBI-Hauptquartier keine Festnahmen …
> Wright sagte, dass er von seinem Vorgesetzten gestoppt wurde, als er darauf drängte, intensive Ermittlungen zu starten. ›Wissen Sie, was seine Antwort war? Ich denke, schlafende Hunde soll man nicht wecken!‹, so Wright, ›aber diese Hunde schliefen nicht, sie trainierten und bereiteten sich vor.‹«[243]

Die Geschichte ähnelt stark der von O'Neill, und sie steht wahrlich nicht allein.[244] Aber bevor wir uns in der Vielzahl der Fälle verlieren, nur noch ein Hinweis darauf, dass nicht nur beim FBI wie sauer Bier angebotenes Wissen über Bin Laden unerwünscht war – auch die Geheimdienste auf beiden Seiten des Atlantiks hatten sich, wie der Londoner *Observer* Ende September 2001 enthüllte, jahrelang gesperrt, Detailinformationen über Bin Ladens Organisation auch nur zur Kenntnis zu nehmen. Der *Observer* schreibt über das Desinteresse der Geheimdienste in London und Washington: »Ihnen wurden dicke Akten angeboten mit Fotografien und detaillierten Biographien von vielen seiner Topleute sowie aktuelle Informationen über die finanziellen Engagements von Al Qaida in vielen Teilen des Globus … Keines dieser Angebote, regelmäßig seit Anfang 1995 offeriert, wurde angenommen.«[245]

Was war da los, wie erklärt sich die eigentümliche Zurückhaltung der Ermittlungsbehörden und Geheimdienste schon im Vorfeld des 11.9.?

Nach den Anschlägen gab George W. Bush in seiner Rede vor der UN-Vollversammlung die offizielle Richtung des Schuldvorwurfs vor: »Wir müssen die Wahrheit über den Terror aussprechen. Lasst uns niemals frevelhafte Verschwörungstheorien im Zusammenhang mit den Anschlägen des 11. September tolerieren, böswillige Lügen, die bezwecken, die Schuld von den Terroristen selbst abzulenken, weg von den Schuldigen.«[246] Die »wahren« Schuldigen standen damit am Pranger – daran durfte nicht mehr gerüttelt werden, daran müssen sich seitdem alle Ermittlungen ausrichten.

Dabei hatten die Ermittlungen genau genommen schon lange vor dem 11. 9. begonnen, als FBI-Leute alle möglichen Verdachtsmomente und verdächtigen Figuren fein säuberlich notierten und sich so ihre Gedanken machten. Doch mehr als beobachten durften sie nicht, regelrechte Fahndungen oder gar Zugriffe waren unerwünscht und wurden von ihren Vorgesetzten abgeblockt. So hatten in jener Zeit, also weit im Vorfeld der Anschläge, auch die *Nichtermittlungen* schon begonnen, auch wenn nun offiziell davon keiner etwas wissen will. In der Mainstream-Presse heißt es bis heute vielmehr begütigend: »Wir konnten die Informationen nicht zusammenbringen«, »wir haben die Warnungen nicht ernst genommen«, »die Hinweise waren zu allgemein«, »es sind Fehler passiert«, »CIA und FBI haben sich auf fatale Weise blockiert« usw.

Dieser Wust an Entschuldigungen ist seitens der Skeptiker des 11. 9. als »Inkompetenztheorie« bezeichnet worden. Sehr treffend, wie wir finden. Zum einen, weil man wirklich alle absonderlichen Begebenheiten auf die Begründung »Inkompetenz und Schlamperei« hinauslaufen lassen kann, und zum anderen, weil es sich bei dieser Inkompetenztheorie tatsächlich um reine, von keinerlei Fakten gedeckte »Theorie« handelt, die uns auf eine schlichte Vertuschungslüge hinauszulaufen scheint.

Wie diese inszeniert wird, zeigt etwa folgende Meldung aus der *St. Petersburg Times*, die im September 2002, ein Jahr nach den Ereignissen, darüber berichtet, wie FBI-Agenten nicht nur über Verdächtiges stolperten, sondern sogar angeblich mit der Nase drauf gestoßen wurden:

> »Im April 2000 marschierte ein Mann in das FBI-Regionalbüro in Newark und legte ein außerordentliches Bekenntnis ab. Einem Bericht des Kongressausschusses zufolge, der die Angriffe des 11. September untersucht, sagte er, er sei in einen Plan von Osama Bin Laden verwickelt, eine Boeing 747 zu entführen. Er offenbarte den Agenten, in einem Trainingscamp in Pakistan Entführungstechniken gelernt und in den Vereinigten Staaten fünf oder sechs weitere Entführer getroffen zu haben, die eine Flugzeugbesatzung in ihre Gewalt bringen wollten.«[247]

Diese Angaben, heißt es, habe man für »zu vage« befunden. Das nimmt wunder. Man mag ja diese Selbstbezichtigung als »unwahrscheinlich« abtun (warum beichtet der Mann das überhaupt?), aber sie war doch so handfest, dass sie zu den schönsten Ermittlungshoffnungen berechtigte, und hätte, mit einem solch geständigen Kronzeugen im Gepäck, leicht überprüft werden können. Was denkt sich der geneigte Leser, wenn er dergleichen in seiner Morgenzeitung liest? In zweiter Linie: Das FBI ist doch zu blöd, lässt den Mann laufen und schreibt nicht mal seinen Namen auf. Aber in erster Linie: Aha, Osama war's!

Das ist ein typisches Beispiel für die Politik der Nichtermittlung und für die Inkompetenztheorie: Man zieht über die eigenen Ermittlungsbehörden her – oder auch aus deren Perspektive: man lässt sich beschimpfen – und schlägt zugleich die Pflöcke des öffentlichen Bewusstseins ein. So wie man die Bürokraten der FBI-Zentrale indirekt attackiert, indem man die pflichtbewusste Beamtin Coleen Rowley öffentlich feiert – und ihren nichtermittelnden Chef still und heimlich befördert.

Wenn vom FBI und seinen Nichtermittlungen die Rede ist, heißt das natürlich nicht, dass die Bundespolizisten nur Däumchen drehten. Nein, in ihrer überwiegenden Mehrheit sind das ehrliche, wahrheitsliebende Ermittler, die auf den unteren Ebenen ihrer Aufgabe nachkamen und die Beweissicherung übernahmen. Sie fanden dann die alles »beweisenden« Elefantenspuren. In den Führungsebenen des FBI jedoch saßen und sitzen Leute, die – ob nun vor offiziellen Gremien oder in jedes hingehaltene Mikrofon – schon in der ersten Woche nach dem 11.9. ihre irreführenden bis falschen Statements abgaben. Hier wurde der Grundstein der »not connecting the dots«-Legende gelegt. Man habe zwar einiges gewusst und auch einige Vorwarnungen gehabt, aber leider, leider zwei und zwei nicht zusammenzählen können.

## Das Elend der Ausschüsse

Kritische Teile der US-Öffentlichkeit und Medien waren mit diesen Ergebnissen keineswegs zufrieden. Insbesondere die Verbände der Angehörigen der Opfer des 11. September forderten Aufklärung zunächst durch Senatsermittlungen und dann durch einen unabhängigen Untersuchungsausschuss.[248] Kirsten Breitwieser, die ihren Mann im WTC verloren hatte, hielt vor dem Kongressuntersuchungsausschuss eine bewegende Rede:

> »Ich verlange eine unabhängige Untersuchung der 24 Stunden des 11. September. Ich will wissen, warum bestimmte Dinge schief gingen. Ich möchte wissen, warum mein Mann (nach dem Einschlag im ersten Tower) an seinen Schreibtisch zurückgerufen wurde – wo doch die FAA am Montag in einer Pressekonferenz mitteilt, dass die Fluglotsen quälende elf Minuten zum Nachdenken über ein Flugzeug brauchten, das ohne Funkkontakt auf das Gebäude meines Mannes zuraste. Elf Minuten – im Expresslift in Turm zwei hätten sie meinem Mann das Leben gerettet.«[249]

Auch Stephen Push, der seine Frau in der Pentagonmaschine verlor, traute seinen Augen nicht, als er am 16. September

2001 in der Zeitung las, dass Präsident Bush das CIA-Hauptquartier besucht und für seine Arbeit belobigt hatte: »Ich setze viel Vertrauen in die CIA, und Amerika sollte es auch.« Ausgerechnet die CIA, deren totales Versagen fünf Tage zuvor Tausende Menschen das Leben gekostet hatte! Seitdem ist aus dem vermögenden Bush-Wähler Stephen Push ein hartnäckiger Gegenspieler der Regierung geworden, der mit Akribie eigene Ermittlungen betreibt. Da er im Hamburger Motassadeq-Prozess als Nebenkläger auftrat, waren ihm Akten zugänglich, bei deren Studium es ihm immer wieder die Sprache verschlug. So fand er zum Beispiel ein schriftliches Memo der Flugsicherung FAA vom 11.9., nach dem in der UA 175 ein Passagier erschossen worden war – fünf Minuten, bevor die Maschine in den Nordturm des WTC einschlug. Die Fluggesellschaft wie die Regierung behaupten aber, das Memo sei aufgrund eines »Missverständnisses« zustande gekommen, die Täter hätten nur Teppichmesser dabei gehabt. Wegen der Genauigkeit der Angaben – ausdrücklich wird der Sitz 9B des erschossenen Passagiers genannt – bleibt Push allerdings misstrauisch und vermutet einen Vertuschungsversuch.[250]

Schon angesichts eines kleinen Details wie diesem wird verständlich, warum Bush und Cheney Ende Januar 2002 begannen, dem geplanten Untersuchungsausschuss des Kongresses Daumenschrauben anzulegen. Oppositionsführer Tom Daschle wurde massiv unter Druck gesetzt. Der Vizepräsident rief bei ihm an und behauptete, durch eine allzu intensive Untersuchung des Verbrechens würden Kräfte gebunden, auf die man im Kampf gegen den Terror dringend angewiesen sei. Im Kongress donnerte Cheney, dass jede Untersuchung »reißerische und maßlose Einlassungen vermeiden« müsse, derlei sei »völlig unverantwortlich und den nationalen Führern in Zeiten des Krieges absolut nicht zumutbar«.[251]

Sodann beraumte Bush persönlich ein Treffen mit den Wortführern im Kongress an: »Er bat darum, dass sich nur die Geheimdienstkomitees beider Häuser mit dem möglichen

Versagen der Bundesbehörden befassen sollten, das gegebenenfalls dazu beigetragen hatte, die Terrorangriffe stattfinden zu lassen, und dass es keine breitere Untersuchung geben sollte, wie sie von einigen Abgeordneten vorgeschlagen worden war.«[252]

So wurde der Geltungsbereich der Untersuchung von vornherein auf einige wenige Personen und Fragestellungen eingegrenzt. Die Demokraten, die sich aus lauter Angst vor dem Vorwurf, nicht patriotisch genug zu sein, kaum zu rühren wagten, fragten sich, diesem CNN-Artikel zufolge, nur »insgeheim…, warum das Weiße Haus eine weiter angelegte Ermittlung fürchte, mit der die Schuldfrage geklärt werden solle«.

Die beiden Demokraten, die so ziemlich als Einzige auch laut gefragt hatten, sind mittlerweile nicht mehr im Kongress: Cynthia McKinney, die öffentlich wissen wollte, was denn der Präsident schon vorab gewusst hatte[253], büßte ihr Abgeordnetenmandat ein, und Senator Paul Wellstone, einer der kämpferischsten Antibushisten überhaupt, stürzte zufällig mit seinem Flugzeug ab.

Dass bei den Untersuchungen des Kongresses nichts herauskommen sollte, war Ende Januar 2002 somit festgeklopft – und wurde zum Jahresende von Mitgliedern des Ausschusses bestätigt. Am 11. Dezember 2002 interviewte der unseren öffentlich-rechtlichen Programmen vergleichbare amerikanische TV-Sender PBS in seiner »Newshour« zwei US-Senatoren, den Republikaner Richard Shelby und den Demokraten Bob Graham, die an der Kongressuntersuchung beteiligt waren. Auf die Frage, ob in dem Untersuchungsbericht Erkenntnisse zur Sprache kämen, die eigentlich öffentlich gemacht werden sollten, aber geheim gehalten würden, antwortete Bob Graham:

> »Ja, und um gleich auf Ihre Frage zurückzukommen, was die größte Überraschung war: Ich stimme mit Senator Shelby überein, dass das Ausmaß, in dem die Dienste sich nicht miteinan-

der abstimmten, sicher eine Überraschung war. Aber ebenso war ich von den Beweisen überrascht, dass fremde Regierungen daran beteiligt waren, zumindest einigen der Terroristen ihre Aktivitäten in den USA zu ermöglichen.
Ich bin fassungslos, dass wir der Frage nicht entschiedener nachgegangen sind, ob andere Terroristen in ähnlicher Weise unterstützt worden sind und, noch wichtiger, ob es eine solche Infrastruktur, mit der eine fremde Regierung Terroristen unterstützt, auch für die derzeitige Generation von Terroristen noch gibt, die hier die nächsten Anschläge planen.
Für mich ist das ein extrem wichtiges Thema, und die meisten dieser Informationen sind geheim, ich denke: über-geheim. Ich glaube, die amerikanischen Bürger sollten das Ausmaß der Herausforderung kennen, der wir durch die Beteiligung fremder Regierungen gegenüberstehen. Das würde die Regierung zum Handeln motivieren.
*PBS:* Bedeutet das, dass Sie davon überzeugt sind, dass ein staatlicher Sponsor hinter dem 11.9. steht?
*Graham:* Ich denke, dass es zwingende Beweise gibt, dass zumindest einige der Terroristen von einer fremden Regierung unterstützt wurden, nicht nur bei der Finanzierung, obwohl die dazu gehört; und dass wir unserer Pflicht nicht nachgekommen sind, das weiter zu verfolgen, an der Sache dran zu bleiben oder aber Beweise dafür zu finden, dass das nicht stimmt, so dass wir nach anderen Ursachen dafür suchen müssen, warum die Terroristen in der Lage waren, innerhalb der USA so effektiv zu funktionieren.
*PBS:* Denken Sie, dass es jemals öffentlich werden wird, welche Länder Sie damit meinen?
*Graham:* Es wird öffentlich werden, und zwar dann, wenn es den Archiven übergeben wird, aber das ist in 20 oder 30 Jahren. Doch wir brauchen diese Informationen jetzt, denn sie sind relevant für die Bedrohung, der die Bürger der USA heute gegenüberstehen.«[254]

Na also. Jetzt wissen wir zwar immer noch nicht, wie die Hintermänner der Anschläge des 11.9. heißen, aber ganz sachte hellt sich die Szene auf. Da gibt es diverse US-Geheimdienste, die »sich nicht miteinander abstimmten« (die also ganz klandestin ihr jeweils eigenes Terror- oder Anti-Terror-Süppchen kochten), sowie irgendwelche »fremden Regierungen«, die mit Finanzhilfen und dubiosen Infrastrukturen aufwarteten (die also ihre Süppchen von »islamistischen« Tätern auf amerikanischem Boden kochen ließen). Somit können wir uns getrost von allen Verschwörungs*theorien* verabschieden, weil wir es ganz offensichtlich mit einer Verschwörungs*tatsache* zu tun haben – mit dem Faktum einer Verschwörung, die zumindest teilweise auch aufgedeckt worden ist, deren Beweise aber aus Gründen »nationaler Sicherheit« unter Verschluss bleiben, weshalb sie tunlichst nicht weiter verfolgt werden. Deshalb macht es wohl auch wenig Sinn, Senator Graham danach zu fragen, was er denn am Tag vor den Anschlägen mit dem Chef des pakistanischen ISI, General Ahmed, zu besprechen hatte – und ob es sich bei der Regierung in Islamabad um eine jener »fremden Regierungen« handelt, die er meint, aber nicht nennt.

Nicht zuletzt durch den Druck von Opferangehörigen wie Stephen Push, die über Zivilprozesse und öffentliche Kampagnen auf eine ernsthafte Ermittlung drängten, sah sich die Bush-Regierung im Dezember 2002 genötigt, neben dem gedeckelten Ausschuss des Kongresses doch noch einen »unabhängigen« Untersuchungsausschuss einzurichten. Dass als dessen Chairman dann ausgerechnet Henry Kissinger auserkoren wurde, war dicker aufgetragen, als es sich der Autor noch der billigsten Geheimdienstklamotte ausdenken würde. Zur Erinnerung: Kissinger war nicht einfach nur Sicherheitsberater und Außenminister, sondern er war es auch, der den Vietnamkrieg so lange am Kochen hielt, wie Richard Nixon es brauchte, um als Präsident wiedergewählt zu werden. Und er ist der einzige Friedensnobelpreisträger, der es geschafft hat, sich eine Anklage wegen Kriegsverbrechen an den Hals zu ziehen – oder umgekehrt: der einzige Angeklagte in Sachen Kriegsverbrechen, der je einen Friedensnobelpreis bekommen hat.[255]

Im Sinne einer höheren Gerechtigkeit scheiterte Old Henrys Berufung allerdings an seinen eigenen Geschäftsinteressen: Bei Antritt des Amts hätte er unter anderem die Nahost-Klienten seiner internationalen Beratungsfirma offenlegen müssen und verlangte eine Ausnahme von diesem »Reinheitsgebot«. Dies lehnte der Kongress trotz starken Drucks aus dem Weißen Haus ab, und so musste sich der Präsident auf die Suche nach einem neuen »unabhängigen« Chefermittler machen.[256] Immerhin hatte das für Bush den Vorteil, dass er sich an einem Interessensumpf vorbeimogeln konnte, dessen Konturen sich bislang nur vage abzeichnen. Denn Old Henrys Firma Kissinger Associates Inc. hatte einen Beratungsvertrag mit der United Oil of California, besser bekannt als Unocal. Und Unocal verhandelte heftig mit der damals noch amtierenden Talibanregierung über ein Pipelineprojekt: »Eine Quelle aus dem FBI äußerte gegenüber dem *Enquirer:* ›Enron und Unocal haben Hunderte von Millionen Dollar in Afghanistan und bei den Taliban versenkt. Die Pipeline würde unsere Abhängigkeit von Saudi-Arabien mindern – und Enron würde Milliarden machen.‹«[257] Auch im Nachkriegsafghanistan ist Unocal übrigens prominent vertreten: Zalmay Khalilzad, der derzeitige US-Botschafter in Kabul, war früher ein Topmanager des Konzerns.

Kurze Zeit darauf hatte Bush einen Nachfolger gefunden – und es kam noch toller: Thomas Kean hieß der Auserwählte, ein ehemaliger Gouverneur von New Jersey, der zwar als »moderater Republikaner« gilt, aber im bürgerlichen Erwerbsleben Direktor und Großaktionär der Amereda Hess Corporation ist. Diese Firma betreibt ein auf den Cayman Islands angesiedeltes Joint Venture mit der saudischen Delta-Oil, das sich der Förderung der Ölvorkommen in der kaspischen Region verschrieben hat.[258]

Und wer steckt hinter dem Geschäftspartner Delta-Oil? Deren Besitzer sind ausgerechnet die saudischen Clans Al-Amoudi und Bin Mahfouz. Clanchef Khalid Bin Mahfouz –

Banker des saudischen Königshauses mit Zweitwohnsitz im texanischen Houston und aufmerksamen Lesern aus *VVG* schon als Gründer der mit Drogen- und Waffengeschäften befassten BCCI-Bank bekannt – ist der Schwager und Geschäftspartner Osama Bin Ladens.[259]

Der ehrenwerte Exgouverneur Kean also, der mit Osamas Schwager nach Öl buddelt und Pipelines betreibt – nach eigenen Angaben im Mai 2003 hat er seine Beteiligung an der Joint-Venture-Firma allerdings mittlerweile verkauft –, soll nun »unabhängig« untersuchen, was am 11.9. und bei der Jagd nach Al Qaida so alles schief gelaufen ist. Laut einem Pressebericht sei er besonders geeignet, weil er, anders als Kissinger, den »Familien der Opfer des 11.9. nahesteht«. Just diese Familien aber haben in ihrer Milliarden-Dollar-Klage[260] vor Gericht unter anderem die beiden Geschäftspartner Keans der Unterstützung und Finanzierung von Al Qaida bezichtigt. Dass Al-Amoudi und Bin Mahfouz von der Finanzfahndung und Einfrierung saudischer Konten nach dem 11.9. ausgenommen waren, ist natürlich ebenso ein Zufall wie die Ernennung ihres Geschäftsfreundes Kean, der nun den definitiven Abschlussbericht erstellen darf.

Ende März 2003 fanden die ersten Hearings dieses »unabhängigen« Ausschusses statt, die den streitbaren Opferangehörigen wie Stephen Push, Kirstin Breitwieser oder Mindy Kleinberg[261] immerhin einmal mehr Gelegenheit verschafften, ihr Entsetzen über die Vertuschungen und ihre Forderung nach einem Ende der skandalösen Nichtermittlungen offiziell kundzutun. Viel mehr als ihre bewegenden Anklagen ist bis dato dort nicht herausgekommen – bis auf eine Beschwerde des Kommissionsleiters Kean, dass der Ausschuss mit zu geringen Finanzmitteln ausgestattet sei, um ordentlich arbeiten zu können. Darin hat er nun allerdings Recht: Dem Ausschuss, der mit Hingabe die Aufklärung des Whitewater-Skandals und von Clintons außerehelichen Sexualpraktiken betrieb, standen 65 Millionen Dollar zur Verfügung, 50 Millionen

Dollar gab es für die Untersuchung der Columbia-Katastrophe, und nur drei Millionen Dollar sind dem Ausschuss zum 11.9. bewilligt (allerdings weitere elf Millionen in Aussicht gestellt) worden.

Während diese von Bush nur zähneknirschend installierte und unterfinanzierte Untersuchung also knapp zwei Jahre nach der Tat im Schneckentempo in die Gänge kommt, da fordern Graham und Senatskollege Lieberman schon einen neuen Ausschuss. Der kommende Präsidentschaftswahlkampf zeichnet sich ab, und der 11.9. könnte ein heißes Thema dabei werden.[262] Der Untersuchungsausschuss des Kongresses hat mittlerweile einen 800-seitigen Zwischenbericht fertiggestellt, der, kaum dass sich der Kriegsnebel der Irakinvasion verzogen hat, in den Blick der Öffentlichkeit geraten ist.

Am 30. April und am 8. Mai 2003 wartete *Newsweek* mit zwei programmatisch betitelten Artikeln auf: »The Secrets of September 11th« hieß der eine, »September 11 Showdown« der andere.[263] Dort ist von einer »drohenden und potenziell schmutzigen Konfrontation« zwischen dem Weißen Haus und dem Ausschuss die Rede. Warum, das ergibt sich aus dem ersten Artikel, in dem das Blatt erstmals von brisanten CIA-Informationen berichtet:

> »Eine dieser Informationen, im Juli 2001, macht aufgrund ihres prophetischen Zuschnitts besonders frösteln. Darin wurde vorausgesagt, dass Osama Bin Laden drauf und dran sei, einen terroristischen Anschlag auszuführen – schon »in den nächsten Wochen«, wie die Kongressermittler herausgefunden haben. Die Geheimdienstinformation lautete weiter: »Der Anschlag wird spektakulär sein und ist auf eine große Anzahl von Opfern ausgelegt. Er wird sich gegen amerikanische Einrichtungen oder Interessen richten. Vorbereitungen zu diesem Anschlag sind bereits angelaufen. Der Anschlag wird sich ohne oder nur mit einer kurzen Vorwarnung ereignen.«

Diese Informationen hat Bush persönlich sechs Wochen vor den Anschlägen erhalten. Anfang August wurde zudem Condoleezza Rice von der CIA über Al-Qaida-Aktivitäten in den USA gebrieft und dabei konkret auf die Möglichkeit jener Flugzeugentführungen hingewiesen, die sie uns nach dem 11.9. als »beyond imagination« – jenseits des Vorstellbaren – verkaufte. Allein daher versteht sich, warum die Junta, die sich mit schmutzigen Tricks die Macht im Weißen Haus erschlichen hat, alles daran setzt, weitere Ermittlungen zu blockieren. Sie kann, nach dem heroischen Sieg gegen die übermächtigen Truppen des Irak, jetzt nur noch verlieren. Wenn es nach Bush & Co geht, werden unabhängige Ermittlungen zum 11.9. erst ab 2040 ff. stattfinden.

Dass die aus Gründen der »nationalen Sicherheit« unterdrückten Beweisstücke noch so lange unter Verschluss bleiben, ebenso wie die Dokumente seines Vaters und seine eigenen, dafür trug George W. Bush schon im Oktober 2001 Sorge: Er »hat eine Gesetzesbestimmung erlassen, mit der eine neue Ära der Geheimhaltung von Präsidialdokumenten beginnt und die es dem jeweiligen Amtsinhaber gestattet, die Akten seiner Vorgänger unter Verschluss zu halten, selbst wenn ein ehemaliger Präsident diese zu veröffentlichen wünscht«. Damit war der Presidential Records Act aus dem Jahre 1978, demzufolge alle Dokumente nach zwölf Jahren frei zugänglich waren, hinfällig.[264]

Dass Bush allen Grund hat, seine Dokumente zu bunkern, zeigt die Bilanz seiner Regierung:

- *vor* dem 11.9. unfähig, die Hinweise und Warnungen zusammenzuführen, die »Attentäter« zu benennen und zu fassen,
- *am* 11.9. unfähig, das eigene Land und seine Menschen nicht nur wirksam, sondern überhaupt zu verteidigen, nichtstuend, angeblich gelähmt,
- *nach* dem 11.9. Osama Bin Laden nicht gefasst, den Obertaliban Mullah Omar nicht gefasst, die Anthraxspur nicht bis zum Täter zurückverfolgt, den Insiderhandel nicht auf-

gedeckt, Al Qaida nicht zerschlagen, die Anschläge nicht aufgeklärt, den Irak bombardiert, aber Saddam Hussein nicht gefasst usw.

Eine einzige rote Linie des Versagens, komplette Inkompetenz, eine desaströse Bilanz staatlichen Handelns. Wenn das alles nun die eingangs angesprochene Inkompetenztheorie stützen würde, müsste man doch – insbesondere in den USA als dem Land des »hire and fire« – mit personellen Konsequenzen rechnen, mit tiefgreifenden Umgestaltungen und einer nationalen Debatte über alle »Fehler«. Was erkennen wir stattdessen: Bob Mueller als FBI-Chef sitzt fester im Sattel denn je zuvor, George Tenet von der CIA geht es prächtig, sein Verein konnte eine gigantische Etaterhöhung verzeichnen. Und dann wurde da noch eine neue Riesenbehörde geschaffen, die Homeland Security, in der die Ordnungs- und Unordnungskräfte aller Schattierungen ein schönes Zuhause finden. Das alles sieht für einen unbefangenen Beobachter eher nach Belobigung als nach Bestrafung aus. Nach Feier statt nach Katzenjammer. Nicht nach Inkompetenzabstrafung, sondern nach »weiter so«, wie von Präsident Bush laut und deutlich geäußert.

# Lügen haben kurze Beine – ein Nachwort

Ein hyperkomplexes Ereignis wie die Anschläge des 11. September 2001, das in seinen Auswirkungen schon Geschichte gemacht hat, auf wenigen Buchseiten zu schildern und sämtliche Hintergründe zu durchleuchten ist ein unmögliches Unterfangen. Viele Einzelaspekte des Falls, die wir nur angerissen haben, verdienten eine tiefer gehende Untersuchung, und andere, die wir nahezu völlig ausgeblendet haben, bergen Fragen und Stoffe für ganze weitere Bücher. Von den »100 Frequently Asked Questions«, mit denen *VVG* abschloss, sind die allermeisten nach wie vor unbeantwortet. Und wie wir gesehen haben, tut die Bush-Regierung alles dafür, jede ernsthafte Ermittlung zum 11.9. weiterhin zu blockieren. Ohne die unter dem Siegel der »nationalen Sicherheit« gebunkerten materiellen Beweismittel jedoch lässt sich dieser Kriminalfall nicht lösen, und so können wir auch mit diesem Buch nicht beweisen, wer die Anschläge des 11.9. wirklich begangen hat. Was wir aber belegen können, ist, dass es kein isoliertes »islamistisches« Kommando war, von dem das 21. Jahrhundert in eine neue Dimension des Terrors gebombt wurde, sondern ein von den Geheimdiensten sowie der Militärführung der USA und ihrer Verbündeten zumindest unterstützter Plot.

Natürlich ist das Bild der Tat, ihrer Hintergründe und Nachbereitung, das wir aus den vergessenen und verbannten Nachrichten zusammengesetzt haben, nicht komplett – doch die Umrisse und Konturen, die sich abzeichnen, sind deutlich.

Die Puzzlearbeit, die wir hier vorlegt haben, wäre eigentlich der Job der Ermittlungsbehörden und von Untersuchungsausschüssen. Und da diese offensichtlich zu keinem Ergebnis kommen, wäre es Aufgabe der Medien, diesen Skandal zu thematisieren und den Spuren, Widersprüchen, Ungereimtheiten und Vertuschungsversuchen nachzugehen. Da sowohl die Behörden als auch die Massenmedien dieser Verantwortung, zu der sie nach dem Buchstaben der Verfassung verpflichtet wären, nur sehr begrenzt nachkommen, bleibt uns als Bürgern nichts anderes übrig, als diese Untersuchung als »Privatdetektive« selbst in die Hand zu nehmen. Wir haben dazu nur öffentlich zugängliche Quellen benutzt, die in den allermeisten Fällen über das Internet erreichbar sind. Wenn Sie von vielen dieser Meldungen und Nachrichten noch nie gehört haben, heißt das nicht, dass sie deswegen unseriös sind oder gar von uns hinzugedichtet wurden – nein, sie sind, wie das erste Video-Dementi Bin Ladens, in seriösen Medien auf-, aber eben dann auf Dauer wieder abgetaucht. Da die Medien von CNN abwärts ihren Charakter als Wahrheitsinstanz nur durch permanente Wiederholung aufrechterhalten, sind diese kurz aufgetauchten Realitätspartikel kein Bestandteil der großen Erzählung von Osama und den 19 Räubern geworden, doch bedeutet ihre Nichtwiederholung keineswegs, dass sie deswegen unwahr oder unwichtig wären. Zumindest eine genaue Überprüfung und Untersuchung haben sie allemal verdient, schließlich geht es um nicht weniger als um den unaufgeklärten Massenmord an 3000 Unschuldigen – und seinen Missbrauch als Fanal eines neuen Krieges gegen den Rest der Welt.

Angesichts der Dreistigkeit, mit der die Bush-Regierung die Tragödie des 11.9. benutzt, statt sie aufzuklären, blieb selbst dem großen alten Mann der Geheimdienstliteratur und Kenner der psychologischen Kriegführung, John Le Carré, die Spucke weg und nur noch die Überschrift: »Die USA sind verrückt geworden«. Weil sein aktueller Lagebericht in der Londoner *Times* vom 15. Januar 2003 sich die Freiheit nimmt, auf den Punkt zu bringen, was die korrumpierte Journaille allenfalls blumig zu umschreiben wagt, sei er hier in einem längeren Auszug zitiert:

> »Amerika hat eine seiner Perioden historischer Verrücktheit erreicht, doch diese ist die schlimmste, an die ich mich erinnern kann: schlimmer als die McCarthy-Ära, schlimmer als die Schweinebucht und auf lange Sicht desaströser als der Vietnamkrieg. Die Reaktion auf den 11.9. geht weit über alles hinaus, was Osama Bin Laden in seinen schmutzigsten Träumen hoffen konnte. Wie zu McCarthys Zeiten werden die Freiheiten, um die Amerika von der Welt beneidet wurde, systematisch ausgelöscht. Die Kombination von willfährigen Medien und gezielten Geschäftsinteressen sorgt einmal mehr dafür, dass die Debatte, die sich an jeder Straßenecke entzünden sollte, auf die abgehobenen Kolumnen der Ostküsten-Presse begrenzt bleibt. Der drohende Krieg war Jahre, bevor Bin Laden zuschlug, geplant, doch erst er machte ihn möglich. Ohne Bin Laden wäre die Bush-Junta immer noch dabei, verzwickte Dinge zu erklären: etwa, wie sie überhaupt gewählt wurde; Enron; ihre schamlose Begünstigung der ohnehin Superreichen; ihre unbekümmerte Missachtung der Armen dieser Welt, der Ökologie und einseitig gekündigte internationale Verträge. Sie müsste außerdem erklären, warum sie Israel bei seiner fortgesetzten Missachtung von UN-Resolutionen unterstützt. Doch dank Bin Laden konnte dies alles unter den Teppich gekehrt werden. Die Bushies sitzen auf dem hohen Ross. 88 Prozent der Amerikaner, so wird uns erzählt, sind jetzt für den Krieg ... Wie es Bush und seine Junta schafften, Amerikas Ängste von Bin Laden auf Saddam Hussein zu lenken, ist einer der großen Publicrelations-Beschwörungstricks der Geschichte. Aber sie haben es geschafft – nach einer aktuellen Umfrage glaubt jetzt jeder zweite Amerikaner, dass Saddam für den WTC-Anschlag verantwortlich war. Doch die amerikanische Öffentlichkeit wird nicht einfach nur getäuscht. Sie wird eingeschüchtert und in einem Zustand des Unwissens und der Angst gehalten. Diese sorgfältig orchestrierte Neurose dürfte Bush und seine Mitverschwörer wunderbar bis zur nächsten Wahl tragen.«

Auch wenn sich mit »Verrücktheit« nicht alles erklären lässt, ist diesem Bericht zur Lage der Nation wenig hinzuzufügen –

und dass die *Times* tags darauf von wütenden Leserbriefen heimgesucht wurde, die Le Carré neben Autoren wie Gore Vidal oder Noam Chomsky in die Schublade »zorniger alter Mann« stecken und kaltstellen wollten, wundert nicht. Wie soll ein Medienpublikum, dem von netten jungen Moderatoren seit dem 11. September 2001 die alqaidisch-ladinistische Weltverschwörung über alle Kanäle ins Hirn getrichtert wurde, es auch anders wissen?

Dass die Weltöffentlichkeit über die Vorgänge des 11.9. von der amtierenden Bush-Junta getäuscht wird, konnten wir in diesem Buch mit zahlreichen Belegen mehr als deutlich machen. Anders als der *Spiegel* behaupten wir aber nicht, dass wir wissen, »was wirklich geschah«. Aber dass das, was uns die offizielle Legende erzählt, so nicht geschehen sein kann, dafür gibt es Dutzende von materiellen Beweisen. Beweise, die sich nicht mehr einfach als »spekulativ« vom Tisch wischen lassen, außer natürlich mit der Exkommunikation als »Verschwörungstheorie«.

## Die Septemberlüge

Nach der Regel, wie derlei Disqualifikation in Deutschland abläuft – und die mein einstiger *taz*-Kollege Wiglaf Droste auf den Punkt brachte: »Wer zuerst Auschwitz sagt, hat gewonnen!« –, hatte mir *Spiegel*-Autor Henryk Broder denn auch gleich am 14. September 2001 im Radio und auf seiner Webseite ein »krankes Hirn« bescheinigt, das in einer Reihe mit Auschwitz-Leugnern wie David Irving und den »Protokollen der Weisen von Zion« stehe – und wünschte mir zum Abschluss seiner Suada den Tod als »Fettfleck an einer Hochhauswand«. Derlei Polemik ist zu dürftig, als dass man sie ernst nehmen müsste, aber sie gab dann doch den Kammerton vor, mit dem sich einige Monate später der *Spiegel* (Nr. 42/02) der Sache annahm. Unter dem Titel »Die Septemberlüge«

schaffte es das ehemalige Nachrichtenmagazin, auf drei Seiten über den »Bestseller des Unbehagens« zu berichten, ohne den Titel und Verlag des Werks zu nennen und auf seine Inhalte in irgendeiner Weise einzugehen – geschweige denn, eine der 100 Fragen im Buchanhang aufzuklären. Dafür gelingt es dem Autor Ullrich Fichtner aber mühelos, die Beweislast zu Lasten der Angeklagten umzudrehen:

> »Die ›alternativen Aufklärer‹ – in Deutschland Bröckers, Bülow und Co., in Frankreich Meyssan und die Seinen, in Amerika die Rupperts und Chossudovskys –, im Fieber des Bestätigungswahns alter Weltbilder behindern sie die Wahrheitsfindung mehr, als dass sie sie beförderten. Sie vergeuden ihre Energie in den Maschen des World Wide Web, statt im konkreten Hier und Jetzt fehlende Fakten auszuforschen.«

Merke: Die Wahrheitsfindung bei der Aufklärung der Verbrechen des 11.9. wird nicht von Bush & Co. und ihren medialen Betriebsnudeln behindert, die uns seit fast zwei Jahren die Weltverschwörungstheorie »Bin Laden« als Wahrheit verkaufen – nein: Die eigentlichen Verhinderer der Aufklärung sind eine Hand voll wahnhafter Autoren, die sich in den Maschen des WWW verstrickt haben. Da beim *Spiegel* und anderswo eigene Recherchen zu den Hintergründen und Hintermännern der Anschläge nicht mehr stattfinden und mit der amtlichen Version ungeniert eine lupenreine Verschwörungstheorie verbreitet wird, müssen Kritiker dieses offensichtlichen journalistischen Versagens unmöglich gemacht werden. Wo inhaltliche Argumente dafür fehlen, tut es, nicht erst seit dem 11. September, am besten die Pathologisierung: »Fieber«, »Bestätigungswahn«, »Amerika-Komplex« und eine Prise Größenwahn – und fertig ist das »kranke Hirn«:

> »Bröckers, 48, er nennt sich einen ›Konspirologen‹, hat einen Bestseller des Unbehagens verfasst. Er trinkt Milchkaffee im West-Berliner Café ›Einstein‹, er ist aufgeräumter Stimmung, er raucht kurze Zigaretten ohne Filter. Er sagt, die Sonnenbrille

> auf die Stirn geschoben: ›Es geht doch hier nicht darum, Herrn Bush irgendwie dumm anzupissen‹, und das sagt er, als müsste ›Herr Bush‹ ihn, Bröckers, kennen. Oder fürchten.«

Dass diese beiläufige Bemerkung als einziges Originalzitat aus einem knapp zweistündigen Gespräch in den Artikel Einlass fand, war kein Zufall. Als der Fotograf anrief und einen Termin für das *Spiegel*-Foto ausmachte, meinte er, die Redaktion hätte gern einen etwas »mystischen Hintergrund« – kein Bericht, der der Wahrheitsfindung dient, war in Vorbereitung, sondern eine Story über durchgeknallte Verschwörungsspinner mit irrem Blick. Da weder der Inhalt des Buchs noch meine »aufgeräumte Stimmung« dafür wirklich etwas hergaben und auch das Foto sturznormal geriet, wurde in der Druckausgabe daneben die groteske »Teufelsfratze« im WTC-Rauch abgebildet – um dann die definitive Tabukeule auszupacken: »Was für manchen Rechten die ›Auschwitzlüge‹ ist, könnte für manchen Linken die ›Septemberlüge‹ werden. Eine verdrängte Wahrheit, um die Weltanschauung nicht verändern zu müssen.«

Was freilich als Totschlagargument gedacht war, scheint mir im Kern die Erklärung für die höchst eigene Verdrängungsleistung des *Spiegel* (und der Mainstream-Medien überhaupt) in Sachen 9/11 zu enthalten. Denn historisch standen vor der »Auschwitzlüge«, der Leugnung der industriellen Massenmorde des Dritten Reichs, nach Kriegsende bei den durchschnittlichen Deutschen zuallererst der Unglaube und die Fassungslosigkeit angesichts der Dimension des Schreckens, der sich da unter ihren Augen abgespielt haben sollte – und es dauerte Jahre, bis sich das öffentliche Bewusstsein diesem überhaupt stellen konnte. Die als »Auschwitzlüge« bezeichneten Versuche der Reinwaschung setzen erst als Reaktion auf die allgemeine Einsicht und das Schuldanerkenntnis ein. Insofern scheint mir die »Septemberlüge« derzeit auch eher in der Fassungslosigkeit darüber zu bestehen, dass eine »Bush-Cheney-Junta« das Weiße Haus geentert haben könnte und die Anschläge aus machtpolitischem Kalkül nicht nur geschehen ließ, sondern auch den Chef-Terroristenjäger der USA – John O'Neill – und das FBI davon abhielt, dem Treiben rechtzeitig ein Ende zu setzen. Das wirkt auf den durchschnittlichen *Spiegel*-Fritzen so unglaublich, dass er sich an die Verschwörungstheorie vom Einzeltäter Osama und seinen 19 Zombies klammern und diese weiter als »Wahrheit« verkaufen muss – um nicht gezwungen zu sein, dem möglichen Schrecken, der sich jenseits davon auftut, ins Auge zu sehen.

Und wirkt die Legende von Bin Laden und den neuen Assassinen, deren Tora Bora man nur mit ein paar Bömbli und Raketli ausräuchern muss, um den Terrorismus zu besiegen, nicht tatsächlich wie ein fröhliches Liedchen, wie ein Pfeifen im Keller – verglichen mit der Vorstellung, dass hinter diesen fanatisierten Terrormarionetten eine kühl planende Organisation steckt, die ihre durch Manipulation der Wahlen eroberte Regierungsmacht mit gelenktem Terror jetzt militärisch absichert und global ausbaut? Ist nicht ein Geheimdienst, der trotz 30-Milliarden-Dollar-Jahresetat schlampt, Fehler macht, auf der ganzen Linie versagt und dies dann vertuscht, eine nachgerade anheimelnde Vorstellung verglichen mit einem Dienst, der diesen Etat effektiv und erfolgreich einsetzt und dabei auch vor dem Sponsoring nützlicher Diktatoren, Terrorgruppen und Todeskommandos nicht zurückschreckt, einem Dienst, der Al Qaida ähnlich unterwandert hat und steuert wie der deutsche Verfassungsschutz die NPD? So herum scheint aus der mir unterstellten »Septemberlüge« ein Schuh zu werden – passend für den *Spiegel* wie für alle anderen Massenmedien, die uns seit dem 11.9. die »harmlose« Osama-Legende und das Märchen von der Geheimdienstschlamperei vorbeten, aber eine viel schrecklichere Wahrheit verdrängen, »um die Weltanschauung nicht verändern zu müssen«.

Um die Konturen dieser viel schrecklicheren Wahrheit zu erkennen und die Frage »Wer war's denn jetzt wirklich?« zumindest in möglichen Szenarien umreißen zu können, müssen wir zuerst kurz die Vorgeschichte des islamistischen Terrorismus rekonstruieren. Die im Folgenden umrissenen politischen und geostrategischen Rahmenbedingungen, denen der Terror des 11.9. entwuchs, sind in *VVG* schon ausführlich dargestellt und mit Quellen belegt worden.

## Die Vorgeschichte: Dschihad Inc. – made in USA

Im Rahmen ihrer Anstrengungen zur Destabilisierung der Sowjetunion beschlossen die USA Ende der 70er Jahre, dem Erzfeind in Afghanisthan »sein Vietnam« – so der damalige Sicherheitsberater Brzezinski – zu bereiten. Dazu wurden Milizen fundamentalistischer Islamisten in Afghanistan ausgestattet und angeheizt, die moskaufreundliche Regierung in Kabul zu Fall zu bringen, um die Sowjets zu einem Einmarsch zu verleiten, was dann auch gelang. In der Folge wurde die Besatzungsmacht in dem unzugänglichen Land in einen verheerenden Guerillakrieg verwickelt, an dem sich die USA indirekt durch die von ihnen alimentierten »Mudschaheddin«, islamische heilige Krieger, beteiligten. Diese »heiligen Krieger« wurden in den arabischen Ländern und weltweit mit der Parole rekrutiert, Afghanistan von den »Ungläubigen« zu befreien.

Die erste »Weltkonferenz« des Dschihad, des Heiligen Krieges, fand 1985 in New York statt. Auch in 30 US-Büros wurden junge Muslime für den Krieg angeworben, die dann nach Pakistan zur »Ausbildung« kamen. In Hunderten von Koranschulen wurden sie dort zunächst durch islamistische Gehirnwäsche zu potenziellen Selbstmordattentätern fortgebildet und sodann im Waffen- und Bombengebrauch geschult. Einige Spitzenkräfte wurden auch in US-Militärschulen weitergebildet. So entstand im Verlauf der 80er Jahre eine Armee von etwa 200.000 Kämpfern, die unter US-Regie von Pakistan und seinem Geheimdienst ISI angeleitet und geführt wurden. Finanziert wurde das Ganze von religiös motivierten Spendern vor allem aus Saudi-Arabien sowie aus dem parallel entstandenen, von der ISI kontrollierten Heroingeschäft, mit dem Pakistan und Afghanistan im Verlauf der 80er Jahre das Goldene Dreieck als Hauptproduzent des globalen Heroinmarkts ablösten. Etwa sechs Milliarden US-Dollar sollen in den 80er Jahren in den Aufbau und Unterhalt dieser Truppen investiert worden sein, deren saudisches Kontingent von dem Milliardärsspross Osama Bin Laden angeführt wurde.

Nach der erfolgreichen Vertreibung der Sowjets aus Afghanistan 1989 habe sich Bin Laden, so die offizielle Legende, von den USA abgewandt und sei zu dem Terroristen und Todfeind Amerikas geworden, als den wir ihn heute kennen. Natürlich war er nie ein Freund Amerikas gewesen, doch blieb seine Truppe auch weiterhin Instrument der US-Außenpolitik, ein illegaler, terroristischer Arm, der dort aktiviert wurde, wo es weiterhin galt, »Ungläubige« zu vertreiben – etwa die Russen aus Tschetschenien oder die Serben aus Kosovo. Bin Laden selbst wurde zwar seit Mitte der 90er Jahre als Topterrorist gehandelt, zur internationalen Fahndung allerdings erst ausgeschrieben, als Libyens Staatschef Gaddhafi 1998 über Interpol einen Haftbefehl beantragen ließ. Die USA selbst hatten bis dahin keinerlei Interesse gezeigt, ihr Ziehkind polizeilich suchen zu lassen, ebensowenig wie die Briten, die mithilfe von Al-Qaida-Leuten in Libyen terroristische Aktivitäten lancierten. Die verschiedenen Firmen Osama Bin Ladens, die er mit seinem Schwager Khalid Bin Mahfouz, dem Banker des saudischen Königshauses mit Zweitwohnsitz in Houston, Texas, betreibt, sind nach wie vor in London stationiert; zwei Brüder Bin Ladens betrieben bis zu ihrer Ausreise am 13. September 2001 u. a. die »mildtätige« islamische Organisation WAMY in Falls Church, Virginia – zufällig in demselben Ort, in dem sich ein Teil der »Hijacker« mit Wohnsitzen und neuen Pässen ausgestattet hatte.

Zusammengefasst: Der »Heilige Krieg« islamistischer Terrorgruppen ist nicht aus arabischen Moscheen oder afghanischen Höhlen über die Welt gekommen, er wurde von US-amerikanischer Seite instrumentalisiert und aufgerüstet. Ohne diese Förderung durch den Westen hätte er sein terroristisches Potenzial allenfalls auf lokaler Ebene entfalten können. Die Tat und die Täter des 11.9. sind dieser unheimlichen Koalition aus cleveren Geheimdiensten, religiösen Finanziers und fanatischen Terrorbanden entwachsen – wie freiwillig oder unfreiwillig, dazu lässt unser derzeitiger Stand des Wissens mehrere Szenarien möglich erscheinen. Sicher scheint nur die »Achse«, auf der diese monströse Tat ausgebrütet und durchgeführt wurde: Sie umfasst die Nationen Saudi-Arabien, Jemen, Pakistan/Afghanistan und die USA.

Und ebenso sicher scheint, dass die USA und ihre Verbündeten auch nach dem 11. September 2001 mit dem Terrormonster Al Qaida kooperieren. Wie, das mussten die Special Forces der US-Einsatztruppen in Afghanistan Ende November 2001 erfahren, als sie nach den Bombardements des Al-Qaida-Stützpunkts Tora Bora davon abgehalten wurden, der in der Ortschaft Konduz eingekesselten Elite der Al-Qaida- und Talibankämpfer habhaft zu werden. Dem US-Journalisten Seymour Hersh hat selbst sein Status als Koryphäe der Auslandsberichterstattung und als Pulitzerpreisträger bisher nicht geholfen, mit seiner detailliert recherchierten Geschichte dazu in die Mainstream-Medien der USA vorzudringen. Als die Spezialtruppen die in dem 150 Meilen vor der pakistanischen Grenze gelegenen Ort Konduz zusammengetriebene »Crème de la Crème« der Al Qaida mit Hubschraubern angreifen wollten, wurde ihnen befohlen, am Boden zu bleiben. Dabei handelte es sich nicht, wie *Newsweek*, CNN und andere berichteten, um einen »Fehler« der Militärs, die einen Angriff zu früh abbrachen, sondern laut Hersh, der bei den Soldaten selbst recherchiert hat, um einen direkten Befehl aus Washington. Ein Korridor von Konduz nach Pakistan durfte auf Weisung von ganz oben nicht unter Beschuss genommen werden, und auf diesem Weg wurden in den folgenden Tagen Tausende von Al-Qaida- und Talibankämpfern ausgeflogen. »Nachdem ich die Geschichte geschrieben hatte, erfuhr ich dann noch, dass vermutlich sogar einige von Bin Ladens engsten Familienangehörigen bei dieser Evakuierung ausgeflogen wurden. Wir erlaubten ihnen das, wir ließen die Evakuierung zu.«[265]

Sie war, wie Hersh herausfand, mit Pakistans Regimechef Musharraf und dem Geheimdienst ISI vereinbart worden, die pakistanische Truppen und ISI-Offiziere in Sicherheit bringen wollten, die auf Seiten der Taliban und Al Qaida gekämpft hatten. Mit eben jenem ISI, dessen Direktor Mahmud Ahmed am 10. September in Washington 2001 weilte und sechs Wochen später »überraschend« zurücktrat, als herauskam, dass in seinem Auftrag 100.000 Dollar an den »Terrorpiloten« Mohammed Atta überwiesen worden waren. Die Intention dieser Evakuierung war laut Hersh nicht, die Krieger von Al Qaida laufen zu lassen, sondern Musharraf und den ISI zu schützen, die auf einen freien Abzug »ihrer Leute« drängten. Doch »ihre Leute«, das sind nun einmal nicht nur ausschließlich pakistanische Soldaten, es sind auch die vom ISI trainierten und gesteuerten Eliten von Taliban und Al Qaida. »Wenn aber Al Qaida von einer Regierung unterstützt wird, die wir unterstützen, heißt das nicht in anderen Worten, dass wir dort eine Schlacht gegen uns selbst kämpfen?«, wurde Seymour Hersh in seinem Interview mit dem Sender PBS gefragt, und er antwortete: »Ich werde sogar noch eins draufsetzen: Wir haben nach Geheimdiensterkenntnissen auch Grund anzunehmen, dass Saudi-Arabien einiges davon durchgängig finanziert.«

Soviel zum weltbedrohenden Monster Al Qaida und den Nationen – Pakistan, Saudi-Arabien und ihr großer Verbündeter, die Vereinigten Staaten –, die ihm nach wie vor einen sicheren Hafen bieten. Was aber um Gottes willen bringt

Amerika dazu, gegen sich selbst Krieg zu führen bzw. von seinen Verbündeten führen zu lassen?

Im Jahr 1999 hatte der von Stiftungen der Öl- und Waffenindustrie finanzierte Think Tank »Project for the New America Century« (PNAC) – einer seiner Direktoren, Rumsfelds Vize und »Oberfalke« Paul Wolfowitz, sowie zahlreiche andere PNAC-Strategen sind mittlerweile bei der Bush-Regierung in leitenden Ämtern und Würden – eine Studie über den »Neuaufbau der amerikanischen Verteidigung« erarbeitet. In dem 90-seitigen Dokument heißt es zur Strategie am Persischen Golf: »Die Vereinigten Staaten streben seit Jahrzehnten eine dauerhaftere Rolle für die regionale Sicherheit am Golf an. Während der ungelöste Konflikt mit Irak eine unmittelbare Rechtfertigung liefert, geht der Bedarf einer großen amerikanischen Streitmacht am Golf über das Regime von Saddam Hussein hinaus.«[266]

Auch nach einem Verschwinden Saddams seien Militärbasen in Kuwait und Saudi-Arabien unverzichtbar, denn Iran, heißt es weiter, »kann sich für die amerikanischen Interessen als ebenso große Bedrohung erweisen wie der Irak«. Um die Verwandlung des US-Militärs in eine Streitmacht globaler Dominanz – »fähig zum siegreichen Krieg an mehreren Fronten« – zu ermöglichen, halten die Autoren eine drastische Erhöhung des Verteidigungsetats um 15 bis 20 Milliarden Dollar zusätzlich pro Jahr für unverzichtbar. Sie sehen aber gleichwohl innen- wie außenpolitisch auch Probleme, diesen revolutionären Transformationsprozess durchzusetzen: »Der Prozess der Transformation wird, obwohl er einen revolutionären Wandel mit sich bringt, voraussichtlich von längerer Dauer sein, außer im Fall eines katastrophalen und beschleunigenden Ereignisses – wie etwa ein neues Pearl Harbor.«

Ja, Sie haben richtig gelesen: »A catastrophic and catalyzing event – like a new Pearl Harbor« wurde schon 1999 von Paul Wolfowitz und einem halben Dutzend anderer jetzt in Bushs Kriegskabinett arbeitenden »Experten« dezent angemahnt, um den geforderten »revolutionären« Wandel zur imperialen Streitmacht zu beschleunigen. »Das ist Müll aus Denkfabriken, die mit Hühnerfalken vollgestopft sind«, kommentierte der britische Labour-Abgeordnete David Layell seinerzeit diesen »Entwurf für eine US-Weltherrschaft«[267], doch im Januar 2001 haben sich diese Hühnerfalken an die Macht getrickst. Und seit sie im September 2001 das Ereignis bekamen, von dem sie ein paar Jahre zuvor nur mal so zu Beschleunigungszwecken geträumt hatten, seitdem ist dieser »Müll« amtliche Doktrin und wird in die Tat umgesetzt.

Fragt sich nur, wie weit diejenigen, die sich ihn ausgedacht haben, auch für das Fanal des 11.9. verantwortlich sind, das den notwendigen und willkommenen Anlass für den globalen Eroberungskrieg lieferte, der mit dem Bombardement Afghanistans dann wenige Wochen später begann. Zumindest das angebliche »Versagen« der US-Luftabwehr am 11.9. lässt sich weder mit pakistanischen oder saudischen noch mit höhlenkriegerischen Einflüssen aus dem Ausland erklären. Auch konnte kein irdisch-menschlicher Terrorist je mit einer solchen Reihung von »Pannen« zu seinen Gunsten rechnen. Das »Nichtfliegen« ist hausgemacht, ein reines US-Fabrikat.

Abermals: Wir kennen die Wahrheit über den 11.9. nicht. Aber wir können jetzt immerhin über mögliche Wahrheiten spekulieren. Drei Szenarien bieten sich an.

## Szenario 1: Der Zauberlehrling

Goethes berühmtes Gedicht über den Zauberlehrling – »Die ich rief, die Geister, werd' ich nun nicht los« – könnte das Motto für dieses Szenario abgeben. Danach haben die Geostrategen im State Department ehrenwerte Ziele verfolgt, aber in ihrem erfolgreichen Kampf gegen den Kommunismus auch einige gravierende Fehler begangen. Wie etwa den, in Gestalt des Dschihad und seiner Horde heiliger Krieger »Geister« ins

Leben gerufen zu haben, deren Aktivitäten dann einfach außer Kontrolle geraten sind. Und so, wie der kurzsichtige Zauberlehrling in der Woge des selbst herbeigezauberten Wassers zu ertrinken droht, wurden die USA nun am 11.9. von der Woge des selbst herbeigezauberten Terrors überrollt. Dass sich die nützlichen Kombattanten selbstständig machen, dass Osama und seine fanatischen Assassinen ihren geostrategischen Meistern über den Kopf wachsen könnten, war in keiner Weise abzusehen; schon gar nicht, dass sie einen Angriff auf amerikanischem Boden wagen könnten. Dass dies nun am 11.9. geschah, wäre somit eine tragische Konsequenz der US-Außenpolitik, die Manifestation eines gravierenden Fehlers, der ihr unterlaufen ist, letztlich ein später Kollateralschaden aus dem siegreich beendeten Kalten Krieg. Deshalb ist der globale »Krieg gegen den Terrorismus« nun auch ein gerechter Krieg, bei dem es gilt, die versehentlich ins Leben gerufenen bösen Geister ein für allemal auszumerzen. »Terrorismus als Fortsetzung militärgestützter Außenpolitik mit anderen Mitteln« hätte damit als inoffizielle außenpolitische Doktrin der USA definitiv ausgedient, seit 3000 Unschuldige ihr zum Opfer fielen.

Für dieses Szenario würde die offizielle Version des Überraschungsangriffs sprechen: Die USA wurden von einem brutalen Terrorakt ehemaliger Kombattanten völlig überrascht, die aneinander vorbei arbeitenden Behörden von Polizei, Geheimdiensten und Terrorabwehr konnten den Anschlag nicht verhindern, weil sie auf katastrophale Weise »nichtkommunizierten«. Um diese bürokratische Schlamperei und skandalösen Fehler der Verantwortlichen zu vertuschen, wird jede tiefer gehende Ermittlung abgeblockt, notfalls unter dem Siegel des Staatsgeheimnisses. Sie könnte die »nationale Sicherheit« gefährden, da die desaströse Terror- und Gefahrenabwehr des Staates, wenn sie denn offenbar würde, die Bevölkerung logischerweise stark verunsichern müsste.

## Szenario 2: »Let one happen, stop the rest«

Diese merkwürdige Parole hatte Delmart »Mike« Vreeland bekanntlich an den Rand einer Liste von Gebäuden wie »WTC« und »Pentagon« gekritzelt, die er im August 2001 seinen Gefängniswärtern in Kanada übergab. Wir haben in *VVG* ausführlich über den windigen Agenten Vreeland berichtet, der bei seiner Festnahme in Kanada behauptete, Mitarbeiter des US-Navy-Geheimdienstes zu sein und von einem großen geplanten Terroranschlag erfahren zu haben. Man glaubte ihm nicht, und die Navy behauptete, den Herrn nicht zu kennen. Nachdem ein Auslieferungsersuchen der USA wegen Kreditkartenvergehen abgelehnt wurde, ist Vreeland seit Februar 2002 in Kanada untergetaucht – ob in Sicherheit oder auf Nimmerwiedersehen, können wir derzeit nicht sagen.

Dubios ist der angebliche Zeuge Vreeland allemal, doch diese sechs Worte auf seinem Zettel könnten Sinn machen – wenn man sie als Anweisung an einen Undercover-Agenten liest. Dieser Agent, so wäre das vorstellbar, ist in eine Terrorgruppe eingeschleust worden, die verschiedene Anschläge in den USA plant und aller Wahrscheinlichkeit nach in einem arabischen oder islamischen Land operiert. Seine Führungsoffiziere, denen er Bericht erstattet, gehören vermutlich dem pakistanischen Geheimdienst ISI an, der sowohl die Taliban und die Al-Qaida-Gruppen in Afghanistan steuert als auch der engste Partner der CIA in der Region ist.

Wir haben über die verschiedenen massiven Warnungen an die USA durch ausländische Geheimdienste berichtet, die von den Vorbereitungen des Anschlags Wind bekommen hatten und das State Department eindringlich informierten – auch darüber, dass Attacken mit entführten Flugzeugen stattfinden sollten. Diese Warnungen waren keineswegs »unspezifisch«, wie das Weiße Haus später immer wieder behauptete, und so stellt sich nach wie vor die Frage, warum darauf in keiner Weise reagiert wurde. Welcher Hausherr, der von zahlreichen befreundeten Nachbarn gewarnt wird, dass ein Anschlag auf sein Haus geplant ist, wird sich erlauben, auf verstärkte Sicherheitsvorkehrungen zu verzichten? Eigentlich nur einer, der es besser weiß als alle diese freundlichen Ratgeber, weil er genauere Informationen hat – und die Pläne der Attentäter kennt. Als er erfährt, dass eine ganze Serie von Attacken vorbereitet wird, gibt er an seine Undercover-Agenten die Parole aus: »Eines lassen wir zu, der Rest wird gestoppt« – und bereitet sich ostentativ *nicht* durch verschärfte Sicherheitsmaßnahmen vor. Dafür aber mit den militärischen und politischen Plänen, um auf den »Überraschungsangriff« offensiv zu reagieren.

Für dieses Szenario spricht, dass Fahnder und Polizei von der Bush-Regierung und ihren höchsten Funktionsträgern am Zugriff auf die Vorbereiter der Anschläge gehindert wurden, obwohl einige der »Tophijacker« seit Jahren unter der Kontrolle der Geheimdienste standen. Dieses »aktive Wegsehen« der ansonsten unbeteiligten Dienste soll durch die Blockade der Ermittlungen vertuscht werden.

## Szenario 3: Ein neues Pearl Harbor

Während Szenario 2 von einer weitgehenden Autonomie der Attentäter in der Planung und Durchführung der Attacken ausgeht, die nur geduldet wurden, weil sie außen- und innenpolitisch als nützlich erschienen, geht dieses Szenario von einer aktiveren Rolle der US-Geheimdienste aus. Danach haben die Bush-Krieger aus dem PNAC, schon bevor sie erfolgreich das Weiße Haus enterten, ein »neues Pearl Harbor« als »beschleunigendes Ereignis« nicht nur angedacht, sondern es über ihre Kanäle in den Geheimdiensten seit mindestens 1999 auch aktiv vorbereitet: durch Ausbildung einer »Bin-Laden-Air-Force« an Flugschulen in Florida, durch unbeschränkte Reise- und Visagenehmigungen für »observierte« Terroristen, durch Blockade von voreiligen FBI-Zugriffen sowie möglicherweise auch durch Fernsteuerung der Flugzeuge.

Wer sich nicht vorstellen kann, dass Militärs und Regierungen so etwas Schreckliches überhaupt planen könnten: Sowohl die neuesten Erkenntnisse über Pearl Harbor als eines provozierten und zugelassenen Angriffs als auch die erst von John F. Kennedy gestoppte »Operation Northwood«, bei der die geplante Versenkung eines US-Kreuzfahrtschiffs Kuba an-

**Der 11. September – ein neues Pearl Harbor**

Paul Wolfowitz diente schon einmal im Pentagon – und zwar in der Regierung von George Bush als Leiter der Strategieabteilung unter dem damaligen Verteidigungsminister Dick Cheney:

»1992 verfasste Paul Wolfowitz ein Strategiepapier, in dem er seine Vision von den USA als einziger Supermacht entwarf. Die USA müssten nach dem Ende des Kalten Krieges den Aufstieg von Regionalmächten verhindern, so Wolfowitz. Namentlich nannte er Deutschland und Japan. Amerika sollte seinen militärischen Vorsprung so weit ausbauen, dass kein Rivale es mehr einholen könne. Außerdem müssten die amerikanischen Streitkräfte in der Lage sein, mehrere Kriege gleichzeitig zu führen, um Diktatoren wie Saddam Hussein eigenhändig zu entmachten.«

In der Zeit der Präsidentschaft Bill Clintons gründeten Cheney, Wolfowitz, der heutige Regierungsberater Richard Perle und andere das »Project for a New American Century« (PNAC). In einer Studie dieses Think Tanks wurden 1999 die Schwierigkeiten bei der Aufrüstung der US-Armee in eine imperiale Streitmacht benannt – sowie eine Lösung angedeutet:

»Der Prozess der Transformation wird, obwohl er einen revolutionären Wandel mit sich bringt, voraussichtlich von längerer Dauer sein, außer im Fall eines katastrophalen und beschleunigenden Ereignisses – wie etwa ein neues Pearl Harbor.«

Im Sommer 2001 ließ sich Verteidigungsminister Donald Rumsfeld während einer Reise nach Australien zu unverhofften Eingeständnissen hinreißen:

»Rumsfeld legte noch weitere Karten auf den Tisch, als er vor der ›wachsenden Verwundbarkeit der Vereinigten Staaten‹ durch ein ›Pearl Harbor im Weltraum‹ warnte.«

Auch dem Präsidenten selber fiel zum 11.9. vor allem Pearl Harbor ein – mit offenem Ende im Hinblick auf alle Konsequenzen:

»Wie auch sein Vater versucht Bush täglich, seine Gedanken und Beobachtungen festzuhalten. An diesem Abend [des 11.9.; d.V.] diktierte er: ›Das Pearl Harbor des 21. Jahrhunderts hat heute stattgefunden.‹«

*http://www.dradio.de/cgi-bin/es/neu-hintergrund/885.html*
*http://www.newamericancentury.org/Rebuilding AmericasDefenses.pdf*

*Guardian, 9.8.2001, http://www.guardian.co.uk/comment/story/0,3604, 534097,00.html*

*Washington Post, 26.1.2002, http://www.washingtonpost.com/ac2/wp-dyn?pagename= article&node=&contentId=A43708-2002Jan26& notFound=true*

gelastet werden sollte, um sich einen Invasionsgrund zu verschaffen, zeigen, dass solche Opferstrategien sehr wohl zum Repertoire der Machtpolitik zählen. Ist nicht ein weiser, vorausschauender Herrscher bisweilen gezwungen, schmerzliche Opfer zu bringen, um den Bestand und Ausbau seiner Macht zu sichern? Waren der Sieg im Zweiten Weltkrieg und der daraus resultierende Einflussgewinn es nicht wert, mehr als 2.400 US-Bürger in Pearl Harbor zu opfern? Waren die Bomben auf Korea und Vietnam, die Todesschwadronen in Lateinamerika, die Aufrüstung Saddams … waren die ganzen schmutzigen Tricks des Kalten Krieges dank des daraus resultierenden Aufstiegs zur einzigen Weltmacht nicht absolut berechtigt und richtig?

Aus der kalten Perspektive der Macht, in der die Moral ausgeklammert bleibt, lässt sich das wohl nur bejahen – und ist das Opfer von 3000 Zivilisten gerechtfertigt, wenn so die Weltenergiereserven erobert und die hegemonialen Ansprüche für das nächste Jahrhundert zementiert und gesichert werden können. So wie Machtpolitiker insgeheim seit jeher aus dieser »kalten« Perspektive denken und planen, so haben sie in der Öffentlichkeit stets darauf geachtet, ihre Politik emotional und ideologisch aufzuladen und anzuheizen – von den Kreuzrittern über Hitler bis Bush dienen dabei ein martialisch böser Sündenbock sowie die »Vorsehung« und »Gott« als geeignetste Schablonen.

Was außer diffusen moralischen Zweifeln spricht gegen die Inszenierung eines neuen Pearl Harbor durch US-Geheimdienste? Vor allem der Einwand, dass eine solche Großverschwörung viel zu viele Mitwisser und Mittäter haben müsste, um geheim zu bleiben und durchgeführt werden zu können. Wenn wir aber das strukturelle Prinzip jeder erfolgreichen Verschwörung – das »need to know« – beachten, nach dem jedes Rädchen nur genau so viel weiß, wie für seine Funktion notwendig ist, lässt sich auch dieser Einwand entkräften. Selbst in der am weitesten gehenden Hypothese von den »entführten Entführern« wäre außer einem Dutzend auf den patriotischen Charakter ihrer Mission eingeschworenen Elitesoldaten für die Fernsteuerung in den C-130 nur ein weiterer Mann in der Zentrale des NORAD, der militärischen Luftraumkontrolle, notwendig, der für die »Verspätung« der Abfangjäger sorgte. Die »Hijacker« selbst, wenn sie denn überhaupt an Bord waren, wussten nichts von ihrer »Selbstmordmission«, weshalb sie in den Tagen zuvor auch noch fröhlich Anschlussflüge buchten und Meilenkonten eröffneten. Die Beamten, die in den USA für die schützende Hand bei Ein- und

Ausreisen und Flugtraining sorgten, hatten ebenfalls keine Ahnung von der gesamten Operation – sie betreuten nur, wie üblich, einige für den illegalen Auslandseinsatz vorgesehene »Auszubildende« in Militärschulen und CIA-Camps. Anweisungen und Geld erhielten die »Hijacker« von ihren ISI-Führungsoffizieren aus Pakistan und Afghanistan – und vielleicht wurde der ursprüngliche Plan tatsächlich in einer Höhle Bin Ladens ausgeheckt. Seine Durchführung aber war ohne Unterstützung vor Ort in keiner Weise möglich.

Niemand kann angesichts der unterdrückten Beweise über den Flug- und Funkverkehr am 11.9. rekonstruieren, was an Bord der Maschinen tatsächlich geschah. Ob jemals einer der »Hijacker« wirklich ein Cockpit erreichte und dann eine der Maschinen steuerte, ist ungewiss. Wenn aber doch, dann bleiben weiter viele Fragezeichen. Wie soll etwa ein fliegerischer Dilettant à la Hani Hanjour das komplizierte Manöver der AA 77 geflogen sein, die mit über 500 km/h in acht Meter Höhe ins Pentagon krachte? Der Verdacht drängt sich einfach auf, dass die über dem Pentagon tuckernde C-130 hier ein wenig nachgeholfen hat, um sicherzustellen, dass genau der frisch renovierte, stahlverstärkte Flügel (und nicht einer der vier anderen) getroffen wird, in dem Rumsfeld gerade dozierte, dass demnächst ein terroristisches Großereignis ins Haus stehe.

Auch Rumsfeld, Bush, Cheney, Myers und einige andere Entscheidungsträger waren also eingeweiht – sie mussten allerdings nur wissen, dass irgendetwas passieren würde und dass sie in diesem Fall zwei Stunden »business as usual« simulieren sollten, weiter nichts. »Bush Knew!« – die Schlagzeile, mit der ausgerechnet die reaktionäre Murdoch-Postille *New York Post* im Oktober 2001 aufmachte, war ein durchsichtiger Propagandatrick, der Vizepräsident Cheney nur die Erwiderung ermöglichen sollte, dass solche Verschwörungstheorien »völlig abwegig« wären. Natürlich wusste Bush nichts, außer dass etwas in dieser Richtung passieren würde und er

*Die Büros von Verteidigungsminister Rumsfeld und seinem Vize Wolfowitz liegen im äußeren Ring des 3. Pentagonflügels, mit Blick auf den Potomac.*

sich dann zwei Stunden lang zurückzuhalten hätte. Deshalb keine Überraschungsgeste, sondern der lippennagende Gesichtsausdruck, als er erfuhr, dass es jetzt definitiv losging – und er weitere 25 Minuten Kindergeschichten lauschte statt zu re(a)gieren.

Auch ansonsten wird keine Hundertschaft Personal und Mitwisser gebraucht, um den Plot vor- und nachzubereiten: Nur diejenigen Agenten, die die Elefantenspuren am Flughafen legten, die Handyanrufe manipulierten und die Liste der 19 zusammenstellten, müssten zum engen Kreis der Mitwisser gezählt werden. Insgesamt, einschließlich der Piloten und Fernsteuerer in den C-130, kaum zwei Dutzend Leute.

»Ob es tatsächlich ein Motiv für das Unvorstellbare, eine inszenierte Katastrophe wie in Pearl Harbor gibt, werden die nächsten Aktionen der Weltordnungsmacht bald zeigen.« So endete mein erster Kommentar über die »WTC-Conspiracy«, der am 13. September 2001 in der *taz* und im Online-Magazin *Telepolis* erschien. Die Entwicklung der letzten 18 Monate hat nicht nur die Motive der USA deutlich hervortreten lassen, sie hat auch sehr viele Belege für eine Inszenierung der Katastrophe ans Licht gebracht – und bis heute keinen einzigen wirklichen Beweis dafür, dass Osama Bin Laden und die 19 auf den FBI-Listen abgebildeten »Hijacker« für die Tat verantwortlich sind. Dass seit fast zwei Jahren auf diesen Plakaten Personen angegeben werden, die definitiv nichts mit der Tat zu tun hatten, zeigt, wie nach den wahren Tätern und Hintermännern gesucht wird: überhaupt nicht!

Unsere Recherche und die hier zusammengelegten, vom offiziellen Spieltisch verbannten Puzzlestücke ergeben kein eindeutiges Bild; Konturen und Wahrscheinlichkeiten deuten jedoch klar in Richtung der Szenarien 2 oder 3. Nicht mehr, aber auch nicht weniger, behaupten wir – und überlassen die Verkündigung der »Wahrheit über den 11.9.« und darüber, »was wirklich geschah«, auch weiterhin den Posaunisten des Medienbordells. Wenn dieses Buch eine Wahrheit dokumentieren kann, dann zuerst einmal die, dass investigativer Journalismus spätestens seit dem 11. September 2001 in den Massenmedien nicht mehr stattfindet.

Das, was uns an Ungereimtheiten und Widersprüchen aufgefallen ist, hätte jedem Journalisten auffallen müssen, der sich mit den offiziellen Verlautbarungen nicht zufrieden gibt und versucht, die Hintergründe zu recherchieren. Aber die notorische Selbstgenügsamkeit der etablierten Redakteure und Reporter spiegelt die Verkommenheit einer Branche, die sich nicht mehr der »Aufklärung«, der »Wahrheit«, der »demokratischen Kontrolle« – oder wie die Insignien einer »freien« Presse sonst noch genannt werden – verpflichtet fühlt, sondern dem Profit und dem Shareholder-Value. Wenn dem größten Rüstungskonzern (General Electric) der größte Fernsehsender (NBC) gehört, sollte klar sein, mit welchen »News« die eine Konzernabteilung die andere promotet. Anfang der 80er Jahre verfügten rund 400 Unternehmen über die Zeitungen, Radios und TV-Sender in den USA, heute sind es noch neun Konzerne, die den gesamten Medien-Output kontrollieren. Der Staatsrundfunk des ehemaligen Ostblocks hat mit den »Corporate Media« im Westen einen würdigen Nachfolger gefunden – und so konnte es kommen, dass Sie in diesem Buch erstmals auf viele Nachrichten und Zusammenhänge gestoßen sind, die doch eigentlich große Schlagzeilen und Sondersendungen verdient hätten.

**Mit dem Patriot Act zur Homeland Security**

»Uniting and Strengthening America by Providing Appropriate Tools Required to Intercept and Obstruct Terrorism«, abgekürzt U.S.A.-P.A.T.R.I.O.T. – so heißt ein Gesetz, das man mit »Einigung und Stärkung Amerikas durch Bereitstellung angemessener Werkzeuge, um Terrorismus abzufangen und zu verhindern» übersetzen könnte. Es wurde nach dem 11.9. in kaum fünf Wochen durch den Kongress gepeitscht und bedeutet den stärksten Eingriff in die Bürgerrechte seit Gründung der Vereinigten Staaten:

- Post-, Bank- und Arztgeheimnis werden praktisch aufgehoben,
- Lauschangriffe auf Telefon und Internet unterliegen nur noch minimaler Kontrolle durch Gerichte,
- Hausdurchsuchungen dürfen ohne jeden Durchsuchungsbefehl durchgeführt werden, auch in Abwesenheit der Bewohner,
- das E-Mail-Überwachungsprogramm »Carnivore«, das sämtliche E-Mails registriert und auswertet, ist jetzt zugelassen,
- die CIA, bis dato nur für die Auslandspionage zuständig, darf auch Bürger im Inland bespitzeln,
- die Akten von Kreditinsituten, Ärzten und Universitäten dürfen ohne richterliche Genehmigung eingesehen werden,
- Bibliotheken und Buchläden sind verpflichtet, den Polizeibehörden Kundendaten über die Ausleihe bzw. Käufe von Büchern zur Verfügung zu stellen,

- bei bloßem Terrorverdacht können Inhaftierungen vorgenommen werden – ohne Gerichtsprozess und ohne Rechte auf anwaltlichen Beistand,
- auch einheimische Gruppierungen können zu Terrororganisationen erklärt werden, wenn sie versuchen, so der Gummiparagraph, »die Politik einer Regierung durch Einschüchterung oder Nötigung zu verändern«.

Wann und von wem sich die Regierung eingeschüchtert fühlt – wer also Terrorist ist und wer nicht –, entscheidet der Präsident. Und wenn die Verschärfung des Gesetzes, P.A.T.R.I.O.T. Act II, an der Justizminister Ashcroft derzeit arbeitet, Realität wird, kann jedem, den der Präsident für einen Feind hält, die Staatsbürgerschaft aberkannt werden – er wird damit rechtlos und »vogelfrei«. Ein Rechtszustand, wie er zuletzt wohl im feudalen Mittelalter herrschte, und insofern ist es noch zurückhaltend ausgedrückt, wenn sich die Vorsitzende der US-Anwaltsvereinigung, Heidi Boghosian, darüber beklagt, dass hier mit einem einzigen Federstrich »30 Jahre Justizreformen praktisch ausgelöscht« werden.
Um diesen drastischen Abbau demokratischer Grundrechte in der Praxis umzusetzen, wurde von der Bush-Regierung mit dem »Homeland Security Act« eine gigantische Überwachungsbehörde mit 170.000 Mitarbeitern geschaffen. Im Weißen Haus bezeichnete man die Gründung dieses Stasi-Ministeriums als die »größte Restrukturierung der Regierung seit Schaffung der CIA 1947«. Für die meisten Kritiker und für die wenigen gegen die Gesetze stimmenden demokratischen und liberalen Abgeordneten indessen befinden sich die USA damit auf direktem Weg in einen Überwachungs- und Polizeistaat. Und das, so Russ Feingold, einer dieser wenigen Opponenten, »ist kein Staat, in dem wir leben wollen«.

*http://www.zdf.de/ZDFde/inhalt/14/0,1872,2038126,00.html*
*http://news.zdnet.de/story/0,,t101-s2126528,00.html*
*http://www.wired.com/news/politics/0,1283,53037,00.html*

## Ein Krieg gegen Europa

> »Ein großes zivilisiertes Volk wählte demokratisch einen fanatischen Demagogen, der Krieg predigte. Tatsächlich hatte er gar nicht die Mehrheit der Stimmen erhalten, aber trotz alledem wurde sein Aufstieg zur Macht irgendwie arrangiert.
> Bald nachdem er die Macht übernommen hatte, manipulierte er einen dramatischen Überfall, um seine Herrschaft über das Land zu festigen und einen Angriff auf kleinere Nationen vorzubereiten. Eine gewaltige Propagandamaschine verwandelte die ›Feinde‹ in Teufel, die Inkarnation des Bösen.
> Der Ruf nach einem Krieg befähigte ihn, das ganze Volk hinter sich zu einigen, die Opposition zum Schweigen zu bringen, nach und nach die Menschenrechte einzuschränken, die wirtschaftliche Krise zu überwinden und die Hand zur Weltbeherrschung auszustrecken.
> Er liebte es, in Uniform fotografiert zu werden, an Soldatenreihen entlangzugehen, als ob er ein großer militärischer Führer sei.
> Ich meine natürlich Adolf Hitler.«[268]

So leitet der israelische Autor Uri Avnery im Februar 2003 einen Artikel ein, in dem er dem »texanischen Cowboy« konzediert, etwas vollbracht zu haben, woran ein »korsischer Kaiser« noch gescheitert sei: ein vereintes Europa von Cherbourg am Atlantik bis Wladiwostok am Pazifik. Und er stellt fest, dass hier ein historisches Wunder geschehen zu sein scheint: Nicht nur hätten sich die Deutschen »in das unkriegerischste Volk« gewandelt, sie stünden jetzt auch mit ihrem alten »Erbfeind« Frankreich Schulter an Schulter. Und an dieser neuen Koalition – auch das ein kleines Wunder – beteilige sich zudem Russland, das in der Geschichte des Öfteren mit dem einen gegen den anderen der neuen Partner gestanden habe. In der Vereinigung dieser drei Länder zeichne sich das genaue Gegenteil dessen ab, was Minister Rumsfeld verächtlich als »altes Europa« abgetan hat: der Vorschein eines neuen Europa.

> »Es ist im Begriff, eine wirtschaftliche Supermacht zu werden, es ist in der Lage, mit den USA zu konkurrieren, ja vielleicht sogar, sie zu überholen. Ein Symbol dafür ist die Tatsache, dass der Euro den Dollar tatsächlich eingeholt hat … Die amerikanische Besatzung des Irak wird die amerikanische Kontrolle nicht nur über die ausgedehnten Ölreserven des Irak selbst, sondern auch über die des Kaspischen Meeres und der Golfstaaten sichern. Die US-Hand auf dem Ölhahn kann Deutschland, Frankreich und Japan abwürgen, weil sie nach Belieben den Preis in aller Welt manipulieren kann. Den Preis herabzusetzen, wird Russland abwürgen – den Preis zu erhöhen, wird Deutschland und Japan treffen … Dieser Krieg geht also weit über den Irak hinaus. Es ist kein Krieg gegen Saddams Mikroben. Es ist ganz einfach ein Krieg um die Weltherrschaft, wirtschaftlich, politisch, militärisch und kulturell.«

Die Trümmer des WTC rauchten noch, da überraschten Cheney und Rumsfeld das gesamte Bush-Kabinett mit ihrer Ankündigung eines Krieges: nicht gegen Afghanistan, sondern gegen den Irak!

> »Wie CBS erfahren hat, forderte Verteidigungsminister Rumsfeld am 11. September, kaum fünf Stunden nach dem Einschlag der Maschine ins Pentagon, seine Mitarbeiter auf, die Pläne für einen Angriff auf den Irak hervorzuholen, auch wenn es keinen Beweis für eine Verbindung Saddam Husseins mit den Anschlägen gab. Dies geht aus Aufzeichnungen seiner Mitarbeiter im Military Command Center hervor … Heute, ein Jahr später, gibt es immer noch sehr wenig Beweise, dass der Irak mit den 9/11-Attacken zu tun hatte, aber wenn diese Aufzeichnungen zutreffen, dann war Rumsfeld das egal: ›Werdet massiv‹, wird er in den Aufzeichnungen zitiert, ›fegt alles aus, ob es damit zu tun hat oder nicht.‹«[269]

Eher dann wohl das, was definitiv *nichts* damit zu tun hat, wie den Irak. Die nützlichen Handlanger von Al Qaida und des pakistanischen ISI hingegen musste die Armee auf Order von Rumsfeld zwei Monate später laufen lassen – das islamistische Schreckgespenst wurde und wird noch gebraucht.

Weil Verschwörungstheorien komplexe Zusammenhänge auf einen einfachen Sündenbock reduzieren, sind sie ein ideales Instrument der Propaganda: Ohne das Gespenst einer jüdisch-bolschewistischen Weltverschwörung hätte Hitler die Deutschen nicht zum Zweiten Weltkrieg hetzen können – und ohne den 11.9. und das »islamistische Terrornetzwerk«, ohne die »Septemberlüge«, hätten Bush & Co. die Amerikaner jetzt nicht in einen Krieg mit unabsehbaren Folgen treiben können. Die militärische Doktrin dazu lag jedenfalls schon in der Schublade, als die entführte Maschine ins Pentagon einschlagen konnte, ohne dass die für die Landesverteidigung notwendigen Maßnahmen ergriffen worden waren.

Während sich die Anzeichen mehrten, dass die angloamerikanischen Truppen den Irak angreifen würden, tat ein Großteil der deutschen Kommentatoren und Intellektuellen immer noch so, als müssten sie sich wie zu Zeiten des Kalten Krieges fest auf die Seite der »Freiheit« (und das heißt Amerikas) schlagen. Von den kleinen Kriegskrakeelern (Broder, Biermann) bis zu den bellizistischen Besserwissern (Schirrmacher, Joffe, Enzensberger) schwelgten Feuilletons und Kommentarspalten im Schröder-Bashing und rümpften vernehmbar die Nase über den Antikriegskurs der Regierung. Dabei war und ist die Entscheidung gegen den Irakkrieg wie gegen alle Angriffskriege eine Prinzipiensache: nicht nur verfassungsrechtlich geboten, sondern auch durch den 2+4-Vertrag gefordert, nach dem von deutschem Boden nur Frieden ausgehen darf.

Nirgendwo, außer in den durch Spin-Doktoren gehirngewaschenen USA, gab es zum Zeitpunkt der Irakinvasion auch nur den Hauch einer Mehrheit für diesen Krieg, und die Regierungen, die zu den Waffen riefen, handelten gegen den erklärten Willen der großen Mehrheiten ihrer Bürger. Diese hatten längst erkannt, dass dies kein Krieg gegen den Terror war, keiner gegen den »Islamismus« und keiner zur Beseitigung von Massenvernichtungswaffen oder eines Diktators. Sein eigentliches Ziel war die Kontrolle der verbliebenen Ölreserven des Planeten und damit die Kontrolle der gesamten industrialisierten Welt. Die USA haben nicht umsonst alle internationalen Verträge zum Klimaschutz, zur Waffenkontrolle und zu einer globalen Strafgerichtsbarkeit verweigert – von einem »Debattierclub« (George W. Bush) wie den Vereinten Nationen will man sich bei den imperialen Eroberungen nicht unnötig aufhalten lassen.

Nun mag die Ansicht vertretbar sein, nimmt man globalpolitisch alles in allem, dass an einer Hegemonie der USA in Zukunft gar kein Weg vorbeiführe und die Kontrolle der Welt durch eine starke Macht einem multipolaren Chaos durchaus vorzuziehen sei. Aber dennoch ist es richtig, *dieser* US-Regierung und *dieser* Umsetzung einer neuen Weltordnung entgegenzutreten. Das hat nichts mit Antiamerikanismus zu tun, sondern damit, dass die Bush-Regierung mit dem Kanonenboot-Stil ihrer Außenpolitik und dem Enron-Stil ihrer Marktwirtschaft alle amerikanischen Werte, die dieses Land einst zu einem Vorbild für die Welt machten, radikal über Bord geworfen hat. Wenn sich von Paris über Berlin und Moskau bis Peking wichtige Industriestaaten und auch sonst fast die ganze Welt gegen diese wildgewordene Junta im Weißen Haus stellen, dann geht es nicht um das »alte Europa« oder gar um »Moralismus« – und »Pazifismus« treibt diese neue Allianz schon gar nicht um. Stattdessen ist es schlicht und ergreifend Eigeninteresse, denn der Aufbau der USA zur asiatischen Großmacht ist – hinter der potemkinschen Kulisse »Osama« und »Saddam« – ein Krieg gegen ein vereintes Europa. Gegen die einzige Wirtschaftsmacht, die dem maroden, total überschuldeten ökonomischen Koloss USA auf absehbare Zeit Paroli bieten kann.

»Ja, aber was glauben Sie denn jetzt wirklich?«, werde ich nach Diskussionen oder Vorträgen fast jedes Mal gefragt. Ohne ein klares Bekenntnis will man den Überbringer schlechter Nachrichten ungern vom Acker lassen. »Und kommen Sie mir nicht mit Heinz von Foerster und ›Wahrheit ist die

Erfindung eines Lügners‹!« Na gut, dann neige ich schon der Einschätzung zu, dass ein Regime verrückter Petronazis das Weiße Haus geentert hat und den 11.9. geschehen ließ (bzw. mittels eigener Geheimdienste und denen befreundeter Nationen aktive Unterstützung leistete), um seine Macht mit dem »Krieg gegen den Terror« national und international zu zementieren. Wenn ich mich irre, wenn sich das »Kommando-Unternehmen Angst«, von dem Noam Chomsky spricht[270], nur als paranoider Alptraum entpuppen würde und sich Osama und die 19 Räuber aus der Tora-Bora-Höhle als autonome Alleintäter überführen lassen sollten – um so besser. Paranoia-Preise, Alarmismus-Auszeichnungen und Verfolgungswahn-Vorwürfe nehme ich dann freudig (und reuig) entgegen.

# Belege

Das Internet ist bekanntermaßen ein flüchtiges Medium und der Fortbestand von Websites nicht zu garantieren. Wir haben bei der Endredaktion alle hier aufgeführten Links überprüft und behaupten sie folglich nach bestem Wissen und Gewissen, können aber für ihre Gültigkeit nach dem Erscheinen des Buches keine Gewähr übernehmen.

1 http://www.cnn.com/2003/WORLD/meast/03/11/Iraq.Qaida.link/index.html

2 www.broeckers.com/reaktionen.htm

3 Vgl. Robert B. Stinnett: *Pearl Harbor,* Zweitausendeins 2003

4 Stefan Aust, Cordt Schnibben (Hrsg.): *11. September 2001. Geschichte eines Terrorangriffs*, Stuttgart 2002, S. 142

5 http://www.fbi.gov/pressrel/pressrel01/091401hj.htm; http://www.fbi.gov/pressrel/pressrel01/092701hjpic.htm

6 http://pqasb.pqarchiver.com/orlandosentinel/abstract/82192388.html?did=82192388&FMT=ABS&FMTS=FT&PMID=33577&desc=%60HIJACKER%27+ALIVEIN+SAUDI+ARABIA); http://www.worldmessenger.20m.com/alive.html

7 http://www.cnn.com/2001/US/09/21/inv.id.theft/

8 http://www.cnn.com/2001/US/10/29/inv.hijackers/; http://www.cooperativeresearch.org/completetimeline/AAkhalidandnawaf.html

9 http://www.cbsnews.com/stories/2002/04/15/attack/main506166.shtml

10 http://www.berlinonline.de/aktuelles/berliner_zeitung/politik/.html/135315.html; weitere Links dazu siehe: http://www.medienanalyse-international/verwirrung.html

11 http://www.arbeiterfotografie.com/galerie/kein-krieg/hintergrund/feind-8.html#01

12 http://www.cbsnews.com/stories/2002/04/15/attack/main506166.shtml

[13] http://www.portal.telegraph.co.uk/news/main.jhtml?xml=/news/2001/09/23/widen23.xml.
Der *Telegraph* als Quelle erscheint uns wegen der ausführlichen Telefonate mit den »Entführern«, die er dokumentiert, besonders geeignet. Im Gegensatz zum Beispiel zum *Guardian,* der am 21. 9. zunächst nur zwei »lebende Attentäter« aufführte: http://www.guardian.co.uk/september11/story/0,11209,601550,00.html.
Deutsche Zeitungen haben unseres Wissens – wenn überhaupt – diese Nachrichten nur abgekupfert und selbst nicht recherchiert.

[14] http://www.portal.telegraph.co.uk/news/main.jhtml?xml=/news/2001/09/23/widen23.xml

[15] http://www.orlandosentinel.com/news/nationworld/orl-asecflorida14091401sep14.story

[16] http://www.floridatoday.com/news/local/stories/2001/sep/loc091601fla.htm

[17] http://www.Guardian.co.uk/September11/oneyearon/story/0,12361,789253,00.html;http://www.guardian.co.uk/Print/0,3858,4497963,00.html

[18] http://news.bbc.co.uk/1/hi/world/middle_east/1559151.stm

[19] http://news.bbc.co.uk/1/hi/world/middle_east/1559151.stm

[20] http://www.latimes.com/news/nationworld/nation/la-092101probe.story

[21] http://www.boston.com/news/packages/underattack/news/driving_a_wedge/part1_side.shtml

[22] http://www.portal.telegraph.co.uk/news/main.jhtml?xml=/news/2001/09/23/widen23.xml

[23] http://news.bbc.co.uk/1/hi/world/middle_east/1559151.stm

[24] http://news.bbc.co.uk/2/hi/events/newsnight/1645527.stm

[25] http://www.newyorker.com/fact/content/?020114fa_FACT1

[26] http://www.johnfry.com/GoreBill021127.html

[27] http://www.webcom.com/hrin/magazine/la-watchlist.html

[28] http://bulletin.ninemsn.com.au/bulletin/eddesk.nsf/All/710930A347F9C31DCA256BCD00142568?OpenDocument

[29] http://www.cnn.com/2002/LAW/02/01/id.sentence/

[30] http://www.usdoj.gov/oig/special/2002_05/fullreport.pdf

[31] http://www.theage.com.au/news/state/2001/09/15/FFXUAD3OLRC.html

[32] http://news.bbc.co.uk/hi/english/world/americas/newsid_1556000/1556096.stm

[33] http://www.sueddeutsche.de/index.php?url=/ausland/weltspiegel/25472/index.php
[34] *New York Times,* 14.9.2001
[35] http://www.observer.co.uk/waronterrorism/story/0,1373,556630,00.html
[36] http://www.msnbc.com/news/633910.asp?cp1=1
[37] http://ktla.trb.com/news/nationworld/nation/la-012702atta.story
[38] http://www.SunHerald.com/NewsArchive2/091401/tp4ch14.htm?date=091401&story=tp4ch14.htm
[39] http://madcowprod.com/index35.html
[40] http://www.abc.net.au/4corners/atta/interviews/dekkers.htm
[41] http://www2.bostonherald.com/attack/investigation/ausprob10102001.htm
[42] http://www.abc.net.au/4corners/atta/interviews/dekkers.htm
[43] http://www.observer.co.uk/waronterrorism/story/0,1373,556630,00.html
[44] http://gvnewsnet.com/html/WorldReacts/alert46.html
[45] http://www.spTimes.com/News/091301/Worldandnation/FBI_seizes_records_of.shtml
[46] http://web.archive.org/web/20011021020512/www.miami.com/herald/special/news/worldtrade/digdocs/032999.htm
[47] http://www.theage.com.au/news/world/2001/09/14/FFXYRB0GJRC.html
[48] http://www.longboatobserver.com/showarticle.asp?ai=2172
[49] http://www.sptimes.com/News/091301/Worldandnation/FBI_seizes_records_of.shtml_
[50] http://www.abc.net.au/4corners/atta/interviews/dekkers.htm
[51] http://www.observer.co.uk/waronterrorism/story/0,1373,556630,00.html
[52] http://www.Guardian.co.uk/wtccrash/story/0,1300,596942,00.html
[53] http://filebox.vt.edu/arch/psk2/papa6224-2003/calzada-rovirosa/Pre911story.htm
[54] http://www.sun-sentinel.com/news/local/southflorida/sns-world-trade-jarrah-lat.story
[55] http://web.archive.org/web/20010925123748/boston.com/dailyglobe2/268/nation/Hijack_suspect_lived_a_life_or_a_lie+.shtml
[56] *Los Angeles Times*, 23.10.2001, siehe http://www.sun-sentinel.com/news/local/southflorida/sns-worldtrade-jarrah-lat.story
[57] http://www.cbc.ca/fifth/featurestories/jarrah_101001/story.html

[58] http://www.cnn.com/2002/US/08/01/cia.hijacker/index.html
[59] http://www.jdupree.com/terror.htm
[60] http://www.sun-sentinel.com/news/local/southflorida/sns-worldtrade-jarrah-lat.story
[61] http://www.Spiegel.de/Spiegel/0,1518,214004,00.html
[62] http://www.washingtonpost.com/wp-srv/nation/graphics/attack/hijackers.html
[63] Tim O'Meilia, Cox News Service, 15.10.2001, auch PalmBeach-Post.com, 16.10.2001
[64] http://www.azstarnet.com/attack/10920Rpmb—Attacks-Arizon.html
[65] http://www.washingtonpost.com/ac2/wp-dyn/A14365-2001Sep11Prozent3Flanguage=printer
[66] http://www.cbsnews.com/stories/2001/09/11/national/main310721.shtml
[67] http://www.capecodonline.com/cc*Times*/archives/2001/oct/21/hanjour21.htm
[68] http://www.nyTimes.com/2002/05/04/national/04ARIZ.html
[69] http://www.fbi.gov/pressrel/pressrel01/092701hjpic.htm
[70] http://unansweredquestions.org/timeline/2001/coxnews101501.html
[71] http://www-tech.mit.edu/V121/N67/terror.67w.html
[72] http://www.humanunderground.com/11september/pent3.html
[73] http://www.nyTimes.com/2002/05/04/national/04ARIZ.html?
[74] http://www.yale.edu/lawweb/avalon/sept_11/hr2897_ih.htm
[75] http://asia.cnn.com/2002/US/08/16/911.hijacker.remains.ap/
[76] http://www.cnn.com/TRANSCRIPTS/0207/31/wbr.00.html
[77] http://www.usatoday.com/news/attack/2001/10/11/month-later.htm; http://www.jeffhead.com/attack/indexcont.htm
[78] http://the.honoluluadvertiser.com/article/2001/Sep/18/ln/ln15a.html
[79] http://www.n-tv.de/2473771.html
[80] http://www.washingtonpost.com/wp-srv/nation/graphics/attack/hijackers.html
[81] http://www.msnbc.com/news/632626.asp
[82] http://www.globeandmail.com/servlet/ArticleNews/PEstory/TGAM/20030104/UFIVEN/national/national/national_temp/4/4/20/
[83] http://abcnews.go.com/sections/politics/DailyNews/bush010910.html
[84] http://www.cnn.com/2002/US/09/03/ar911.phone.calls
[85] http://archive.salon.com/books/review/2001/11/19/olson/

[86] http://www.washingtonpost.com/ac2/wp-dyn?pagename=article&node=metro/dc/schools&contentId=A14365-2001Sep11

[87] http://www.cnn.com/2001/US/09/11/pentagon.olson/index.html; http://www.cnn.com/2001/US/09/11/pentagon.olson/index.html

[88] http://www.foxnews.com/story/0,2933,34177,00.html

[89] http://usatoday.com/news/nation/2001/09/11/victims-olson.htm

[90] http://www.msnbc.com/news/627249.asp

[91] http://www.newsday.com/ny-usols122362099sep12,0,278898.story

[92] http://www.cnn.com/TRANSCRIPTS/0109/14/lkl.00.html

[93] http://www.telegraph.co.uk/news/main.jhtml?xml=/news/2001/09/14/db01.xml

[94] http://www.google.de/search?q=cache:s0Tt4nrQhdkC:www.telegraph.co.uk/family/main.jhtml%3Fxml%3D/family/2002/03/05/folsen05.xml+telegraph+She+had+had+trouble+getting+through,+because+she+wasn%27t+using+her+cellphone,+she+was+using+the+phone+in+the+passengers%27+seats,%22+says+Olson.+%22I+guess+she+didn%27t+have+her+purse,+because+she+was+calling+collect,+and+she+was+trying+to+get+through+to+&hl=de&ie=UTF-8

[95] https://www.aa.com/content/travelInformation/duringFlight/onboardTechnology.jhtml

[96] http://old.smh.com.au/news/0203/20/world/world10.html

[97] http://news.bbc.co.uk/1/hi/world/americas/1540158.stm

[98] http://www.mirror.co.uk/news/allnews/page.cfm?objectid=12192317&method=full&siteid=50143

[99] http://www.msnbc.com/news/632626.asp

[100] http://www.cooperativeresearch.org/timeline/2002/msnbc090302.html

[101] http://www.latimes.com/news/nationworld/nation/la-092001hijack.story;
http://news.bbc.co.uk/hi/english/world/americas/newsid_1556000/1556096.stm

[102] http://www.latimes.com/news/nationworld/nation/la-092001hijack.story;

[103] http://www.spiegel.de/panorama/0,1518,229487,00.html

[104] http://www.spiegel.de/panorama/0,1518,205145,00.html

[105] http://www.dcmilitary.com/baseguides/Air Force/andrews/partnerunits.html

[106] http://www.dcmilitary.com/baseguides/Air Force/andrews/partnerunits.html
[107] http://www.aviationnow.com/content/publication/awst/20020603/avi_stor.htm
[108] http://www.capecodonline.com/cctimes/archives/2001/sep/12/102ndon12.htm
[109] http://www.capecodonline.com/cctimes/archives/2001/sep/12/wasotis12.htm
[110] http://www.channel4.com/news/home/20010913/Story06.htm
[111] http://www.spiegel.de/spiegel/0,1518,172382-2,00.html
[112] http://www.capecodonline.com/cctimes/archives/2001/sep/15/reportotis15.htm
[113] http://www.af.mil/news/factsheets/F_15_Eagle.html
[114] http://tvnews3.televisionarchive.org/tvarchive/html/
[115] http://www.capecodonline.com/special/terror/terrornews/102ndon12.htm
[116] http://www.aviationnow.com/content/publication/awst/20020603/avi_stor.htm
[117] http://www.capecodonline.com/special/terror/ithought21.htm
[118] http://www.juergen-elsaesser.de/de/artikel/home/0112bue.html
[119] http://www.ahram.org.eg/weekly/2001/557/intrvw.htm
[120] http://abcnews.go.com/sections/2020/2020/2020_011024_atc_feature.html
[121] http://www.spiegel.de/wissenschaft/mensch/0,1518,156753,00.html
[122] http://www.facsnet.org/issues/specials/terrorism/aviation.php3
[123] http://aviation-safety.net/database/1984/841201-0.htm
[124] http://www.bluecoat.org/reports/Skaves_97_FMS_Memo.pdf
[125] http://www.darpa.mil/DARPATech2000/Presentations/spo_pdf/5VansuchNavigationB&W.pdf"
[126] Näheres über zum Beispiel die Gyroskompasstechnik ließe sich übrigens auch bei Unternehmen der Litton-Gruppe in Deutschland erfahren, zum Beispiel bei der LITEF im trauten Freiburg ... Wer wissen will, wie viel Geld offiziell in die Kanäle dieser Forschung fließt, kann sich auf dieser Webseite schlau machen: http://www.dtic.mil/descriptivesum/Y2003/Air Force/0602605F.pdf
[127] http://www.fas.org/spp/starwars/budget/peds_96f/0603401f.pdf
[128] http://www.time.com/time/covers/1101030127/nmicro.html
[129] http://www.aviationnow.com/content/publication/awst/20020722/aw173.htm

[130] John A. Brunderman (Lieutenant Colonel, USAF), *High Power Radio Frequenzy Weapons. A Potential Counter to U.S. Stealth an Cruise Missile Technology*; https://research.au.af.mil/papers/student/ay2000/awc/brundeman.pdf

[131] http://www.mirror.co.uk/news/allnews/page.cfm?objectid=12192317&method=full&siteid=50143

[132] http://www.zdf.de/ZDFde/inhalt/0,1872,2009487,FF.html

[133] http://www.newsday.com/ny-usjets152367640sep15.story

[134] http://www.nashuatelegraph.com/main.asp?SectionID=25&SubSectionID=354&ArticleID=40198

[135] http://www.google.de/search?q=cache:_hCjxobyjgoJ;www.rotary-denver31.org/2002.11.08.Keyway.pdf+eberhart+%2B+%22denver+rotary+club%22&hl=de&ie=UTF-8

[136] http://www.unansweredquestions.org/timeline/2001/philadelphiadailynews111501.html

[137] http://www.post-gazette.com/headlines/20010916otherjetnat5p5.asp

[138] http://www.time.com/time/nation/article/0,8599,174912,00.html

[139] Wer sich es antun mag, kann dem Mordgeschäft in Afghanistan aus einer AC-130 heraus auf diesem Video zusehen:
http://a1569.g.akamai.net/f/1569/6097/1d/www.military.com/ContentFiles/Movies/AC130_Gunship.wmv.
Mehr über die Aufgaben einer C-130:
http://www.theaviationzone.com/facts/c130.htm;
http://www-cgsc.army.mil/usaf/AMC_Toolbook/c130data.htm;
http://www.chinfo.navy.mil/navpalib/factfile/aircraft/air-c130.html

[140] http://www.nylawyer.com/news/01/09/091201l.html

[141] http://www.channel4.com/news/home/20010913/Story06.htm

[142] http://www.ournetfamily.com/WarOnTerror/E-Mails/pentagonwitness.shtml

[143] http://complete911timeline.org/2002/minneapolisstartribune091102.html

[144] Mehr dazu siehe
http://www.fas.org/irp/agency/usaf/ang/penn/193wg/

[145] Manche Quellen behaupten, der Umkehrpunkt sei erst um 8.40 Uhr erreicht gewesen. Das aber kann allein aufgrund der geografischen Verhältnisse und des Ablaufs der Ereignisse nicht stimmen.

[146] http://www.defenselink.mil/news/Dec2001/d20011213ubl.pdf

[147] http://www.washingtonpost.com/wp-dyn/articles/A32597-2001Nov2.html
[148] http://www.spiegel.de/panorama/0,1518,162680,00.html
[149] http://geocities.com/mknemesis/homerun.html
[150] http://www.raytheon.com
[151] http://www.fromthewilderness.com/free/ww3/02_14_02_microbio.html
[152] http://www.scoop.co.nz/mason/stories/HL0208/S00085.htm
[153] http://www.msnbc.com/news/629529.asp?cp1=1
[154] http://208.187.163.46/completetimeline/2001/meetthepress091601.html
[155] http://www.washingtonpost.com/ac2/wp-dyn/A42754-2002Jan26
[156] http://www.fas.org/terrorism/at/docs/2002/02_27_02franks.htm
[157] MSNBC, 7.10.2001
[158] http://www.longboatobserver.com/showarticle.asp?ai=2172
[159] *Guardian*, 10.9.2001
[160] http://www.eog.state.fl.us/eog_new/eog/orders/2001/september/eo2001-261-09-07-01.html
[161] http://abcnews.go.com/sections/politics/DailyNews/bush010910.html
[162] *The Observer*, 16.6.2002; http://www.observer.co.uk/magazine/story/0,11913,738196,00.html
[163] http://www.whitehouse.gov/news/releases/2001/12/20011204-17.htm
[164] http://foi.missouri.edu/terrorbkgd/hijackerincity.html
[165] http://www.portland.com/news/attack/010923atta.shtml)
[166] http://www.longboatobserver.com/showarticle.asp?ai=1874
[167] http://www.thestar.ca/NASApp/cs/ContentServer?pagename=thestar/Layout/Article_Type1&c=Article&cid=1035774511890&call_page=TS_Columnists&call_pageid=970599109774&call_pagepath=Columnists
[168] http://www1.faa.gov/ATpubs/MIL/Ch7/mil0701.html
[169] http://www.washingtonpost.com/ac2/wp-dyn/A38407-2001Sep15
[170] http://abcnews.go.com/sections/primetime/DailyNews/primetime_flightattendants_020718.html
[171] http://www.guardian.co.uk/wtccrash/story/0,1300,575518,00.html
[172] http://www1.faa.gov/ATpubs/ATC/Chp10/atc1002.html; http://www1.faa.gov/ATpubs/MIL/Ch7/mil0701.html
[173] http://www.channel4.com/news/home/20010913/Story06.htm

[174] http://www.defenselink.mil/news/Sep2001/t09162001_t0915wbz.html

[175] *New York Times*, 16.10.2001

[176] http://www.sarasota.k12.fl.us/emma/9.11.01/essay.valerie.html; http://www.sarasota.k12.fl.us/emma/9.11.01/essay.long.html

[177] http://www.whitehouse.gov/news/releases/2001/09/20010911-16.html; http://www.whitehouse.gov/news/releases/2001/12/20011204-17.html; http://www.telegraph.co.uk/news/main.jhtml?xml=/news/2001/12/16/wbush16.xml

[178] http://www.spiegel.de/spiegel/0,1518,172382-2,00.html

[179] http://www.buzzflash.com/contributors/2002/05/06_Booker.html

[180] http://cox.house.gov/html/release.cfm?id=33

[181] http://www.csmonitor.com/2001/0917/p1s1-usgn.html; http://www.sarasota.k12.fl.us/emma/9.11.01/photogallery6.html

[182] http://www.whitehouse.gov/news/releases/2001/12/print/20011204-17.html

[183] http://www.washtimes.com/national/20021007-85016651.htm

[184] http://www.newsday.com/ny-uspent232380681sep23.story

[185] AP, 19.8.2002

[186] http://cox.house.gov/html/release.cfm?id=33

[187] http://www.time.com/time/nation/article/0,8599,174912,00.html

[188] http://www.washingtonpost.com/ac2/wp-dyn/A42754-2002Jan26

[189] http://www.defenselink.mil/news/Oct2001/n10232001_200110236.html

[190] http://www.cbsnews.com/stories/2002/09/04/September11/main520830.shtml

[191] http://www.mirror.co.uk/news/allnews/page.cfm?objectid=12192317&method=full&siteid=50143

[192] http://www.usatoday.com/news/sept11/2002-08-12-hijacker-daytwo_x.htm

[193] http://www.nandotimes.com/special_reports/terrorism/attack/story/78392p-1097917c.html

[194] http://www.msnbc.com/news/632626.asp

[195] http://www.cnn.com/2002/US/04/19/rec.flight.93.families

[196] http://www.philly.com/mld/dailynews/4084323.htm

[197] http://abcnews.go.com/sections/us/DailyNews/WTC_SubIndex.html

[198] http://www.n-tv.de/2723208.html

[199] http://www.cooperativeresearch.net/timeline/2001/philadelphiadailynews111501.html
[200] http://www.cooperativeresearch.net/timeline/2002/abcnews091102.html
[201] http://cooperativeresearch.org/timeline/2002/abcnews091102.html
[202] http://www.cbsnews.com/stories/2002/09/04/september11/main520830.shtml
[203] http://www.cooperativeresearch.net/timeline/2002/abcnews091102.html
[204] http://www.telegraph.co.uk/news/main.jhtml?xml=%2Fnews%2F2001%2F12%2F16%2Fwbush16.xml
[205] http://www.washingtonpost.com/ac2/wp-dyn/A42754-2002Jan26
[206] http://www.whitehouse.gov/news/releases/2002/01/20020105-3.html
[207] http://www.haaretzdaily.com/hasen/pages/ShArt.jhtml?itemNo=77744&contrassID=
[208] http://www.sfgate.com/cgi-bin/article.cgi?file=/chronicle/archive/2001/09/12/MN229389.DTL
[209] http://www.cbsnews.com/stories/2001/07/26/national/main303601.shtml
[210] http://www.msnbc.com/news/629606.asp?0sp=w13b2#BODY
[211] http://www.mdw.army.mil/news/Contingency_Planning.html
[212] http://www.usmedicine.com/article.cfm?articleID=272&issueID=3
[213] http://www.nlsi.net/hs-alc-info.htm
[214] http://www.cnn.com/2001/US/10/05/rec.pentagon.repairs/?related
[215] http://story.news.yahoo.com/news?tmpl=story&u=/ap/20030123/ap_on_go_ca_st_pe/attacks_pentagon_1
[216] http://www.defenselink.mil/news/Sep2001/n09152001_200109153.html
[217] http://www.construction.com/NewsCenter/Headlines/ENR/20010914b.asp
[218] http://www.mdw.army.mil/news/DoD_helps_authorities_began helping civil authorities almost immediately after the first hijacked airliner hit the north tower of the after_attack.html
[219] www.dot.gov/affairs/092001statement.htm; http://usinfo.state.gov/topical/pol/terror/01092012.htm
[220] http://abcnews.go.com/sections/us/DailyNews/warningmemo020516.html

[221] http://www.madcowprod.com/

[222] http://www.rense.com/general33/dissc.htm

[223] http://www.onlinejournal.com/Special_Reports/Hopsicker103102/hopsicker103102.html

[224] http://216.239.53.100/search?q=cache:_uPa5TNnqLgC:www.floridaair.com/discoverair/da_news.html+Prozent22Discover+AirProzent22&hl=en&ie=UTF-8

[225] http://www.onlinejournal.com/Special_Reports/Hopsicker041902/hopsicker041902.html

[226] http://www.madcowprod.com/index30.html

[227] http://www.madcowprod.com/index25a.html; http://www.sunherald.com/search/search.asp?showarticle=138988

[228] http://query.nytimes.com/gst/abstract.html?res=F40B13F939540C728DDDAE0894DA404482

[229] http://www.3sat.de/3sat.php?http://www.3sat.de/neunzehn/sendung/36890/

[230] http://fhh.hamburg.de/stadt/Aktuell/pressemeldungen/2002-ab-04-09/november/18/pressemeldung-2002-11-18-bfi-01.html

[231] http://www.chicagotribune.com/news/nationworld/chi-0211170296nov17,0,6628254.story?coll=chiProzent2DnewsProzent2Dhed

[232] http://dip.bundestag.de/btd/14/072/1407247.pdf

[233] http://de.news.yahoo.com/030131/286/390kw.html

[234] http://www.spiegel.de/panorama/0,1518,227866,00.html

[235] http://de.news.yahoo.com/030122/12/3786s.html

[236] http://www.abc.net.au/4corners/atta/resources/documents/fbiaffidavit1.htm

[237] http://www.latimes.com/news/nationworld/nation/la-000030673apr30.story

[238] Vgl. die 9/11-Untersuchung von Longman: *Among the Heroes*, August 2002, S. 262 f., zitiert in http://www.geocities.com/spdster2003/timeline13.html

[239] http://www.latimes.com/la-052302agent.story

[240] http://www.time.com/time/personoftheyear/2002/poyrowley.html

[241] http://www.unansweredquestions.net/timeline/2002/minneapolisstartribune122202.html

[242] http://www.washingtonpost.com/ac2/wp-dyn?pagename=article&node=&contentId=A7829-2002Jun18&notFound=true

[243] http://abcnews.go.com/sections/primetime/DailyNews/FBI_whistleblowers021219.html
[244] http://www.villagevoice.com/issues/0225/gray.php
[245] http://www.observer.co.uk/Distribution/Redirect_Artifact/0,4678,0-560624,0.html
[246] http://www.whitehouse.gov/news/releases/2001/11/20011110-3.html
[247] http://www.spTimes.com/2002/09/23/Worldandnation/FAA_got_alerts_but_no.shtml
[248] http://www.petitiononline.com/11601TFS/petition.html
[249] http://burningbush.netfirms.com/Kristen.html
[250] http://www.kaleo.org/vnews/display.v/ART/2003/01/30/3e38d70466de5
[251] http://www.cnn.com/2002/ALLPOLITICS/05/16/president.gop.senators/
[252] http://www.cnn.com/2002/ALLPOLITICS/01/29/inv.terror.probe/index.html
[253] http://www.alternet.org/story.html?StoryID=12868
[254] http://www.pbs.org/newshour/bb/congress/july-dec02/intelligence_12-11.html
[255] http://www.icai-online.org/45365,Index.html
[256] http://www.welt.de/data/2002/12/16/25422.html
[257] http://entertainment.tv.yahoo.com/entnews/ne/20020304/101525400002.html
[258] http://www.globalresearch.ca/articles/CHO212A.html
[259] http://www.heise.de/tp/deutsch/special/wtc/11815/1.html; http://www.fortune.com/fortune/articles/0,15114,410237,00.html
[260] http://www.nationalreview.com/mowbray/mowbray122002.asp
[261] http://www.9-11commission.gov/hearings/hearing1/witness_kleinberg.htm
[262] http://www.washingtonpost.com/ac2/wp-dyn/A28914-2003May22?language=printer
[263] http://www.msnbc.com/news/907379.asp?0cl=c1; http://www.msnbc.com/news/910676.asp?cp1=1
[264] http://washingtonpost.com/ac2/wp-dyn/A20731-2001Oct31?language=printer]; Bushs Executive Order: http://www.fas.org/sgp/news/2001/11/eo-pra.html
[265] http://www.pbs.org/now/transcript/transcript_hersh.html

[266] http://www.newamericancentury.org/RebuildingAmericasDefenses.pdf

[267] http://www.rense.com/general33/pearl.htm

[268] http://www.uni-kassel.de/fb10/frieden/regionen/Irak/avnery2.html

[269] http://www.cbsnews.com/stories/2002/09/04/september11/main520830.shtml

[270] http://520076568788.bei.t-online.de/audio.html

## Supplement:
## Mohamed Atta and the Venice Flying Circus

*Der komplette Text zum Film*
*auf der beiliegenden Super-Video-CD*

Hallo, mein Name ist Daniel Hopsicker. Willkommen bei *Mohamed Atta and the Venice Flying Circus.*

Ich stehe vor dem Flugplatz in Venice, Florida. Hier in Florida wird derzeit offensichtlich alles darangesetzt zu vertuschen, was sich vor dem 11. September auf diesen Start- und Landebahnen abgespielt hat.

Man belügt uns über die Art der Verschwörung, die zur Zerstörung des World Trade Center geführt hat, wir werden belogen vom FBI und von unserem Präsidenten. Belogen auch von unseren Medien. Beispielsweise beginnt der Dokumentarfilm des PBS über den 11. September mit diesem Satz: »Neunzehn Hijacker reisten unbemerkt durch Europa und die Vereinigten Staaten.« Wer's glaubt, wird selig.

In der Eingangshalle der CIA-Zentrale in McLean, Virginia, steht der Wahlspruch: »Du sollst die Wahrheit wissen, und die Wahrheit wird dich frei machen.«

Dies ist die Geschichte der Legenden. Die Legende eines Menschen ist seine Tarnung, die Lüge, die so lange Bestand hat, dass er damit durchkommt. Die Legende von Rudi Dekkers als Betreiber einer Flugschule und von Mohammed Atta als fanatischem Islamisten ist seit dem Anschlag auf das World Trade Center immer fadenscheiniger geworden. Aber bei dem, was Sie hier sehen, wird sich Ihnen die gleiche Frage aufdrängen, die wir gestellt haben: »Wer sind diese Typen?«

In diesem Film werden einige wichtige Augenzeugen des 11. September zu Wort kommen – Augenzeugen nicht der Terrorangriffe auf das World Trade Center selbst, sondern des Vorspiels zu der Tragödie, dem Verschwörungsprozess in Florida, der vor zwei Jahren einen massiven Zustrom arabischer Flugschüler zur Folge hatte.

> ZEUGE *(seit fünfzehn Jahren Pilot in dieser Region):* Ich bin oft mit den Leuten essen gegangen, und manche von ihnen sprachen kaum englisch. Manche kamen aus Liberia, äh, Libyen, aus verschiedenen Ländern des Nahen Ostens, nehme ich an. Diese Sorte Flugschüler hatten wir erst in letzter Zeit.

Sie werden außerdem feststellen, dass sich Mohammed und seine Kumpels oft wie Figuren aus *Miami Vice* benahmen.

> RENE ADORNA: Sie waren laut, machten Bemerkungen, hauten mit der Hand auf den Tisch, hier geht es um 200.000 Dollar; wir sind der Familie Rechenschaft schuldig. Ich dachte gleich an die Mafia.

Und Sie werden überdies erfahren, dass der Flugschulbetreiber Rudi Dekkers, der Mann, dem dieser massive Zustrom hauptsächlich zu verdanken ist, nicht der ist, der zu sein er vorgibt.

> TOM HAMMERSLEY: Ich habe nur gehört, dass er einen Hintermann in Naples hat, der ihn finanziell absicherte, dass das Geld, mit dem er gewissermaßen herumprotzte, gar nicht sein Geld war. Er war nur der Strohmann für den Kerl, der das Geld hatte.

Um der Wahrheit auf den Grund zu gehen, müssen wir uns in ein überraschendes und bis vor kurzem wenig bekanntes Zentrum der Intrige begeben, einen öffentlich zugänglichen, towerlosen Flughafen für einen Jetset international agierender Spione, Gauner, Schurken und Terroristen, angesiedelt in unmittelbarer Nachbarschaft einer Gemeinde von Rentnern, die erpicht darauf sind, auf dem Golfplatz den Sondertarif für Frühaufsteher zu ergattern.

Willkommen also in Venice, einer kleinen Rentnergemeinde an der Golfküste Floridas. Wie die meisten Städte hat Venice ein paar Besonderheiten vorzuweisen. Beispielsweise preist sich das Städtchen selbst als die Welthauptstadt der Haifischzähne an, und der Altersdurchschnitt seiner Einwohner ist der zweithöchste in den Vereinigten Staaten.

Aber genau genommen ist es einfach ein nettes, wohltuend normales Städtchen. Abgesehen davon, dass arabische Terroristen dutzendweise hierher kamen, um fliegen zu lernen. Mohammed Atta, Pilot der Maschine, die in den ersten Turm krachte, hat hier fliegen gelernt. Marwan Al-Shehhi, der eine halbe Stunde später in den zweiten Turm krachte, hat auch hier fliegen gelernt. Desgleichen Ziad Jarrah, Pilot des Flugzeugs, das in Pennsylvania abstürzte. Also drei von vieren. Darüber hinaus der meistgesuchte noch lebende Terrorist aus dem Hamburger Kader, Ramzi Binalshibh. Was führte sie hierher?

Warum werden gesunde junge Männer magisch angezogen von irgendeiner Rentnergemeinde, in der die Strandschönheiten, sofern es sie gibt, längst vergangene, ruhigere Tage in Erinnerung rufen? Man kommt ins Grübeln, schließlich sind wir hier nicht in Hamburg.

Wieso wurde Venice, Florida, zum wichtigsten Schauplatz des Verbrechens vom 11. September, der nicht in Schutt und Asche gelegt wurde?

Wurden die Männer hierher geschickt? Handelten sie in einem Auftrag? Wer war dieser Mohammed Atta überhaupt? Fundamentalistischer Islamist, Rädelsführer einer terroristischen Vereinigung, Rattenfänger für Terrorpiloten? Oder vielleicht ein arabischer Spion oder Doppelagent, wie wäre es damit?

Rene Adorna und ihr Mann Tom sind Inhaber und Betreiber des Pelican Alley. Als einen Tag nach dem 11. September Reporter in dem Lokal aufkreuzten, wussten sie sofort, warum sie gekommen waren.

> RENE ADORNA: Kurz nachdem es passiert war, kamen Zeitungsleute hierher, und jemand sagte: »Oh, da draußen ist ein Reporter«, und ich wusste augenblicklich, warum er gekommen war, weil ich mich an den Tisch erinnern konnte. Tommy wusste Bescheid, Jeff wusste Bescheid, und dann hat er nicht mal …, er hat uns nur ein Foto gezeigt, und wir wussten sofort Bescheid.
> Sie waren zu dritt. Und sie sahen irgendwie alle wie Ägypter aus, also dunkelhäutig, dunkelhaarig, eine Menge Schmuck, jede Menge Schmuck. Sie hatten so Floridahemden an, so buntgemusterte Seidenhemden, wissen Sie, all so was, und ich hätte schwören können, dass da ein Kreuz war, der eine Typ hatte so ein großes Kreuz, so ein protziges Goldkreuz, dachte ich jedenfalls, aber jetzt bin ich mir nicht mehr so sicher, wissen Sie, aber ich weiß, dass er so eine große Uhr anhatte.

DANIEL HOPSICKER: Haben Sie alle drei auf den Fotos, die man Ihnen gezeigt hat, erkannt?

RENE ADORNA: Ich habe nur einen erkannt, diesen... Atta.

DANIEL HOPSICKER: Sie meinen den mit dem finsteren Blick?

RENE ADORNA: Genau. Er hat kaum ein Wort mit mir gesprochen, aber als ich hinkam, dachte ich irgendwie, herrje, was hat der für ein Problem, weil er die ganze Zeit diesen echt fiesen Blick drauf hatte, als wäre er total unzufrieden. Er hat eigentlich gar nichts gesagt. Dann war da noch der andere Typ, der größere, breiter gebaute, der hat es übernommen, mit mir zu reden. Er war sehr offen, geradezu liebenswürdig.

DANIEL HOPSICKER: Und mit wem hat Atta debattiert?

RENE ADORNA: Mit dem großen Kerl, und er, der Große also, hat den anderen Typen angeschrien.

DANIEL HOPSICKER: Und Atta und sein Freund haben nicht gerade über die korrekte Auslegung des Korans debattiert.

RENE ADORNA: Sie waren laut, machten Bemerkungen, hauten mit der Hand auf den Tisch und so. Hier geht es um 200.000 Dollar; wir sind der Familie Rechenschaft schuldig. Ich dachte an die Mafia. Wenn ich vorbei musste, habe ich einen Bogen um den Tisch gemacht, und dann bin ich zum Manager gegangen und habe gesagt: »Behalt den Tisch lieber im Auge, die Typen könnten Ärger machen.«

TOM ADORNA: Rene kam ins Büro und sagte, draußen wären drei Herren, die sehr laut würden und sich in die Haare gerieten, und sie hätte Angst, das Ganze würde eskalieren, darum holte sie mich, und ich ging mit ihr raus. Sie saßen genau hier. Sie saßen so, dass der eine auf der einen und der andere auf der anderen Seite des Tischs saßen, und der große Typ, der saß nicht mal in der Nische drin. Er saß auf einem Stuhl vor der Nische, er war ein ziemlich großer, kräftiger Typ, und er führte meist das Wort. Er redete ständig auf sie ein, es ging um Geld, wir hörten dauernd was von Geld. Der andere, ich glaube, das war der Chef. Er sagte kein

Wort, er saß einfach nur da mit seinem komischen Blick und sagte nichts.
DANIEL HOPSICKER: Hatten Sie Besuch vom FBI?
TOM ADORNA: Nein, nur von zwei Zeitungen. Das war alles. Und sie waren hier in der Straße am Haus. Das Haus, das sie gemietet hatten, war hier ganz in der Nähe in dieser Straße. Und sie kamen kein einziges Mal zu uns.
DANIEL HOPSICKER: Hat das FBI mit Ihnen geredet?
RENE ADORNA: Nein, nur die Zeitungsleute. Ich fand das komisch. Ich dachte, sie würden vielleicht ein paar Dinge wissen wollen, aber vielleicht hatten sie alle Informationen, die sie brauchten.

Das FBI hat die Untersuchungen zur Katastrophe vom 11. September nie abgeschlossen. Sie wurden auf Veranlassung von Präsident Bush eingestellt, weil, wie er sagte, Leute für die Arbeit an den Anthrax-Anschlägen freigestellt werden sollten. Die Anthrax-Geschichte liegt jetzt hinter uns. Und 3000 Tote fordern uns auf, die Wahrheit aufzudecken, herauszufinden, warum sie am 11. September des Jahres 2001 sterben mussten.

Und die Suche nach dieser Wahrheit ist es, die uns an diesen Ort geführt hat, wo Mohammed Atta vor knapp achtzehn Monaten dem Venice Flying Circus beigetreten ist.

Nach einem ersten Blick in das Privatleben einiger kaltblütiger Mörder wollten wir sehr viel mehr wissen. Die nahe liegende Frage ist natürlich: Was sind das für fanatische Islamisten, die Seidenhemden und schwere Golduhren tragen? Und wichtiger noch: Wer oder was ist die Familie?

Das FBI hat es geschafft, in dem Haus vorbeizuschauen, das Mohammed Atta und Marwan Al-Shehhi in der Nachbarschaft des Pelican Alley gemietet hatten. Es gehört diesem Mann, Steve Kona, einem Feuerwehrmann aus Venice.

STEVE KONA: Sie fuhren direkt zu dem gemieteten Haus. Ich glaube, das FBI tauchte ein paar Tage später auf. Ich mähe dort nur im Sommer den Rasen, und sie regelten die monatlichen Mietzahlungen über den Makler, aber ich habe sie ein paar Mal gesehen, wenn ich zum Mähen drüben war.

Mohammed Atta vermied offenbar weitgehend jeden Kontakt.

STEVE KONA: Ja, er hielt sich irgendwie sehr für sich. Sein Cousin, was ich mir überhaupt nicht vorstellen kann, mit dem habe ich ein paar Mal geredet. Er war nett, aber Mohammed Atta, nein, mit dem habe ich in den sechs Monaten, die er hier gewohnt hat, nie ein Wort gesprochen.

Der Vermieter der Terroristen nennt eindeutig die Zeitspanne, in der sie das Haus gemietet hatten – von Juli bis Ende Dezember im Jahr vor den Anschlägen.

STEVE KONA: Sie mieteten es nur für sechs Monate, ungefähr die Zeit, die sie für ihren Flugunterricht brauchten. Und dann verschwanden sie wieder. Ich hatte ja nichts mit ihnen zu tun, darum weiß ich auch nicht, wo sie sich danach aufhielten. Aber ich hatte sie so verstanden, dass sie vorhatten, wieder in ihre Heimat zurückzugehen. Ich dachte, sie wären nur wegen der Pilotenausbildung hier und würden dann wieder nach Hause zurückkehren.

Wir haben gerade von Augenzeugen erfahren, dass sie nur einen Monat vor dem 11. September in einem Restaurant in Venice gesehen wurden. Der zeitliche Ablauf passt nicht. Denn wenn das FBI erklärt, wo sich die Terroristen in den letzten neun Monaten der Verschwörung in diesem Land aufhielten, fällt niemals das Wort Venice. Gab es etwas in Venice, das wir nicht wissen sollten?

Brenda Cover arbeitet in der Feinkostabteilung dieses Supermarkts, eine Meile vom Flugplatz entfernt. Sie sagt, dass die Terroristen nur eine Woche vor den Anschlägen noch in Venice waren.

BRENDA COVER: Am 11. September telefonierte ich mit meiner Schwiegermutter, als die Türme getroffen wurden. Sie zeigten Fotos von drei Männern im Fernsehen, und Atta war einer von ihnen. Ich erkannte die Gesichter auf Anhieb und sagte zu meinem Mann: »Mein Gott, das sind die drei. Sie waren erst vor einer Woche im Laden.« Eine Woche vor den Anschlägen waren sie im Laden. Sie haben Sandwiches gekauft.

Mit wem trafen sie sich? Warum waren sie hier? Offiziellen Verlautbarungen zufolge war es reiner Zufall, dass sich Mohammed Attas terroristischer Kader in Venice aufhielt. Ist das wirklich wahr?

Auch diesmal wurde Attas finstere Ausstrahlung ausdrücklich erwähnt.

> BRENDA COVER: Die Art, wie sie einen einfach nur anstarrten, gefiel mir nicht. Es wäre etwas anderes gewesen, wenn sie mit einem geredet hätten wie mit einem normalen Menschen, also hallo, wie geht's denn so, und so etwas. Aber er stand einfach da und starrte einen böse mit seinen dunklen Augen an, als wäre man selbst der Fiesling. Als wollte er einem an die Gurgel oder so. Man konnte richtig Angst kriegen, so unheimlich war das, wie einer, dem man im Dunkeln nicht allein auf einem Parkplatz begegnen möchte.

Wir haben Brenda gefragt, wann ihr zum ersten Mal auffiel, dass so viele arabische Flugschüler nach Venice gekommen waren.

> BRENDA COVER: Ungefähr vor einem Jahr. Vor einem Jahr etwa.

War es wirklich nur Zufall, dass so viele junge Araber gleichzeitig nach Venice kamen, um Flugunterricht zu nehmen? Denn wenn nicht, ging in Venice, Florida, etwas anderes vor; etwas, das vom FBI geflissentlich übersehen wird.

Zwischen Venice und *Miami Vice* liegen Welten. Für Atta und seinen arabischen Kader schien die Ostküste Floridas, ein Ort der Intrigen nach Casablanca-Art mit Schickerialokalen voller superschlanker europäischer Models, wie geschaffen. Hier würde selbst Osama Bin Laden einen Flugzeughändler finden, der ihm einen US-Jet-Flugsimulator verkaufen würde.

Dies ist der Executive Airport in Fort Lauderdale, bekannt als ein sicherer Hafen für Luftpiraten. Diese Firma beispielsweise operierte von dem berüchtigten Flugplatz Mena, Arkansas, aus, der in den achtziger Jahren als reger Drogenumschlagplatz fungierte. Wenige Straßenzüge von diesem Flugplatz entfernt mietete Mohammed Atta für den Monat, der der letzte seines Lebens sein sollte, einen Wagen. Erstaunlicherweise benutzte er ihn, um nach Venice zurückzukehren. Wie wir im offiziellen Bericht des FBI gesehen haben, taucht der Ort Venice in den letzten Tagen der Geschichte von Mohammed Atta nicht auf. Aber Mohammed Atta und Marwan Al-Shehhi fuhren mit den Autos, die sie hier in diesem Büro hinter mir gemietet haben, zwei Mal nach Venice.

BRAD WARRICK: Sie mieteten über drei verschiedene Verträge zwei Wagen für insgesamt fünf Wochen. Sie holten das Auto gegen Büroschluss ab, und das sollte für zwei Wochen sein, er sagte mir, er brauchte es zwei Wochen. Und er sagte, er müsste damit zur Westküste Floridas fahren, und wollte wissen, ob das ein Problem wäre.

In diesem unscheinbaren Gebäude in Pompano Beach, Florida, erhielten wir die Bestätigung, dass Atta zwei der drei letzten Wochen seines Lebens in Venice verbracht hatte.

BRAD WARRICK: Als er diese zwei Wochen in Venice war, rief er mich von dort aus an, ich sah das, weil mein Display den Anrufer anzeigt. Na toll, dachte ich. Jetzt habe ich ein kaputtes Auto drüben an der Westküste von Florida. Dabei hat er nur angerufen, weil das Servicelämpchen aufgeleuchtet hat.

Bei seiner Befragung durch das FBI erfuhr Warrick einige ihm noch nicht bekannte Einzelheiten über die Angriffe.

BRAD WARRICK: Naja, Marwan hätte das Gebäude fast verfehlt. Die FBI-Leute sagten, er, Marwan, ist 100 mph schneller geflogen als Atta, und deshalb ist er an einer tieferen Stelle des Gebäudes aufgeprallt, weshalb dieses Gebäude als Erstes eingestürzt ist, weil tiefer im Gebäude so viel Treibstoff war. Aber sie haben außerdem erklärt, dass Atta ganz cool war, völlig ruhig und auf sein Ziel konzentriert – und Treffer ... Marwan dagegen, zehn Jahre jünger, hatte Todesangst und flog unkonzentriert, und in der letzten Minute hätte er, wie ich schon sagte, das Gebäude beinah verfehlt.

Etliche Punkte in Warricks Bericht stimmen nicht mit der offiziellen Geschichte überein. Angeblich war Atta im Sommer vor den Anschlägen zum ersten Mal in den USA, was kaum ausreicht, um akzentfrei englisch zu sprechen.

DANIEL HOPSICKER: Wie war ihr Englisch?
BRAD WARRICK: Beide sprachen sehr gut. Sehr gut. Ich war überzeugt, dass sie schon ewig im Land waren.

Wo und wann lernte Mohammed Atta so gut Englisch, als hätte er ein Leben lang hier gelebt? Wohin wir uns auch wandten, bekamen wir widersprüchliche Informationen.

> BRAD WARRICK: Mohammed achtete sehr auf seine Kleidung. Also, er trug schicke Hosen und Hemden. Sehr geschäftsmäßig. Schicke Klamotten, wie ein Geschäftsmann. Er trug einen Aktenkoffer bei sich und hatte alle notwendigen Papiere. Wenn wir einen Wagen vermieten, muss der Kunde Kreditkarte, Führerschein und Versicherungsnachweis vorlegen, und er hatte alles, alles stimmte überein. Er war bei der Allstate-Versicherung. Die Adresse auf seinem Versicherungsschein war die gleiche wie auf dem Führerschein. Er war der perfekte Kunde.

Warrick wundert sich immer noch über bestimmte Widersprüche im Verhalten der Terroristen. Auch hier wieder Ungereimtheiten.

> BRAD WARRICK: Wenn sie einen Selbstmordanschlag planten, wussten sie, dass sie in ein paar Tagen weg vom Fenster sein würden. Warum soll sich einer die Mühe machen, zwei Tage vorher den Wagen zurückzubringen, wenn er, sagen wir, in Fort Lauderdale einen Flug Richtung Norden kriegen muss? Warum lässt er den Wagen nicht einfach am Flugplatz stehen? Für mich wär's egal. Wir hatten doch einen unterschriebenen Kreditkartenbeleg. Wir hätten den Betrag über die Kreditkarte abrechnen können, und er hätte sich die Umstände erspart. Warum hätte er sich Gedanken darum machen sollen? Sie machten sich die Mühe, das Auto hierher zurückzubringen. Und für den letzten Vertrag hatten wir einen unterschriebenen Beleg für Mohammeds Kreditkarte. Und Marwan sagte, nein, setzen Sie's nicht auf seine Kreditkarte, hier, nehmen Sie meine. Naja, wenn wir den Betrag von der Kreditkarte eines anderen abbuchen, muss derjenige mit in dem Vertrag stehen. Das heißt, er musste seinen Führerschein vorlegen und alles unterschreiben. Kein Problem. Er gab uns seinen Führerschein, unterschrieb die Papiere und zerriss Mohammeds Kreditkartenbeleg. Setzte alles auf Marwan. Also, was soll … was macht es für einen Unterschied, wenn man ohnehin in ein paar Tagen tot ist?

Auch Warrick fiel der Zustrom verdächtiger Personen auf.

> BRAD WARRICK: Ich hatte ihnen alle möglichen Namen gegeben, weil in diesem letzten Jahr eine Menge Leute hier waren, und nach dem 11.9. fragte ich, was ist damit, erinnerst du dich an diesen Kunden, oder was ist mit diesem Kunden. Drei junge Typen, die in den drei Monaten vor dem 11. September bei mir einen Wagen gemietet hatten. Und für mich passen sie zu dem, was Mohammed vorhatte. Warum ich, warum sollten sie 900 Dollar im Monat für ein Mietauto von mir ausgeben? Was hatten sie wohl vor? Warum waren sie hier?

Wie fast alles, was mit dem 11. September im Zusammenhang steht, hat auch Bradley Warricks Geschichte einen Haken. Wir fragten ihn, woher Mohammed Atta die Adresse seiner winzigen Firma hatte.

> BRAD WARRICK: Naja, wohl aus dem Telefonbuch.

Aber Warrick steht nicht im örtlichen Branchenverzeichnis. Auch das ein Widerspruch. Und auch im Handelsregister von Florida ist seine Firma nicht zu finden. Wir fanden heraus, dass er Steuerschulden hatte. Vielleicht waren wir deshalb so überrascht, als er uns sagte, dass er schon früher mit dem FBI zu tun hatte.

In den letzten sechs Wochen seines Lebens kehrte der Terroristenboss Mohammed Atta den aufregenderen Bezirken von Miami den Rücken und fuhr zum anderen Ende des Staates in ein Rentnerstädtchen mit der zweitältesten Einwohnerschaft der gesamten Vereinigten Staaten – Venice. Hatte Mohammed Atta insgeheim mehr für Witwen mit blaustichigen Dauerwellen übrig als für langbeinige europäische Models? Es würde uns sehr wundern, wenn es so wäre.

Atta verkehrte regelmäßig in diesem Striplokal in Sarasota, das passenderweise direkt neben einer Hunderennbahn liegt. Hier erfreute sich Mohammed Atta, ein junger Mann mit Geld im Überfluss, sehr unislamischer Tanzeinlagen. Desgleichen in Lokalen wie dem Pink Pony Strip Club in Daytona Beach und dem Olympic Garden, einem heruntergekommenen Laden am schäbigeren Ende des Strips in Las Vegas. Fundamentalisten müssten eigentlich die Nase rümpfen über einen, der 20-Dollar-Scheine in die Slips von

Stripperinnen steckt, finden Sie nicht? Aber es ging nicht nur um anrüchige Striplokale. Wenn er nicht gerade Ungläubige befingerte, hatte Atta durchaus auch Sinn fürs Feine. Beispielsweise in Harry's Bar in New York herumzuhängen, wo sein Stammplatz ein Tisch neben dem Piano war. Wir können uns vielleicht vorstellen, dass ein arabischer Spion eine Vorliebe für einen Tisch beim Piano hat, aber ein islamischer Fundamentalist?

Drei Tage vor den Anschlägen wurden Mohammed Atta und Marwan Al-Shehhi abends zusammen in dieser Bar in Fort Lauderdale gesehen. Ihr Trinkgelage machte im Handumdrehen die Runde. Das FBI faxte dem Geschäftsführer Tony Amos und der Barfrau Patricia Idrissi Fotos von den Terroristen, die tags zuvor zwei Flugzeuge ins World Trade Center gelenkt hatten. Wir haben beide Männer wiedererkannt, sagte Amos. Atta trank drei Stunden am Stück Stoli-Wodka, erinnerte sich die Barfrau. Marwan Al-Shehhi trank Rum. Sie waren sehr unhöflich, erklärte sie. Sie wollten die Rechnung nicht bezahlen. Gefragt, ob sie sich die Barrechnung über 48 Dollar leisten könnten, zückte Atta ein dickes Geldbündel. Mohammed sagte, er arbeite für American Airlines und könne die Rechnung bezahlen, erzählte sie vor Reportern. Der Typ, Mohammed, sei betrunken gewesen, sagte Amos.

Eine Woche später änderte Amos seine Geschichte. Mohammed Atta habe an jenem Abend in der Shackum's Bar nichts Stärkeres als Preiselbeersaft getrunken, behauptete der Geschäftsführer Tony Amos plötzlich. Und er habe ganz allein da gesessen. Sehen Sie sich dieses Bild an. Glauben Sie, dass der Geschäftsführer seine Geschichte änderte, weil er Atta mit jemandem verwechselt hatte? Wir wollten ihn selbst fragen, aber als wir hinkamen, arbeiteten er und die Barfrau Idrissi nicht mehr dort. Die neue Barfrau deutete an – bevor ihr klar wurde, dass sie zu viel gesagt hatte –, dass beider Verschwinden etwas mit dem 11.9. zu tun hatte.

Für einen Mann mit Attas Vorliebe für den Jetset muss das Leben in Venice die Hölle gewesen sein. Atta muss sauer gewesen sein. Kein Wunder, dass sich alle über seine schlechten Manieren ausgelassen haben. Aber war er aus freien Stücken in Venice? Warum kamen Mohammed Atta und so viele andere Akteure des 11.9. hierher? Die drei Besuche in Venice in den letzten sechs Wochen seines Lebens müssen geschäftliche Gründe gehabt haben. Mit wem traf er sich hier?

Beamte der örtlichen Polizeibehörden deuteten uns gegenüber an, dass sie das auch gern wüssten. Und an diesem Punkt führte uns unsere Suche zu diesem Mann, Rudi Dekkers, Betreiber einer Flugschule und verantwortlich dafür, dass vor zwei Jahren buchstäblich Hunderte von arabischen Flugschülern nach Venice kamen.

Die zentrale Frage in unserer Geschichte, der Tragödie des 11. September, würde demnach lauten: Bewegten sich diese arabischen Männer so unbeschwert an der Golfküste von Florida, als hätten sie ihr Leben lang Tom-Petty-Platten gehört? Oder stand hinter ihnen ein weltweit operierendes Netzwerk? Wenn das zutrifft, müsste man sich als erstes in Rudi Dekkers' Flugschule umsehen.

In der Zeit nach der Tragödie war Rudi Dekkers überall im Fernsehen als harmloser Geschäftsmann präsent, als ahnungsloses Opfer von Leuten, die zu den schlimmsten Verbrechern der Kriminalgeschichte gehörten. Aber ist er das wirklich?

Der erste Hinweis auf Rudi Dekkers kam von einer Reporterin, die uns darauf aufmerksam machte, dass er in den Fernsehinterviews nicht ehrlich klang, dass etwas mit ihm nicht stimmen konnte. War es weibliche Intuition? Wir fanden, dass er ganz aufrichtig klang.

> RUDI DEKKERS: Ich hörte an jenem Morgen sofort, was passiert war. Und der erste Gedanke, der mir durch den Kopf ging, war: Wenn ich es gewusst hätte, ich hätte sie eigenhändig erwürgt. Wenn in diesem Moment ein Muslim hier hereinspazieren würde, wäre ich, glaube ich, auch nur ein Mensch und würde ihn hochkant wieder rauswerfen.
> Am Tag nach den schrecklichen Ereignissen waren wir einfach nur traurig, genau wie alle anderen Amerikaner.

Dekkers ist kein Amerikaner, sondern Holländer. Und die Art, wie er die Verantwortung an seine Angestellten weiterreicht, klingt ein bisschen einstudiert.

> PAULA ZAHN *(Moderatorin der CNN-Sendung »Live from the Headlines«)*: Wie kam der erste Kontakt mit diesen Männern zustande?
> RUDI DEKKERS: Gestern habe ich von meinen Angestellten erfahren – ich habe schließlich nicht mit allen Flugschülern, die hier hereinkommen, persönlich zu tun –, dass diese

beiden Männer im Juli 2000 kamen, um sich unsere Anlage anzusehen, weil sie mit dem Verein in Tampa, bei dem sie bis dahin geflogen waren, nicht zufrieden waren. Nach ein paar Tagen tauchten sie wieder auf und hatten sich entschieden, bei uns zu fliegen.

Das klingt nach einem klaren Zeitablauf. Aber hören Sie zum Vergleich, was der Leiter der Flugschule Jones Aviation im nahegelegenen Sarasota, Florida, dazu zu sagen hat. Er erzählt eine vollkommen andere Geschichte.

TOM HAMMERSLEY: Es muss ungefähr im Juni 2000 gewesen sein, als sie von Huffman Aviation heraufkamen. Normalerweise nehmen wir keine Schüler, die von anderen Schulen kommen. Nur ausnahmsweise, und in diesem Fall habe ich eine Ausnahme gemacht, weil mir ihre Gründe einleuchtend schienen.

Dekkers' Aussage nach war der Terroristenboss Atta bei seinem Eintritt in die Flugschule Huffmans bereits ein erfahrener Pilot.

PAULA ZAHN: Haben sie das Fliegen also sozusagen von der Pike auf gelernt?
RUDI DEKKERS: Nein, Herr Atta besaß bereits einen Privatpilotenschein, während Al-Shehhi erst ein paar Stunden genommen hatte. Er hat seinen Privatpilotenschein für ein- und mehrmotorige Maschinen bei uns gemacht.

Aber wenig später wird dieser Aussage widersprochen. Eine weitere Ungereimtheit. »Atta war bereits Pilot. Er besaß schon einen Privatpilotenschein.« Richtig?

TOM HAMMERSLEY: Nicht, als er hier ankam. Er stand kurz davor. Er hatte schon drei Viertel des Ausbildungsprogramms für den Privatpilotenschein absolviert.
DANIEL HOPSICKER: War das der gleiche Kurs, den Marwan mitgemacht hat?
TOM HAMMERSLEY: Ja.
DANIEL HOPSICKER: Aber gab es nicht deutliche Leistungsunterschiede zwischen den beiden?
TOM HAMMERSLEY: Atta war der bessere Pilot, aber wenn man die beiden als Flugschüler betrachtet, die zusam-

> men lernen, hätten sie, gemessen an dem Pensum, das sie schon hinter sich gebracht hatten, eigentlich viel weiter sein müssen.

Das FBI wusste, wie wir erfahren haben, schon seit einiger Zeit über die Terroristenausbildung in Rudi Dekkers' Flugschule Bescheid, weswegen es vermutlich auch so rasch reagierte.

> PAULA ZAHN: Das FBI hat Ihnen erst vor wenigen Stunden einen Besuch abgestattet und einige Unterlagen konfisziert. Können Sie uns mehr dazu sagen?
> RUDI DEKKERS: Gestern gegen 14.30 Uhr riefen sie meinen Geschäftsführer hier in Venice an und wollten die C-2-Akten sehen. Ich kam gegen 7 Uhr morgens ins Büro. Sie waren immer noch da, und ich sprach kurz mit ihnen. Sie sagten, sie seien gerade im Begriff zu gehen. Ich sagte ihnen, ich hätte noch mehr Kunden aus dem Nahen Osten, und ich hielt es für richtig, ihnen alle meine Akten zu überlassen. Also habe ich ihnen mehrere hundert Akten aus den vergangenen Jahren mitgegeben.

Die Akten aus Rudi Dekkers' Flugschule könnten einige hartnäckige Fragen über die konspirativen Aktivitäten der Terroristen in Florida beantworten und vielleicht sogar offenbaren, welche Hilfestellung ihnen in unserem Land von wem zuteil wurde. Aber diese Fragen wurden nicht beantwortet, weil das FBI nichts über den Inhalt der Akten verlauten ließ. Ein Polizeibeamter aus Venice berichtete, dass sie, das FBI, direkt vor dem Polizeirevier zwei Lkw beluden, die sie dann zum Flugplatz Sarasota und geradewegs an eine C-130-Transportmaschine des Militärs steuerten, die wenig später mit Jeb Bush an Bord abhob. Da sich das FBI ausschweigt, sollte man Jeb Bush vielleicht ein paar Fragen stellen.

Und dann wurde, wie es unmittelbar nach einem weltbewegenden Ereignis manchmal der Fall ist, die Katze doch ein wenig aus dem Sack gelassen.

> PAULA ZAHN: Eines würde mich interessieren: Einer der Männer wird von vielen für einen Bombenanschlag auf einen Bus in Israel verantwortlich gemacht. Wieso konnte sich dieser Mann ungehindert in Ihrer Schule anmelden?

RUDI DEKKERS: Naja, sie sind nicht über den normalen Behördenweg gekommen, also sie haben nicht aus Europa angerufen, sodass wir zwei Monate vorher gewusst hätten, dass sie aufkreuzen. Wie gesagt, sie kamen von einer anderen Flugschule in Florida. Wahrscheinlich haben sie den Papierkram für den INS, also die Einwanderungsbehörde, in ihrem Heimatland über diese Flugschule abgewickelt.

Von offizieller Seite wurde umgehend bestritten, dass es sich bei dem Mohammed Atta, der für die Zerstörung des World Trade Center verantwortlich war, und dem Mohammed Atta, der 15 Jahre zuvor einen israelischen Bus in die Luft gesprengt hatte, um ein und dieselbe Person handelt. Wir haben also offensichtlich zwei arabische Terroristen mit exakt dem gleichen Namen. Doch dann entdeckten wir in einem Artikel aus der *Washington Post* vom 15. September, dass Mohammed Atta die internationale Offiziersschule an der Maxwell Air Force Base in Montgomery, Alabama, besucht hatte, während andere Mittäter am Institut für Luft- und Raumfahrtmedizin an der texanischen Brooks Air Force Base bzw. am militärischen Fremdspracheninstitut im kalifornischen Monterey eingeschrieben waren. Drei der Terroristen, so hieß es in der *Washington Post* weiter, hatten in ihrem Führerschein sogar den Marineflieger-Stützpunkt in Pensacola, Florida, als Adresse angegeben, wo sie an einem internationalen militärischen Austauschprogramm für Offiziere teilnahmen. Wenn ausländische Staatsangehörige, die sich später als Terroristen entpuppten, an militärischen US-Einrichtungen ausgebildet wurden, mussten sie höchstwahrscheinlich über Verbindungen zu USA-freundlichen arabischen Regierungen verfügen. Und das ist eine interessante Geschichte. Aber auch das stritten die Behörden ab, nachdem der Artikel erschienen war. Also haben wir es mittlerweile offensichtlich mit drei verschiedenen Mohammed Attas zu tun. Man stelle sich das vor.

Rudi Dekkers beeilte sich, jede Verantwortung von sich zu weisen. Er sei nur ein harmloser Geschäftsmann, erklärte er vor Reportern.

PAULA ZAHN: Und es ist sicher schwer für Sie, weil Sie sich irgendwie ein bisschen verantwortlich fühlen, nicht wahr?

> RUDI DEKKERS: Nein, wir fühlen uns absolut nicht verantwortlich für das, was passiert ist. Nein. Nicht im Geringsten.

Die Terroristen hielten sich nur für kurze Zeit in Venice auf und gingen dann an die Ostküste von Florida, erklärte Dekkers.

> RUDI DEKKERS: Ich habe gestern erfahren, dass sie unsere Flugschule nach dem November 2000 verließen und sich an einer Flugschule in Pompano Beach zusätzlich in Jets ausbilden ließen.

Auch in späteren Interviews blieb er weitgehend bei seiner Geschichte.

> RUDI DEKKERS: Atta und Al-Shehhi marschierten zur Eingangstür herein, und wir waren in keiner Weise verpflichtet, ihre Lebensgeschichte zu durchleuchten, ihre Pässe oder ihre Personalausweise zu überprüfen.

Wer also war verantwortlich dafür, dass sich Terroristen mitten unter uns befanden? Genau ein halbes Jahr später lieferte erstaunlicherweise Rudi Dekkers selbst einen Hinweis zur Beantwortung dieser Frage.

> JIM MCLAUGHLIN *(Moderator von WINK News):* Genau ein halbes Jahr nach den Terroranschlägen vom 11.9. fand der Mann, der zwei Terroristen Flugunterricht erteilt hatte, ein paar überraschende Papiere in seiner Post.
> LOIS THOME *(Moderatorin von WINK News):* Gestern erhielt Rudi Dekkers von Huffman Aviation die Visazusage für die Hijacker Mohammed Atta und Marwan Al-Shehhi.

Ein erstaunliches Timing machte es möglich, dass er das erlösende Wort direkt im Fernsehen aussprechen konnte. Rehabilitiert!

> RUDI DEKKERS: Wenn ich montagmorgens ins Büro komme und meine Post aufmache, rechne ich nicht damit, dass mir zwei Visa für Atta und Al-Shehhi entgegenflattern. Ich dachte, die Sache wäre ausgestanden. Wir hatten die Papiere ordnungsgemäß beantragt, und darum freue ich mich, die Sache bereinigen zu können.

WINK NEWS: Sie fühlen sich also rehabilitiert?
RUDI DEKKERS: Ja.

Und plötzlich begann sich der anklagende Zeigefinger auf die untergeordnete Einwanderungsbehörde zu richten.

WINK NEWS: Seiner eigenen Aussage zufolge war Dekkers nicht überrascht, dass es 17 Monate dauerte, bis die Papiere für Atta und Al-Shehhi zurückkamen. Er meinte, das sei im Grunde noch schnell gegangen, manchmal dauere der Vorgang bis zu zwei Jahren. Den Einwanderungsbehörden ist das Ganze ziemlich peinlich, und in einer Presseerklärung heißt es: »Das derzeitige System der Beschaffung von Informationen über Studenten ist überholt, ungenau und überflüssig.«

Dank sei dem aggressiven US-Journalismus. So konnte Dekkers aus den chaotischen Zuständen beim INS beträchtliches Medienkapital schlagen. Nur ein ausgemachter Zyniker würde sich vermutlich fragen, ob das Ganze nicht ein abgekartetes Spiel war.

RUDI DEKKERS: Die Flugschulen haben keinen Fehler gemacht. Der Staat muss den Fehler bei sich selbst suchen und sehen, was geändert werden kann, damit so etwas nicht noch einmal passiert.

Aber als der holländische Staatsbürger, dessen Flugschule als amerikanischer Brückenkopf für Terroristen fungiert hatte, aufgefordert wurde, sich vor dem Kongress darüber auszulassen, wie eine Wiederholung des 11. September zu vermeiden sei, ging das manch einem Beobachter über die Hutschnur. Dekkers schien auf einer Wellenlänge mit CNN zu liegen. Er trat jetzt gar als Berater des Kongresses auf, so wie er zuvor dem FBI seine Hilfe und seinen Rat angeboten hatte. Die Geschichte half, die Wut der Öffentlichkeit über die Terroranschläge zu kanalisieren.

WINK NEWS: Einwohner von Venice wie Ralph Hargess wissen zwar, dass das rechtzeitige Eintreffen der Papiere den 11. September nicht verhindert hätte, aber sie sind der Meinung, dass etwas mehr Aufmerksamkeit seitens des INS dies möglicherweise getan hätte.

> RALPH HARGESS: Irgendwo lässt sich jemand sehr viel Zeit. Man lässt sie in unser Land. Und wir zahlen den Preis.

Einige Einwohner von Venice sahen den wahren Schuldigen allerdings anderswo. Als die Bürger der Stadt herausfanden, dass diese Leute mitten unter ihnen gelebt hatten, gleich drei von ihnen, also direkt vor ihrer Nase …

> BRENDA COVER *(Verkäuferin in einem Supermarkt in Venice):* Am liebsten hätten sie den Flugplatz abgefackelt.

Selbst weniger kritische Journalisten waren angesichts des INS-Debakels skeptisch, wenn nicht gar peinlich berührt.

> CNN: Also, vielleicht ist mir da beim Kopfschütteln etwas entgangen, aber erklären Sie doch noch einmal, weil ich es gelesen habe, aber nicht sicher bin, ob ich verstanden habe, was uns der INS hier sagt. Irgendwann vor relativ kurzer Zeit wurden diese Papiere in einen Umschlag gesteckt und nach Florida geschickt. Hat irgendjemand einen Blick darauf geworfen? Offensichtlich nicht. Man sollte doch meinen, dass die Namen Atta und Al-Shehhi, die so häufig in den Nachrichten auftauchten wie kein anderer, ins Auge springen.

Ein weiteres Beispiel für den aggressiven US-Journalismus.

Bevor man Rudi Dekkers irgendeinen Orden an die Brust heftet, sollte man sich unserer Meinung nach anhören, was Leute, die ihn kennen, zu sagen haben. Beispielsweise hat er hier im Ort nicht den besten Ruf. Coy Jacob betreibt direkt neben Rudi Dekkers am Flugplatz von Venice ein Flugunternehmen.

> COY JACOB: Er hatte eine Flugschule, ein nicht sehr erfolgreiches Unternehmen, in Naples. Er hatte Probleme mit der FAA, ich glaube, sie hatten ihm die Lizenz entzogen oder ihm einen Verweis erteilt.

Außerdem erfahren wir, dass er ziemlich pleite ist. Bob Mudge schreibt für die Lokalzeitung *Venice Gondolier*.

> BOB MUDGE: Ich glaube nicht, dass ich vor April oder Anfang Mai letzten Jahres – als er, nachdem ich erfahren hatte, dass er mit der Miete im Rückstand war, erneut seine Miete

schuldig blieb – überhaupt etwas über Rudi wusste, nicht einmal seine Übernahme von Huffman. Der zu dieser Zeit einzige Unternehmer, der seine Basis am Municipal Airport von Venice hatte, war damals, glaube ich, drei Monate mit der Miete im Rückstand, und die Stadt hatte ihm brieflich eine Räumungsklage angedroht.

Selbst die Begleitumstände beim Kauf von Huffman Aviation gaben irgendwie zu denken.

COY JACOB: Meines Wissens gab es keine nennenswerten Verhandlungen. Das ist absolut unmöglich. Ich meine, man kommt nicht einfach zur Tür herein und kauft ein Unternehmen wie dieses. Sie kamen in die Stadt geschneit. Sie waren einen oder zwei Tage hier und trafen sich mit Stan Huffman. Er nannte eine Zahl, sie sagten ja, stellten ihm einen Scheck aus, Stan verabschiedete sich, sie sind hier, und dann informierten sie die Stadt Venice über die Fakten, die sie geschaffen hatten. Das war für alle hier am Flugplatz ein Schock. Ich glaube, weder der Magistrat noch das Amtsgericht oder auch nur der Direktor des Flugplatzes wussten etwas von der Sache, und das ist der springende Punkt. Man darf an diesem Flugplatz und an den meisten anderen staatlich subventionierten Flugplätzen ohne Zustimmung der zuständigen Behörden keine Immobilien verkaufen.

Die Stadt Venice war nicht die einzige staatliche Institution, die für Rudi Dekkers bereitwillig geltendes Recht beugte.

COY JACOB: Rudi ist kein US-Bürger, ich glaube nicht, dass er die Staatsbürgerschaft hat, und die FAA war schon immer sehr wählerisch damit, wem es erlaubt ist, ein in den USA registriertes Flugzeug auch nur zu besitzen. Ausländische Staatsbürger können in den USA kein Flugzeug registrieren lassen – sie können es in den USA nicht besitzen.

Dennoch besaß Dekkers, wie wir gleich sehen werden, nicht nur in den USA registrierte Flugzeuge, sondern sogar eine US-Charterfluggesellschaft.

BOB MUDGE: Er war an der Gründung von FLAIR, so hieß sie, glaube ich, beteiligt, was einfach für Florida Air steht.

> Und ich weiß, dass er eine Menge Probleme damit hatte. Ich glaube, er hatte den Betrieb für kurze Zeit aufgenommen, stellte ihn aber ziemlich bald wieder ein. Wir gehen mit unseren Recherchen aus vielerlei Gründen nicht über eine bestimmte Schwelle hinaus. Wir haben nicht genügend Leute, die Geschichten übersteigen unseren Horizont. Ich habe einiges darüber gehört, warum die Fluggesellschaft in Schwierigkeiten geraten ist, es gab einige Geldprobleme und, soweit ich gehört habe, Probleme mit Leuten, die nicht bezahlt wurden, und darüber habe ich mich irgendwann einmal mit Dekkers unterhalten, und er gab ich weiß nicht mehr wem die Schuld.

An diesem Punkt erfuhren wir von Rudi Dekkers zwielichtigen Geldgeschäften.

> TOM HAMMERSLEY: Ich habe nur gehört, dass er einen Hintermann in Naples hat, der ihn finanziell absicherte. Dass das Geld, mit dem er gewissermaßen herumprotzte, gar nicht sein Geld war. Er war nur der Strohmann für den Kerl, der das Geld hatte.
>
> COY JACOB: Ich konnte es nur so erklären und mir wurde es nur so erklärt, dass Rudi Dekkers ein Pleiteunternehmen in Naples betrieb, er verdiente kein Geld damit, er genoss nicht den besten Ruf.

Irgendwie änderte sich dann Rudi Dekkers finanzielle Situation mit einem Schlag.

> COY JACOB: Ungefähr ein Jahr vorher hatte er mich gebeten, ihn von Venice nach Naples mitzunehmen, das ist so etwa ein 20-Minuten-Flug, und er hatte nicht genug Geld, um den Treibstoff zu bezahlen. Ich sagte, okay, du kannst mit einem meiner Piloten rüberfliegen, wenn du den Treibstoff bezahlst. Damals hatte er nicht mal genug Geld, um den Treibstoff für einen Hin- und Rückflug zu bezahlen, und ein Jahr später knallt er 1,7 oder 1,8 oder 2 Millionen Dollar auf den Tisch, als wäre es Spielgeld.

Tom Hammersley war leitender Fluglehrer am Florida Flight Training Center, der zweiten Flugschule am Flugplatz von Venice in holländischem Besitz. Dort wurde der Terrorpilot ausgebildet, der am Steuer der Maschine saß, die über Westpennsylvania abstürzte.

> TOM HAMMERSLEY: Ich wusste, dass er sozusagen das ganze Viertel aufkaufen wollte, er wollte ein Monopol am Flugplatz haben. Das war eines seiner Ziele. Und ich habe das absolut nicht anders gesehen als ein Holländer mit einem französischen Komplex, den man Napoleon-Komplex nennt.

Zwei holländische Staatsbürger hatten also ein Jahr, bevor die Terroristen hier einzulaufen begannen, Flugschulen am Flugplatz von Venice gekauft. Einheimische Beobachter fanden, dass dies ein Holländer zu viel für einen Zufall war.

> COY JACOB: Es kam uns irgendwie merkwürdig vor, weil die einzige andere Flugschule vor Ort Arne Kruithof gehört, der ebenfalls Holländer ist, was eigentlich sehr unwahrscheinlich ist.
> DANIEL HOPSICKER: Und beide Flugschulen wurden im gleichen Jahr, ein Jahr, bevor die Terroristen hier auftauchten, gekauft?
> COY JACOB: Ungefähr zur gleichen Zeit.
> BOB MUDGE: Ich habe etliche Gerüchte über Verbindungen zwischen ihnen und anderen Geschäften hier und Personen und Organisationen außerhalb der Region gehört, die ich aber nicht untermauern konnte. Jedenfalls kann man aber sagen, dass es ein interessanter Zufall ist.

Die Annahme, es könne reiner Zufall sein, dass Dutzende von Arabern in zwei unterschiedlichen, von Holländern betriebenen Flugschulen an diesem winzigen Flugplatz fliegen lernten, wird auch als Theorie der holländischen Wunderknaben bezeichnet.

Die Erklärung des FBI zu der Verschwörung, die zur Katastrophe des 11. September führte, folgt der gleichen absurden Logik wie die Theorie der Wunderkugel im Fall des Kennedy-Attentats, bei dem nur eine Wunderkugel ein Szenario rechtfertigen konnte, in dem es möglich war, Lee Harvey Oswald das Etikett eines wahnsinnigen Einzeltäters anzuhängen.

Man stelle sich das vor: Die beiden Piloten, die jeweils eine Maschine in die Zwillingstürme des World Trade Center steuerten, wurden bei der Huffman Aviation des Holländers Rudi Dekkers ausgebildet, der das Unternehmen ein Jahr vor der Ankunft der Terroristen gekauft hatte. Zu dem terroristischen Duo, das an der Golfküste Floridas zielgenaues Landen übte, gesellte sich bald ein dritter terroristischer Flugschüler, der Libanese Ziad Jarrah, der am Steuer der in Westpennsylvania abgestürzten Maschine saß, sodass es nun ein terroristisches Triumvirat am Flugplatz von Venice gab. Jarrah wurde am Florida Flight Training Center ausgebildet, das der zweite Holländer gerade erst gekauft hatte. Zwei Holländer als Käufer zweier benachbarter Flugschulen, die kurze Zeit später von Terroristen überrannt werden, ist »ein Scheißholländer zu viel«, sagte uns ein Polizist aus Florida. Die Sache stinkt. Was das Ganze noch anrüchiger macht, ist die Tatsache, dass sowohl Dekkers als auch Kruithof behaupten, sich erst in Venice kennen gelernt zu haben. Es stellte sich heraus, dass das eine Lüge ist.

> TOM HAMMERSLEY: Ich war auch leitender Fluglehrer beim Florida Flight Training Center, das seine Basis am Flugplatz von Venice hat. Es liegt auf der anderen Seite. Und ich kannte Rudi Dekkers. Arne Kruithof, mein ehemaliger Chef, und Rudi Dekkers sind beide Holländer. Sie kennen sich schon ewig.

Wir wollten Arne Kruithof danach fragen, aber als wir ihn in seiner Flugschule besuchten, versuchte er uns einzuschüchtern. Es funktionierte nicht.

> ARNE KRUITHOF: Seien Sie froh, dass Sie da sitzen, wo Sie jetzt sitzen, denn wenn Sie in Rudis Büro säßen, wären Sie es nicht.

Ein Verbindungsglied zwischen den beiden Männern ist ein Deutscher namens Pascal Schreier, der Kunden für beide anwarb, und zwar in – jetzt spitzen Sie die Ohren! – Hamburg, Deutschland.

> TOM HAMMERSLEY: Ich kenne Pascal Schreier. Ich habe in meiner Zeit beim Florida Flight Training Center mit ihm zu tun gehabt. Er ist Deutscher, und er warb in Europa viele Flugschüler an und schickte sie zu Arne.

Die beiden Holländer aus Venice betrieben angeblich konkurrierende Flugschulen. Aber seltsamerweise unterhielt Pascal Schreier geschäftliche Beziehungen zu beiden. Der französischen Zeitung *Le Monde* zufolge wurde Osama Bin Ladens älterer Bruder Yeslam von der Schweizer Polizei verhört, weil eine seiner Firmen, Avcon Air Charter, ihren Kunden Flugunterricht an den Flugschulen in Venice anbot, in denen einige der Flugzeugentführer fliegen gelernt hatten.

> TOM HAMMERSLEY: Ich fragte sie, was genau ihr Lernziel sei, und sie sagten, sie wollten fliegen lernen, um später bei Saudia Air fliegen zu können. Für jemanden aus dieser Gegend ist Saudia die Top-Fluggesellschaft im Nahen Osten.

Warum haben wir davon nichts in der so genannten freien Presse der USA gelesen? Warum nehmen wir das Wort eines Mannes von so zweifelhaftem Charakter immer noch für bare Münze? Beispielsweise musste sich Dekkers kürzlich vor Gericht verantworten, nachdem ihn ein 18-jähriges Mädchen wegen sexueller Belästigung angezeigt hatte. Es stellte sich heraus, dass die junge Frau, eine ehemalige Angestellte, auch die von Fehlern strotzenden Antragsformulare der Terroristen an die Einwanderungsbehörde geschickt hatte – Sie erinnern sich, die Anträge für die Visa, die auf den Tag genau ein halbes Jahr nach den Anschlägen in Venice eintrafen. Vielleicht kann man ihr ihre Fehler angesichts der Tatsache, dass sie abgelenkt war, weil ein alternder holländischer Lüstling sie gerade begrapschte, verzeihen.

> DANIEL HOPSICKER: Wussten Sie beispielsweise, dass er etliche Male der sexuellen Belästigung bezichtigt wurde?
> COY JACOB: Ja, ich habe davon gehört. Die Gerüchte machen hier am Flugplatz die Runde. Der Flugplatz ist eine kleine Gemeinde. Es ist wie ein Mikrokosmos der Gesellschaft, das ist bei den meisten Flugplätzen so. Ja, einige Leute … Frauen gingen weg, und da drüben, also, ich habe gehört, dass es da drüben Probleme gab.

Man hat also einen Mann, der sich daran aufgeilt, 18-jährigen weiblichen Angestellten von hinten Besenstiele unter den Rock zu schieben, gebeten, sich vor dem Kongress der Vereinigten Staaten zu den Möglichkeiten der Vermeidung künftiger Terroranschläge zu äußern. Offensichtlich kam niemand auf die Idee, ihn zu fragen, welches seine Rolle bei den Ereignissen des 11. September war oder in welcher Weise er sie möglicherweise begünstigt hatte. Warum nicht? Wie wir gerade gesehen haben, lag es nicht an seinem untadeligen Charakter. Woran sonst? Warum und von wem wird Rudi Dekkers gedeckt?

Um das Folgende zu verstehen, sollten wir uns vielleicht ein Stück US-Geschichte ansehen. In den bösen Tagen des Kalten Kriegs hatte die größte Fluggesellschaft der Welt nur einen einzigen Besitzer – die CIA. Sie betrieb ihre Fluglinie unter buchstäblich Hunderten von Namen, die ständig geändert wurden. Als der damalige Leiter der CIA, Richard Helms, irgendwann einmal eine Auflistung sämtlicher Flugzeuge sehen wollte, erklärte man ihm, eine akkurate Inventur sei unmöglich, weil das System zu kompliziert sei. Als die Wellen der öffentlichen Empörung über die Machenschaften des Geheimdienstes nach Watergate hochschlugen, trennte sich die CIA angeblich von ihren Fluggesellschaften. Aber irgendetwas ist bis heute im Gange.

Sehen wir uns Florida Air an. Zur gleichen Zeit, in der Rudi Dekkers als Pleiteunternehmer Schlagzeilen in der Lokalpresse macht, gründet er eine Nahverkehrsfluggesellschaft. Mir scheint, es gibt nicht viele Leute, die mit der Miete im Rückstand sind und sich gleichzeitig den Luxus leisten, über eine neue Fluglinie nachzudenken.

Dekkers hatte einen Partner im Staat Washington. Sein Name ist Richard Boehlke. Ihm gehörte die Gesellschaft Harbor Air, die als Fluglinie der Marine galt, weil sie für den großen Marineflieger-Stützpunkt Whidby in Oak Harbor, Washington, im Einsatz war. Dekkers machte Geschäfte mit einem Partner, der bei der mafiaartigen Plünderung von Pensionskassen in Portland, Oregon, eine Rolle gespielt hatte. Insgesamt fehlten 350 Millionen Dollar. Und die Verantwortlichen kamen nicht nur ungeschoren davon, sondern bis auf die Lokalpresse, die sich irgendwie erstaunt zeigte, nahmen die Medien kaum Notiz von dem Fall.

Dekkers' Partner Richard Boehlke hatte wirklich Glück. Er erhielt 26 Millionen Dollar für den Bau eines Hochhauskomplexes, der nur 12 Millionen Dollar kostete. An wen muss man sich wenden, um derartige Wohltaten zu erhalten?

Auch der Journalist Eric Mason aus Portland fand die Verbindung Boehlke–Dekkers interessant. Als er Boehlke interviewen wollte, leugnete dieser seine Identität.

> ERIC MASON: Es ist interessant, wissen Sie, als ich das erste Mal mit ihm sprechen wollte, behauptete er, er sei nicht Richard Boehlke. Ich sprach ihn aufgrund der Beschreibung an, die ich bekommen hatte, und fragte: »Mr. Boehlke, sind Sie bereit, mir ein Interview zu geben?« Worauf er sagte: »Mr. Boehlke ist nicht hier.« Als er mir dann wieder begegnete, sagte ich: »Mr. Boehlke, ich glaube, Sie sollten wirklich mit mir reden. Ich habe Ihnen einige wichtige Fragen zu stellen.« Da sagte er schließlich: »Okay, kommen Sie mit rauf.«

Mason interessierte sich aus den gleichen Gründen für Boehlke wie wir.

> ERIC MASON: Wegen der Finanzgeschäfte zwischen Boehlke und Florida Air, einem Schwesterunternehmen der Flugschule, in der Mohammed Atta ausgebildet wurde.

Erinnern Sie sich, dass wir zu Beginn des Films sagten, es sei eine Geschichte der Legenden? Die Legende eines Menschen sei seine Tarnung, die Lüge, die so lange Bestand hat, wie er damit durchkommt? Nun, eigenartigerweise trägt Richard Boehlkes Bauprojekt in Portland den Namen Legends. Dekkers mag in so manches Luftfahrtgeschäft verwickelt sein, das in geschäftlicher Hinsicht keinen Sinn ergibt. Das Gleiche gilt allerdings für seinen Partner Richard Boehlke.

> ERIC MASON: Ehemalige Angestellte von Richard Boehlke haben sich schon immer gefragt, was es mit der Fluglinie wirklich auf sich hatte. Sie hatten von Anfang an das Gefühl, dass dieses Flugunternehmen aus dem Immobilienbesitz und den Seniorenheimen finanziert wurde und dass mit der Fluggesellschaft unmöglich Geld zu machen war. Die Frage, worum es bei dieser Fluggesellschaft wirklich ging, harrt also noch einer Antwort.

Wenn etwas in geschäftlicher Hinsicht unsinnig ist, muss man den Sinn des Unternehmens manchmal anderswo suchen.

> COY JACOB: FLAIR wurde hier von Dekkers und seinem Partner Wally Hilliard gemeinsam ins Leben gerufen und war von Anfang an ein unsinniges Unterfangen. Die Gründung einer Fluglinie, die Chancen, dass das funktionieren würde, also, wir haben unsere Witze darüber gemacht. Alle hier haben darüber gelacht. Ich habe gewitzelt und gesagt: Na klar, die gründen eine Fluglinie, und ich arbeite hier an einem Weltraumbahnhof.

Wir sind, vergessen Sie das nicht, auf der Suche nach Hinweisen auf das globale Netzwerk, von dem die Terroristen den Behörden zufolge hier im Land Unterstützung erhalten haben müssen.

> ERIC MASON: Er erhielt Gelder von Capital Consultants. Und Capital Consultants, die Geschäftsführer von Capital Consultants, stehen mittlerweile in etlichen Punkten, unter anderem wegen Betrugs, unter Anklage. Manche sprechen von einem Schneeballsystem. Ich glaube, die Staatsanwaltschaft hat in diesem Fall zumindest ein Geschworenengericht überzeugt, Anklage wegen Betrugs zu erheben. Und man muss sich fragen, wo das ganze Geld in dieser riesigen Finanzholding versickert ist. Man muss sich fragen, wie viel Geld eine Firma verlieren kann, ohne irgendetwas dafür vorweisen zu können.

Ein weiterer dankbarer Empfänger etlicher Millionen aus der Pensionskasse war Alvin Malnik, der im *Reader's Digest* einmal als Meyer Lanskys Nachfolger an der Spitze des organisierten Verbrechens bezeichnet worden war. Und wie es sich mit globalen Netzwerken nun einmal verhält, wachsen sie über dieses Format selten hinaus. Aber es sind nicht Malniks schwere Jungs, die uns ins Staunen bringen, sondern seine Beziehungen zur saudi-arabischen Königsfamilie. Der Sohn des jüdischen Gangsterbosses Alvin Malnik ist der Ehemann der Schwägerin von Prinz Turki, einem führenden Prinzen aus der königlichen Reichsgründerfamilie, der als Malniks Gast im Cricket Club, einem Edelapartmentkomplex in Miami, wohnte. Der Prinz hielt nicht nur seine segnende Hand über die Ehe, sondern unterhielt auch beste Beziehungen zu Mitgliedern des organisierten Verbrechens, wie wir von einem gut informierten Beobachter erfuhren. Er ließ Malnik und seine Jungs regelmäßig in seiner privaten Boeing 747 in Florida abholen, um im Flugzeug ohne lästige Zeugen seine Geschäfte mit ihm abwickeln zu können.

Malnik ist auch Eigentümer eines Lokals namens The Forge, das in Polizeikreisen als größter Mafiatreffpunkt südlich von New Jersey gilt und das vor allem gestandene Männer in Begleitung auffallend junger Frauen anzieht. Bei einer Anhörung vor dem Bankenausschuss des Senats, in der es um die terroristischen Geldkanäle nach dem 11. September ging, sagte der stellvertretende Generalstaatsanwalt: »Wir können, ehrlich gesagt, Terrorismus, organisiertes Verbrechen und Drogenhandel nicht auseinander halten.«

Rudi Dekkers arbeitet offensichtlich mit Leuten zusammen, die Geschäfte mit der Mafia machen, und die Mafia ist ein globales Netzwerk und im Heroinhandel tätig, womit sie ziemlich viel mit Osama Bin Ladens Organisation gemein hat, die sich, wie angenommen wird, vorwiegend über den Handel mit Heroin und Opium aus Afghanistan finanziert.

Es gibt aber noch ein anderes globales Netzwerk, das häufig mit der Mafia gemeinsame Sache macht und das seine Spuren überall in Rudi Dekkers' Geschichte hinterlassen hat. Nehmen wir beispielsweise Rudi Dekkers' Fluggesellschaft Florida Air. Wie die Fluglinie der CIA in den 60er und 70er Jahren firmiert Dekkers' Gesellschaft unter Dutzenden von Namen. Zum Beispiel ist Florida Air in Wirklichkeit gar nicht Florida Air. Es sind die Sunrise Airlines aus Las Vegas, die unter dem Namen Florida Air ihre Geschäfte betreiben. Aber Sunrise Airlines aus Las Vegas sind auch nicht wirklich Sunrise Airlines. Es ist die Firma Express Air aus Phoenix, die wiederum als Sunrise Airlines firmiert. Ein hochrangiges Regierungsmitglied muss diese Jungs wirklich gern gehabt haben, denn sie erhielten aus einem Subventionsprogramm des Transportministeriums zur Unterstützung des Luftverkehrs im strukturschwachen ländlichen Arizona jährlich mehr als drei Millionen Dollar.

Aber es kommt noch besser. Die Maschine, die sie im Rahmen dieses Programms einsetzten, wurde ihnen für den symbolischen Preis von einem Dollar pro Jahr von der Stadt Show Low, Arizona, überlassen, die das Flugzeug praktischerweise für sie erwarb, nachdem die Stadtväter einer Anleiheemission über zwei Millionen Dollar zugestimmt hatten. Und es kommt noch viel besser. Nachdem es diesen Geldsegen von der Regierung erhalten hatte, führte

Rudi Dekkers' Unternehmen die Flüge nicht einmal aus. Es ging stattdessen pleite. Rudi Dekkers gründete eine Fluggesellschaft. Und – welch eine Ironie des Zufalls – wer erhob seine Stimme, um ihm die Unterstützung der Prominenz zuzusichern? Keine andere als Floridas Innenministerin Katherine Harris. Sie ist uns allen ein Begriff. An diesem Punkt fragten wir uns, ob außer uns noch jemand sah, was wir sahen. Aber ja. Rudi Dekkers' Präsenz in Venice, Florida, war einigen Leuten suspekt, besonders solchen, die ihn kannten.

> TOM HAMMERSLEY: Ich halte ihn in vieler Hinsicht für ausgesprochen ehrgeizig. Wie weit er für den Erfolg gehen würde? Ich kenne seinen Charakter nicht gut genug, um mich dazu zu äußern.
> COY JACOB: Jeder hier am Flugplatz weiß Bescheid. Eine Bemerkung, die man hier oft hört, ist: Man darf ihm nicht glauben, was er sagt. Er genießt keine große Glaubwürdigkeit.
> BOB MUDGE: Klar gab es Gelegenheiten, bei denen Mr. Dekkers Dinge gesagt hat, die sich hinterher als unwahr erwiesen.
> COY JACOB: Sie hatten jemanden – einen Auslandsvertreter in Hamburg. Es war allgemein bekannt, dass sie scharf waren auf die europäischen Märkte, sie hatten Auslandsvertreter, sie nannten sie Agenten. Nach dem, was geschehen ist, finde ich das alles sehr verdächtig. Ich meine, wie wahrscheinlich ist es, dass alle beteiligten Terroristen oder doch der weitaus größte Teil von ihnen in einer oder zwei Flugschulen in ein und derselben Stadt Unterricht nehmen?

Genau, wie wahrscheinlich ist es? Das ist die Frage, der das FBI offenbar um jeden Preis ausweichen möchte. Sehen Sie sich das Fahndungsplakat an, das zwei Wochen nach den Terroranschlägen ausgehängt wurde. Sie hatten in den Flugschulen der beiden holländischen Jungs alles mitgenommen, was ihnen in die Hände fiel, warum also glänzt das Wort Venice durch Abwesenheit im FBI-Bericht? Was hat das FBI zu verbergen?

Coy Jacob, der als Inhaber des benachbarten Flugunternehmens mehr sah als die meisten, sagt, dass von dem Moment an, als Rudi Dekkers ein Jahr vor Mohammed Attas Auftauchen einzog, am Flugplatz von Venice ein ziemliches Misstrauen gegen ihn herrschte. Dieses Misstrauen ist seit dem 11. September noch stärker geworden.

COY JACOB: Wenn jemand mit seinem Geschäft an einem Flugplatz Misstrauen erregt, fangen die Leute an, sich verdächtig zu verhalten. Ich meine, bis zu einem gewissen Grad ist die Polizei an allen Flugplätzen im Südosten der USA präsent. Es ist nicht zu übersehen, dass sie hier in der Gegend auf den Flugplätzen präsent sind, und sie hatten die Anweisung, sich von diesem Unternehmen fern zu halten.
DANIEL HOPSICKER: Wer hatte diese Anweisung?
COY JACOB: Den Beamten von der Drogenfahndung in Sarasota wurde gesagt, diese Leute hätten grünes Licht für ihre Geschäfte und sie sollten sich von ihnen fern halten, sie wären so was wie ... es wurde angedeutet, dass sie irgendwie unter staatlichem Schutz stehen.

Staatlicher Schutz für Rudi Dekkers. Das würde erklären, warum CNN ihn mit Samthandschuhen anfasste. Die Frage war nur, welche staatliche Instanz.

COY JACOB: Es ist allgemein bekannt, dass ziemlich ranghohe Beamte der CIA hier ins Baugeschäft eingestiegen sind. Mit Baugeschäft meine ich Investitionen für die Zeit nach ihrer Pensionierung. Ich würde sagen, das hier ist nicht ... das Urlaubsparadies der Familie Bush.

Rudi Dekkers wirkt auf die Einheimischen hier nicht gerade wie der beste Kumpel von James Bond. Aber bei dem Geldgeber, der hinter Rudi steht, sieht die Sache anders aus.

COY JACOB: Er schien uns nicht so gewieft, wie man es von einem Geheimdienstler erwarten würde. Ich meine, man stellt sich diese Typen alle wie James Bond vor, wissen Sie, oder mit Hawaiihemd und einer Walther PPK im Gürtel. Bei Wally Hilliard konnte man es sich dagegen vorstellen, ich meine, Wally war zurückhaltend, ein netter Kerl, hatte immer Empfang auf seinem Handy, alle mochten ihn, und er hatte eine Vorliebe für Learjets.

Haben CIA-Agenten eine Vorliebe für Learjets? Gab es Anzeichen für rege verdeckte Operationen in Venice, Florida? Rudi Dekkers' Geschäftspartner im Staat Washington gab uns den entscheidenden Hinweis.

> ERIC MASON: Richard Boehlke stieg mit Seniorenheimen ins Geschäft ein, und irgendwann besaß er das größte Unternehmen, die größte Holding für Seniorenheime im ganzen Land. Eines der Seniorenheime im Besitz der Firma, die einmal Richard Boehlke gehörte, liegt nur einen Steinwurf von dem Flugplatz entfernt, an dem Mohammed Atta zum Piloten ausgebildet wurde. Man muss sich fragen, ob das nicht etwas zu viele Zufälle sind. Sind es überhaupt Zufälle, oder steckt mehr dahinter?

Hier nimmt die Geschichte eine ironische Wendung, die eines Agentenromans von John Le Carré würdig wäre. Gerade der Altersdurchschnitt der Einwohnerschaft, der Venice als Treffpunkt für Terroristen so ungeeignet erscheinen lässt, ist das, was Mohammed Atta und seinen Kader vor allem hierher gezogen hat. Der US-Geheimdienst hatte hier ausgerechnet im Krankenpflegesektor lange Zeit seine Finger im Spiel. Dieses imposante Kolonialgebäude, das nur einen Straßenzug vom Flugplatz entfernt ist, wurde gebaut als Firmensitz eines riesigen Konzerns für Krankenpflegebedarf, der gegründet worden war von einem Mann, dessen Name ein Synonym für verdeckte geheimdienstliche Operationen in den vergangenen Jahrzehnten ist – Jackson Stephens.

Stephens' Name tauchte im Zusammenhang mit dem BCCI-Skandal, dem Mena-Drogenskandal, dem Promis-Softwareskandal und mit dem rätselhaften Selbstmord des ehemaligen Clinton-Beraters Vince Foster auf. Dieses imposante Haus, in dem Jackson Stephens' Anwaltsfirma immer noch ihren Sitz hat, zieht weite Kreise. Gegenüber auf der anderen Straßenseite steht Richard Boehlkes von Alterra mit betriebene Seniorenresidenz, und gleich um die Ecke findet man die Firma Huffman Aviation.

Am verblüffendsten war für uns die Entdeckung, dass die Grundstücke um den Flugplatz von Venice ihre eigene Geschichte der Zusammenhänge mit verdeckten Operationen erzählen. Es ist die Geschichte des amerikanischen Geheimdienstes. Nehmen wir Jackson Stephens' Anwaltsfirma Boone, Boone & Boone. Sie übt in diesem kleinen Städtchen immer noch beträchtlichen Einfluss aus, und ihr Gründer war während seines Studiums der Zimmergenosse des ehemaligen Gouverneurs von Florida, Lawton Chiles, ein Punkt, dessen Bedeutung gleich klar wird, wenn wir nämlich einen Blick zum Ende der Straße werfen, wo der Zirkus Ringling Brothers Barnum & Bailey in direkter Nachbarschaft zum Flugplatz seit vielen Jahren sein Winterquartier bezieht.

Das Quartier in Florida hat, wie wir erfuhren, John Ringling North, der langjährige Direktor des Zirkus, besorgt, dessen Sohn Henry im Zweiten Weltkrieg Agent beim OSS, dem Vorgänger der CIA, war. Und nicht etwa irgendein Agent, sondern der Mann, der für die Freilassung von Schlüsselfiguren der Mafia aus italienischen Gefängnissen sorgte, die ihm seine Großtat vergalten, indem sie 1944 den Einmarsch der Alliierten in Italien unterstützten. Über 50 Jahre später nun findet sich in unmittelbarer Nachbarschaft des Zirkusquartiers, der Anwaltsfirma von Jackson Stephens und des Flugplatzes von Venice ein Grundstück, auf dem der Italian American Social Club steht. So etwas dürfte man in keinem Film zeigen. Niemand würde es glauben. Freitag ist Pastaabend, erzählt man uns. Wir fragen uns, was an den anderen Abenden hier vor sich geht.

Wie es der Zufall so wollte, war der Zirkus, der auf seinen Tourneen während des Kalten Krieges häufig hinter dem Eisernen Vorhang gastierte, eine ideale Tarnung für geheimdienstliche Aktivitäten. Ringlings Winterquartier neben dem Flugplatz war die berühmte Clownschule angeschlossen, in der CIA-Rekruten viele Jahre lang einen Teil ihrer Ausbildung absolvierten. Warum besuchen angehende CIA-Agenten eine Clownschule? Die Antwort ist einfach. Um Taschenspielertricks und Fingerfertigkeit zu lernen. Und jetzt schließt sich der Kreis allmählich, denn erinnern Sie sich noch an den ehemaligen Zimmergenossen des Gründers von Stephens' Anwaltsfirma, den Demokraten Lawton Chiles? Eigenartigerweise war er es, der Rudi Dekkers' einziger prominenter Fürsprecherin, der Republikanerin Katherine Harris, den Weg in die Politik ebnete, indem er sie in den Vorstand der Ringling-Zirkusstiftung im nahe gelegenen Sarasota berief. Auch das dürfte man in keinem Film zeigen, weil es niemand glauben würde.

Es stellt sich heraus, dass Venice und das benachbarte Charlotte County schon so lange Schauplatz geheimdienstlicher Operationen sind, wie die Menschen zurückdenken können. Mindestens 23 Hubschrauber der Sheriffbehörden von Charlotte County verschwanden auf unerfindliche Weise und wurden in so exotische und ferne Länder wie Chile verfrachtet.

> COY JACOB: Charlotte County galt schon immer als irgendwie anrüchig ... Da gibt es einen Kerl, der Hubschrauber saniert und der mit seinen Ersatzteilen ständig Schwierigkeiten mit der FAA hat.
> DANIEL HOPSICKER: Jamie Hill.
> COY JACOB: Genau.
> DANIEL HOPSICKER: In welche Richtung ermittelt der Sheriff von Charlotte County wegen des Verschwindens der 23 Hubschrauber? Man sollte doch nicht annehmen, dass Charlotte County die 23 Maschinen nicht braucht?
> COY JACOB: Nein. Allerdings. Natürlich nicht.

Warum spielt das in unserer Geschichte eine Rolle? Weil Charlotte County allem zum Trotz, was uns das FBI erzählt hat, Mohammed Attas erster Aufenthaltsort in diesem Land war. Diese von Polizeibeamten aus Charlotte County entdeckten und hier zum ersten Mal gezeigten E-Mails stammen von Mohammed Atta. Aus ihnen geht hervor, dass Mohammed Atta offenbar per E-Mail mit Leuten korrespondierte, die für Rüstungsfirmen wie Virtual Protype arbeiteten, auf deren Homepage nachzulesen ist, dass sie an der Entwicklung der Bordelektronik für den F-15-Fighter, den F-22-Raptor, den B-2-Bomber und den Kampfhubschrauber Apache Longbow beteiligt waren.

Wir haben herausgefunden, dass Rudi Dekkers regelmäßig Wartungsarbeiten bei Caribe Air ausführt, einer am Flugplatz von Charlotte County beheimateten Fluggesellschaft, deren Betreiber Dietrich Rhinehardt ein bekannter Akteur in der Iran-Contra-Affäre war. Rhinehardt kann sich außerdem rühmen, Geschäftspartner des Mannes zu sein, der verdächtigt wird, für das Verschwinden der vielen Hubschrauber verantwortlich zu sein. Dekkers arbeitet also für eine Luftverkehrsgesellschaft der CIA mit einer besonders anrüchigen Vergangenheit, zu deren Schandflecken unter anderem die Beschlagnahme ihrer Maschinen an dem in Verruf geratenen Flugplatz von Mena, Arkansas, gehört. Und die von der Staatsanwaltschaft angeklagt ist, sie habe ihre Flugzeuge eingesetzt, um Drogen im Wert von vielen Milliarden Dollar ins Land zu schaffen.

Ein weiterer Akteur der Iran-Contra-Affäre, Frank Moss, hat hier ein weithin sichtbares Zeichen seiner Präsenz hinterlassen. Ihm gehört diese Oldtimer-DC-3. Sie ist angemalt wie eine fliegende Arche. Sie steht hier, seit sie vor zwei Jahren beschlagnahmt wurde. Wie es der Zufall will, haben Barry Seal – einer der größten Drogenschmuggler in der US-Geschichte, der in einem Kugelhagel starb und in dessen Geldbeutel die private Telefonnummer von George Bush gefunden wurde – und seine Kumpane bei allen Operationen in Venice und Umgebung ihre Spuren hinterlassen.

> TOM HAMMERSLEY: Wir wussten, dass hinter Rudi eine Menge Geld steckte. Wir wussten, dass er einen Haufen Geld im Rücken hatte.
> COY JACOB: Ich finde, wir sollten uns auf unseren gesunden Menschenverstand verlassen. Und ich finde, wenn man ein denkender Mensch ist und über gesunden Menschenverstand verfügt, sieht man sich die Person, die eine Erklärung abgibt, genau an und entscheidet, ob sie einen Grund hat, Lügen zu erzählen. Naja, und ich finde es ziemlich suspekt.
> ERIC MASON: Es wurde, sozusagen, so viel Staub aufgewirbelt, dass die Leute nicht sehen konnten, auf welchem Weg das Trojanische Pferd möglicherweise tatsächlich ins Land gekommen war.

In einer Welt, in der die Wahrheit mehr ist als ein lästiges Ärgernis, würde am Rand dieser Stadt vielleicht ein Schild mit der Aufschrift: »Willkommen in Venice, der Heimat des Trojanischen Pferdes«, stehen. In einer solchen Welt leben wir nicht. Und werden vielleicht nie darin leben.

Wir haben lediglich eine Stunde lang widersprüchliche Indizien vorgelegt, die auf eine Verschwörung hindeuten, mit deren Hilfe das amerikanische Volk im Dunkeln gehalten werden soll über die wahren Hintergründe der Tragödie, die sich im vergangenen September als dunkler Schatten über uns alle gesenkt hat. Wir könnten noch stundenlang weitere Beweise aufführen. Aber an diesem Punkt der Vorführung gehen wir aus der journalistischen Reserve. Denn ich will Ihnen sagen, was ich glaube.

Ich glaube, dass nur eines schlimmer ist, als mit ansehen zu müssen, wie Menschen zu zweit und zu dritt Hände haltend aus dem hundertsten Stock springen: nämlich das mit ansehen zu müssen und dann von der Regierung darüber belogen zu werden, wer das Verbrechen warum begangen hat. Ich glaube, wir stehen in den USA heute, zu Beginn des 21. Jahrhunderts, vor der gleichen bitteren Realität wie die Bürger von Rom vor beinahe 2000 Jahren, als sie angewidert auf die arrogante und korrupte kaiserliche Leibwache herunterblickten, die ihre einst so stolze Republik zum Gespött gemacht hatte, und laut die Frage stellten, die über die Jahrhunderte hinweg zu uns herüberschallt: »Wer soll die Wächter bewachen?«

# Nachwort zu einer aktuellen Debatte

Sie halten hier ein Buch in Händen, das überwiegend eine schlechte Presse hatte. Genauer: das in der Presse fast durchweg gnadenlos verrissen worden ist. *Bild* machte es knackig: »Absurd! Irre! Krank!« Die *Zeit* lieferte gehobenen Feuilletonschwurbel: »pervertierte Schwundform von Theodizee«. In allen Tonlagen erhob sich eine Litanei wüster Diffamierungen, die uns wochenlang in den Ohren schepperte.[1]

Für die Heftigkeit dieser Attacken kann es nur zwei Gründe geben. Entweder sind wir wirklich die »Verschwörungstheoretiker«, »Verrückten« und »Paranoiker«, als die wir denunziert wurden. Oder unsere Kritiker fühlen sich durch unser Buch an einem wunden Punkt getroffen, was sie dadurch zu bemänteln versuchten, dass sie uns lauthals an den Pranger stellten.

Klar doch, dass wir eher der zweiten Alternative zuneigen. Nicht einfach deshalb, weil wir noch nie an Wahnvorstellungen gelitten und erklärtermaßen gar nicht an irgendwelchen Verschwörungstheorien gestrickt haben. Sondern auch darum, weil der fast einhellige Aufschrei des Entsetzens so seltsam hohl klingt. Denn auf die von uns präsentierten Fakten, Argumente und Belege wird weiter nicht eingegangen. Allein unser Ansinnen, an der sakrosankten Standardversion des 11.9. zu rütteln, die Vor- und die Nachgeschichte dieser furchtbaren Anschläge auf teils verschwiegene, teils schreiende Widersprüche hin abzuklopfen, reicht offensichtlich schon aus, einen

[1] Wer sich für die Invektiven im Einzelnen interessiert, kann sie nachlesen unter http://www.broeckers.com/reaktionen.htm oder http://hbuecker.net/presse.htm.

blinden Abwehrzauber zu provozieren. Das sieht auch Karin Beindorff so. In ihrer Rezension im Deutschlandfunk stellte sie fest:

> »Die lautstärksten und ausfälligsten Kritiker dieser Schlussfolgerungen [unseres Buches; M.B.] sind nun ausgerechnet die, die sich besonders gerne etwas auf ihre investigative Arbeit zugute halten, allen voran der *Spiegel*, das einst so kritische Fernsehmagazin ›Panorama‹ und der Enthüllungsguru Hans Leyendecker von der *Süddeutschen Zeitung*. Sie, und fast alle anderen auch, haben seit dem 11. September in seltsamer Übereinstimmung die amtliche Verschwörungstheorie vom Drahtzieher Osama Bin Laden weitgehend ungeprüft kolportiert und sind den tatsächlichen Ungereimtheiten nicht mit der in anderen Fällen an den Tag gelegten Verve nachgegangen. Der *Spiegel* hat sogar ein (allerdings weniger gut verkauftes) 9/11-Buch herausgebracht, in dem der Eindruck erweckt wird, die Reporter seien in jeder Sekunde dabei gewesen. Es scheint, als fühle man sich nun in diesen Redaktionsstuben von Bröckers, Hauß und Co. auf den Schlips getreten, weil bei der Missachtung journalistischer Grundregeln ertappt.«[2]

Und auch die honorige *Neue Zürcher Zeitung*, die ansonsten mit unserem Buch sachlich-kritisch ins Gericht ging, sah sich immerhin bemüßigt, sich und dem Rest der Medienwelt ins Pflichtenheft zu schreiben:

> »Der 11. September 2001 ist auch ein GAU für die Glaubwürdigkeit der Medien ... Die rasende Konfusion, die sich zurzeit in allen möglichen Teilöffentlichkeiten ausbreitet, ist wohl nicht mehr durch simples Totschweigen und Ignorieren zu stoppen, sondern nur durch die publizistische Anstrengung, gegen den Amoklauf einer entfesselten konstruktivistischen Phantasie mit den Mitteln professioneller Publizistik die Spuren der Wirklichkeit zu verfolgen. Auch zwei Jahre nach der Katastrophe vom 11. September gibt es da noch Herausforderungen genug.«[3]

[2] Karin Beindorff: »*Watch, what you say*«, Deutschlandfunk, 22.9. 2003

[3] Heribert Seifert, »Angstlust auf perfide Betrüger. Über das Eigenleben von Verschwörungstheorien«, in: *NZZ*, 22.8.2003

Genau das ist der Grund, warum wir unser Buch geschrieben und veröffentlicht haben: Wir sind davon überzeugt, dass die offizielle Version des Tathergangs nicht stimmen kann. Wenn Sie sich noch einmal in Erinnerung rufen wollen, wie diese Version lautet – und zwar seit dem 12.9.2001 bis auf den heutigen Tag –, dann blättern Sie S. 19 in diesem Buch auf und lesen Sie unser kurzes Kapitel »Die große Erzählung von Osama und den 19 Räubern«. Wir gehen also davon aus, dass diese Geschichte eine Legende ist und von Ungereimtheiten nur so strotzt. Die größte aller jüngeren Verschwörungstheorien ist irgendwo in den arbeitsteiligen Tiefen des US-amerikanischen Regierungsapparates ausgeheckt, von CNN kanonisiert und seither von den Weltbilddeutern der internationalen Medienmacht nachgebetet worden.

Im Klartext: Dass sich die ganze Geschichte so abgespielt hat wie behauptet, ist überaus fraglich, und ob die vermeintlichen auch die tatsächlichen Täter waren, ist ungewiss. Bis heute liegen keine gerichtstauglichen Beweise für die Täter und Hintermänner der Anschläge vor, und die Ermittlung der wahren »Realität« des 11.9. wird von der Bush-Regierung systematisch blockiert. Der Massenmord, der 3000 Menschen das Leben kostete und zum Fanal zweier Kriege wurde, ist nach wie vor weitestgehend ungeklärt.

Auch wir wissen nicht, wie und wer es war. Aber wir bieten – ganz im Gegensatz zu dem, was uns reflexhaft vorgeworfen worden ist – überhaupt keine Verschwörungstheorien an. Es geht in diesem Buch nur um das, was auf dem Deckel steht: um Fakten, Fälschungen und die unterdrückten Beweise des 11.9. Wir blenden auch – wiederum anders, als man es uns vorgehalten hat – überhaupt keine Wirklichkeitspartikel aus, wir setzen bloß aus ganz unterschiedlichen Informationen ein anderes Realitätspuzzle zusammen, aus dem wir anschließend Schlüsse ziehen und Fragen ableiten.

Warum unterstellen uns unsere Kritiker dann Motive und Argumentationen, die wir weder haben noch vertreten? Weil das der müheloseste Weg ist, sich nicht mit uns auseinandersetzen zu müssen, sondern uns im Vorfeld abzuwimmeln. Und weil sie nicht genau hingucken. Wenn ich unsere Erkenntnisse auf dem Podium einer Veranstaltung vertrete, in dessen Auditorium unter Hunderten auch das ehemalige RAF- und jetzige NPD-Mitglied Horst Mahler sitzt, dann avanciere ich schon zum Herold der Rechtsextremisten wider Willen. So einfach geht das – mitgefangen, mitgehangen. Kommt hinzu, dass unser Buch nicht das einzige zum Thema ist. Etwa zeitgleich veröffentlichten Andreas von Bülow seinen Titel *Die CIA und der 11. September* und Gerhard Wisnewski seine *Operation 9/11*. Beide Autoren haben völlig unabhängig von uns gearbeitet und gehen auch mit ihren Thesen viel weiter als wir. So behauptet von Bülow etwa eine zusätzliche Sprengung der Türme des World Trade Center, und für Wisnewski ist es ausgemachte Sache, dass die vier entführten Flugzeuge gegen getarnte Marschflugkörper ausgetauscht wurden, die dann in die Ziele eingeschlagen sind. Für die Rezensenten bot es sich natürlich an, alle drei Bücher in Sammelbesprechungen abzuhandeln, und da wurden sie dann munter in einen Topf geworfen und bis zur Unkenntlichkeit verzerrt. So mussten wir eben herhalten für Spekulationen und Mutmaßungen, die überhaupt nicht unsere Sache sind.

Den Kammerton gab dabei ausgerechnet ein Kollege vor, von dem wir das am allerwenigsten erwartet hätten: der hoch geschätzte Hans Leyendecker, eine Koryphäe des investigativen Journalismus. Sein Artikel in der *Süddeutschen Zeitung* ist der Inbegriff faktenfreier Beschimpfung:

> »Aber es ist schon Chuzpe, dass Leute wie der Journalist Bröckers über Medien räsonieren, die angeblich nicht die Wahrheit erkunden wollten. Die etablierten Medien werden von Verschwörungstheoretikern ignoriert, denn die etablierten Medien – und so natürlich auch die *Süddeutsche Zeitung* oder die *Frankfurter Allgemeine Zeitung* – befinden sich entweder in der Hand der Geheimdienste oder gar der Weltregierung. (Schade,

> dass weder Geheimdienste noch Weltregierung in der Lage waren, die allgemeine Anzeigenkrise zu verhindern, die sie aber andererseits zuvor vermutlich selbst erfunden hatten, nicht wahr?) …
> Verschwörungstheoretiker beziehen sich auf Verschwörungstheoretiker, und daraus wird dann eine Quelle … Die Verschwörungs-Junkies schaffen sich so ihre eigene Wirklichkeit … Argumentative Schwindler wie Bröckers, Bülow oder der scheinheilige [Michael] Moore sind soziologisches Lackmuspapier. Es lassen sich an ihnen die Auffälligkeiten einer Gesellschaft erkennen. 19 Prozent der Bundesbürger halten es nach einer Forsa-Umfrage für möglich, dass die US-Regierung die Terroranschläge in Auftrag gegeben hat. Ist jeder fünfte Deutsche gaga? Sogar 31 Prozent der unter 30-Jährigen glauben an die ganz, ganz große Konspiration.«[4]

Einspruch, Euer Ehren: Wir haben die etablierten Medien mitnichten ignoriert. Wer unser Quellenverzeichnis studiert, wird finden, dass unsere Belege zum überwiegenden Teil eben solchen Medien entstammen. Deshalb auch schaffen wir uns keine eigene Wirklichkeit, sondern bürsten bloß eine hegemoniale Sicht der Dinge, die sich als Wirklichkeit ausgibt, gegen den Strich.

Auch die Belege für die Zweifel an der Identität der verdächtigten Hijacker verdanken sich seriösen Quellen: BBC, *Telegraph*, *Times*. Darauf hatte ich ausdrücklich hingewiesen, als mich das TV-Magazin »Panorama« Ende August interviewte, doch in den gesendeten Ausschnitten des Interviews ließ »Panorama« diesen Hinweis weg, um meine Ausführungen als Aussage eines »Phantasten« erscheinen zu lassen. Dazu wurden unter Einblendung unseres Buchtitels Behauptungen etwa über einen Raketeneinschlag ins Pentagon wiedergegeben, die wir an keiner Stelle aufstellen. Und wieder einmal

[4] Hans Leyendecker, »Affen der Angst. Nichts verkauft sich heute so gut wie miserable Bücher über die große Weltverschwörung. Sind wir noch zu retten?«, in: *SZ*, 10.9.2003

schob man uns den Neonazi Horst Mahler in die Schuhe, der die Legende verbreitet, 4000 im WTC angestellte Juden seien vorgewarnt worden – eine Hetzgeschichte, die wir klar als eine der »Nebelkerzen« analysieren, mit der dem »antisemitischen Affen Zucker« gegeben und von den eigentlichen Spuren abgelenkt werden soll (siehe S. 174). »Panorama« dagegen unterstellt uns, dass wir diese Hetze selbst betreiben und behauptet in einer Antwort auf einen Protestbrief: »Alle bringen in der einen oder anderen Weise aufgrund von völlig frei erfundenen Behauptungen Juden als Täter mit ins Spiel.«

Wegen dieser Falschbehauptungen und Diffamierungen haben wir eine Unterlassungsklage bei Gericht eingereicht, die Mitte Dezember 2003 zur Verhandlung ansteht. Ich bin als Autor nicht zimperlich im Austeilen und habe auch Einstecken gelernt, aber ich lasse mich nicht dadurch diffamieren, dass mir Thesen, mit denen ich mich kritisch auseinandersetze, als eigene Behauptungen unterstellt werden. Und erst recht lasse ich mich nicht ins antisemitische, faschistische Abseits schieben. Die offenen Fragen um den 11.9. sind zu wichtig, um auf diese Weise aus der öffentlichen Diskussion verbannt zu werden.

Zum zweiten Jahrestag der Ereignisse holte dann der *Spiegel* (Nr. 37 vom 8.9.2003) mit seiner Titelgeschichte »Verschwörung 11. September. Wie Konspirations-Fanatiker die Wirklichkeit auf den Kopf stellen« zum großen Schlag aus. Allein die Headline insinuiert fälschlicherweise, dass eine gleichsam mit beiden Beinen auf bewiesenen Tatsachen stehende »Wirklichkeit« des 11.9. bereits bekannt und eigentlich fraglos sei. Aber die *Spiegel*-Redaktion wird schon gewusst haben, warum sie einige »Fanatiker« zum Vorwand nimmt, um die Bekräftigung der althergebrachten Tatversion zum Thema der Woche zu erheben.

Bei Lichte besehen kommen wir mit unserem Buch in dieser Titelgeschichte über das »Panoptikum des Absurden« ganz gut weg. Zwar werden wir wieder mit in Haft genommen für

»ein angeblich ›überzeugendes Gegenmodell der Operation 9/11‹«, wird uns auch hier wieder pauschal ein »freihändiger Umgang mit Fakten« unterstellt, aber hinter der ganzen Polemik fallen die sachlichen Einwände – im Vergleich zu denen, die sich Andreas von Bülow und Gerhard Wisnewski gefallen lassen müssen – doch eher dürftig aus. Und interessant ist auch, worauf der *Spiegel* in seinem Abwehrzauber *nicht* eingeht. So bleibt etwa unsere akribische Dokumentation (Kapitel »Wer tat was wann am 11.9.?«), dass sich trotz eines angeblich in Kraft getretenen Notfallplans der Präsident und sein Vize sowie der Außen- und der Verteidigungsminister durch weitgehende Untätigkeit auszeichneten, völlig außer Betracht. Und auch diese ganze himmelschreiende Affäre mit den nicht oder zu spät aufgestiegenen Abfangjägern (Kapitel »Eine kurze Geschichte des Nichtfliegens«) wird tunlichst beschwiegen. Gewusst, warum.

Einen Themenkomplex, der auch für unsere Argumentation von Bedeutung ist, gibt es allerdings, wo die *Spiegel*-Redakteure ganz offenkundig davon überzeugt sind, uns bei der Verdrehung von Tatsachen *in flagranti* ertappt zu haben. Und das betrifft »die Mär von mindestens sechs der angeblichen Entführer, die sich Tage nach den Anschlägen über verschiedene Medien angeblich quicklebendig meldeten«. Im Kern geht es dabei um die Frage der Identität der Täter. Wir führen in unserem »Who is who«-Kapitel aus, dass überhaupt nicht klar ist, wer die Täter eigentlich waren. Für den *Spiegel* jedoch ist »der Unsinn« der zweifelhaften Identitäten schon seit dem 27.9.2001, als das FBI seine zweite Liste veröffentlichte, erledigt.

Als zwei Tage nach den Anschlägen eine erste Namensliste der Hijacker veröffentlicht und über die Medien die betreffenden Fotos verbreitet worden waren, beschwerten sich umgehend sechs Männer, dass sie mit Bild, Namen und Geburtsdatum als Terroristen auf der Liste auftauchten, obwohl sie zu diesem Zeitpunkt gar nicht in den USA waren. Daraufhin berichteten die BBC, der Londoner *Telegraph*, aber auch die *New York Times*, die *Los Angeles Times* und andere zwischen dem 21. und 23.9.2001 über die »lebenden Verdächtigen« und die »gestohlenen Identitäten«. Hierzulande sind diese Meldungen nie aufgegriffen worden. Wir sind bei unseren Recherchen im Internet darauf gestoßen und haben sie natürlich in unser Buch aufgenommen – im Völlegefühl dessen, uns wieder einmal auf seriöse Quellen stützen zu können.

Möglicherweise jedoch müssen wir unsere Argumentation teilweise zurücknehmen. Denn als sich jetzt – angeregt durch unser Buch – die *Spiegel*-Redakteure bei der BBC meldeten, um der Sache nachzugehen, reagierte man in London so, als sei man damals einer Ente aufgesessen. Die BBC berief sich auf die in Saudi-Arabien erscheinende, englischsprachige Zeitung *Arab News*, die wiederum auf das Blatt *Asharq Al-Awsat*, und dessen Reporter Mohammed Samman dementierte nun seine eigene Geschichte des vermeintlichen Attentäters Said Al-Ghamdi, die sich bei uns auf S. 33f. findet. Auch David Harrison, der Autor des von uns ausführlich zitierten *Telegraph*-Artikels[5], hat mittlerweile eingeräumt, entgegen seiner ursprünglichen Behauptung keinen der angeblich noch lebenden Attentatsbeschuldigten selber interviewt zu haben.[6]

Dieser Gegenbeweis des *Spiegel* ist allerdings lange nicht so schlüssig, wie er zu sein vorgibt. Ein paar Anmerkungen dazu finden Sie auf der folgenden Doppelseite mit den faksimilier-

[5] David Harrison, »Revealed: the men with stolen identities«, in: *Telegraph*, 23.9.2003, http://www.portal.telegraph.co.uk/news/main.jhtml?xml=/news/2001/09/23/widen23.xml

[6] Harrison, der am 23.9.2001 geschrieben hatte: »Der *Telegraph* war die erste Zeitung, die die Männer interviewen konnte, seit sie erfuhren, dass sie auf der FBI-Liste der Hijacker stehen«, dementierte zwei Jahre später auf Nachfrage eines WDR-Fernsehteams, irgendein Interview mit einem der falschen Attentäter geführt zu haben (WDR, Sendung am 10.9.2003).

ten Auszügen aus der Titelgeschichte. Kommt hinzu, dass wir uns ja nicht nur auf die BBC und den *Telegraph* vom 23.9.2001 gestützt haben, sondern auch auf die bereits einige Tage zuvor erschienen Artikel in der *Los Angeles Times* (21.9.)[7], in der *New York Times* (21.9.)[8] und der *Times* aus London (20.9.)[9] – allesamt hochreputierliche Zeitungen, die unseres Wissens ihre Berichte bis heute nicht widerrufen haben.

Falls es aber wirklich so wäre, dass wir unsere »Zombie-These« (O-Ton *Spiegel*) aufgeben müssten, bliebe immerhin Folgendes festzuhalten. Zum ersten wären wir dann nicht dubiosen Spinnern und Verschwörungstheoretikern auf den Leim gegangen, sondern ganz seriösen Institutionen der internationalen Medienlandschaft. Dass die in Sachen 11.9. fast durchweg versagt haben, ist ja gerade der *Basso continuo* unseres Buches – und dafür lieferte dann auch dieser Fall ein wunderschönes Exempel. Zum zweiten kann es nicht unser Job sein, wie es uns der *Spiegel* immer wieder unter die Nase reibt, uns als freie Journalisten mit beschränkten Mitteln »mal eben« ans Telefon zu hängen oder bei den Betroffenen vor Ort selber nachzufragen, ob sie noch am Leben sind. Das ist vielmehr die Aufgabe nationaler und internationaler Ermittlungsbehörden oder – wenn die es nicht so genau wissen wollen – von wohlausgestatteten und hochkompetenten Redaktionen, die sich den Maximen eines investigativen Journalismus verpflichtet fühlen. Warum also ist der *Spiegel* dieser Frage nicht schon vor zwei Jahren auf den Grund gegangen, um sie so oder so zu beantworten? Das bloße Weggucken und Nichtbehandeln reicht nicht aus, um die Mysterien des 11.9. zu bannen.

[7] http://www.latimes.com/news/nationworld/nation/la092101probe.story

[8] http://query.nytimes.com/gst/abstract.html?res=F00C1FFE355F0C728EDDA00894D9404482

[9] http://www.timesonline.co.uk/article/0,,28-115194,00.html

## Wie der *Spiegel* recherchiert

Einige Erwiderungen auf die Titelgeschichte »Verschwörung 11. September« (Nr. 37/8.9.2003)

Seite 68

Aussagen das Bild einer Hass-Sekte, deren Guru Mohammed Atta war. Eine Lehrerfamilie, bei der Atta eine Weile lebte, warf ihn raus – weil der fanatische Islamist mit seiner Prüderie das Familienleben unmöglich machte.

Kein Problem, die Lösung der Autoren: das doppelte Attchen. „Die Anzeichen mehren sich also, dass es eventuell einen Doppelgänger Attas gab." Auch das: höchst ungenau, weil die Ursache für die Verwirrung ausgeblendet wird. Atta nannte sich in Deutschland Amir. Sein kompletter Name lautet: Mohammed Mohammed al-Amir Awad al-Sajjid Atta. In den Ermittlungsunterlagen tauchen verschiedene Schreibweisen und unterschiedliche Bestandteile dieses Namens auf. Das ist alles.

Nein, »Ursache für die Verwirrung« ist nicht der Umstand, dass Mohammed Atta seinen Namen nach Gusto veränderte und sich in Hamburg Amir nannte. Verwirrend ist vielmehr, dass auf den Namen Mohammed Atta am 10.1.2001 in Miami gleich zwei Einreisevisa ausgestellt wurden, dass der Hamburg-Atta und der Florida-Atta sowohl von der Statur (schmächtig vs. stattlich) als auch vom Verhalten her (prüde vs. dem Alkohol und den Frauen zugeneigt) als zwei unterschiedliche Figuren beschrieben werden, dass eine Hausbesitzerin auf dem offiziellen FBI-Foto nicht den Mohammed Atta wiedererkannte, dem sie Monate zuvor ein Zimmer in North Port, Florida, vermietet hatte. So einfach, wie der *Spiegel* es sich macht, ist die Doppelgänger-These nicht zu widerlegen.

---

Seite 61

tentäter vorlag, die das FBI am 14. September veröffentlicht hatte. Fotos gab die US-Bundespolizei erst am 27. September heraus, vier Tage nach den zitierten Meldungen.

Mit den Fotos war der Unsinn von den überlebenden Terroristen schnell erledigt. Bradley: Das Ganze ist auf das

Am 13.9. veröffentlichte das FBI eine reine Namensliste der verdächtigten Attentäter, ohne Bilder. Aber schon ab dem 15.9. kursierten via CNN die ersten »inoffiziellen« Fotos als Newsmaterial, darunter das bekannte Porträt von Mohammed Atta. Woher hatte CNN diese Fotos? Wohl doch vom FBI. Sie erschienen dann u.a. am 20.9. in der Londoner *Times*, am 21.9. in der *New York Times* und am 23.9. bei BBC. Am 27.9. gab das FBI eine zweite Liste mit »offiziellen« Fotos und Daten der 19 Angeschuldigten heraus. Deren Identität war aber auch damit mehrheitlich nicht geklärt, der »Unsinn« also nicht »erledigt«. Dennoch ist diese Liste seither (bis zum 19.11.2003) nicht mehr geändert worden.

---

Seite 61

Attentäter protestiert hatten.

Nur: Bei der BBC erinnert sich der zuständige Mitarbeiter erst nach Angabe des Sendedatums an die angebliche Sensation. „Nein, Video- oder Fotoaufnahmen der Betreffenden hatten wir damals nicht", sagt er. Quelle für die Meldung seien Berichte arabischer Zeitungen, wie der englischsprachigen saudischen „Arab News" gewesen.

Die Dame im Call Center

Der zuständige BBC-Mitarbeiter (warum nennt der *Spiegel* keinen Namen?) irrt. Was der *Spiegel* nicht gemerkt hat: Der BBC lagen bereits zu diesem Zeitpunkt die ersten, von CNN verbreiteten Fotos vor. In ihrem fraglichen Bericht »Hijack ›suspects‹ alive and well«* vom 23.9. veröffentlichte die BBC Fotos dreier verdächtigter Attentäter (Walid Al-Sheri, Abdulaziz Al-Omari und Khalid Al-Midhar), auf denen sich dann unbeteiligte Personen wiedererkannten.

*http://news.bbc.co.uk/1/hi/world/middle_east/1559151.stm

Seite 61

> „Das Problem war“, so Samman, „dass nach der Veröffentlichung der ersten FBI-Liste CNN ein Foto des Piloten Said al-Ghamdi veröffentlicht hatte, das aus den Akten jener saudischen Piloten stammte, die irgendwann einmal offiziell in den USA trainiert hatten.“

Was sind das für merkwürdige Akten, aus der sich FBI und/oder CNN mit Fotos der »Hijacker« bedienten? Gibt es eine bundespolizeiliche Liste aller Saudi-Araber, die je in den USA fliegen lernten? Wenn ja, warum und seit wann? Hier fängt es an, spannend zu werden, aber da bricht der *Spiegel* seine Recherche ab.

---

DER SPIEGEL

„Asharq al-Awsat“-Internet-Seite vom 18. September 2001 mit dem Foto des „Saudi Arabian Airlines“-Piloten Said al-Ghamdi

**1.** Das FBI veröffentlicht drei Tage nach den Anschlägen des 11. September die Namen der Attentäter, darunter Said al-Ghamdi. Daraufhin sendet ein amerikanischer TV-Sender fälschlicherweise ein Foto eines gleichnamigen saudischen Piloten.

**2.** Die arabische Zeitung „Asharq al-Awsat“ interviewt den gleichnamigen Piloten Said al-Ghamdi und meldet am 18. September, dass dieser am Leben sei.

Seite 61 f.

> Der Bitte, sich die FBI-Foto-Liste noch einmal anzuschauen, kommt Samman gern nach: „Der Ghamdi auf dem Foto ist nicht der Pilot, mit dem ich geredet habe.“

Die Frage ist nach wie vor, von welchem Said Al-Ghamdi eigentlich die Rede ist. Bei CNN findet sich bis heute der – journalistisch korrekte – Hinweis: »Identity is disputed.«*

Das Foto, das sich CNN aus den ominösen Flugschülerakten besorgte und nur wenige Tage nach dem 11.9. »fälschlicherweise« verbreitete (wofür sich dann der Sender in aller Form entschuldigte), gibt den zur Tatzeit in Tunesien stationierten Piloten Said Al-Ghamdi wieder. Dieser Said Al-Ghamdi beklagte sich jedoch am 23.9. im *Telegraph*, dass das FBI seine zutreffenden »personal details« (also vermutlich Geburtsdatum, Beruf usw.) zusammen mit einem falschen Foto veröffentlicht habe.** Wenn sich jetzt also der Reporter Mohammed Samman auf Bitten des *Spiegel* das FBI-Foto von Al-Ghamdi anschaut, kann er darauf natürlich nicht den Piloten erkennen, mit dem er gesprochen hat. Wessen Rätsels Lösung das nun sein soll, bleibt ein Rätsel. Bekräftigt worden ist nur, was vorher schon klar war: Der Pilot kann keiner der Täter gewesen sein.

*http://www.cnn.com/SPECIALS/2001/trade.center/invest.section.html
**http://www.telegraph.co.uk/news/main.jhtml?xml=/news/2001/09/23/widen23.xml

---

Seite 62

> Dass des Rätsels Lösung so nahe liegt, hätte den Geheimniskrämern auffallen müssen. Unisono schreiben sie, ein Abd al-Asis al-Umari sei vom FBI als Täter benannt worden, und es gebe offenbar mehrere Personen dieses Namens. Bröckers und Hauß fiel sogar auf, dass das FBI zunächst einen falschen Vornamen an die Presse gegeben hatte. Fakten, die auf eine Verwechslung deuten – was den Verschwörungstheoretikern offenbar nicht plausibel schien.

Wir haben es zu tun mit einem zunächst fälschlich beschuldigten Abdulrahman Al-Omari (den es gibt und der noch lebt), einem ersten Abdulaziz Al-Omari, der sich nach dem 11.9. darüber beschwerte, auf die erste FBI-Liste geraten zu sein, einem zweiten Abdulaziz, der bis heute auf der zweiten FBI-Liste prangt, aber mal am 24.12.1972, dann laut Visaantrag wiederum am 28.5.1979 auf die Welt gekommen sein soll, und einem dritten Abdulaziz, der nach den Anschlägen auf einem dubiosen Bekennervideo bei Al Dschasira auftauchte und dort genauso aussah wie der zweite. Das sind zu viele »Verwechslungen« und zu fragwürdige »Fakten«, als dass die Identität dieses »Attentäters« als geklärt gelten könnte.

Bleibt der dritte und entscheidende Punkt: die anhaltende Konfusion um die Identität der verdächtigten 19 Hijacker. Die vier originalen Passagierlisten, auf denen von A bis Z alle Passagiere der vier Flüge aufgeführt sind, wurden unseres Wissens bis heute nicht veröffentlicht, sondern nur separate Listen der Opfer und der Täter. Die Täterliste wurde dabei offenbar – nur so sind die »Verwechslungen« zu erklären – mit einer anderen Liste über in den USA ausgebildete arabische Piloten abgeglichen. Dies, die nachweisbare Manipulation der Listen, ist die zentrale Behauptung in den ersten beiden Kapiteln dieses Buches, und sie wird von den Ausführungen des *Spiegel* keineswegs widerlegt.

Als das FBI am 27.9.2001 seine zweite, bis heute unverändert gültige Täterliste veröffentlichte, musste selbst der FBI-Direktor Robert Mueller eingestehen, dass einige Identitäten »noch nicht endgültig geklärt sind«. CNN brachte am 28.9. eine Liste, auf der – journalistisch korrekt – unter Bild und Namen einiger fraglicher Betroffenen vermerkt war: »Identy is disputed.«[10] Doch geändert hat sich an der FBI-Liste mit Bildern, Namen und Geburtsdaten der Verdächtigten seit über zwei Jahren nichts mehr – und alle Zweifel wurden, zumindest öffentlich, nicht aufgeklärt.

Nach einem Bericht der australischen *Sunday Mail* waren im September 2003 erst drei der verdächtigten 19 Täter identifiziert. Anhand von DNA-Mustern, die mit denen der sterblichen Überreste aus den WTC-Maschinen abgeglichen wurden, sei die Identität von Mohammed Atta und zwei weiteren (ungenannt bleibenden) Hijackern aus den beiden New Yorker Flugzeugen nunmehr geklärt.[11] Neun Leichen jedoch (aus der Pentagon- und der Pennslyvania-Maschine) liegen in einer

[10] http://www.cnn.com/SPECIALS/2001/trade.center/invest.section.html, unter »Hijacker suspects«

[11] Phillip Coorey, »Hijacker's remains found at World Trade Centre site«, in: *Sunday Mail*, 5.9.2003; http://www.thesundaymail.news.com.au/printpage/0,5942,7172901,00.html

Militärbasis in Maryland nach wie vor auf Eis, unidentifiziert. Wenn es sich dabei um die neun Entführer dieser Maschinen handelt, deren Wohnorte und Mietwagen aus den Tagen davor doch bekannt sind – warum werden sie dann anhand genetischer Spuren nicht identifiziert? Das FBI, so heißt es, habe bis dato für diese neun keine DNA-Muster zur Verfügung gestellt – und so kommt es, dass über zwei Jahre nach der Tat die Identität der meisten Verdächtigen noch völlig ungeklärt ist.

FBI-Direktor Robert Mueller hat übrigens noch am 19.4. 2002 in einer Rede vor dem Commonwealth Club of California in San Francisco eingeräumt, dass die verdächtigten Terroristen nicht die geringsten Spuren hinterlassen haben.[12] Das lässt in Umkehrung nur den Schluss zu, dass es für ihre behauptete Täterschaft keine Beweise gibt.

Fakt bleibt also: Wer am 11.9. 2001 wirklich in den Flugzeugen saß, ist auch nach zwei Jahren weiterhin ungeklärt. Und Fakt bleibt auch: Selbst wenn die eingefrorenen sterblichen Überreste von neun Personen zweifelsfrei identifiziert und die 19 Hijacker auf der Liste des FBI sich als die wahren Entführer herausstellen sollten, wäre dies nur der allererste Schritt zur Aufklärung des Falls. Dutzende von offenen Fragen, Ungereimtheiten und Widersprüchen in der offiziellen Darstellung harren weiterhin der Klärung.

Um noch einmal auf den *Spiegel* zurückzukommen: Für den ist nun endgültig alles klar. In einer weiteren Aufmacherstory (Nr. 44 vom 27.10.03) unter dem Titel »Das Geständnis. Was die Drahtzieher der Terroranschläge vom 11. September nach ihrer Gefangennahme den US-Ermittlern verrieten« konnte die Redaktion die endgültige Festschreibung der herkömmlichen Legende vom 11.9. vermelden: »Die beiden Chefplaner des 11. September haben gestanden – und mit den Protokollen ihrer Vernehmungen lässt sich jetzt ein genaues Bild der Vorgeschichte des Terroranschlags zeichnen. Die Aussagen

[12] http://www.fbi.gov/pressrel/speeches/speech041902.htm

enthüllen auch, wie Osama Bin Laden persönlich die Hamburger Todespiloten auswählte.«

Die angeblichen Geständnisse verdanken wir zwei Phantomen aus dem Off: den mutmaßlichen Al-Qaida-Mitgliedern Ramzi Binalshibh und Khalid Scheich Mohammed. Sie dienten auch schon den Reportern Nick Fielding und Yosri Fouda in ihrem Buch *Masterminds of Terror*[13] als Gewährsmänner. Die vermeintlichen Tonbandaufnahmen mit ihren Interviews wurden zwar im Sommer 2002 über Al Dschasira ausgestrahlt, sind aber genauso dubios wie der Aufenthaltsort der »Chefterroristen« Ramzi Binalshibh und Khaldid Scheich, die von den US-Behörden an einem unbekannten Ort gefangen gehalten werden. Gerichten stehen die beiden Kronzeugen nicht zur Verfügung – weder im Hamburger Prozess gegen den angeblichen 20. Hijacker Mounir Al-Motassadeq noch in dem Verfahren von Zaccarias Moussaoui (ebenfalls ein angeblicher 20. Hijacker) in den USA. Beide Zeugenaussagen wurden jeweils aus Gründen der »nationalen Sicherheit« blockiert – was an sich nicht weiter wundert: Unter Folter gewonnene »Geständnisse« sind vor Gerichten nicht zugelassen. Zwar verschweigt der *Spiegel* nicht, dass die Aussagen erst zustande kamen, als sich amerikanische »Verhörspezialisten« der Inhaftierten angenommen hatten, und weiß auch, dass derlei Geständnisse juristisch wertlos und politisch international geächtet sind. Für einen reißerischen Aufmacher aber sind sie allemal gut.

Auf die Einzelheiten der hier konstruierten »Operation Heiliger Dienstag« will ich gar nicht weiter eingehen. Sie enthalten nichts wirklich Neues, sondern stricken nur die alte Legende von Osama und den 19 Räubern weiter. Wer es genauer wissen will, dem empfehle ich den (leider nur auf Eng-

[13] Nick Fielding, Yosri Fouda: *Mastermindes of Terror. Die Drahtzieher des 11. September berichten. Der Insider-Report von Al Qaida*, Europa Verlag, Hamburg 2003

lisch vorliegenden) Artikel »There's something about Omar – Truths, Lies and the Legend of 9/11« von Chaim Kupferberg[14], worin er darlegt, wie Ramzi Binalshibh und Khaldid Scheich seit Juni 2002 gezielt in die offizielle Legende eingewoben wurden und nunmehr als unsichtbare »Masterminds« allfälligen Propagandazwecken dienstbar sind. Außerdem hat mein Kollege und Koautor Andreas Hauß auf seiner Website die einzelnen Aussagen und Behauptungen der *Spiegel*-Story gebührend kommentiert.[15]

Neuerliches Zwischenresümee: Die al-qaidisch-ladinistische Version des Tathergangs wird nicht dadurch stichhaltiger, dass man sie unentwegt repetiert und durch vermutlich erpresste Aussagen *à jour* zu bringen versucht.

Nein, die Geschichte ist noch nicht zu Ende. Sie wird noch um- und umgeschrieben werden müssen. Und sie wird in absehbarer Zukunft noch mindestens zweimal hohe Wellen schlagen: im Mai und im November 2004. Im November steht George W. Bush zur Wiederwahl an – ein Mann, der seine mangelnde Glaubwürdigkeit schon mehrfach unter Beweis gestellt hat und der jetzt drauf und dran ist, »seinen« Irakkrieg, den er mit Massenvernichtungswaffen und dem »War on Terror« begründete, zu verlieren. Die Spur, die vom 11.9. nach Bagdad führte, wird im Wahlkampf gewiss ein prominentes Thema werden.

Und im Mai soll die National Commission on Terrorist Attacks Upon the United States ihren Abschlussbericht vorlegen. In dieser Kommission, in der zu gleichen Teilen Republikaner und Demokraten vertreten sind, rührt sich mittlerweile heftiger Unmut gegen das restriktive Informationsgebaren des Weißen Hauses. Einem Artikel in der *New York Times* vom

[14] http://globalresearch.ca/articles/KUP310A.html. Eine deutsche Zusammenfassung von Christian C. Walther unter dem Titel *Scheichegal. Die heißen doch eh alle gleich, die Wickelmützen* steht auf meiner Website: http://www.broeckers.com/scheichegal.htm.

[15] http://www.medienanalyse-international.de/spiegelquellen.html

26.10.2003 zufolge fand das Kommissionsmitglied Max Cleland die düstere Vermutung bestätigt, die auch wir von Anbeginn an gehegt haben: »Mit jedem Tag wird deutlicher, dass diese Regierung schon vor dem 11.9. über die Terroristen sehr viel mehr wusste, als sie jemals zugegeben hat.« Und der Kommissionsvorsitzende Thomas Kean forderte: »Alles, was irgendwie mit dem 11.9. zu tun hat, müssen wir zu sehen kriegen – alles. Es gibt eine Menge Theorien über den 11.9., und solange noch irgendein Dokument irgendwo herumfliegt, auf das sich eine dieser Theorien stützen kann, müssen wir Fragen offen lassen. Und wir können es uns nicht leisten, Fragen offen zu lassen.«[16]

Um seiner Forderung Nachdruck zu verleihen, drohte Kean dem Weißen Haus an, vorenthaltene Dokumente durch Gerichtsentscheid zur Einsicht einzufordern. Davon ist die Kommission zwar mittlerweile abgerückt und begnügt sich jetzt zähneknirschend mit sehr beschränkten Einsichtsregeln. Aber immerhin hat sie gerichtliche Schritte gegen die Flugbehörde FAA eingeleitet. Dabei geht es um die Frage, die auch in unserem Buch eine große Rolle spielt, warum die Abfangjäger nicht rechtzeitig gestartet sind, um die zweite WTC- und die Pentagonmaschine abzuschießen. Die FAA verweigert bislang die Herausgabe aller Unterlagen, in denen ihre Überwachung der entführten Flugzeuge sowie auch ihre Kommunikation mit dem Luftverteidigungskommando NORAD dokumentiert ist.

Sehr gut möglich also, dass dieses Nachwort nicht das letzte ist, das wir zu unserem Buch werden schreiben müssen.

*Mathias Bröckers, November 2003*

[16] http://query.nytimes.com/gst/abstract.html?res=F30B1EFE3B550C758EDDA90994DB404482L; oder auch unter http://www.globalissues.org/Geopolitics/WarOnTerror/Subpoena.asp

## Dank

Die folgenden Internetseiten haben uns durch ihre investigativen Beiträge zu den Hintergründen des 11.9. immer wieder inspiriert und sind als Ausgangspunkt für eigene Recherchen sehr zu empfehlen:

www.cooperativeresearch.org

www.globalresearch.ca

www.emperors-clothes.com

www.911pi.com/forums.htm

www.madcowprod.com

www.copvcia.com

www.osamaskidneys.com

www.standdown.net

www.whatreallyhappened.com

www.antiwar.com

www.unansweredquestions.org

www.flight93crash.com

Deutsche Nachrichten zum Thema finden sich vor allem unter www.telepolis.de und www.feldpolitik.de sowie natürlich auf den Seiten der Autoren:

www.broeckers.com und www.medienanalyse-international.de

Zwar ist unserer bereits in *VVG* ausgesprochenen Empfehlung »zweimal täglich googeln« insofern nichts hinzuzufügen, als www.google.de nach wie vor die beste Suchmaschine des Internets ist. Aber wo viel Licht ist, muss es auch Schatten geben, und dafür ist neuerdings www.google-watch.org/ zuständig.

Dank

Viele Anregungen erhielten wir persönlich oder über das Internet von Andreas von Bülow, Michel Chossudovsky, Nico Haupt, Daniel Hopsicker, Jahred Israel, Michael Ruppert, Paul Thompson, Allan Wood, Nick Lewis, Jochen Scholz, René Schneider, Khaled Alzayed und Tom Flocco. Ungezählte Diskutanten in verschiedenen Foren trugen durch weiterführende Fragen, Detailinformationen und Links zu unserem Buch ebenfalls bei.

Besonderen Dank an Klaus Gabbert, der uns mit Rat & Lektorat zur Seite stand. Und ebenso an Gerhard Seyfried, der die beiden Karten beisteuerte.

# Register

## Über die Autoren

Mathias Bröckers ist freier Journalist und Buchautor. Zehn Jahre lang, bis 1991, leitete er den Kulturteil der *taz*. Später schrieb er Kolumnen für *Zeit* und *Woche* – und 1993, zusammen mit Jack Herer, den Zweitausendeins-Bestseller *Die Wiederentdeckung der Nutzpflanze Hanf* (39 Auflagen). Er besorgte die deutsche Ausgabe des *Lexikons der Verschwörungstheorien* von Robert Anton Wilson (2000) und schrieb mit *Verschwörungen, Verschwörungstheorien und die Geheimnisse des 11.9.* (31 Auflagen in acht Monaten) eines der erfolgreichsten Bücher unserer Verlagsgeschichte.

Aktuelle Beiträge von Mathias Bröckers erscheinen auf seiner Internetseite www.broeckers.com.

Andreas Hauß gründete 1999 das Institut für Medienanalyse und Friedensforschung. Nach Jahrzehnten in der Industrie kehrte er, veranlasst durch den NATO-Überfall auf Jugoslawien, zu seinen Wurzeln als Germanist und Historiker zurück. Seine Webseite www.medienanalyse-international.de gehört wegen der unerschöpflichen Fülle an Links und Analysen zu den unverzichtbaren Quellen für friedenspolitisch Engagierte. Andreas Hauß legt Wert darauf, mit seiner »online-Fundgrube« zum 11.9. den Lesern Originaldokumente und direkte Zugänge zur Verfügung zu stellen – ein Gegenkonzept zum etablierten Meinungsjournalismus.

geschaltet, machten sich selbst renommierteste Blätter zum Sprachrohr des Weißen Hauses. Auf der Suche nach mehr und alternativen Informationen floh Bröckers ins Internet und schickte Tag für Tag die Suchmaschinen mit neuen Fragen auf die Reise. Im Online-Magazin »telepolis« (als »unbestechlich« und »fachmännisch auf hohem Niveau« ausgezeichnet mit dem Grimme Preis Online Award) führte er über seine Recherchen monatelang eine Art Fahndungsprotokoll, das, millionenfach angeklickt, heiße Debatten auslöste und – bedeutend erweitert und vertieft – bei Zweitausendeins als Buch erschienen ist. Es dokumentiert: Der 11.9. ist nicht nur das Datum eines entsetzlichen Massenmordes, sondern auch Kristallisationspunkt bizarrer Ungereimtheiten, fantastischer Widersprüche, verschwiegener Hintergründe und strategischer Geheimdienstoperationen. Ist seit dem 11.9. nichts mehr so, wie es einmal war? Es war vorher schon zu vieles ganz anders ...

Ein paar Beispiele? Großvater Prescott Bush finanzierte und unterstützte Hitler, den die US-Armee dann beseitigen half. Vater George Bush bewaffnete als CIA-Chef Saddam Hussein, gegen den er dann als US-Präsident in den Golfkrieg zog. Sohn George W. Bush erhielt das Geld für seine erste Ölfirma vom Vermögensverwalter eben jener Familie, deren Spross Osama er jetzt jagt: Bin Laden. Gouverneur Jeb Bush ließ die Wählerliste in Florida manipulieren und verhalf so seinem Bruder George W. Bush zu den entscheidenden Stimmen für das Präsidentenamt.

Osama Bin Laden ist ein Produkt der US-Geheimdienste, aufgebaut für den Terrorismus gegen die Sowjetunion. General Mahmud Ahmed, Chef des pakistanischen Geheimdienstes ISI, der mit der CIA kooperiert, ließ im Juli 2001 nicht nur 100.000 $ an den »Terrorpiloten« Mohammed Atta überweisen, auch hielt sich Ahmed vom 4.–15.9. offiziell in den USA auf – zu »Gesprächen über die Taliban«. Am 11.9. frühstückte er auf dem Capitol Hill mit zwei Vorsitzenden des Ausschusses für die US-Geheimdienste.

Obwohl dem Oberkommando der US-Luftwaffe die simultane Entführung von vier Flugzeugen bekannt war, die sich alle absoluten »no fly areas« näherten, dauerte es 75 Minuten, bevor die Abfangjäger aufstiegen – zu spät.

Warum tat George W. Bush zunächst so, als habe er während

eines Schulbesuchs von dem Anschlag erfahren? Wenn er, wie sich später herausstellte, schon eine Stunde zuvor informiert worden war, warum tagten dann zu diesem Zeitpunkt nicht schon sämtliche Krisenstäbe?

Bröckers ist hochakribisch. Denn Ungereimtheiten in der offiziellen Tatversion gibt es viele: Warum werden die Daten des Funkverkehrs und der Flugrekorder nicht veröffentlicht? Warum lagen Wrackteile der Pennsylvania-Maschine über viele Meilen weit verstreut? Ist sie doch abgeschossen worden? Warum trat der Top-Bin-Laden-Fahnder der USA, John O'Neill, 8 Wochen vor dem Anschlag im Juli 2001 zurück? Welche direkten Geschäfte machten die Familien Bush und Bin Laden miteinander? Welche Geschäftsinteressen hat die Firma Halliburton des Vizepräsidenten Cheney bei Pipeline-Projektierungen in Afghanistan? Warum wurden bis Juli 2001 Geheimverhandlungen mit dem Taliban-Regime über den Bau dieser Pipeline geführt? Warum wurden die FBI-Untersuchungen gegen verdächtige Flugschüler von oben gestoppt? Warum setzten Bush und Cheney Oppositionsführer Daschle unter Druck, »tiefergehende Untersuchungen« des 11.9. durch den US-Kongress zu verhindern?

»Gehört ein so hochexplosiver Stoff in die Hände eines Zivilisten?«, fragte die Frankfurter Allgemeine besorgt. Bröckers ist ein investigativer Konspirologe. Er zeigt mit diesem Buch: Die allgemein akzeptierte Tatversion vom 11.9. ist eine mit Bedacht inszenierte Verschwörungstheorie, die falsche Spuren legt.

Bröckers fragt, wer die faktischen Nutznießer der Terroranschläge sind, und er bringt andere notorisch Verdächtige ins Spiel. Nicht um seinerseits Verschwörungstheorien in die Welt zu setzen, sondern um das Verschwörungsdenken als skeptische Wissenschaft fruchtbar zu machen. Denn: »Ohne angemessene Verschwörungstheorien lässt sich unsere hochgradig komplexe und konspirative Welt gar nicht mehr verstehen.« Mathias Bröckers »Verschwörungen, Verschwörungstheorien und die Geheimnisse des 11.9.« Mit einem Interview mit dem Ex-Staatssekretär im Verteidigungsministerium Andreas von Bülow und einem Schaltplan der Verschwörungen von G. Seyfried. 371 Seiten. Broschur. Bereits in der **35. Auflage!** 12,75 €. Nummer 18434.

• Hopsicker ermittelt: Es handelt sich um keine normalen Flugschulen, wie uns die Presse suggeriert. Wem gehörten die Flugschulen wirklich? Wie konnten sie ohne gesetzliche Betriebsgenehmigung gekauft werden? Woher kam das Geld für diese Flugschulen, von denen er nachweist, dass sie unrentabel arbeiteten? Welche Geschäfte betrieben ihre Inhaber, während die mutmaßlichen Terroristen touch & go übten?

• Hopsicker entdeckt die untergetauchte amerikanische Freundin Attas, mit der er in Venice zusammengelebt hatte. Sie wurde vom FBI so unter Druck gesetzt, dass sie der Presse gegenüber nur zwei Sätze äußerte: »Ich kann wirklich nichts sagen. Ich habe Angst, in Schwierigkeiten zu geraten.« Sie vertraut sich Hopsicker an und erzählt von ihrer Zeit mit Atta: Sex, Koks-Partys, Transvestitenbars. Er war ein erfahrener Pilot mit Fluglizenzen aus fünf Ländern und hatte merkwürdige deutsche Freunde.

• Einige der Zeugen, die Hopsicker aufgespürt und befragt hat, wurden auch schon vom FBI ausfindig gemacht und erhielten die Anweisung, über ihre Beobachtungen zu schweigen. Keiner von ihnen wurde zu einer Aussage vor der staatlichen Untersuchungskommission geladen. Informationen über Attas Aufenthalt und seine Aktivitäten in Venice/Florida vor und nach seinem offiziellen Flugunterricht von Juli bis Dezember 2000 sind offensichtlich unerwünscht.

»Nach der Lektüre dieses Buches ist klar, warum das so ist. (Diese Informationen) unterminieren die offizielle Legende des Allein- und Überraschungstäters Bin Laden und seiner 19 Hijacker«, schreibt Mathias Bröckers im Nachwort des Buches, sie »verweisen auf ein Umfeld, das strukturell weniger einem neuen islamistischen Terrorismus ähnelt als vielmehr den altbewährten, staatlich sanktionierten Operationen des verdeckten Waffen-, Drogen- und Terrorbusiness. Samt seiner Strohmänner, inoffiziellen Mitarbeiter und einem Geflecht von Tarnfirmen, jenem lokalen Netzwerk im ›Terrorland‹ Florida, das Hopsicker mit diesem Buch aufdeckt.«

Deutsche Erstausgabe. Deutsch von Karl Heinz Siber. Nachwort von Mathias Bröckers. 40 Bilder. 432 Seiten. Broschur. 13,90 €. Nummer 18503.

*Einer der angesehensten Journalisten der Welt: Reporter of the Year, Emmy Award, Media Personality of the Year.*

JOHN PILGER

**Verdeckte Ziele. Über den modernen Imperialismus**

Die ist es möglich, dass westliche Regierungen den wahren Charakter ihrer Macht und ihres Terrorismus der Öffentlichkeit gegenüber ins Gegenteil umkehren können? »Die Antwort ist einfach«, sagt Pilger in seinem neuen Buch: »Weil es in Großbritannien und in den Vereinigten Staaten als Sakrileg gilt, eine westliche Demokratie als Terrorstaat zu bezeichnen. Diese Ehre bleibt Staaten wie Libyen und dem Iran vorbehalten, kleine Fische auf der Bühne des Terrorismus natürlich. Klischees wie der ›muslimische Fanatiker‹ werden oft und gerne bemüht. In Wirklichkeit sind Muslime nur für einen Bruchteil der Terrorismusopfer in der Welt verantwortlich, und sie sind überdies diejenigen, die am schwersten unter staatlichem Terrorismus zu leiden hatten: in Palästina, im Irak, in Bosnien, Tschetschenien und Somalia. Heerscharen westlicher Denker und Wissenschaftler, Kriegsberichterstatter und Kulturschaffender sorgen dafür, dass die Verbannung dieser Wahrheiten aus der öffentlichen Diskussion gerechtfertigt scheint.«

Pilger untersucht die geopolitischen Hintergründe des westlichen Imperialismus. Menschliches Leid, internationales Recht oder Menschenleben zählen kaum. Pilger erinnert z.B. an die kleine Insel Diego Garcia im Indischen Ozean. Sie wurde völkerrechtswidrig annektiert, die Bevölkerung deportiert. Das Archipel dient jetzt als Tankstelle für amerikanische Langstreckenbomber. Kissinger ließ in den 1970ern das neutrale Kambodscha bombardieren und Zehntausende Menschen töten. Rechtmäßig gewählte Regierungen wurden auf Betreiben der USA in Asien, Süd- und Mittelamerika gestürzt, die terroristische Herrschaft von Diktatoren und ihrer Todesschwadronen gestützt. Westliche Regierungen verfolgen im Namen hehrer Ziele einen ungezügelten Imperialismus und errichten ein riesiges globales Apartheidssystem, das Wohlstand nur für wenige zulässt.

Unterstützt wird dies, so zeigt Pilger, durch die Entwicklungen auf dem Medienmarkt: Die großen multinationalen Konzerne verdrängen immer mehr kleine und unabhängige Verlage, Sender und Zeitungen. Das führt zur schleichenden Vernichtung von Presse- und Informationsfreiheit.

Im Zeitalter der neuen Medien haben Desinformation und Meinungskontrolle in den USA und Europa alarmierende Ausmaße angenommen, wie Pilger an Beispielen zeigt: »Der Enthüllungsjournalismus in den USA kann seine Rolle nicht mehr erfüllen, weil ihm durch massive Sparmaßnahmen der Boden entzogen wurde. In dem Maße, in dem Redaktionsbelegschaften schrumpfen, nimmt das PR-Geschäft zu. Nach Aussage des Herausgebers der PR Week ,erhalten die großen Tageszeitungen heute – abgesehen von den Sportnachrichten – 50 Prozent ihres Materials aus PR-Agenturen. Die PR-Leute liefern den Journalisten den Stoff; aber wenn sie schlau sind, nehmen sie den Journalisten auch noch das Denken ab.« Von Interessenverbänden finanzierte »Denkfabriken« übernehmen die Meinungsführerschaft, bereiten politische Veränderungen vor.

Deutsche Erstausgabe. Deutsch von Waltraud Götting. 348 Seiten. Broschur. 14,90 €. Nummer 18505

*Das Buch hat »alle Merkmale eines künftigen Standardwerks der Globalisierungskritik« (Frankfurter Hefte)*

MICHEL CHOSSUDOVSKY

**GLOBAL BRUTAL. Der entfesselte Welthandel, die Armut, der Krieg**

Dieses Buch wird bei vielen Lesern Bestürzung und Fassungslosigkeit auslösen« (Nürnberger Nachrichten). Prof. Michel Chossudovsky gelingt es in seinem Buch, den aggressiven, antidemokratischen Geist der Globalisierung so deutlich ans Licht zu zerren, wie es bislang noch kaum jemandem gelungen ist. Die Allianz der Reichen – unter Führung der USA – forciert die Globalisierung der Armut, der Umweltzerstörung, der sozialen Apartheid, des Rassismus und der ethnischen Zwietracht. IWF und Weltbank untergraben systematisch alle Bereiche der städtischen und bäuerlichen Wirtschaft in den armen Ländern, die nicht direkt den Interessen des globalen Marktsystems der Multis dienen.

Das Buch zeigt, wie die WTO in eklatanter Weise in nationale Gesetze und die Verfassungen der Mitgliedsstaaten eingreift, während sie globalen Banken und multinationalen Konzernen ausgedehnte Rechte verleiht. »Ein Standardwerk und ein Muss für jeden, der sich mit den vielen Schattenseiten der Globalisierung befassen möchte ( Main Echo). »So kritisch wie hier ist die augenblickliche Weltlage noch selten analysiert worden. Die Studie sollte Pflichtlektüre jedes verantwortungsbewussten Politikers werden« (Das Parlament).

Deutsche Erstausgabe. Deutsch von Andreas Simon. 477 Seiten. Broschur. 12,75 €. Nummer 18420.

*Warum die US-Regierung offiziell Drogenkonsum bekämpft und heimlich Drogenringe unterstützt.*

ALFRED W. MCCOY

**Die CIA und das Heroin**

Es gibt wohl keinen Staat, der durch Regierungsbehörden den internationalen Rauschgiftkonsum ebenso versteckt wie massiv unterstützt und gefördert hat wie die USA. Die CIA macht/e mit Heroin Politik, indem sie ihren Einfluss auf den internationalen Drogenhandel zur Durchsetzung amerikanischer Interessen in aller Welt einsetzt: Je nach Opportunität produziert sie ökonomische Abhängigkeiten und ist mit Drogenpolitik und/oder Drogenprofiten an der Destabilisierung von Ländern, an Bürger- wie regulären Kriegen beteiligt.

Alfred W. McCoy, Professor an der University of Wisconsin, gilt in den USA als *der* Experte zur geheimen Drogenpolitik. Er recherchiert – bisweilen unter Lebensgefahr – seit über 30 Jahren zu diesem Thema und hat sein Buch für unsere deutsche Ausgabe überarbeitet und aktualisiert. Der San Francisco Chronicle: »Das Buch deckt die Rolle von Regierungsbehörden und ihren Beitrag zu der Drogenepidemie auf, die unser Land überwältigt.« Und fast die ganze Welt. Die New York Times: »Das Buch schildert, wie CIA und US-Außenministerium Dro-

Themen und Fakten zu einer kompakten, wissenschaftlich fundierten und spannenden Gesellschaftsgeschichte der USA zu verdichten, die zugleich »eine Historie des amerikanischen Alltagslebens ist, voll aufschlussreicher Details, gewitzt, geistreich und niemals langweilig« (Neue Ruhr Zeitung). »Eine »unverzichtbare Lektüre, für jeden, der sich mit den Wurzeln und dem Innenleben der USA beschäftigen möchte« (Frankfurter Rundschau). Man möchte die drei Bände wie einen Roman in einem Stück lesen. Aber auch mit speziellen Fragestellungen wird man in diesem jetzt auf insgesamt 1.663 Seiten erweiterten Monumentalwerk anhand des umfangreichen Sach- und Personenregisters schnell fündig.

»Ein hervorragendes Standardwerk, das vergleichbar mit Norbert Elias' europäischer Zivilisationsgeschichte den Schlüssel zur Kultur- und Gesellschaftsentwicklung Nordamerikas liefert« (Neue Zeit). Raeithel selbst »hat sein Werk in einem Anfall von Understatement ›Geschichte der nordamerikanischen Kultur‹ genannt – und eine ›Gesellschaftsgeschichte der USA‹ vollbracht. Nicht nur von der ›puritanischen Theologie‹ist die Rede, nicht nur von ›ästhetischen Anfängen‹, ›Dichtung und Prosa‹, auch nicht nur von Film, Rockmusik und Architektur. Viel weiter spannt sich das Feld. Die großen Erfindungen, die Auswirkungen der Kriege, das Verhältnis von Kapital und Arbeit werden ebenso einer Betrachtung unterzogen wie der Journalismus und die amerikanische Massenpresse. Der Autor spart hier wenig aus, die kleine, fast vergessene, radikale Arbeiterbewegung der ›Wobblies‹, der ›Industrial Workers of the World‹, wird ausführlich gewürdigt. Ebenso die Politik der USA in ihrem ›Hinterhof‹, in Mittelamerika. Der Autor scheut auch nicht davor zurück, alte Mythen zu zerstören, etwa den Abraham Lincolns, der in der offiziellen Geschichtsschreibung immer noch als Befreier der Sklaven gilt ... Zweifelsfrei ein Standardwerk«, lobt das Wiener Tageblatt ohne Einschränkung.

»Fast auf jeder Seite liest man Überraschendes, Witziges, aber immer analysiert der Autor Ereignisse und Phänomene im Kontext sozialwissenschaftlicher Theorien – sei es zum New Deal, zur Weltwirtschaftskrise oder zum Sezessionskrieg. Raeithels Stil ist brillant, durchsetzt mit trockenem Humor, unersättlich sein Erkenntnishunger«, rühmt der Deutschlandfunk. Und die Abendzeitung München bestätigt: »Ein kurzweiliger Kulturgeschichte-Krimi trotz insgesamt 1.800 Seiten. Ein Mammutbuch der tausend verblüffenden Fakten.« Ein »Klassiker« (St. Galler Tagblatt). »Geistreich und niemals langweilig« (Neue Ruhr-Zeitung).

Gert Raeithel »Geschichte der nordamerikanischen Kultur. 1600 bis 2002«. 3 Bände. 1.663 Seiten, 145 Bilder. Fadenheftung. Leinen. Aktualisiert und um ein Kapitel erweitert. 49,95 €. Nummer 18450.

**Konzentrationslager. Dokument F 321**
für den Internationalen Militärgerichtshof Nürnberg

Kein Buch über die Konzentrationslager der Nazi-Zeit hat mich so nachhaltig beeindruckt wie diese Dokumentation« (Lutz Kroth). Sie erschien 1947 und diente als Beweismittel für die Nürnberger Prozesse. Das Original liegt bei den Nürnberger Akten. »Auf 344 Seiten klagen Zeugenaussagen an, die in den Detailschilderungen der KZ-Torturen so unvorstellbar sind, dass man noch 1947 – in der ersten deutschen Buchfassung – Streichungen vornahm ... Jetzt liegt das Dokument erstmals in einer ungekürzten deutschen Fassung vor« (Die Zeit). Unter Überschriften wie Abreise, Ankunft, Ernährung, Hygiene, Disziplin, Alltägliche Szenen, Strafen und Foltern, Männerarbeit, Frauenarbeit, Krankenpflege, Abtreibungen, Sterilisation und Kastration, Vivisektion, Hinrichtungen, Revolte, Flucht, Vergasung, Verbrennung, Befreiung u.a. reiht sich Aussage an Aussage von Überlebenden. Die Herausgeber sagen keinen einzigen Satz dazu. Die Berichte und 96 Fotos sprechen für sich. Die komplette Dokumentation, ungekürzt, neu durchgesehen, um ein Nachwort und zwei Karten erweitert.

Überarbeitete Übersetzung von Peter Neitzke und Martin Weinmann. 96 Fotos. 344 Seiten. Broschur. Nur bei uns. 5,10 €. Nummer 18027.